Sadko G. Solinski · Reiter, Reiten, Reiterei

Sadko G. Solinski

Reiter, Reiten, Reiterei

Die Grundlagen pferdegemäßen Reitens

Mit einem Vorwort von
H. Preuschoft

1997

Olms Presse
Hildesheim · Zürich · New York

3. Nachdruckauflage 1997

Printed in Hungary
Gedruckt auf säurefreiem und alterungsbeständigem Papier
Umschlagentwurf: Prof. P. König, Hildesheim
ISBN 3-487-08248-9

INHALTSVERZEICHNIS

VORWORT

Wer bereit ist, Tatsachen, die er schon zu kennen glaubt, von einem neuen Blickpunkt aus zu betrachten, und wer willens ist, in Gedanken einmal ganz neue Wege zu gehen, wird seine Freude an dem vorliegenden Buch haben.
Es ist beinahe zu einer leeren Formel geworden, die Entwicklung der Reitkunst mit Xenophon bei den Griechen beginnen zu lassen, obgleich deren Reiterei historisch gar keine Rolle gespielt hat. Wir bewundern die Pferdedarstellungen auf dem Parthenonfries und übersehen ständig, daß diese Pferde Dinge tun, die keinem Reiter gefallen können.
Wir sind daran gewöhnt, Größe, Rechteckformat und hohen Anteil an Vollblut als *die* erstrebenswerten Eigenschaften eines Reitpferdes schlechthin anzusehen. Stallhaltung in Einzelhaft ist ebenso selbstverständlich wie dauernde Kontrolle durch den Tierarzt. Jedermann erwartet von einem Reitpferd eine lange, schräge Schulter, eine raumgreifende Trabaktion, Beizäumung des mächtigen, langen Halses bis der Kopf tief und in (tatsächlich meist hinter) der Senkrechten steht, sowie einen flachen, ausgreifenden Galopp. Natürlich muß das Pferd das alles von selbst unter jedem Reiter bei Zäumung nur auf Trense hergeben. Erfolge auf internationalen Turnieren gelten als der einzig verbindliche Maßstab.
Hier kommt nun jemand, der respektlos alles das in Frage stellt. Der Autor nennt rigoros alle Reit(miß)bräuche beim Namen, die sich bei uns in den letzten Jahrzehnten eingeschlichen haben und läßt sich auch von zahlreichen olympischen Medaillen nicht bestechen. In Bezug auf die Pferdehaltung stellt er sich radikal auf die Seite der Pferde und verlangt Weidehaltung in Herden, wobei er daran erinnert, daß Pferde von Natur aus in der Lage sind, mit dem härtesten, dürftigsten Gras viel besser fertig zu werden als mit fetten, nassen Rinderweiden.
Der Autor ist in der französischen Sprache und Reiterei ebenso zuhause wie in der deutschen. Er ist einer der besten Kenner der Reitliteratur aus fünf Jahrhunderten. In dem gescheit geschriebenen Buch wird versucht, die Meinungen der großen Reitmeister vor dem Hintergrund der (politischen) Geschichte ihrer Zeit zu sehen. Haben aber nicht künstlerische Stile und Moden, das Lebensgefühl einer Zeit, noch größeren, mindestens aber ebenso großen Einfluß auf die Art zu reiten, wie die politische Lage? Es wird deutlich, daß praktische Bedürfnisse von Hirten oder Soldaten nur einen Teil der Reitweise erklären und daß besondere Entwicklungen – eben die Entfaltung einer Reitkultur – aus dem Wunsch zur Selbstdarstellung von Leuten erwuchsen, die ritten, ohne praktische Zwecke zu verfolgen, die also das waren, was man heute Freizeitreiter

nennen könnte.
Das Buch ruft die hohe, heute bei uns fast vergessene Reitkultur Westeuropas ins Gedächtnis. Der Autor schreibt dieser westeuropäisch-nordafrikanischen Reittradition ein Alter von 4.000 Jahren zu. Hierfür liegen jedoch nur spärliche, schlecht oder gar nicht datierte Belegstücke aus Nordafrika und Westeuropa vor, die erst in römischer Zeit (nach dem 3. Jahrhundert v. Chr.) deutlich faßbar werden. Demgegenüber sind die archäologischen und historischen Belege für die frühen Steppenkulturen Osteuropas und Westasiens überaus vielfältig. Sie beweisen Wichtigkeit und Umfang der Reiterei, reichen aber nun einmal nur bis 800 oder gar nur bis 600 v. Chr., also bis in die vorklassische Zeit zurück. Ich weiß auch nicht, ob den Stierkämpfen die Bedeutung zukommt, die ihnen der Autor beimißt. Die Jagd könnte gleichen, das Kriegshandwerk größeren Einfluß gehabt haben. Aber diese Zweifel sind vielleicht gar nicht so wesentlich. Unbezweifelbares spielt eine größere Rolle. Auch wenn es je eine hohe Reitkultur in den Steppen gegeben hat: Was davon übrig ist, sind wilde Reiterspiele, keine ausgefeilte Reitkunst. Die „spanische" Reitweise hat jedenfalls seit 400 oder 500 Jahren der deutschen und österreichischen wie auch der französischen maßgebliche Impulse geliefert. Sie beruhte zu allen Zeiten auf relativ kleinen, beweglichen, ungemein wendsamen Pferden, u.U. mit steiler Schulter, kurzem Rücken, oft bodenenger Stellung. Sie sind nicht besonders schnell (wozu auch ?). Sie haben nicht die gewaltige Trabaktion eines Karossiers (die für keinen praktischen Reitzweck je anwendbar war, sondern lediglich als Beweis für die Richtigkeit diente) , aber sie bieten von sich aus hohe Versammlung an, sind angenehm zu reiten, halten viele Jahre aus und sind leicht zu füttern. Bei guter Ausbildung geben sie auch herrliche, spektakuläre Gänge her: Passagen und Piaffen, bei denen sie die Hufe vom Boden heben, leichtfüßige Pirouetten, die fast vergessenen Schulen über der Erde.
Die Pferde werden auch etwas anders geritten. Statt der kraftvoll „stützenden" Trense und der ständig treibenden, anliegenden Schenkel erwarten sie einen lockeren, gestreckten Sitz, der durch Gewichtsverlagerung fast alles bewirkt, eine am seidenen Faden geführte Kandare. Das Pferd trägt sich selbst, statt dauernder Vorschriften erhält es nur Signale für jede Veränderung.
Man erschrickt beinahe über den Gegensatz, der sich gegenüber den hier landläufigen Meinungen auftut. Alles ganz anders? Ich selbst liege wie die meisten von uns mit meiner Pferdehaltung und meiner Reiterei auch ganz falsch: Ich schwärme für die fließenden, raumgreifenden Bewegungen der Vollblüter, ich träume von langen, schnellen Jagdgalopps, auch von Sprüngen, und ich möchte meinen eleganten Hunter von Zeit zu Zeit auf einem Turnier dem sportlichen Wettbewerb stellen. Ich fühle mich der deutschen Reittradition verbunden und ich habe das Rechteckformat schätzen gelernt. Mein Pferd wird zeitweise in der Box gehalten, weil es das hiesige Klima nicht verträgt. Natürlich kann ich auch die Forderung nicht erfüllen, jeden Tag stundenlang zu reiten. Und doch: Was

hier postuliert wird, paßt bei Licht besehen vorzüglich zu den bei uns nun einmal herrschenden Bedingungen. Wir haben wenig, allzuwenig Raum zur Verfügung. Bei intensiver Landwirtschaft, asphaltierten Feldwegen und einem Waldgesetz, welches dem Reiten außerhalb der Bahnen auch noch den letzten Spielraum nimmt, haben wir einfach nicht die weiten Flächen für einen richtigen Jagdgalopp. Wenn sich Querfeldein- oder Distanzreiten schon auf eigens gebauten Strecken abspielt, bleibt uns doch als Tummelfeld nur noch das vielseitige, leichtfüßige Spiel auf engem Raum. Für hohe Geschwindigkeiten haben wir ja angesichts der Autos auch gar keinen Bedarf mehr.

Was das Reiten anlangt, so findet der aufmerksame Leser in den Schriften der 30er und 40er Jahre das meiste noch genauso verzeichnet wie hier. Die Vorzüge geringerer Größe, eines tragfähigen, kurzen Rückens, der Leichtfutterigkeit und der Wetterhärte wurden damals vom Standpunkt der Gebrauchsreiterei der Kavallerie noch ganz klar gesehen. Die kurze Lebensdauer unserer heutigen Pferde ist nicht gerade ein Beweis für die Richtigkeit unserer Haltung. Wie lange ist es eigentlich her, daß man auch Reitanfänger durchaus einmal auf ein Kandarenpferd setzte, weil es angenehmer geht? Und seit wann hat man vergessen, daß eine richtig geführte Kandare all die Martingale, Schlauf- und Stoßzügel und andere wunderliche Erfindungen bis auf ganz seltene Ausnahmen überflüssig macht? Oder daß man ein Pferd von hinten nach vorn reitet, statt zu allererst den Hals beizuzäumen? Diese Kenntnisse sind doch alle in den Büchern enthalten, die heute noch gelesen werden. Im praktischen Reitbetrieb jedoch ist das alles wie nie dagewesen. Wieso nur?

M.E. ist es höchste Zeit, die in den Jahrhunderten seit der Renaissance gemachten Erfahrungen wieder zu beleben. Der erfolgreiche Turnierreiter höherer Klassen wird wohl keinen Anlaß sehen, seine Praxis zu ändern, denn der Erfolg scheint ihm Recht zu geben. Aber sind wir denn alle hochklassige Sportreiter? Ist denn wirklich für tausende von Reitern der Grand Prix oder die Springprüfung Klasse S das Maß aller Dinge? Nein, höre ich jetzt von vielen Seiten, für uns ganz und gar nicht! Das ist der Chor der „Freizeitreiter".

Bei Licht besehen, fallen wir ja fast alle in diese Kategorie. Aber nur wenige, die zu Pferde Stiefel, Jackett und Kappe tragen und auch schon etwas können, lassen diese Bezeichnung für sich gelten. Von den übrigen meinen allzu viele, ihr Heil läge in der totalen Disziplinlosigkeit oder darin, alles neu zu erfinden, was längst bekannt ist. Andere haben sich von der Reitkunst der Cowboys, vom Western Riding um den Verstand bringen lassen. Teilweise richtig: Man vergleiche den hohen Stand der Reiterei in vielen Wildwestfilmen mit den erbärmlichen Zurschaustellungen deutscher Produktionen. Andererseits werden in Wildwestfilmen auch ganz unsinnige und pferdemordende Dinge gezeigt. Das wahre Können der Cowboys sieht man dort nicht. Die Liebe zu Jeans und die Abneigung gegen weiße Handschuhe mögen ja verständlich sein, aber wir haben hier weder die weite Prärie zur Verfügung, noch Rinderherden zu beauf-

sichtigen. Das Western Riding selbst stammt in gerader Linie von der spanischen Gebrauchsreiterei ab – wie unsere Dressurreiterei auch. Entkleidet man die verschiedenen Reitweisen einmal aller Kostümierungen und aller Sonderentwicklungen, dann bleibt eigentlich immer der gleiche Kern übrig.
Gerade deshalb sollte dieses Buch von allen Seiten ohne falsche Empfindlichkeit gelesen und so verstanden werden, daß es eine Rückbesinnung auf eben dies Gemeinsame und damit eine Annäherung zwischen den allzu weit getrennten Lagern anbahnt. Für viele wird diese Lektüre andere, neue Entfaltungs- und Anerkennungsmöglichkeiten schaffen und vor allem: den Pferden ein besseres Leben!

Holger Preuschoft

I. TEIL

REITER

Am Anfang war das Pferd und der Mensch fing es ein und machte es sich untertan und er hält es sich als Sklaven bis in unsere Tage. Doch das Tier, auf dem er inzwischen thront, heißt zwar noch „Pferd", ist aber längst kein Pferd mehr, sondern ein hyperdomestizierter Bastard aus tierischem Untertan, Lückenbüßer, Prügelknaben, Erwachsenen- und Kinderspielzeug, Geldscheffelmaschine und Statussymbol. Kurz, in Wirklichkeit ist unser Freizeittransportmittel nur noch eine Art Kunstprodukt, das gewisse Träume bindet, jedenfalls längst nicht mehr das Pferd, das einst den Sonnenwagen zog, noch der Schimmel, auf dem Vishnou als Kalki die Welt erlösen wird.

Tatsächlich hat der Mensch dem Pferd im Laufe der Domestizierung (= Verhaustierung) durch Zuchtwahl, Kreuzung, Inzucht, durch das Reiten und Fahren, durch das Kriegführen, Herdenhüten, Jagen, durch das Paradieren wie durch das heutige „Gammeln zu Pferd" nach und nach so ziemlich alles genommen, was es einst zum Pferd gemacht hat: seinen Herdentrieb, seine hierarchische Rangordnung in der Herde und damit seine Ruhe und Selbstsicherheit, seine natürlichen Verteidigungsreaktionen (Wendigkeit, Fluchtreflexe, den Mut zum Bocken, Steigen, Schlagen) wie seine natürliche Willensstärke (Sturheit) und psychische Ausdauer (nochmals Sturheit), d.h. den größeren Teil seiner natürlichen Instinkte. – Wie sonst käme es heute dazu, in Springen, Rennen und auf Distanzritten mehr zu leisten, als seiner Gesundheit bekommt?

Was, kann man fragen, hat das Pferd bei seinem Handel mit Mephisto Mensch gewonnen? Schönverzierte Boxen, Halfterketten, Hoch- und Weitsprungrekorde, Schleifen und Pokale, Pellets statt Hafer, resp. Hafer statt Weide, resp. Weide statt Steppe und Freiheit. . . „Die modernen Reitpferde würden, auf ihre ursprünglichen Steppen entlassen, in kürzester Zeit verenden", heißt es ganz offiziell. Also? – Ihre Instinkte sind sie schon seit langem los und ihre Körper sind für das Steppenleben nicht lebenstüchtiger geworden! Dafür genießen sie nun Haustierstatus in Gefängnissen, die sich Boxen oder Ställe nennen.

„Wer ein Tier domestiziert (= seiner ursprünglichen Natur und Aufgabe entfremdet) oder domestizierte (sich bereits entfremdete) Tiere hält oder weiterzüchtet, ist für deren körperliches und psychisches Wohlergehen und das ihrer Nachkommen im weitesten Sinne des Wortes voll verantwortlich"! – so müßten die Einleitungen zu den Tierschutzgesetzen, Tierzuchtgesetzen, Tierhaltergesetzen lauten. . . Keine Angst, sie tun es nicht! Denn Pferden gegenüber sooo verantwortungsbewußt sind in den letzten 2500 Jahren nur ganz wenige Leute gewesen, die dadurch allerdings als „die großen Reitmeister" in die Geschichte eingegangen sind.

Was, ausgerechnet die alten Knebeler? Warum nicht wir, die wir jeden Monat Hunderte von Mark für die Versorgung unserer Tiere im Reitstall oder in der Haltergemeinschaft ausgeben?

Warum heute tatsächlich kaum ein Reiter – weder Spring-, Renn-, Dressur- noch Freizeitreiter – mehr in die Geschichte des Reitens eingehen kann, auch der Beantwortung dieser Frage ist unser Buch gewidmet. Vorweggenommen sei: es ist bereits drei Minuten nach zwölf, und auch unter den Pferdeleuten mit echtem Pferdeverstand scheinen die meisten längst tief und fest zu schlafen.

1. Kapitel

DIE ERSTEN REITER DER GESCHICHTE

Alles Reiten, das nicht lediglich ein Auf-dem-Pferd-Sitzen oder -Thronen ist, entspringt, geschichtlich betrachtet, einer gewissen Einstellung des Menschen zu seiner Umwelt, insbesondere zum Tier, damit aber auch zu sich selbst, kurz: einer spezifischen Kultur. Es ist daher müßig, als Archäologe nach ersten Trensen oder Sattelbäumen zu graben, um den ersten Reiter zu definieren. Hat dieser uns tatsächlich Wesentliches über seinen Umgang mit Pferden zu sagen, so kann er nur einer Reitkultur entstammen, wenn nicht sogar einem ganzen Reitkulturkreis. Die Suche nach dem ersten Reiter der Geschichte muß somit den Beweis dafür erbringen, daß ein ganzer Stamm oder ein ganzes Volk jahrhundertelang als Reiter nicht nur vor sich hin gelebt, sondern gefühlt, gedacht und damit Kunst geschaffen hat. Klopfen wir deswegen zuerst einmal die Ur- und Frühgeschichte nach Reitkulturen ab, bevor wir daraufhin einzelne geschichtliche Persönlichkeiten auf ihren individuellen Pferdeverstand hin untersuchen.

Vor 60.000 Jahren:	entwickelte sich der Urmensch allmählich zum Menschen. Zur gleichen Zeit existierte das Urwildpferd in einer oder mehreren Formen bereits seit 600.000 Jahren über ganz Eurasien verteilt.
Vor 40.000 Jahren:	bringt es der Mensch auf ein Gehirnvolumen von ca. 1500 ccm und schafft Höhlenzeichnungen und -Malereien zur Beschwörung des Jagdglücks, darunter zahlreiche Darstellungen von Wildpferden vor allem in Südfrankreich und Nordspanien.
Vor ca. 20.000 Jahren:	entstehen in Spanien Ritzzeichnungen von Pferdeköpfen mit Seilhalftern und Felszeichnungen von Pferden, die gehobbelt oder mit dem Lasso eingefangen scheinen. Hinweise auf erste Zähmungsversuche? (d'Andrade, W. 2, S. 24).
Vor 15 – 12.000 Jahren: Spät-Capsien	bilden Ostspanien und Nordafrika (vor allem in ihrer Bildkunst) eine kulturelle Einheit, was darauf hinzuweisen scheint, daß sowohl Spanien als auch Nordafrika von Marokko bis Ägypten von ein- und demselben Menschenschlag bewohnt wird – unterscheiden spanische Höhlenmaler zwischen

	Pferden mit konkaven Schädeln (Nordspanien) und solchen mit leicht konvexen Profilen (La Pileta, Südspanien) (d'Andrade, W. 2, S. 23 u. 24).
Vor ca. 10.000 Jahren: Mittelsteinzeit Mesolithikum	erreicht der Mensch sein heutiges Gehirnvolumen von 1400 bis 2000 ccm. Übergang zur seßhaften Fischerei, zum Ackerbau und zur Tierzucht. – entstehen ostspanische und nordafrikanische (Tassilien) Felsbilder von an Halftern geführten, offenbar gezähmten Pferden und von *Reitern* (Lhotte, Thévenin, Saurel, W. 43, S. 48 u. 49).
Vor ca. 8.000 Jahren:	C. A. Pietrement zufolge Beginn der allgemeinen Domestizierung des Pferdes. Diese Datierung wird von jüngeren Forschern – u.a. Preuschoft – als zu früh angesetzt betrachtet.
Um 5.000 v. Chr.:	Beginn der Jungsteinzeit, des sog. Neolithikums.
Um 4.750 v. Chr.:	„Bauernvölker bringen die westeuropäische Campignien-Kultur über Spanien und Nordafrika bis Ägypten" (Stein, W. 54, S. 16).
im Neolithikum:	entstehen steinerne Hellebarden, eine typische von Fußgängern gegen Reiter eingesetzte Waffe, in Spanien (d'Andrade, W. 2, S. 25). Wurden sie von oder gegen die Campignien-Leute eingesetzt?
Um 4.000 v.Chr.:	„Die westeuropäische Kultur ist kriegerisch-aristokratisch: Stein- und Kupferwaffen, Rundhäuser, Glockenbecherkeramik" (Stein, W. 54, S. 18). Die Glockenbecherkultur dringt von Nordafrika und Südspanien aus bis nach England, Schottland und Dänemark vor.
Im 4. Jahrtausend v. Chr.:	ist ein Einfall blonder, blauäugiger Reiterstämme in Nordafrika und zwar von Mauritanien bis nach Libyen nachgewiesen (Guéneron, W. 18, S. 9).
Im 4. und 3. Jahrtsd.: vor Christus	ist Lhotte zufolge für Tassilien (an der heutigen Grenze zwischen Algerien und Libyen) nachgewiesen: eine erste Jägerkultur, auf die eine Rinderhirtenperiode folgt, welche ihrerseits von der Hirtenkultur mit Kavallerie abgelöst wird. Lhotte schreibt hierzu: „Koexistenz von Streitwagen und Reitern ist außergewöhnlich in der (Fels-)Malerei der Sahara; der Streitwagen (. . .) stammt aus einer späteren Epoche" (W. 43, S. 48 – vergl. Bibliographie). Thévenin schrieb über die Bilder: „Die Felsbilder der Sahara stellen Reiter dar, die ver-

schiedene Tiere verfolgen; darunter solche, die wie das ramsköpfige Rhinozeros in dieser Region seit sehr langen Zeiten ausgestorben sind. Diese Fakten scheinen auf eine sehr frühe Domestizierung eines ‚eingeborenen' Pferdes hinzuweisen" (W. 43, S. 49).

– „Anhaltspunkte für die Domestikation des Pferdes stammen (auch) aus den Steppengebieten der heutigen Ukraine. Dort fand man in Abfallhaufen früherer Bauern und Hirten, die im 4. Jahrtausend vor Christus lebten, (. . .) eine Anzahl von Pferdeknochen. Diese Pferde wurden aber höchstens als Last- und nicht als Reittiere benutzt" (Trippet, W. 61, Geleitwort).

Um 3.000 vor Christus: die „Sintflut" – katastrophale Überschwemmungen und/oder Vulkanausbrüche oder Erdbeben in der „Alten Welt" (östlicher Mittelmeerraum und Naher Osten),

– bedeutende Völkerwanderungen,

– erste Blüte städtischer Hochkulturen in Ägypten, Mesopotamien, Indien, China, Mittelamerika.

Um 2.000 vor Christus: Ausbreitung des pferdebespannten Jagd- und Streitwagens durch die Indogermanen und die Völker, deren Lebensräume sie erobernd durchstreifen (Iranier, Inder, Hethiter, frühe Donauvölker).

Um 1.600 vor Christus: – „Eine politische Umwälzung großen Ausmaßes vollzieht sich. Zum ersten Mal wird die Schnelligkeit bewußt zum entscheidenden Faktor im Kampf gemacht. (. . .) Die rasende Geschwindigkeit der (. . . Streitwagen) erklärt die Plötzlichkeit ihres fast gleichzeitigen Auftretens in weit auseinanderliegenden Gebieten, deren Entfernungen zum erstenmal schwinden. Die Verbreitung des Streitwagens einerseits nach Indien, Vorderasien, Ägypten, andererseits nach Griechenland erfolgt mit deutlichem Streben nach Süden" (Wiesner, W. 63, S. 37 u. 38).

Um 1.500 vor Christus: halbnomadische Viehzüchter nutzen die Steppen

	Eurasiens und sind in ihrer Beziehung zum Pferd damit soweit wie es die Celtiberer Spaniens und die Bewohner Tassiliens 2.000 Jahre zuvor schon waren.
Um 1.350 v. Chr.:	erste Reiterstatuetten als Grabbeigaben in ägyptischen Gräbern.
Um 1.200 v. Chr.	„Das Nomadentum, welches die (neuen) Wanderungen seit 1.200 (v.Chr.) verursacht, dringt weder in Alteuropa, noch im Alten Orient ein, *wohl aber sein Reiten*, . . " (Wiesner, W. 63, S. 83).
Um 1.100 v. Chr.:	Gründung der Stadt Tartessos am Unterlauf oder im Delta des Guadalquivir. „Das Reich Tartessos umfaßte den ganzen Süden Spaniens, vor allem Andalusien, Granada und Murcia. (. . .) Tartessos herrschte über Städte, in denen viele Iberer lebten, die alten vorphönizischen und voretruskischen Einwohner (. . . Spaniens). Dieses tartessische Reich und seine Kultur waren ‚eine wunderbare geschichtliche Erscheinung' " (Lissner, W. 29, S. 173). – Beginn der Eisenzeit – Der Reiterkrieger beginnt in Europa und Vorderasien eine immer stärkere Rolle zu spielen und fördert die Pferdezucht (Stein, W. 54, S. 67); in Spanien und Nordafrika war dies bereits 2.500 Jahre früher der Fall (Lhotte, Thévenin).
Um 900 v. Chr.:	Die Reiternomaden der eurasischen Steppen beginnen mehr und mehr Druck auf den Süden und den Südwesten ihrer ursprünglichen Wohngebiete auszuüben.
814 v. Chr.:	Gründung der Stadt Karthago an der Tassilien vorgelagerten Küste Nordafrikas durch die Phönizier im sogenannten „Numidien".
Um 800 v. Chr.:	besingt Homer in der Ilias zwei spanische Pferde als die schönsten und schnellsten der Welt – besiedeln die Griechen die spanische Ostküste und entdecken die Stadt Tartessos an der Südwestküste, die sie (wahrscheinlich) als „Atlantis" beschreiben (Lissner, W. 29).
Um 700 v. Chr.:	die Phönizier kolonisieren Südspanien.

— Die Kimmerer fallen „als ältestes bisher bekanntes Reitervolk" ins Königreich Urartu im Nahen Osten ein. Die Reitkultur der Iberer und ihrer nordafrikanischen Brüder ist zu diesem Zeitpunkt bereits 3.000 Jahre alt!

Um 500 v. Chr.: Tartessos, die andalusische Stadt, die vielleicht Atlantis war, versinkt sehr plötzlich im Untergrund des sumpfigen Deltas.

— Südspanien gilt als „Hinterland" Karthagos und als Erzlieferant ganz Europas (Silber, Gold, Kupfer, Eisen etc.)

480 – 428 v. Chr.: *Herodot*, griechischer Historiker, Ethnologe, Geograph und Reporter, dem wir bedeutende, auch reithistorische, Dokumente verdanken (W. 22).

430 – 354 v. Chr.: *Xenophon*, griechischer Reiteroberst, Historiker, Philosoph, Hippologe und „erster Reitlehrer" (W. 65).

Was geht aus dieser Zusammenfassung der vorchristlichen Geschichte des Reitens hervor?

Ich fürchte nicht eben viel außer der Erkenntnis, daß wir die ersten Reitervölker nicht mehr länger auf den Steppen Eurasiens suchen dürfen, sondern sie da wahrnehmen müssen, wo sie uns die einwandfrei ältesten und zugleich deutlichsten Zeichen und Zeugnisse ihrer — durch keine ernstzunehmende Streitwagenmode unterbrochenen — Reitkultur hinterlassen haben: im nordafrikanischen Tassilien, in Spanien und Portugal, d.h. oft in Grotten und Höhlen und unter überhängenden Felsdächern im westlichen Mittelmeerraum.

Und wer waren die Träger dieser Reitkultur?

Möglicherweise bereits die Campignien-Leute (um 4.750 vor Christus); wahrscheinlicher erst die im 4. Jahrtausend sich in Nordafrika beritten ausbreitenden „blauäugigen Blonden", die auch Spanien und Portugal bewohnten, die jedenfalls die Stammväter der später so berühmten Garamanten, Nazamonen, Tuaregs und Kabylen wurden, d.h. der Nation der Berber oder Numiden, welche die Griechen auch die libysche nannten. Sie waren ziemlich sicher frühe Kelten, auf jeden Fall über Spanien eingewandert und wirkten in der Folge mit den in Spanien zurückgebliebenen Stammesbrüdern zusammen kulturell nach Norden zurück. Dr. Ruy und Fernando d'Andrade, zwei portugiesische Historiker und Hippologen, nehmen an, sowohl die Megalith- als auch die Glockenbecher-Kultur habe sich von Nordafrika und Südspanien aus überhaupt nur dank numidischer und iberischer Reiter und Pferde so weit und so einflußreich nach Nordwesteuropa ausbreiten können. Fest steht — vor allem seit Lhottes Entdeckung der Felsbilder in Tassilien und deren Analysen – daß die Geschichte des Reitens nicht wie bisher angenommen gerade eben dreitausend Jahre, sondern schon stolze 6.000 Jahre alt ist und daß die ersten Reiter nicht – wie bisher geglaubt – ihre Pferde auf den Steppen nur eben laufen ließen, sondern diese viel wahrscheinlicher schon sehr gekonnt auf Wendigkeit und Biegsamkeit hin ritten, denn anderes läßt die Landschaft weder in Spanien, noch in Tassilien zu. Letzterem verdanken wir auch, daß die Streitwagenmode sich hier nie nennenswert einbürgern oder sogar die Entwicklung der Reitkultur unterbrechen konnte.

Tatsächlich liegen beide Gebiete, die wie gesagt seit jeher eine kulturelle Einheit bildeten, weil sie durch den gleichen Menschenschlag besiedelt worden waren, nahezu ausschließlich als Bergketten und von Schluchten zerklüftete Hochplateaus, tiefe, enge Täler und mit Felsbrocken übersäte Wadis in der Mittelmeersonne. Regionen, in denen Streit- oder Jagdwagen mit Vorteil einzusetzen gewesen wären, gab es in Nordafrika nur außerhalb der bewohnten Gebiete; auf der iberischen Halbinsel nur in den Deltas der großen Flüsse. Die Natur gewährte ihren ersten aktiv reitenden Kindern noch einen Vorteil mehr: sie erhielt ihnen in Tassilien wie in Spanien das Urwildrind und damit eine unschätzbare Möglichkeit, ihrer Pferde Wendigkeit, Mut und Ausdauer auszubilden, weiterzuentwickeln und in Kondition zu halten.

Der Urstier war ein gefährlicher Gegner, der mit den Pfeilen aus den archaischen Jagdbogen zwar zu verletzen, jedoch kaum jemals an Ort und Stelle zu töten war. Verletzt aber lief er dem Jäger fort oder griff ihn kurzerhand an. Als Wild interessant wurde der Wildstier somit erst, als der archaische Jäger Reiter geworden war. Nun spickte ihn dieser nicht nur mehr mit kostbaren Pfeilen, sondern stellte ihn vom Pferd aus mit der Lanze. Gelang dies dem Reiter allein, d.h. ohne nennenswerte Hilfe seiner Brüder, aber vor deren Augen, so wuchs sein Ansehen als Jäger und Reiter sowie als Pferdeausbilder und Pferdebesitzer, ja selbst als Pferdezüchter nahezu ins Mythische: der Stierkampf draußen, auf freier Wildbahn, wurde so allmählich zu einer Mannbarkeitsprobe, die Ausbildung des Reiters und des Pferdes daraufhin zum Mannbarkeitsritus; kurz, die Stierjagd zu Pferd wurde im gesamten Raum des ibero-numidischen Kulturkreises zum Stier- und Pferdkult.

Betrachteten die eurasischen Steppenvölker zu diesem Zeitpunkt das Pferd, das sie als Halbnomaden in ganzen Herden hielten, vorwiegend noch immer als bloßen Fleisch- und Hautlieferanten, Milchproduzenten und als Tragtier, so galt es für den Ibero-Numiden bereits als ein Statussymbol und stellte den Beweis für dessen Wert als Mensch und Reiter dar. Gehörte das Pferd somit bei den Ahnen der Skythen vor allem zum Hausviehbestand, so war es beim Ibero-Berber bereits ein fester Bestandteil seiner kulturellen Persönlichkeit als „Hidalgo", Reiter, Stierkämpfer und Pferdezüchter.

Bereits vor 3.500 Jahren züchteten die Ibero-Berber so die besten Reitpferde der Welt. Geritten wurden ausschließlich Hengste. Die Stuten blieben der Zucht vorbehalten. Die Iberer holten sich letztere aus Nordafrika; die Berber ihre Zuchthengste aus Spanien. So vermieden sie beide die Inzucht. Die Iberer gaben ihren kleinen, kurzen und wendigen Asturconen (im heutigen Camargue-Pferde-Typ) dadurch mehr Größe, Temperament und Schnelligkeit, die Berber ihren ramsköpfigen Rennern mehr Masse, Kürze der Lenden und Wendigkeit. Gewinner waren beide Teile.

Es ist geschichtlich gesichert, daß die Vorfahren der heute noch hellhäutigen und manchmal noch blauäugigen Tuaregs und Kabylen und der Bewohner Nefousahs, Geffaras, Ghadamès', Hons und Soknas in Libyen in vorchristlicher Zeit als die geschicktesten, gefürchtetsten und die meistgesuchten Reiterkrieger schlechthin galten, verdingten sie sich doch zur Zeit von Christi Geburt schon seit zweitausend Jahren regelmäßig als Söldner an nahezu alle Armeen der damaligen Mittelmeerwelt.

Bereits in vorphönizischer Zeit hatten die Berber äußerst originelle Kampfreitweisen und Kriegstaktiken entwickelt, die sie in der Folge immer wieder abwandelten, um den Gegnern überlegen zu bleiben. Sie ritten ausschließlich zaum-, zügel- und sattellos und lenkten ihre Pferde angeblich nur durch leichtes Antippen der Schultern mit dem Wurfspeerende (Livius, W. 44, S. 189). Dennoch verstanden sie ihre Tiere mitten im Angriff aus rasendem Lauf sehr plötzlich anzuhalten. Ja, ihre ureigenste Kriegstechnik basierte geradezu auf diesem Kunstgriff. Als lang auseinandergezogene Reiterkette griffen sie die Gegner in voller Karriere an, brachten ihre Pferde knapp vor der Grenze zur Reichweite der gegnerischen Wurfspeere sehr abrupt zum Stehen und nutzten so das physikalische Beharrungsvermögen, d.h. den Schwung ihrer Pferde, ihrer Selbst und ihrer Wurflanzen, um letztere umso weiter in die feindlichen Reihen zu katapultieren.

Dem römischen Geschichtsschreiber Livius zufolge, kämpften sie häufig mit zwei Pferden pro Reiter. Das zweite hielt durch Ausschlagen, Beißen und Bokken dem berittenen Krieger die (schwächere) linke Seite frei und diente ihm zur Flucht oder zum Weiterkämpfen, wenn das erste Reitpferd verletzt wurde oder fiel (Schlieben, W. 44, S. 197). – Livius berichtet noch von einer anderen Kriegslist der Berber. Begegnete eine numidische Aufklärergruppe einem stärkeren feindlichen Reitertrupp, so ließ sie ihn recht nahe an sich herankommen, tat dann plötzlich so, als könne sie die zügellosen Pferde nicht mehr halten, ließ diese „durchgehen", riß die Pferde der Verfolger mit, die oft wirklich nicht mehr zu halten waren, hielt daraufhin unvermittelt abrupt an und versuchte, die Verfolger im Vorbeirasen aus den Sätteln zu stoßen. Oder sie lenkte ihre angeblich durchgehenden Pferde zu irgendeinem Hinterhalt, Graben oder einer Schlucht, hielt davor wieder abrupt an und ließ die Verfolger an sich vorbei in den Abgrund springen. Stets siegten die Berber nur durch die Überlegenheit des Ausbildungsniveaus ihrer Pferde und ihrer eigenen Reitkunst.

Erst im letzten Jahrtausend vor Christus zogen die iberischen Brüder allmählich mit ihnen gleich, obwohl sie von Anfang an Zäume und Zügel benutzten und sich mehr auf den Reiternahkampf spezialisierten, als auf das Wurfspeerschleudern. Die Armeen rund um das Mittelmeer versuchten jedenfalls von nun an, sowohl Berber als auch Iberer anzuwerben oder beide gegeneinander auszuspielen, was anscheinend nur selten gelang.

Im Jahre 814 v. Chr. gründeten die Phönizier an der dem tassilischen Stammland der Berber vorgelagerten Mittelmeerküste eine befestigte Stadt: Karthago. Von hier aus kontrollierten sie in der Folge die Meerenge zwischen ihrer Festung und Sizilien und sicherten sich damit ein Handelsmonopol im gesamten Raum des westlichen Mittelmeeres. Die Karthager selbst wurden in kurzer Zeit zu „abgeklärten, weisen, man möchte fast schon sagen, etwas übersättigten Menschen" (Lissner, W. 30, S. 414). „Die wohlhabendsten Familien machten die Gesetze und führten die Politik. (. . .) Für Gold und Silber baute man Schiffe, warb man Ausländer als Soldaten an, Söldner, die sich für die reichen Herren von Karthago den Kopf abschlagen ließen, . . " (W. 30, S. 415). Die stolzen Berber erlagen wie oft in solchen Fällen, Stamm um Stamm, der Anziehungskraft der Stadt. Karthago übernahm sie gegen Geld und Tand als Söldner in das stehende Heer. Im Laufe der darauffolgenden Jahrhunderte verlor ihr Name mehr und mehr an Klang und Ansehen, bis sie schließlich als Karthager galten. Von da an hießen nur noch ihre Pferde „Numiden" oder „Berber", und ihr Land wurde unter den Römern zum Remontendepot der römischen Kavallerie.

Im Reich Tartessos indessen, im südiberischen Andalusien, verhielt man sich den phönizischen Kaufleuten gegenüber vorsichtiger. Zwar trieb man Handel mit ihnen, ließ sie aber kaum jemals von den Umschlagplätzen der Küstenstädte ins Hinterland ein. Anfänglich und solange die Phönizier den Eindruck hatten, die Iberer ließen sich von ihnen leicht betrügen, fanden sie sich mit dieser „Handelsbeschränkung" ab. Dann aber schickten sie immer häufiger kleine Reitergruppen, die erst nur das Hinterland erkundeten, dann die in der Mancha hausende Urbevölkerung gegen die Tartesser aufwiegelten, die Iberer gegen die an der Ostküste wohnenden Griechen, die Griechen gegen die Aragoneser, die asturischen Kelten gegen alle zusammen. . . Tartessos, wollte es in seinem glücklichen Reich die Ordnung aufrecht erhalten, hatte den phönizischen Freischärlern zu begegnen. Der tartessische Adel ritt von nun ab, statt auf die Stierjagd, auf Streifzüge gegen die phönizischen Banditen. Seine Kampftaktik blieb dieselbe wie die, welche er seit Jahrhunderten den Wildstieren gegenüber bis zur Perfektion geübt hatte: der Überraschungseffekt des ersten Zusammenpralls mußte den Gegner lähmen, dann wurde er mit der Lanze oder dem Schwert niedergemacht; aus dem Stierkampf wurde der sogenannte „Gineta-Kampf".

Obwohl der Iberer sein Pferd aufzäumte und möglicherweise sogar bereits um die letzte Jahrtausendwende vor Christus eine Art Sattelkissen erfunden hatte, mußte er wegen des Schildes an seinem (linken) Zügelarm und wegen der Belegung seiner rechten Hand mit den beiden Speeren oder dem Schwert sehr früh von seinen nordafrikanischen Brüdern lernen, in entscheidenden Augenblicken, nämlich immer dann, wenn es um Zentimeterpräzision ging, ganz ohne Zügelhilfen auszukommen. So scheint er jedenfalls schon im 6. und 5. Jahrhundert v. Chr. sowohl als Stierkämpfer als auch als Gineta-Kämpfer mit heute geradezu sagenhaft anmutender Genauigkeit, Durchlässigkeit und Wendigkeit geritten zu haben.

Um 500 v. Chr. versank die glückliche Stadt Tartessos ziemlich unvermittelt im sumpfig-schlammigen Untergrund der Mündung des Guadalquivir (wohl ähnlich wie heute die Stadt Venedig) und mit ihr die Ausstrahlung der tartessischen Kultur. Die Landbevölkerung Andalusiens, der Sierra Morena, des Alentejos und Murcias erstarrte seelisch, als ginge die ganze Welt unter und setzte daraufhin weder den Phöniziern, noch später den Römern, noch später den Mauren nennenswerten Widerstand entgegen. – Was waren denn goldgierige Banditen, Seeräuber und selbst Kolonisatoren neben dem spurlosen Verschwinden einer Stadt, eines Reiches, einer ganzen Hochkultur?

Das inhärente Wissen um den Untergang wurde zu einem wesentlichen Charakterzug des Südspaniers. Von nun an feierte er Leben und Tod und das Ebennochmal-Davongekommensein in ein und demselben Ritus: im Stierkampf, in dem der Stier den Urgrund des Seins und die Urbestimmung allen Lebens, den Tod, symbolisiert; der Stierkämpfer und sein Pferd hingegen die lächerlich geringe Macht des Individuums und das Leben als Anpassung und Kompromiß dem von der Natur vorgezeichneten Weg zum Untergang gegenüber. . . „viva la muerte" – „es lebe der Tod"! – Der Südiberer wurde „introvertiert". Wer extravertiert blieb, floh seine Heimat und verdingte sich als berittener Söldner mit eigenem Pferd an den meistbietenden Kriegsherrn.

Xenophon beschreibt so 369 v. Chr. in seiner „Hellenika" (Buch VII) fünfzig iberische Söldner, die von den Spartanern gegen die Athener angeworben worden waren und durch ihre originelle Kampfweise die Gegner nicht nur völlig aus dem Konzept und durcheinander brachten, sondern die Schlacht sogar für die Spartaner entschieden. . . fünfzig iberische Reiter gegen mehrere Hundert Fußsoldaten und athenische Reiterei. . .

Kommen wir zur eingangs gestellten Frage zurück, wer waren die ersten Reiter der Geschichte, so dürfen wir nun, seit der archäologischen Erschließung Tassiliens und Spaniens, endlich gesichert, wenn auch abweichend von der bisherigen Meinung antworten: die ersten Reiter der Geschichte waren nordafrikanische und iberische Steinzeitjäger, die, im Unterschied zu anderen, sich möglicherweise zur gleichen oder zu einer späteren Zeit als Reiter versuchenden

Jägern oder Halbnomaden, das Reiten aus geographischen, jagdtechnischen, kulturellen und politischen Gründen sehr schnell perfektionierten, bis in die geschichtliche Zeit herüber beibehielten und es so weiter kultivierten, daß bereits im letzten Jahrtausend vor Christus Ansätze zur Reitkunst in Erscheinung treten, d.h. echt kultiviertes Reiten zu einer Zeit, in der die berühmt-berüchtigten vordem „ersten Reitervölker" der Steppenzone Eurasiens ihre Pferde im Galopp noch nicht einmal zu wenden verstanden.

2. Kapitel

XENOPHON (430 – 354 v. Chr.)

Xenophon, der „Vater der Reitkunst", den jeder Reitanfänger kennt, ist in Wirklichkeit eine beinahe ebenso „legendäre" Erscheinung wie sein eigener Reitlehrer, Simon von Athen, dessen Buch verloren gegangen ist. Beiden wird dennoch seit Jahrhunderten, wenn nicht bereits seit Jahrtausenden, ein Reitkunst-Verständnis zugeschrieben, das sie mit dem besten Willen nicht haben konnten, weil sie:

1.) Griechen waren und die Griechen, wie später die Römer, auf keinerlei eigene Reitkultur zurückgreifen konnten, somit auch keine eigenständige Reitkultur besaßen wie z.B. die Perser im Osten, die Berber im Süden und die Iberer im Westen;

2.) als Zaum eine Art Wassertrense benützten, welche die Pferde im Hals aufrichtete, den Pferdekopf jedoch in der Waagerechten hielt und so die Tiere veranlaßte, in versammelten Übungen den Rücken nach unten „wegzudrücken", was die Reiter wiederum bewog, sich möglichst weit nach hinten, nahezu auf die Kruppe zu setzen oder sich in den „leichten Sitz" zu begeben, also mit den Oberschenkeln zu klemmen, was nochmals jede pferdegemäße Versammlung ausschließt;

3.) Pferde ausschließlich für militärische Zwecke kauften, zureiten und ausbilden ließen, hielten, warteten und ritten, teils in der Hoffnung, der Krieg, auf den sie hin trainierten, würde nie stattfinden, teils in der Überzeugung, fände er dennoch statt, so werde die Regierung eilends fremde berittene Söldner anwerben;

4.) als „Pferdematerial" im großen Ganzen nur leichte, elegante, rechteckige Pferde mit viel Tarpanblut zur Verfügung hatten, d.h. Pferde, die damals bereits seit mehr als einem Jahrtausend für den Dienst vor dem schnellen Streitwagen gezüchtet worden waren und so nie echte Reitpferdequalitäten besaßen.

Und dennoch lohnt es sich, Xenophons Werke, besonders die „Anabasis", „Peri Hippikès" (Über das Reiten) und den „Hipparchikos" (Über die Aufgaben eines Reiterführers) nicht nur zu lesen, sondern zu studieren. Zwar fehlt Xenophon die „subjektive Objektivität" seines Beinahe-Zeitgenossen Herodot (ca. 480–428 v. Chr.), dem wir ebenfalls eine Fülle von Angaben über das Reiten und Fahren in der Alten Welt verdanken, doch zeichnet er sich dafür, als Freund und Schüler des Sokrates, durch etwas mehr Menschlichkeit und Individualismus – auch den Pferden gegenüber – aus.

Xenophon wurde wahrscheinlich im Jahre 430 v. Chr. als Sohn des Edlen Gryllos in Athen geboren. Zwischen seinem zwanzigsten und dreißigsten Geburtstag gehörte er zur Kaste jener aufgeweckten „Playboys", die bei Sokrates ein und aus gingen, um in philosophischen Disputen reden, zuhören und denken zu lernen. 401 v. Chr. reist Xenophon nach Kleinasien, lernt dort den jüngeren Kyros kennen und nimmt mit ihm am Aufstand gegen dessen Bruder, den persischen König Ataxerxes II, teil. Kyros fällt in der Entscheidungsschlacht, doch seine vorwiegend aus griechischen Söldnern bestehende Armee gewinnt den Kampf. Die griechischen Söldner wählen Xenophon zum neuen Anführer, indem sie ihn bitten, sie in die Heimat zurückzugeleiten. – Dieser Rückzug von Kunaxa in Babylon durch ganz Kleinasien und Armenien bis zum Schwarzen Meer bildet den Gegenstand der „Anabasis" und stellt den Bericht über einen der ersten und längsten „Wanderritte" der Geschichte dar; über die Reit-Wanderung einiger hundert Reiter und über zehntausend Mann Fußtruppen. Das Unvorstellbare gelingt. Xenophon bringt das Heer bei geringen Verlusten heil über die 5.500 Kilometer lange Strecke und wird dafür in Athen im Sterbejahr seines Freundes Sokrates, 399 v. Chr., mit Verbannung aus seiner Vaterstadt bestraft; nicht Kyros, sondern Ataxerxes II. war zur Zeit der Favorit Athens. Xenophon flüchtet nach Kleinasien zurück und gewinnt dort die Freundschaft Agesilaos', des Königs der Spartaner in Kleinasien. 394 v. Chr. nimmt Xenophon an der von Agesilaos geführten Schlacht der Spartaner gegen die Athener und Thebaner bei Koronea teil, bei welcher der für ihn glückliche Ausgang von nur fünfzig iberischen Reitern erfochten wird. Hierfür zollt ihnen Xenophon gehörigen Respekt. Später wird er sie und die Berber jedenfalls sowohl als Soldaten als auch vor allem als Reiter und Pferdeausbilder der Regierung seiner Vaterstadt empfehlen: „Ich behaupte ferner, daß mit der Götter Hilfe die Gesamtzahl der Reiterei viel schneller und weit leichter für die Bürger auf volle tausend Mann gebracht werden könnte, wenn sie zweihundert Barbaren (= Berber und Iberer) annähmen. Denn wenn diese hinzukämen, würde die ganze Reiterei mehr Gehorsam und mehr Wetteifer in ihrer Tapferkeit zeigen" (aus: „Der Reiteroberst", W. 65B, S. 138 u. 139).

Seit der Aufhebung seiner Verbannung im Jahre 369 v. Chr. ist Xenophon zur grauen Eminenz der Griechen geworden. Von seinem Landgut Skillus bei Olympia aus, das ihm Agesilaos geschenkt hat, berät er die Spartaner, Athener, Thebaner und jeden, der auf ihn hören will: Politiker, junge Philosophen, Wirtschlaftler, Heerführer, Reiter, mündlich und schriftlich mit Werken zur hellenischen Geschichte, einem philosophischen Werk über die Macht, drei Werken über Sokrates, einem Buch zur Staatsökonomie, einem über die Jagd und dem, welches uns hier am meisten interessiert, dem „Peri Hippikès", dem Buch „Über das Reiten" (W. 65A). In diesem Werk erweist sich Xenophon nicht nur als ausgezeichneter Hippologe, der sowohl von der Pferdezucht als auch von der Pferdehaltung und -Wartung und vom Reiten viel versteht, sondern auch und vielleicht vor allem als weiser Menschenkenner und großartiger Reitlehrer.

Wie die meisten guten Reitlehrer nach ihm, fixiert er dem Schüler zuerst einmal ein – oft noch nicht einmal ganz begreifbares – Fernziel, um sicher zu gehen, daß der Schüler unterwegs auf dem richtigen Weg bleibt und in seinem Eifer nie nachläßt (nämlich das Paradereiten in Anfängen der Versammlung, im passageartigen Schwebetrab und das redoppartige Courbettieren im alten Sinn des Wortes – vergl. Register). Dann führt er ihn behutsam vom ersten Aufsitzen Schritt für Schritt bis zum kriegerischen Manöver, das für ihn, den alten Reiteroberst, den Höhepunkt alles reiterlichen Sichbemühens darstellt. Reiten heißt demzufolge für ihn, als Reiter seine Heimat wirksam verteidigen zu können. Bringt es einer dann noch weiter, d.h. so weit, daß er sein Pferd als Sieger heimkehrend vor der versammelten Menschenmenge Passage treten lassen kann, wie es die Iberer nach jedem einzelnen Angriff mitten im Kampf zu tun pflegen, so hat dieser bereits den reiterlichen Olymp erklettert. . . Aber soweit, weiß Xenophon durchaus, wird es kein Athener und kein Grieche je bringen. Darum geht es ihm beim Reitenlehren auch nicht wirklich. Viel wichtiger ist ihm, dem Pädagogen, den Reitschüler zu ermutigen, sich ernsthaft mit dem Pferd zu beschäftigen; es bestimmt, aber rücksichtsvoll, zielbewußt, aber geduldig, sich also freundlich durchsetzend zu behandeln, zu warten und zu reiten, um so nicht nur schnell ein guter Reiter zu werden, sondern ebenso schnell ein guter, rücksichtsvoller und verlässlicher Staatsbürger, mit dem man auch in schlechten Zeiten rechnen kann.

Xenophon kannte anstelle des Sattels nur die griechische Reitdecke und von den Iberern und Persern eine Art Sattelkissen, das auf dem Pferd festgeschnallt wurde. Ebenso rudimentär waren seine Kenntnisse über Gebisse und deren Wirkungen. Er benützte zwei verschiedene walzenförmige, gebrochene „Wassertrensen", die eine glatt, die andere stachelbewehrt. Dazu kam ein sogenannter „Zügelriemen", der auf der Nase vorne oder unter dem Kinn hinten in den Nasenriemen (das heutige Sperrhalfter) eingeschnallt und allein (z.B. beim Aufsitzen) oder mit den Trensenzügeln zusammen geführt wurde. Am Zügelriemen wurden die Pferde unterwegs auch angebunden. Die Trensen, vermutete er, wirkten auf den Unterkiefer und zäumten die Pferdeköpfe bei, was wohl nicht einmal mit Gewalt gelang. Er verbot deshalb jegliche „feste Anlehnung" (vergl. Reg.) und duldete nur Reiter mit feinen und feinsten Zügelhilfen, also mit besonders leichten Händen. Das Ergebnis waren die steil aufgerichteten Hälse und waagrechten Pferdenasen, die wir aus den griechischen bildlichen und plastischen Darstellungen (vergl. Tafel II Bild 3) kennen. Diese hohen Köpfe suchte Xenophon daraufhin beizuzäumen, indem er den Pferden die Stachelrolle ins Maul legte bis sie in den Genaschen nachgaben, worauf er ihnen als Belohnung für das Nachgeben gleich wieder das glatte Gebiß zugestand. Wie weit er mit dieser Methode gelangt ist, wissen wir leider nicht, denn daß er einen passageähnlichen Schwebetrab und redoppähnliches Courbettieren (vergl. Reg.) beschrieben hat, heißt noch nicht, daß er beides auch regelmäßig herausritt oder von seinen Schülern herausreiten ließ. Wahrscheinlicher ist, daß er beides den Iberern abgeguckt und für seine Schüler nur als Fernziel formuliert hat.

Ob ja oder nein ist letztlich auch kaum von Bedeutung. Viel instruktiver für uns ist z.B. zu erfahren, daß auch schon Xenophon kategorisch gegen alles eigene Zureiten war. Dazu reichte die Reitfertigkeit des Durchschnittsgriechen sowenig aus, wie die des heutigen Sport- und Freizeitreiters.

Tatsächlich gibt es auf der ganzen Welt wohl keinen einzigen Reiter in dem Alter, in dem gerade das Zureiten lockt und juckt, der bereits fähig wäre, ein Pferd auch nur annähernd pferdegerecht korrekt auszubilden. Was er ihm hingegen beibringen kann, das sind all seine eigenen „handwerklichen" Fehler und Unzulänglichkeiten, seine eigene Ungeduld und seine Verkrampfungen. Xenophon empfiehlt denn auch, die Zeit, in der man sein Pferd einem Berufszureiter anvertraut hat, zu nutzen, um schleunigst all das auf einem anderen, fertig ausgebildeten Tier zu üben und zu verfeinern, was das Jungpferd nach seiner Ausbildung können wird: „Wie man das Jungpferd erziehen soll, brauche ich gar nicht erst zu beschreiben (,. .). Viel wichtiger erscheint es mir (. . .) für den Jüngling (, . .) sich um das Erlernen des Reitens im eigentlichen Sinn zu bemühen, als den Bereiter und Abrichter ungerittener Jungpferde zu spielen (. . .). Wer so wie ich über das Abrichten des Jungpferdes denkt, wird es auf alle Fälle aus dem Hause geben" (W. 65A, S. 29 u. 30).

Was machte nun Xenophons „Reiten im eigentlichen Sinne" aus?

Xenophon kannte die drei Gangarten des Pferdes; Schritt, Trab und Galopp und deren Fußfolgen. Er unterschied bereits zwischen Linksgalopp und Rechtsgalopp und galoppierte seine Pferde entsprechend richtig an. Von den Berbern und Iberern kannte er das plötzliche Anhalten aus voller Karriere, das ebenso plötzliche Wenden aus dem Stand und das Wieder-Ansprengen zu voller Karriere,das später in der italienischen Renaissance viel geübt und „Repellon" genannt wurde (vergl. Register). Amerikanische Western-Reiter kennen es heute noch als

„Stop-'nd-run". „Nach schnellem Lauf soll man so kurz als möglich stillehalten, lieber gleich vom Stand aus wenden und wieder eilig zurückreiten" (W. 65, S. 57). Obwohl er ausdrücklich verlangt, die Pferde in Kurven zu versammeln, scheint er seine Tiere bei kurzen Wendungen eher herumgeworfen, als gebogen gewendet zu haben. Jedenfalls warnt er davor, dem Pferd je „eine schiefe Richtung" zu geben, da anderenfalls die geringste Ursache ausreiche, „Reiter und Pferd stürzen zu lassen" (W. 65A, S. 56).

Über den Sitz zu Pferd schreibt er: „Aber einen Sitz wie auf einem Sessel, also mit hochgezogenen Knien (wie jener der meisten heutigen Reiter) kann ich durchaus nicht loben. Richtig sitzt der Reiter, wenn er mit beiden Schenkeln gespreitzt aufrecht, als ob er steht, auf dem Pferde sitzt" (W. 16A, S. 53), also im sogenannten „leichten Sitz" der heutigen Distanzreiter, welchen seine Griechen, damals ja noch ohne Bügel reitend, wohl kaum je lange durchgehalten haben. Aber um Ausdauer scheint es ihm dabei auch nicht gegangen zu sein, sondern allein „um festeren Oberschenkelschluß" und um „mehr Kraft, vom Pferd herab den Wurfspieß zu schleudern oder auf die Feinde einzuschlagen" (W. 65A, S. 53).

Im Gelände trainierte Xenophon die Pferde auch im Springen und zwar in der gleichen Art und Weise wie heute noch „eingesprungen" wird: „Will (das Pferd) aber nicht hinübersetzen, so schlage ein Reitknecht mit einer Peitsche oder einem Stock recht kräftig dem Pferd auf das Hinterteil (, . .)" und ist es so ans Springen „gewöhnt" worden, so „sporniere es (der Reiter vor dem Sprung) leicht aber plötzlich. Ebenso gebrauche er wieder die Sporen, wenn es lernen soll, in die Höhe oder Tiefe zu springen" (W. 65A, S. 60).

Beschäftigen wir uns mit dem Pferdetyp, der den Griechen zu Xenophons Zeit zur Verfügung gestanden hat, so stoßen wir auf einen Ferus-Abkömmling mit viel Tarpanblut, der vor allem auf Schnelligkeit gezüchtet wurde und sich vor dem Streit- und Rennwagen entsprechend bewährte, wie die schriftlichen und bildlichen Darstellungen und der Umstand beweisen, daß bei den Olympischen Spielen der höchste Ruhm nur als Rennwagenpferdebesitzer oder -Lenker, nie als Reiter oder Reitpferdebesitzer zu erlangen war (Schlieben, W. 44, S. 214–229).

Das edele, feingliederige Rennpferd mit langem Rücken, das sein und das vor dem Wagen zu ziehende Gewicht vor allem auf die Schultern und Vorderbeine übernimmt, um die Hinterhand für stärker schiebende, größere, mehr und mehr Raum greifende Sprünge frei zu bekommen, war in der Tat wohl das schnellste Pferd bereits auch der Alten Welt, damit jedoch alles andere, als das idiotensichere, wendige Reitpferd, das Xenophon für seine reitenden Bürgersoldaten nicht nur wünschte, sondern dringend brauchte, da er von den Berbern – wohl etwas vorschnell – deren Kampftaktik übernommen hatte: die Beschleunigung des Wurfspeeres in rasendem Galopp und dessen Abschnellen durch abruptes

Anhalten. So schreibt er denn auch, er ziehe kurze Pferde mit hoher natürlicher Aufrichtung den langen, flachen, schnelleren vor. Aber woher sollte er solche bekommen? Kein Berber oder Iberer war jemals bereit, eines seiner Pferde freiwillig abzutreten! Dafür wuchs nun der Ruhm der iberischen Pferde und wuchs und wuchs. . .

Xenophons Ruhm wuchs in den folgenden Jahrtausenden ebenfalls, jedoch vor allem unter Philosophen, Sokratesverehrern, frühen Humanisten und „Volkserziehern", d.h. beinahe ausschlließlich unter Intellektuellen, die ihn als Schriftsteller höher schätzten, denn als Reitlehrer und dies nicht zu unrecht.

Was er in seiner „Reitkunst" als Hippologe berichtet, stammt in der Regel und seiner eigenen Aussage zufolge von Simon von Athen, seinem Lehrer, oder stellt ganz einfach Binsenwahrheiten dar. Bei der Pferdehaltung legt er großen Wert darauf, daß „der Stall in einem solchen Teil des Hauses liegt, wo der Herr das Pferd täglich sehen kann" (W. 65A, S. 38). – Das Herz des Freizeitreiters schlägt sogleich höher: ging es Xenophon etwa auch schon um das Zusammenleben mit dem Pferd; war er somit bereits einer der unseren?

Xenophon fährt fort: „Gut ist es auch, wenn der Stand so eingerichtet ist, daß es ebenso unmöglich ist, das Futter des Pferdes aus der Krippe zu stehlen als die Nahrung des Herrn aus der Vorratskammer" (W. 65A, S. 38). – Nur deswegen also will er sein Pferd dauernd im Auge behalten?! – Irgendwie erscheint einem dieser Vorwand für die Pferdehaltung „am Haus" schließlich sogar typisch für die gesamte Pferdefreundlichkeit des „Vaters der Reitkunst". Ihm geht es nicht vordringlich um das Wohl des Pferdes, sondern einerseits darum, von seinen Pferden nicht „gestört" zu werden, andererseits darum, sich als der große Denker, der er ist, mit seiner Pferdehaltung nicht zu blamieren. Unfälle und Krankheiten, Schwierigkeiten und Widersetzlichkeiten, weiß er, „stören" den Alltagsablauf eines Pferdebesitzers immer. Deswegen denkt er sich ein System der Pferdebehandlung aus, das unangenehme Überraschungen weitgehend auszuschließen versucht. Für seine Pferde ist dies gleichgültig. Ihnen geht es gut, ja wohl sogar weit besser, als es ihnen anderswo im damaligen Griechenland gegangen wäre. Nur für die Pferdehaltung der meisten späteren Reiter zeitigte seine so kühle Einstellung viele böse Folgen. Sie gewann nämlich nach und nach jene Alibi-Funktion, die sie auch heute noch genießt, und die in der Phrase kulminiert: „Ich bezahle für mein Pferd so und so viele hundert Mark im Monat an den Reitstallbesitzer; besser kann es dem Tier also nirgendwo und bei niemandem anderen gehen!"

Xenophon schreibt weiter: „Überall, wohin (der Knecht das Pferd) ungezäumt führen will, muß er ihm stets den Maulkorb anlegen, denn der Maulkorb hindert es nicht zu atmen, hindert es aber am Beißen" (W. 65A, S. 42). Könnte der große Xenophon nicht mit mehr Grund „pferdefreundlich" genannt werden, wenn er sich so früh, so oft und so konsequent mit seinem Pferd beschäftigt hätte, daß dieses sich das Beißen gar nie erst angewöhnt hätte?

Seine „ganze Reitkunst" zusammenfassend, schreibt er: „Wenn man aber jedesmal, wenn das Pferd etwas tut, wie man es von ihm haben will, ihm einen Gefallen erweist, dagegen, wenn es ungehorsam ist, es straft, so wird es so am besten lernen, seine Schuldigkeit zu tun. Dies ist zwar leicht dahingeredet, ist aber Inhalt der ganzen Reitkunst" (W. 65A, S. 64). – Wenn „Zuckerbrot und Peitsche" wirklich „den Inhalt der ganzen Reitkunst" Xenophons ausmachten, so muß es um diese schlußendlich traurig bestellt gewesen sein. Und mit hoher Wahrscheinlichkeit war dem tatsächlich so, verweisen doch selbst Grisone und Newcastle, denen von den Historikern am meisten Brutalitäten und Grausamkeiten an Pferden nachgesagt werden, zweitausend Jahre später, noch immer wieder auf Xenophons Methoden. Erst die Franzosen Pluvinel und La Guérinière werden zu den natürlichen, echt pferdefreundlichen Ausbildungsmethoden der alten Berber und Iberer zurückführen und damit von jenem Grundsatz ausgehen, den der große Börries von Oeynhausen vor hundertfünfzig Jahren wie folgt formuliert hat: „Nach meiner Meinung ist es eine größere Kunst (. . .) Wiedersetzlichkeiten nicht aufkommen zu lassen, als sie hervorzurufen und dann zu bekämpfen" (W. 33A, S. 67).

Xenophons zweites, für uns nicht uninteressantes Buch, „Der Reiteroberst" (W. 65B), ist im großen Ganzen nur ein Beweis dafür, daß sich in der militärischen Reiterei zwischen dem 4. Jahrhundert vor Christus und 1743, dem Erscheinungsjahr des „Reglements der kgl. preußischen Husaren-Regimenter" (W. 16), nichts oder kaum etwas geändert hat. Tatsächlich geht es damals in Preußen, wie in Griechenland 2.000 Jahre zuvor, noch immer vor allem darum, wilde Haufen von sich kaum auf dem Pferd haltenden Zwangsverpflichteten zu disziplinieren und daraufhin gegeneinander in den Tod zu schicken. – Böse Zungen behaupten, so sei es bis zur Auflösung der Kavallerie in unserer Zeit geblieben; eine Betrachtungsweise, die, sollte sie sich im Laufe dieser Untersuchung als verfechtbar erhärten, die gesamte moderne Sportreiterei in Frage stellen dürfte. . .

Wie dem schließlich auch sei; Oberst Waldemar Seunig, wohl der bekannteste deutschsprachige Reithistoriker, zählte Xenophon zu den zehn Reitgenies der Weltgeschichte. Das wage ich für meinen Teil nicht, da Xenophon zwar viel Wissen rund ums Pferd bei seinen Zeitgenossen gesammelt und publiziert hat, selber aber kaum Originelles zur Entwicklung des Reitens und zum richtigen, pferdegemäßen Umgang mit Pferden beigesteuert hat. Selbst seinen Ehrentitel „Vater der Reitkunst" würde ich gerne abgeändert sehen und ihn lieber „Vater der militärischen Reiterei" nennen.

(Xenophons Werke „Über die Reitkunst" und „Der Reiteroberst" erscheinen beide in der DOCUMENTA HIPPOLOGICA.)

3. Kapitel

HIDALGOS, VAQUEROS, GARDIANS

Seit jeher pflegt der Mensch, wenn er seiner unsicher wird, Zeichen und Träume zu deuten, archetypale Symbole ernster zu nehmen und sich Fragen über den Sinn des Lebens und des Todes zu stellen. – Nach dem Untergang des tartessischen Reiches um 500 v. Chr. erkannte der Iberer im Reiten seines hellgrauen Pferdes und im Kampf mit dem schwarzen Stier symbolische Handlungen von höchster Bedeutung. So konnte es auch nicht ausbleiben, daß er schließlich aus seinem Reiten und aus seiner Leidenschaft für den Stier und den Stierkampf eine Art religiösen Kultes machte – nicht den ersten und auch nicht den letzten Stierkult in der Geschichte des Mittelmeergebietes.

Tatsächlich scheint der Stier seit den Anfängen der Menschheit vor allem die Kraft der dunklen Erde zu symbolisieren und all dessen, was sie gibt und nimmt, alles unkontrollierbar Mächtige in der Natur, die dunklen Triebe wie auch nächtliche Erdbeben und Vulkanausbrüche. Als Minotaurus bewacht er das Labyrinth – den Initiationsweg zu den letzten Geheimnissen der Natur – im Rig-Veda befruchtet er als Rudra die Erde und befähigt sie so, des Menschen Nahrung, Kleidung, Wohnung und das Feuer hervorzubringen. Die Griechen ordneten ihn Poseidon zu, dem Gott des Meeres und der Stürme, und Dionysos, dem Gott der männlich-tierischen Fruchtbarkeit. Im Mithra-Kult, in dem es darum geht, dem Sublimen, Geistigen, Guten, dem Licht und dem Heil zum Sieg über die dunklen, triebhaften Kräfte zu verhelfen, wird der Stier schließlich geopfert und so seiner beängstigenden Unvorhersehbarkeit und Aggressivität beraubt. – Zeus verführt Europa in Gestalt eines weißen, also ungefährlichen, „gezähmten" Stieres und entführt sie nach Kreta, wo er sich mit ihr vereint. . .

Haben die Ereignisse um 500 v. Chr. die Iberer mit Komplexen beladen, oder assoziierten die Spanier den Stier nur wie die Ägypter dem Totengott Osiris und machten ihn so symbolisch für den Untergang des tartessischen Reiches verantwortlich? – Fest steht nur, daß sich der Stierkampf in der letzten Hälfte des letzten Jahrtausends vor Christus genau wie das Stieropfer im sich etwas später ausbreitenden Mithra-Kult ritualisierte. Der Stier durfte z.B. mit der Lanze, dem Speer oder dem Schwert ausschließlich von seiner linken Seite her verletzt und nur defensiv, nie offensiv, also nur in „Notwehr" getötet werden. Der Stier hatte stets anzugreifen und der Reiter durfte ihn nur opfern, um sich seiner Haut – und der seines Pferdes – zu erwehren, selbst wenn es ihm erlaubt war, diesen Angriff zu provozieren.

Ähnlich ritualisierte sich damals auch der Umgang mit dem Pferd.

Das wilde, ungezähmte Pferd gilt seit frühesten Zeiten als der lunare Bruder des Stieres. Dabei verkörpert es weniger die rohe, potentielle Urkraft der Natur, als die Macht ihres Werdens und die Richtung ihres Strebens. Im Gegensatz zum schwarzen Stier, läßt sich das wilde graue Pferd mit viel Mühe und Geduld zähmen und wird so zum Schimmel, zum solaren Partner und Helfer des Menschen im ewigen Kampf gegen die Mächte der Finsternis, gegen den eigenen Ursprung, den Stier, und gegen die objektive Notwendigkeit des eigenen Schicksals. In den schamanistischen Gesellschaften, also auch bei den alten Berbern, Iberern und bei den Indianern Amerikas, galt das Pferd als das Reittier des Medizinmannes par excellence. Auf ihm ritt oder flog der Schamane zum Baum des Lebens, um die Geister und Götter über das Schicksal seiner Schutzbefohlenen auszufragen. Der Schimmel wurde wahrscheinlich nur dank der Schamanen und wegen seiner nur langsamen Verfärbung von grau zu weiß zum eigentlichen Symbol des ethisch und humanistisch hochstehenden Menschen. Die Iberer hielten und ritten jedenfalls damals wie heute noch mit Vorliebe Schimmel. Und wir dürfen nicht länger ausschließen, daß ihr so früher und steiler Aufstieg zu den Höhen erster pferdegerecht konsequenter Reitkunst schon im letzten Jahrtausend vor Christus nicht zuletzt ihrer psychologischen Notwendigkeit zuzuschreiben ist, aus dunkelfarbigen wilden Pferden perfekt gehorsame, perfekt leichtrittige, also perfekt gymnastizierte Schimmel zu machen. Ein altes Sprichwort behauptet sowohl in Spanien und Portugal als auch in der südfranzösischen Camargue heute noch, nur ein wahrhaft Weiser sei fähig, ein Pferd perfekt auszubilden, wobei der Spruch mit der Mehrfachbedeutung von „sage" spielt, was „weise" bedeutet, „gehorsam" und „kultiviert" und bei Pferden auch „perfekt ausgebildet", „locker", „losgelassen" und „mit Freude bei der Sache".

Ist das Reiten somit, ernsthaft betrieben, auch ein Teil des Individuationsprozesses? Die Südwesteuropäer scheinen es sehr lange so aufgefaßt zu haben, besonders auch im Zusammenhang mit dem Stierkampf. Daß es in den Fünfziger Jahren, zur Zeit meiner Gardianlehre in der Camargue, noch immer so aufgefaßt wurde, habe ich selbst erfahren.

Zurück zu unserem eigentlichen Thema: zur Geschichte des Reitens in der Gestalt seiner größten Reiter.

Der Iberer hatte sich im Laufe der Jahrtausende bewußt oder zufällig das einzige denkbare Pferd herangezüchtet, auf dem er dem Wildstier im Stierkampf nicht von vornherein unterlegen war. Vom Ferus-Nachkommen, dem Solutrée-Pferd, besaß sein Asturcone die Robustheit, Gedrungenheit und Kürze der Lenden; vom Berber seine Spurtschnelligkeit, das Temperament und das Draufgängertum. Und genau diese explosive Mischung aus Mut und heute kaum mehr vorstellbarer Wendigkeit bewährte sich nicht allein im Stierkampf, sondern auch im Schlachtgetümmel, in dem sich Reiter gegen Reiter und gegen Fußsoldaten im Nahkampf übten.

Die Wendigkeit eines Pferdes ist zum einen Teil Veranlagung und hängt dann mit der Kürze der Lenden zusammen. Zum anderen Teil muß sie auch das Ergebnis einer sehr sorgfältigen Ausbildung, d.h. eine Folge konsequenter und pedantisch pferdegemäßer Gymnastizierung sein. Die Ausbildung – wurde sie richtig durchgeführt – befähigt das Pferd, sein Becken in jeder beliebigen Situation steiler abzukippen, also den Winkel zwischen dem Beckenring und den Lendenwirbeln zu verkleinern, wodurch als Konsequenz die Wirbelsäule stärker nach oben gewölbt oder gebogen, somit „der Rücken hergegeben" wird. Das Abkippen des Beckens verkleinert gleichzeitig sämtliche Gelenkwinkel der Hinterhand, die durch weitere Übernahme von Gewicht federartig zusammengedrückt, weiter in Richtung der Schwerlinie untergeschoben werden und so anstelle der Schiebekräfte die Tragekräfte der Nachhand immer stärker fordern. Das Pferd stellt sich damit auf die sogenannte „kurze Basis", hat seine so viel weniger bemuskelte Vorhand weitgehend entlastet, seinen Schwerpunkt beinahe über seinen Drehpunkt gebracht, so daß es sich auf engstem Raum um seine Hinterhand oder den Drehpunkt zu drehen oder sich auf der Hinterhand zu erheben vermag. Die hochaufgerichtete Vorhand und der hochaufgewölbte mächtige Hals schützen den Reiter derweil vor Lanzenstichen und Pfeilen, während das Pferd in dieser Haltung „auf den Hanken" auch nach vorne ausschlagen können soll. „Die Römer Polybius, Titus Livius, Diodorus, Appianus, Valerius, Caesar u.a.m. berichten von vielen außergewöhnlichen Kämpfen und Schlachten zwischen iberischen Reitern und Karthagern oder Römern, was beweist, daß die Überlegenheit in (duellartigen) Kämpfen eine natürliche Begabung der Iberer (Reiter und Pferde) war" (F. d'Andrade, W. 2, S. 9).

Tatsächlich wurden die iberischen Reiter ausschließlich dank ihrer Reitkunst und dank ihrer so außergewöhnlichen Pferde zu den bestbezahlten Söldnern der Welt. Sie zogen mit Hannibal über die Alpen, mit den Römern nach Ägypten, England, Irland und Schottland. Sie kämpften am Limes und in Kleinasien und sämtliche Reiter, denen sie begegneten, versuchten von ihnen zu lernen. Genau damit aber hatte es seine Schwierigkeit. Denn nur ein Pferd, das mit Stieren zusammen aufgewachsen war oder das sehr früh den Umgang mit Stieren gelernt hatte, hatte die absolute Losgelassenheit, Wendigkeit und Durchlässigkeit unter dem Sattel am eigenen Leib erfahren und gab sich dem Reiter auch außerhalb der Stierweide oder Arena wesentlich leichter her, als jedes andere Pferd. Ebenso war es für den Reiter weit natürlicher, seine Reitkunst in der Gegenwart eines Stieres z.B. in einer Übungsarena zu vervollkommnen, als sich in einer Reitbahn von einem brüllenden Reitlehrer nur verkrampfen zu lassen. Die iberische Reitkunst stand und fiel somit wie die iberische Pferdezucht allein mit dem iberischen Stierkampf.

In den ersten vier Jahrhunderten unserer Zeitrechnung wurde Südspanien christianisiert. Der Stierkampf geriet dadurch prompt, als eine angeblich mithraische, also „heidnische", Tradition, in Verruf. In Andalusien konnte er sich nur behaupten, weil die Stierkämpfer ihn in abgelegene Landstriche mitten in schwerzugängliche Buschwälder und angeblich oft sogar in große Grotten verlegten: die vom Menschen künstlich errichtete oder ausgebaute Stierkampfarene wurde erfunden, obgleich sie neue reiterliche Probleme mit sich brachte; vor allem das der höchsten Versammlung und der aus höchster Versammlung entwickelten Spurtschnelligkeit im Gleichgewicht, d.h. des später sogenannten „Ansprengens".

Im Jahre 205 v. Chr. war Südspanien endgültig von den Karthagern befreit, damit jedoch von den Römern abhängig geworden. Die iberische Halbinsel blieb 620 Jahre lang eine römische Kolonie, bis die Westgoten endlich die Macht Roms brachen (378 – 415 nach Chr.). Ab 480 nach Chr. besetzten die Westgoten unter Eurich Spanien. Ihr Adel lehnte sich gegen den König auf, der König hintertrieb, was der Adel plante; die eine oder andere Partei rief früher oder später stets eine fremde Macht zur Hilfe, die sich in der Regel auch nicht lange bitten ließ. . . zuletzt waren es die Mauren, die 711 n. Chr. den Westgoten-König Roderich bei Jerez vernichtend schlugen. . . und 780 Jahre lang im Lande blieben.

In der europäischen Schulbuchgeschichte erscheinen die „Araber", „Mauren" oder „Sarazenen" genannten maurischen Kolonisatoren der iberischen Halbinsel oft als ein krummsäbelschwingender Haufen barbarischer Turbanreiter aus dem Morgenland, der dem jungen Christentum an die Gurgel und Südeuropa versklaven wollte. In Wirklichkeit waren die Mauren zum Islam bekehrte Berber von der Küste gegenüber, d.h. die nächsten Verwandten der Celtiberer, zu denen seit jeher, allein schon der Pferdezucht wegen, reger Kontakt bestand. Zudem stand die Kultur, d.h. Humanismus, Kunst und Philosophie, Technik und Wissenschaft und die erste wahrhaft menschenwürdige Lebensweise damals ganz eindeutig auf der Seite der Mauren. Ihre Besetzung Andalusiens im Westen und der nicht viel weniger lang dauernde Streit zwischen Arabern und Christen um Jerusalem im Osten wurde in der Folge denn auch zum kulturell fruchtbarsten und wirksamsten Dauerereignis für die europäische Geschichte überhaupt. Durch die Araber und Mauren hörten die „Waldschräte" des Nordens, unsere Ahnen, zum ersten Mal von Toleranz z.B. unterworfenen Völkern gegenüber und von Großmut, von Blumen- und Obstbaumgärten, von Dichtung und Philosophie. Araber, Mauren und Juden – nicht die Römer – hatten Platon und Aristoteles weitergedacht, Schulen für Literatur, Metaphysik, spekulative Mathematik gegründet und die Juden Spaniens ermutigt, ihre spezifische Kultur zu einer ersten Hochblüte zu bringen. Bereits um 750 n. Chr. gab es so maurische Hochschulen für Medizin, Astronomie, Alchimie und Physik in Südspanien, die vor allem Schüler aus den nichtmaurischen Ländern der Alten Welt anzogen. „Barbarisch" waren die Mauren jedenfalls nur insofern, als sie tatsächlich die Enkel jener Berber verkörperten, welche den Griechen einst den Namen „Barbar" erst nur für sich, dann auch für die Iberer und schließlich für alle Nichtgriechen nahegelegt hatten. Ja, die Maurenherrschaft in Spanien wirkt heute angesichts der letzten Ergebnisse der Berber-Forschung geradezu wie ein Zirkelschluß: nun waren die Iberer und Berber wieder vereint und ihre Reitkulturen konnten sich erneut gegenseitig befruchten, obwohl sich die der Mauren bereits stark arabisiert zeigte.

Die iberische Halbinsel liegt, einem spanischen Landhaus ähnlich, in Kammern und Terrassen und Winkelräume unterteilt, zwischen denen bis zu 2.500 Meter hohe schroffe Gebirgszüge regelmäßige Kontakte der Bewohner schwierig, teils sogar unmöglich gestalten. Selbst Kastilien, die zentrale, innerste Kammer des Landes, liegt in zwei verschiedene Räume unterteilt. Deswegen war es den Iberern seit jeher ein Leichtes, sich von ihren Besetzern oder Verfolgern zurückzuziehen oder zu verbergen. Die Mauren erkannten dies früh und errichteten sich ebenfalls leicht zu verteidigende aber schwer einzunehmende „Adlersitze". Die Landbevölkerung unten in den Tälern ließen sie indessen nahezu in Ruhe. Der Spanier konnte demzufolge Christ oder Jude bleiben oder zum Islam übertreten und trotzdem seinem christlichen Grundbesitzer treu bleiben oder sich von ihm lösen und als Söldner in den Kriegsdienst der Mauren oder den eines anderen christlichen Kriegsherrn treten; er war nur seinem eigenen Gewissen gegenüber verantwortlich. Selbst der spanische Adel behielt unter den Mauren seine Güter und Privilegien insofern diese nicht mit maurischen Interessen kollidierten. Kurz, die Herrschaft der Mauren in Spanien und Portugal erwies sich auf die Dauer weit weniger als eine brutale Fremdherrschaft, denn als ein fruchtbares Zusammenleben äußerst toleranter maurischer, jüdischer und christlicher Iberer, unter denen sich die Moslems umso heimischer fühlten, als sie selber hellhäutiger Berberabstammung, schon selbst in Spanien geboren waren und es mit den strengsten Gesetzen des Propheten nicht mehr allzu genau nahmen.

Die spanischen Hidalgos (Grundbesitzer und Adelige) luden Mauren ihres Ranges oft zur Jagd ein. Ihre Söhne forderten sich derweil mit stumpfen Waffen zu Duellen zu Pferd heraus, veranstalteten Geschicklichkeitsritte und Wettrennen, um irgendeiner maurischen oder christlichen Schönen zu imponieren. Dann fiel irgendwo, irgendwann ein böses Wort, das nicht zurückgenommen wurde, und man drang unversehens mit blanken Waffen aufeinander ein. In solchen Begegnungen, bei denen irgendein Ehrverlust wiederhergestellt werden sollte, indem der Freund den Freund verletzte oder umbrachte, wurde dennoch die Ritterlichkeit geboren und – mit maurischer Hilfe – der Kreis der iberischen Reitkultur geschlossen: Reiten hieß, das schwarze oder dunkelgraue Pferd unter Kontrolle zu bringen und allmählich zum makellos goldweißen Schimmel auszubilden, der nicht nur ohne Peitsche und Sporen zu reiten war, sondern aus eigener Initiative, eigener Freude, eigener „sagesse", „Weisheit", den Wünschen des makellosen Reiters zuvorzukommen versuchte. Nur ein makelloser weiser Reiter auf einem makellosen weißen Pferd konnte dem schwarzen Stier mit dem Anspruch gegenübertreten, den kollektiven dunklen Trieben – wenn auch nur örtlich und zeitlich begrenzt – den Garaus zu machen. Gelang der Stierkampf dem Ritual gemäß, und war der Reiter daraufhin aus Ehrfurcht vor dem toten Gegner abgestiegen, so schlugen ihn die letzten Strahlen der Abendsonne zum Reisigen, zum reisenden Ritter: „den Armen und Schwachen zur Hilfe; den skrupellosen Mächtigen zur Last". Der Stierkampf hob von neuem an, nur diesmal auf einer höheren Ebene, auf der des Daseins schlechthin; und führte auf eine reiterlich sehr konkrete Art und Weise auf die Graalssuche (vergl.: Chrétien de Troyes' Sagenzyklus „vom runden Tisch"). Kurz, der Mensch wurde Reiter, „Cavalier", „Chevalier"; der Reiter wurde zum Ritter im Silberharnisch auf dem goldenen Schimmel. Die Vervollkommnung des Reitens innerhalb einer langen Reiter-, resp. Ritter-Lehre fand ihre Bewährungsprobe im Stierkampf und im Ritterturnier, worauf dann Reiter und Pferd gemeinsam an der Vervollkommnung der Menschheit zu arbeiten hatten. Letztendlich wurde das Reiten und das Kämpfen zu Pferd für den Spanier unter der Maurenherrschaft auf diese Weise gleichzeitig zum christlichsten Ritus seiner Religion schlechthin und zum Individuationsprozeß; nämlich zur Individuierung durch Sozialisierung; auch wenn es in der Mehrzahl der konkreten Fälle wohl eher zu Raufhändeln geführt haben mag.

Soviel läßt sich jedenfalls dem Bericht des maurischen Schriftstellers und Historikers Abu Bakr al Turtusis, des Autors des „Sirag al Muluk" aus dem 11. Jahrhundert n. Chr. entnehmen. Er beschreibt einen Christen, dem offenbar nichts Besseres eingefallen war, als sich mit jedem Mauren anzulegen, dem er begegnete. Einer dieser Mauren war Al Mansur ibn Amir an der Spitze eines kleinen Reitertrupps auf der Inspektion des Grenzlandes. Der christliche Reiter galoppierte aufreizend langsam vor den Mauren auf und ab, indem er sein Pferd immer wieder auf der Hinterhand erhob und wendete und dabei rief:

– „Ist denn wirklich keiner da, der sich mit mir im Duell zu messen wagt"?

Ein Maure machte sich zum Kampf fertig, ritt an und wurde in wenigen Augenblicken getötet, „was den Christen in ein Freudengeheul, die Mauren aber in Wehklagen ausbrechen ließ". Der Christ ließ sein Pferd erneut auf und ab tänzeln und forderte einen nächsten Mauren heraus, den er dann ebenso zügig ins Jenseits beförderte wie den ersten. Nachdem er noch einen dritten Mauren umgebracht hatte, sagte einer der Unterführer zu Al Mansur:

– „Nur Ibn al Mushafi kann uns Genugtuung verschaffen!"

Ibn al Mushafi wurde aufgerufen und gefragt, ob er einen Rat wisse. Wortlos entfernte er sich und holte einen Mann aus dem nördlichen Grenzgebiet, der eine bis auf das Skelett abgemagerte Stute ritt. „Ibn al Mushafi fragte ihn:

– ‚Hast du gesehen, was der Christenmensch mit unseren Tapferen angestellt hat?'
– ‚Gewiß', antwortete der Mann, ‚was erwartest du von mir?'
– ‚Seinen Kopf, und zwar sofort!'
– ‚Na gut', sagte der Mann und ging sich zum Kampf zu rüsten.
Sie jagten aufeinander los und einen Augenblick später galoppierte mitten aus der dichten Staubwolke, die sich um die Duellanten erhoben hatte, der Maure mit dem Kopf des Christen und warf diesen Al Mansur vor die Füße. Da sagte Ibn al Mushafi: ‚Das ist die Art der Männer, die du brauchst; aber in der ganzen Armee hast du nicht tausend, noch fünfhundert, noch einhundert, noch fünfzig, noch zehn davon. . .' " (W. 2, S. 19 u. 20).

Dieser Bericht eines maurischen – also kaum zu Gunsten der Christen schönfärbenden – Autors veranschaulicht, wie leicht und wie völlig unbegründet Christen und Mauren damals aneinander geraten konnten und welchen Respekt die Mauren der Geschicklichkeit sowohl des iberischen Pferdes als auch des christlichen Reiters im Gineta-Kampf zollten. Tatsächlich geht in dieser Geschichte der christliche Raufbold seines Kopfes erst verlustig, als die Mauren einen „Mann von der Grenze" in den Kampf schicken, der mit der Fechtweise der spanischen Gineta-Kombattanten vertraut war. Aber davon gab es in der maurischen Armee und in allen anderen Armeen der damaligen Welt, außer unter den iberischen Rittern, „nicht tausend, nicht hundert, nicht fünfzig, nicht zehn. . .", denn Stierkämpfe, bei denen man diese Fechtweise mit dem Pferd zusammen üben konnte, gab es inzwischen auch nur noch in den abgelegensten Teilen Spaniens und Portugals.

Soll nämlich ein Kampfstier all seine kämpferischen Eigenschaften bis zum „Augenblick der Wahrheit" voll bewahren, um sie dann erst vollständig zu entfalten, so muß er vom Menschen möglichst unbehelligt aufwachsen. Teilweise deshalb hatten die Iberer schon in vormaurischer Zeit begonnen, die Wildstiere ihrer Halbinsel allmählich zu Herden zusammenzufassen und sie, zwar weiter in zaunloser Freiheit, jedoch in möglichst abgelegenen Landstrichen, von Peones, Knechten, und später von Vaqueros und Campinos (Rinderhirten) beaufsichtigen zu lassen. Ein neuer Beruf war entstanden! Und die neuen Berufsreiter wollten bezahlt oder entlohnt werden. . . Die Hidalgos taten dies anfänglich wohl nicht ungern, da sie durch die Entlohnung der Stierhirten ihre Besitzrechte an den Stierherden verbrieften. Und weidete eine regelmäßig überwachte Herde erst einmal längere Zeit in einem Landstrich, so ergab sich nur allzu leicht aus dem Gewohnheits-Weiderecht der Herde ein Besitzanspruch des Herdenbesitzers auf den Weidegrund. Spaniens und Portugals Hidalgos wurden nach und nach dank ihrer Kampfstiere zu Grund- und Großgrundbesitzern, z.T. mit unermeßlichen Flächen.

Ganz anders verlief die Entwicklung der Kampfstiere und ihrer Haltung in der südfranzösischen Camargue, im Rhônedelta, wohin sich ebenfalls Wildstiere aus der Urnacht der Zeit in Sicherheit gebracht hatten (vergl. W. 50 u. W. 52).

Im Unterschied zu seinem iberischen Verwandten genoß der Camargue-Stier Jahrtausende lang weder die beinahe religiöse Verehrung, noch die Hege-, Pflege- und Jagdpassion leidenschaftlicher Reiter. Er diente nahezu ausschließlich, wenn auch erst spät, der Verwertung seines Fleisches und damit indirekt der Aufbesserung bescheidener kleinbäuerlicher Einkommen. Der Beruf des südfranzösischen Vaqueros oder Campinos, des sogenannten „Gardians", der sich erst im 14. und 15. Jahrhundert herausbildete, galt denn auch bis beinahe in unsere Zeit als der geringste Beruf schlechthin. Deswegen schlossen sich die Gardians am 2. Januar 1513 „unter der Herrschaft Ludwig XII, König von Frankreich", in der Sankt-Georgs-Kirche in Arles zur „Counfrarié di Gardian souto lou voucable dòu Sant de la Glèiso", „zur Bruderschaft der Gardians unter dem Namen St. Georgs" zusammen. In den Statuten der Bruderschaft steht als Artikel 7: „Stirbt ein Gardian mittellos, so lassen ihn die Zunftbrüder auf ihre Kosten beerdigen", woraus hervorgeht, daß die südfranzösischen Herdenbesitzer nicht einmal die Bestattungskosten für ihre lebenslangen Knechte übernommen haben (W. 50, S. 71).

Aber die Verachtung für den Gardianberuf hatte auch Vorteile; wenigstens für uns: Ehrgeizlinge ergriffen ihn nicht. Wohl nur deshalb ritt der Gardian fünfhundert Jahre lang – bis ans Ende der Fünfzigerjahre unseres Jahrhunderts – noch einmal: im Unterschied zum spanischen Vaquero – genau so weiter, wie er es im 14. und 15. Jahrhundert gelernt hatte. Und da sein Pferd in diese Verachtung einbezogen war, blieb es, ebenfalls bis in unsere Tage, das unverfälschte, „naturbelassene", am wenigsten domestizierte Robustpferd Europas, welche Ehre es heute nur noch mit dem portugiesischen Sorraia teilt. – Die Camargue blieb so jedenfalls bis vor ungefähr fünfundzwanzig Jahren das eindrücklichste Museum Europas sowohl, was die Geschichte und Entwicklung der europäischen Robustpferde- und Wildrindrassen anbetrifft, als auch die der Berufsreitweisen und der Ausrüstung der westeuropäischen Berufsreiter. Heute sind davon leider nur noch klägliche Überreste erhalten.

Für den Gardian war das Pferd wie für die meisten Berufsreiter seit jeher, vor allem ein Werkzeug. Mit den Wildstieren zusammen mitten in den Sümpfen geboren und aufgewachsen, ertastete es unter dem Sattel begehbare Passagen zwischen grundlosen Schlamm- und Flugsandlöchern, verriet es dem Gardian Verstecke ausgebrochener Rinder, half es unermüdlich, die Herden zusammenzuhalten und von Weide zu Weide zu treiben und sonderte dank seiner unglaublichen Wendigkeit und seines „Stiersinnes" einzelne Rinder nahezu von selber aus. Ohne das Camargue-Pferd wäre jedenfalls an die Nutzung der Rindfleischreserven des Rhônedeltas nie zu denken gewesen. Die ersten Gardians der Geschichte hatten so statt reiterlicher oder metaphysischer Ambitionen nur ein

Bestreben: beim Umgang mit den gefährlichsten Wildrindern Europas in einem der gefährlichsten Sumpfgebiete möglichst lange am Leben zu bleiben. Ihre Reitweise war, der eines jeden im 14. und 15. Jahrhundert entsprechend, zweckmäßig, bequem und schonte das Pferd besonders auf langen und sehr langen Ritten.

Den Sattel ließ sich jeder Reiter sehr genau anmessen, denn zwischen den hohen Vorder- und Hinterzwieseln durfte man zwar eben seinen Platz finden, sich jedoch nie eingezwängt oder bedrängt fühlen. Das sehr feste – in Notfällen sogar „verstrebte" – Sitzen hinter den eigentlichen Sitzknochen, den oberen Beckenrand am Hinterzwiesel eben leicht angelehnt, bedingt, daß man „lang", mit nahezu vertikalen Oberschenkeln und überlangen Bügeln ritt, was den Schwerpunkt des Reiters tiefer und zurückverlegte und das Pferd sehr früh in der Ausbildung bewog, sein und seines Reiters Gewicht vor allem mit der Hinterhand, sich also „selbst" zu tragen (vergl. Register u. „Haltung").

Das Pferd, das mit Kappzaum und Kandare (vergl. Reg.) zusammen zugeritten worden war, wurde nun allein mit einer einfachen, gebrochenen und ungebrochenen Stange (Kandare) an stets durchhängenden, lockeren Zügeln geführt. Die Hilfen des Gardians beschränkten sich so in der Praxis ausschließlich auf die der Schenkel und auf sehr deutliche Gewichtsverlagerungen. Denn immer dann, wenn es um präziseste Hilfengebung ging; z.B. darum, einen angreifenden Stier mit dem Trident, mit dem Dreizack am zweieinhalb Meter langen Kastanienstock, abzuwehren, waren beide Hände mit dieser Lanze belegt und konnten sich so nicht auch noch mit den Zügeln beschäftigen.

Die Gebrauchsreitweise im 14. und 15. Jahrhundert, in Spanien und Portugal die Reitweise „a la brida" genannt, erwies sich in der Camargue als dem Umgang mit den Stieren so hervorragend gemäß, daß die Gardians sie in der Folge den Pferden gegenüber nur noch immer präziser, eindeutiger und unmißverständlicher zu gestalten brauchten, um schließlich über eine Reitweise zu verfügen, die praktisch bloß noch die Bewegungsmechanik des Pferdes beeinflußte, nicht oder kaum mehr die oft so sture oder ängstliche Camarguepferde-Psyche. Schnell lernten die Pferde damit – beinahe im wörtlichen Sinn – über ihren eigenen Schatten zu springen und so konnte die Reitweise „a la brida" letztlich ebenfalls zur Reitkunst reifen, auch wenn sie die Pferde innerhalb gewisser Grenzen völlig frei und locker ließ.

Den Iberern unter der Maurenherrschaft genügt das Reiten „a la brida" indessen schon bald nicht mehr. Bereits als Söldner der Griechen, Karthager und Römer hatten sie festgestellt, daß sich mit den Sporen in ihren Pferden nicht nur Bewegungsenergie, sogenannte Impulsion (vergl. Reg.) wecken ließ, sondern daß damit sogar Bewegungsenergie-, d.h. Impulsionsüberschüsse zu erzeugen waren, wenn die Zügelhand dabei nur ruhig genug stehen blieb, statt nachzugeben. Seit sie von den Arabern deren Ringgebisse übernommen hatten, die weit brutaler wirkten, als ihre eigenen Kandaren, benützten sie diese und die Sporen gleichzeitig, um das Pferd mit dem Impulsionsüberschuß soweit zu bringen, daß es in den Hanken nachgab, in der Kruppe abkippte, somit auch den Rücken hergab, sich in den Schultern aufrichtete und dadurch unendlich viel weicher und bequemer zu reiten wurde. Sie entdeckten damit die allem wirklich pferdegemäßen Reiten hohnsprechende Technik des Zusammenschraubens der Pferde. Als Nachteil dieser Methode empfanden sie jedoch nur, daß das Pferd dabei kaum mehr vorwärts ging, und daß sie die Hinterhandbewegungen mit ihren Schenkeln fortwährend unterhalten mußten. Aber die Mauren und Araber brachten sie der Lösung auch dieses Problemes näher: sie ritten auf Sätteln, die so dick und so hoch gepolstert waren, daß sie den Reiter vom Pferderücken weit entfernten. Schnallte man an diesen die Bügel noch kürzer, so lagen darauf die Reiterschenkel permanent am Pferdeleib und die Tiere lernten schnell, die scharfen Sporen nicht nur mehr zu respektieren, sondern zu fürchten. Jede auch nur leise Berührung der Pferdeflanke mit den Sporen wurde so eine für den Reiter mühelose, mächtige Hilfe, auch wenn sich dabei seine Knie unschön weit von den Sattelblättern lösten.

Die iberischen Pferde erwiesen sich jedenfalls unter den neuen „Gineta-Sätteln" weder im Stierkampf, noch in Gineta-Duellen als weniger wendig, zeigten in allen Shows und Paraden womöglich noch ausgeprägteres Imponiergehabe; es litt allein ihre Losgelassenheit und Brillanz, ihre Eigeninitiative und ihre Freude an der Arbeit. Aber ging es unter der Maurenherrschaft nicht vor allem um das Imponieren, Vorzeigen, Klotzen, d.h. darum, den Mauren und wohl auch den eigenen Damen zu beweisen, daß man sich weder geschlagen, noch gedemütigt fühlte, ja, daß man die Besatzungsmacht nur tolerierte, weil man der Klügere – sprich: der bessere Reiter – war?

Oh Eitelkeit der Welt! Da man mit kurzen Beinen im Gineta-Sattel weder lange Strecken bequem zurücklegen, noch Jungpferde so sicher und wirkungsvoll zureiten und ausbilden konnte wie „a la brida", galt schließlich bei den Spaniern als wirklich feiner Bereiter nur, wer sich „in beiden Sätteln" zuhause zeigte, d.h. wer sowohl das Reiten a la brida als auch die Gineta-Reitweise beherrschte.

Für uns ist hier das Wichtigste am Höhepunkt der iberischen Reitkultur zwischen dem 11. und dem 14. Jahrhundert n. Chr., daß zum ersten Mal in der Geschichte der Reitkunst eine neue Reitweise entstand, dank Reitern, die – abgesehen vom kurzsichtigen Imponierenwollen – für ihr Reiten keine Vorwände mehr brauchten, sondern allein um des Reitens willen ritten: somit das Freizeitreiten.

Gewiß werden die alten Stierkämpfer- und Ritterideale in den ersten Freizeitreitern noch immer lebendig gewesen sein. Doch hatte sich inzwischen der alten Leidenschaft für den Stier, den Stierkampf und das eigene Seelenheil noch eine neue hinzugesellt: die Leidenschaft für Pferde, die nicht nur mehr Schimmel waren und somit als Zeichen eigener Weisheit galten, sondern für Pferde um der Pferde willen, im äußersten Fall für Pferde als Zeichen des Erfolgs der eigenen Zucht, also des eigenen Pferdeverstandes und des eigenen „know-how".

Tatsächlich haben die Mauren den Spaniern nicht nur die kurzbügelige Reitweise mit scharfen Sporen und Gebissen vermacht, sondern mit ihren Importen von arabischen Pferden und von mit Arabern gekreuzten Berbern auch für eine entscheidende Blutauffrischung in der südiberischen Pferdezucht gesorgt. Der alte, bereits weltberühmte iberische Pferdeschlag der Asturconen – eine Kreuzung aus dem Solutrée-Pferd und ersten, alten Berbern – erhielt durch die nochmalige, vorsichtig dosierte Zufuhr von Araber- und neuem Berberblut seine endgültige Form; die des „spanischen Geneten" oder Gineta-Pferdes, unter welchen Namen er noch berühmter und noch wertvoller aber leider sich auch noch stärker entfremdet werden sollte. Als spanischer Genet wurde der einstige Asturcone jedenfalls konsequent und marktgerecht in Reinzucht weiter gezogen und das unter den denkbar widrigsten Umständen.

Spanien befand sich mitten in der Reconquista (1031–1260), d.h. dabei, die Mauren aus dem Land zu vertreiben. Es ging zu dieser Zeit also nicht darum, besonders schön zu reiten sondern darum, brauchbare Streitrosse an die christlichen Armee zu liefern. Wer etwas anderes züchtete, als schnelle Soldatenpferde, galt als unpatriotisch, ja unchristlich, beinahe ketzerisch! Und dennoch wurde der Grundstock zur Reinzucht des Geneten während der Reconquista gelegt und während der darauffolgenden Wirren nicht nur erhalten, sondern sogar noch verbreitert.

Der iberische Pferde-Fanatiker (anders kann man ihn kaum nennen) entdeckte damals, daß die Leistungen seines Pferdes nicht allein von dessen Blutlinie oder der Kürze der Lenden abhing, sondern durch eine Art gymnastischer Übungen entscheidend verbessert werden konnten, auf Kreisen oder Zirkeln, auf frischgepflügten trockenen Äckern, – Kruppe herein, Kruppe heraus, – somit durch gymnastische Übungen, welche die Pferde auch seitwärts, lateral zu lockern vermochten.

Bisher hatte alle Pferdeausbildung vor allem den Wendungen und Erhebungen auf der Hinterhand, schnellen Starts und plötzlichen Stops gegolten. Seitwärts- und Vorwärts-seitwärts-Bewegungen hatten die Pferde zwar auch vollzogen, jedoch in der Regel nur im Stierkampf, um dem Bullen auszuweichen, und dann als Seiten- oder Wendesprung, höchst selten nur im Takt und in der Kadenz ihrer vorausgegangenen Bewegungen. Mit der Arbeit auf Zirkeln und Volten in tiefem Sand bekam der iberische Freizeitreiter erstmals die Hinterhand seines Pferdes präziser unter Kontrolle und sein Genet wurde nochmals durchlässiger, trug sich erneut losgelassen, brillant, majestätisch; Reiter- und Pferdewillen schmolzen scheinbar von neuem zu einer Einheit zusammen; das Freizeitreiten wurde zum „Sich-zu-Pferd-ausdrücken-Können", zur Reitkunst um der Reitkunst willen, zu „l'Art pour l'Art".

So wenigstens hat es der erste Freizeitreitlehrer der Geschichte nicht nur gesehen und geübt, sondern auch beschrieben im ersten und ältesten erhalten gebliebenen Reitlehrbuch nach Xenophons „Hippikès", nämlich kein Geringerer als der portugiesische König Duarte in seinem „Buch über das Reitenlehren", das 1434 in Lissabon erschien (W. 43, S. 272).

Nur so ist der Freizeitreiter meiner Ansicht nach auch zu definieren: er ist der Mensch, der sich mit Pferden um der Pferde willen beschäftigt, der um der Pferde Wohl und um des Reitens willen reitet und der somit ernsthaft, sich der großen Aufgabe voll bewußt, die ganze Verantwortung für seine Pferde selber übernommen hat. . . für seine Pferde, d.h. dafür, daß mehr aus ihnen werde, gesundheitlich, psychisch und körperlich gymnastisch mehr, als je aus ihnen geworden wäre, wenn er sie weiter unbehelligt draußen auf der Steppe belassen hätte.

4. Kapitel

FEDERIGO GRISONE UND GIOVANNI PIGNATELLI

Seit jeher schleudert der Mensch auf seiner Bahn ins Unbekannte zwischen dem Besten und dem Schlimmsten, dessen er fähig ist, hin und her. Auf seine Aktionen folgen Reaktionen, die ihrerseits wiederum Aktionen provozieren. Einmal gibt er sich als Humanist, dann wieder als Materialist und Egoist, wobei das Tempo seines Erdenwandels dem Newton'schen Fallgesetz entsprechend zu wachsen scheint.

Nicht anders ging es den Iberern zu ihrer Zeit. Seit nahezu zweitausend Jahren ununterbrochen von Fremden als Kolonie betrachtet, ausgenützt und besetzt, begannen Spanien und Portugal sich während der 250 Jahre dauernden Reconquista von der Fremdherrschaft zu emanzipieren. . .und verfielen prompt der „christlichen" Reaktion: eigener politischer Machtgier, eigener Kolonisierungslust unter dem Zeichen des Kreuzes und nicht zuletzt der Inquisition. Nahezu die gesamte auch nur entfernt maurisch gefärbte Kultur der iberischen Halbinsel, alle Toleranz, der Humanismus, die Philosophie, die Künste und Wissenschaften, auch ein bedeutender Teil der Reitkultur, nämlich das Reitertum als Rittertum, blieben dabei auf der Strecke.

Vom Jahre 1008 an, d.h. seit dem Beginn des „arabischen Bürgerkrieges", seit der Trennung der islamischen Berber von den Arabern, nutzten die Spanier die „Gunst der Stunde", um sich den Mauren gegenüber ein erstes Mal durchzusetzen. Und nicht nur die Spanier! Der französische Mönchsorden der Cluniazenser unterstützte sehr tatkräftig die spanischen Ritterorden und sorgte gleichzeitig für die Unterordnung der spanischen Christen unter die Macht der Päpste in Rom.

1118 vertrieb Alfons I von Aragon die Mauren aus Zaragossa und vereinigte 1137 Aragon mit Katalonien. Unter Jakob I von Aragon gaben die Mauren die Balearen und 1238 Valencia auf. Unter Peter III griff Aragon 1282 recht selbstherrlich nach der Insel Sizilien. Zwölf Jahre später gerieten sich Aragon und Frankreich um dasselbe Sizilien in die Haare, nochmals vierzig Jahre später auch um Sardinien und Korsika. 1412 „schlichtete" Ferdinand von Kastilien den Streit um die Mittelmeerinseln. Sein Sohn wurde zum Dank dafür mit *Neapel* belehnt.

Im iberischen Süden wurden die Mauren 1085 von Rodrigo Diaz, dem legendären „Cid", wohl einem der letzten echten Ritter, aus Toledo vertrieben. Der kastilische Sieg von 1212 bei Novas de Tolosa führte zum Untergang des maurischen Almohaden-Reiches; die Rückeroberung Cordobas und Andalusiens 1236 beendete die eigentliche Reconquista. Mit der Heirat Isabellas von Kastilien und Ferdinand II von Aragon 1469 wurde der Grundstein zu späteren spanischen Großmachtstellung gelegt. Doch erst 1492 gelang es den Iberern, die Mauren auch aus der Stadt und dem Land Granada zu vertreiben, wo diese immerhin 780 Jahre lang geherrscht und der Welt gezeigt hatten, was Humanismus, Kunst und Wissenschaft, gepaart mit Großmut und Toleranz zu bewirken vermögen.

Von 1493 an wurde die ganze Welt, teils durch Heirat, teils durch Kriege und Verrat neu aufgeteilt. Spanien und Portugal mischten eifrig mit.

1442 hatte Alfons V von Aragon Neapel erobert. 1458 wurde Sizilien, das bereits zu Aragon gehörte, mit Neapel vereinigt und erstreckte sich seither bis vor die Tore Roms. Bei der „Neuordnung der Welt" beanspruchte nun Karl VIII von Frankreich das Königreich Neapel, eroberte es kurz entschlossen 1494, um sich ein Jahr später, auf den Druck der verschwägerten Spanier und Habsburger hin, wieder zurückzuziehen. Neapel wurde selbständig, verlor jedoch seine Unabhängigkeit kaum acht Jahre später erneut an die Spanier. Kurz, Sizilien war seit 1282, Neapel seit 1412 *spanisch* und mit kurzen Unterbrechungen sollten es beide Gebiete, nun vereinigt, bis ins Jahr 1713 bleiben; Sizilien also rund 450, Neapel 300 Jahre lang. Louis Fabre schrieb über die Zeit der spanischen Wiedereroberung des süditalienischen Königreiches: „Ferdinand von Aragon (. . .) führte diesen langen Eroberungskrieg (1422–1520) weiter und beendete ihn schließlich nur dank der iberischen Kavallerie, die, leicht bewaffnet und leicht beritten über die schwerbewaffneten und entsprechend schwerfälligen Kürassiere des französischen Königs triumphierte" (Z. V, 12/79, S. 20).

In Neapel unterhielten die Spanier von nun an ein stehendes Heer, das vor allem aus leichter Kavallerie bestand. Da es in Süditalien aber längst keine wilden Stiere mehr gab, gymnastizierten, trainierten, d.h. „arbeiteten" die spanischen Offiziere ihre Pferde nach den einzigen Anweisungen, die es hierfür gab, nach jenen der ersten iberischen Freizeitreiter, auf offenem Feld oder in speziell hierfür angelegten Bahnen. Gegen die Langweile in der Garnison und wohl auch, um den Ehrgeiz der Kavallerieoffiziere wach zu halten, wurden „Turniere" ausgeschrieben, die wir heute eher „Freizeitreiter-Dressurprüfungen" nennen würden.

Neapel und der Hof des spanischen Vizekönigs wurden so allmählich zu einer Hochburg jenes kultivierten Reitens, das während der Reconquista von spanischen Freizeitreitern speziell auf den spanischen Geneten abgestimmt, verfeinert und pferdegemäßer gestaltet worden war, nun aber mehr und mehr Reiter aus ganz Italien anzog: spanische Offiziere aus entlegeneren Garnisonen, Italiener aus dem Süden, Römer, Florentiner und vor allem auch Bürger der Stadt und des Landes Neapel, welche die spanische Reitmethode schon seit Jahren übten. Letztere begannen sich nun, zu Beginn des 16. Jahrhunderts, in der Stadt Neapel niederzulassen und Reitinstitute zu eröffnen für alle die bürgerlichen Fremden, die nicht, wie sie selber einst, bei den Spaniern Stalldienste leisten und dafür Reitunterricht bekommen konnten. ,,Die neapolitanischen Bereiter entdeckten, geblendet von der Brillanz und Leichtigkeit des Reitens der spanischen Höflinge, was gewisse Pferde alles auszuführen vermochten. Nie hatten ihnen ihre eigenen Pferde auch nur eine Ahnung hiervon vermittelt. Von der Natur alles andere als bevorteilt, zeigten sich die neapolitanischen Pferde schwerfällig und in ihrem Gebäude unbiegsam. Pluvinel schrieb (50 Jahre später) die Rasse sei ‚total verbraucht und verbastardet'. – Die ersten neapolitanischen Reitmeister versuchten denn auch mit den unglaublichsten Mitteln jenes herrliche, ehrfurchterregende Gleichgewicht des spanischen Geneten künstlich auf ihre eigenen Pferde zu übertragen. Ihr Empirismus, der oft auf brutalstem Zwang beruhte, steht so am Anfang alles späteren methodischen Reitens" (Michel Henriquet in „Plaisirs Equestres" Z. V, 12/79, S. 32).

Neapel sah so im 16. Jahrhundert jedenfalls ,,hochberümbte Reutter", die als Stallburschen bei spanischen Adeligen angefangen und von Spaniern Reitunterricht erhalten hatten, wie Vicola Pagano, der Jungpferde nach spanischer Sitte bis zu einem Jahr lang täglich nur im Schritt und später erst im Trab arbeitete, bevor er sie endlich auch einmal galoppierte, neben weit robusteren Naturen, wie Federigo Grisone (1507–1570), Caesare Fiaschi (1523–1592), Pasquale Carraciolo und dem Bedeutendsten unter ihnen: Giovanni Pignatelli (ca. 1540–1600). Der erste dieser neapolitanischen Generation Alter Reitmeister, der seine Reitlehre für wichtig und originell genug hielt, um sie 1550 auch zu publizieren, war Federigo Grisone, der damit prompt als schwarzes Schaf in die Geschichte der Reitkunst eingegangen ist.

Federigo Grisone war ein neapolitanischer Adelssproß und hat als solcher wahrscheinlich nie in spanischen Ställen gearbeitet und so auch kaum je von Spaniern Reitunterricht erhalten. Ziemlich sicher ist er jedoch als Landadeliger von Kindesbeinen an mit einheimischen Landpferden umgegangen. Auf ihn trifft deswegen besonders zu, was Michel Henriquet anspricht, wenn er von der undankbar harten Aufgabe der damaligen italienischen Meister schreibt, nämlich stocksteifen, schwerfälligen, bulligen Landpferden ebenso schnell wie die Spanier ihren Geneten höchste Behendigkeit, Wendigkeit und Brillanz beibringen zu müssen.

Das Traumpferd der Zeit war nun einmal der spanische Genet mit seiner bereits legendären Wendigkeit; und die Tradition verlangte, wie Grisone selber sagt: „nit allein die Menschen, sondren auch die Ross nach dem Saitenspiel Tantzen zu leren". – Grisone schaffte es wohl nur selten. Deswegen versuchte er, als gebildeter Edelmann, auf andere als nur spanische und portugiesische Reitlehren zurückzugreifen und stieß bei seiner Suche danach auf eine lateinische Übersetzung von Xenophons „Hippikès", die, wie wir bereits wissen, ebenfalls zu einem Teil auf den Methoden iberischer Söldner aufbaute.

In Federigo Grisones „Künstlichem Bericht und allerzierlichster Beschreybung, wie die streitbarn Pferdt zum Ernst und ritterlicher Kurtzweil geschickt und vollkommen zu machen" (W. 17) ist die iberische Reitmethode somit wohl gleich zweimal eingeflossen. Daneben aber greift Grisone zu Gewaltmitteln und Zwängen dem Pferd gegenüber, die den modernen Elektroschockpeitschen und elektrifizierten Auflagelatten zum „Barren" über Hindernissen in keiner Weise nachstehen. Sie haben ihn und seine Reiterei im Laufe der Jahrhunderte in Bausch und Bogen in Verruf gebracht, obgleich es sich durchaus lohnt, seine pferdefreundlichen und pferdegemäßen Rezepte und Methoden einmal ernsthaft zu studieren.

Oberst Waldemar Seunig schrieb so in „Von der Koppel bis zur Kapriole" (W. 48, S. 51): „Das feine Empfindungsvermögen, das sich in den Schriften Xenophons offenbart, hat die Zeiten hellenischer Kultur nicht überdauert. Arge Rückfälle gab es in dieser Hinsicht, die teils in der sittlichen Verrohung damaliger Epochen, teils im Mangel an Interesse für die Seelenregungen des Tieres (, . .) ihren Grund hatten". – Ganz so einfach darf man sich die Beurteilung weder Grisones, noch seiner Zeit machen. Zwar brachte letzterer gewiß die Inquisition mit ihren Hexenprozessen und Folterexzessen hervor, jedoch auch Persönlichkeiten wie Michelangelo, Tizian, Cranach, Dürer, Bosch, Leonardo, Paracelsus, Galilei; d.h. eine wesentlich eindrücklichere Reihe großer Humanisten, als sie z.B. unsere Zeit hervorzubringen vermag.

Grisone hatte es also vor allem mit Pferden zu tun, die sich für das, was er mit ihnen vorhatte, so wenig eigneten wie die modernen Sportpferde, obwohl die Neapolitanos ursprünglich, wie die iberischen Geneten, einer Kreuzung des lokalen Landpferdeschlages mit Berberblut entstammten. Nur waren die iberischen Pferde bereits in vorchristlichen Zeiten vor allem auf Kürze und Wendigkeit gezüchtet und geritten worden, bevor maurische Araberhengste ihnen nochmals einen Schuß Temperament mehr mitgaben. Die neapolitanischen Tiere verdankten indessen ihr Berberblut mehr dem Zufall und hatten – als Remonten der römischen Feldherren – nie durch Wendigkeit, sondern durch Größe und Maße zu bestechen gehabt. Das rächte sich nun. Sie waren zwar lange und massive Streitrosse, wohl auch vor dem Wagen ausdauernd, dem spanischen Geneten aber weder im Gebäude noch durch ihre Reitpferdqualitäten auch nur entfernt verwandt. Doch gerade dadurch, „daß die Alten Reitmeister versuchten, diesen starren, schweren Pferden die Biegsamkeit und Behendigkeit des spanischen Modelles (. . .) zu verleihen, erarbeiteten sie nach und nach die Grundsätze der hohen akademischen Reitkunst" (Michel Henriquet in „Plaisirs Equestres", Z.V, 12/79, S. 32).

William Cavendish, Herzog von Newcastle, der in der Regel nur mit Eigenlob verschwenderisch umging, schrieb 1657 in seiner „Reitbahn" (W. 11, S. 2): „Es gebühret doch dem Grizon das beste Lob, weil er der Erste gewesen, der die Feder ergriffen, und zu seiner Zeit schon so ein köstliches Buch an Tage gelegt hat". Dieser Meinung schließe ich mich umso lieber an, als sich bei genauerem Lesen Grisones herausstellt, daß es oft wohl nur seine Ausdrücke sind, die in unseren heutigen Ohren brutaler oder gemeiner klingen, als es seine Methoden in Wirklichkeit waren. So nennt er beispielsweise das, was wir heute – Gott weiß wie beschönigend – als „Schenkel*hilfe*" bezeichnen, weit ehrlicher „straff", nämlich „Strafe". Zeigt sich ein Pferd stur, aufsässig oder bösartig, so empfiehlt er, sich diesem „mit großem unverstandt erzogenem" Pferd gegenüber „zum greulichsten zu erzaigen" und das setzt er dann dadurch in die Tat um, daß er es „mit einer Gärten schmitzt" und es mit „harter rauher stim zornigklich anschreyt". Sobald es sich „ergeben hat", „muß man nit allein nit mer schlagen, sondren es ist von nöten, das man im schön thue". . .

Doch welche war nun konkret die Ausbildungs- und Reitmethode Federigo Grisones? Ganz offensichtlich geht es ihm von Anfang an um das Dominieren des Pferdes, – dies jedoch nicht im modernen angeberisch-selbstherrlichen Sinn, sondern durchaus in dem der Herdenpsychologie insofern, als der Reiter dem Pferd die Herde und deren hierarchische Struktur tatsächlich ersetzen muß, um ihm seine innere Ruhe zurückzugeben. Grisone arbeitet deshalb seine steifen Gäule möglichst nur im Gelände, in dem sie aufgewachsen sind, auf Äckern und Wiesen, an Abhängen, „berglin", also Halden, in Flußpassagen und im Meer. Seine „Bahn" legt er sich ebenfalls weit draußen an. Hier aber erweist er sich dann bereits als ein ebenso pedantischer Formalist wie der moderne Dressurreiter; legt er doch die Größen der Volten, die Zahl der Posadas und Redopps (der Schaukelsätze) nach jedem Anhalten und die Zahl der Repellonen, der Übungen auf zwei Volten, bis in alle Einzelheiten fest (vergl. Reg.).

Viel Wert legt er darauf, daß die Pferde nie „auffs biss dringen", was er eindeutig von den Spaniern übernommen hat; versucht er doch auch wie diese, Durchgänger mit besonders leichter Hand zu „heilen". Dessenungeachtet erwartet er, daß seine Pferde „anlainung" (Anlehnung – vergl. Reg.) suchen. Daß sie sich wie die spanischen Geneten ohne Anlehnung selber tragen könnten, traut er den Neapolitanos offenbar nicht zu. Damit aber stellt er ein reiterliches Problem in die Welt, das bisher wohl nur Spanier und Portugiesen, einige alte Gardians und La Guérinière definitiv gelöst haben, nämlich die Beantwortung der Frage: was ist Anlehnung, wo beginnt sie, wo hört sie auf, inwiefern nützt sie dem Pferd, inwiefern schadet sie seiner Haltung? (Ich werde später hierauf zurückkommen.) – Da Grisone das Problem nie löste, trabte er seine Pferde oft im Meer oder durch Furten, nutzte somit Hilfsmittel, die zwar durchaus legitim sind, aber darauf hinweisen, daß er bei der Pferdeausbildung Ursache und Wirkung verwechselte. Damit wiederum und durch seine ausgesprochene Neigung, Pferdereflexe zu konditionieren, statt sie sehr allmählich durch Gymnastizierung in der Pferdephysis zu verankern, wurde Grisone – wie schon Xenophon – zum Ahnen der späteren Zirkusreiter: „Schmitzen", bis das Tier begriffen hat, dann „schön thuen"; Peitsche und Zuckerbrot; es lebe Herr Pavlov!

Trotzdem habe ich eine Schwäche für unser aller Großvater Federigo. Er schlug sich schließlich statt mit Pferden mit den stursten Monstren seiner Zeit herum und verlor dabei weder seinen Mut, noch seinen Humor. So schreibt er – nicht einmal wehmütig – kaum die Hälfte aller Neapolitanos eigneten sich für das „Ringreiten" (Bahnreiten auf Volten), dafür gäben sie sehr hübsche Gespanne ab. Salomon de la Broue (ca. 1552–1602), sein französischer Schüler, schrieb ein paar Dutzend Jahre später, „die recht gute Art (Rasse)" der neapolitanischen Pferde „sey fast abgekommen (ausgestorben)" (W. 11, S. 52) und der Herzog von Newcastle erzählt 1667: „Der Ertz-Herzog Leopold (. . .) ließ aus Italien 8 oder 10 (neapolitanische) Lauffer (Karossiers) holen (, . .). Sie hatten große schwere Köpffe, dicken Leib, waren plump, ohne Stärck und Feuer, garstig von Schenckeln, viel eher im Wagen als zu Reitpferden dienlich".

Diese Unterscheidung zwischen mächtigen, im Rücken langen Rechteckpferden, die ihre ganze Kraft in der Schulterpartie zu konzentrieren und unermüdlich leichte Reisewagen zu ziehen verstanden, und in den Lenden kurzen, „quadratischen", kleinen Reitpferden, deren Idealtyp der spanische Genet war, erfuhr zur Zeit Grisones, d.h. während der italienischen Renaissance, erneut höhere Bedeutung, ging man doch in nahezu ganz Europa dazu über, teils das alte römische Straßennetz, das längst zur Holperbahn verkommen war, wieder zu restaurieren, teils neue Wege anzulegen. Je glatter und gerader sich die neuen Straßen erwiesen, desto schneller konnte man die Karossiers darauf traben lassen und desto schneller und bequemer kam man im Reisewagen auch zum Ziel. Prompt stieg der Adel überall vom Pferd in den Wagen um, und die reicheren Bürger taten es ihm nach. Das Reiten schien, kaum waren die ersten Akademien dafür eingerichtet, an öffentlichem Interesse zu verlieren. Statt Reitlehrer, zu denen man selber pilgerte, waren nur Fahrlehrer gesucht, denen man sein Hauspersonal zu „Kursen" schicken konnte.

Da eröffnete gegen das Ende des 16. Jahrhunderts Giovanni Baptista Pignatelli (ca. 1540–1600) in Neapel oder Ferrara eine Reitakademie, welche in kürzester Zeit in ganz Europa berühmter wurde, als Grisones Buch. La Guérinière schrieb noch 1730 über sie: „Diese Schule stand in so hohem Ansehen, daß sie als die erste der Welt betrachtet wurde. Der gesamte Adel Frankreichs und Deutschlands, der sich im Reiten vervollkommnen wollte, war gezwungen, bei diesem berühmten Reitmeister Stunden zu nehmen" (W. 19, S. 61). Und der Herzog von Newcastle schrieb 1667: „Der berühmte Pignatel zu Napoli bediente sich jederzeit der allergewöhnlichsten Zäumung und wann sich darüber die Kunstverständigen verwunderten, daß er seine Pferde also (ab-) richten könne (. . .) so gab er ihnen zur Antwort: Wann sie die Kunst besser verstünden, so würden sie sich darüber nicht wundern müssen" (W. 11, S. 299).

Sehr viel mehr ist uns von und über Pignatelli leider nicht überliefert und dennoch reicht das wenige aus, um ihn einwandfrei als Schüler spanischer Kavallerieoffiziere zu identifizieren. – Tatsächlich ritten damals im Königreich Neapel nur die Spanier mit sehr einfachem Zaumzeug, d.h. mit Kappzaum und nur zwei verschieden langarmigen Ausführungen der gleichen einfachen Kandare, während Grisone und seine Schüler das Heil der Reitkunst letztlich in drei Dutzend verschiedenartiger Gebisse zu suchen schienen. Dieses Mißverständnis ist auch heute noch nicht überwunden. Vergleicht man zum Beispiel die Kataloge bedeutender westeuropäischer oder amerikanischer Reitsportartikel-Versandhäuser, in denen bis zu achtzig verschiedene Gebißtypen angepriesen werden, mit spanischen oder portugiesischen Katalogen, die maximal drei oder vier klassische und sechs bis zehn moderne Gebisse vorstellen, so drängt sich der Schluß auf, die iberischen Reiter verstünden auch heute noch unvergleichlich viel mehr von den Hilfen der Hand als alle anderen Reiter der Welt. Nur so ist jedenfalls der von Etienne Saurel überlieferte Ausspruch Pignatellis zu verstehen: „Wenn die Gebisse die wunderbare Eigenschaft besäßen, dem Pferd ein gutes Maul zu verleihen, so hätten sowohl das Pferd als auch der Reiter mit dem Verlassen des Ladens eines Gebissehändlers ausgelernt" (W. 43, S. 213).

Pignatelli hat eindeutig erkannt, daß bei Spitzenpferden (punkto Gebäude wie punkto Charakter dem idealen Reitpferd sich annähernde Jungtiere – vergl. Reg.) mit Zwang oder sogar Gewalt allein das Gegenteil von dem zu erreichen ist, was man mit ihnen anstrebt. Pignatelli hielt nicht viel von dem, was wir heute die „Konditionierung der Reflexe" nennen, dafür umso mehr vom langsamen, geduldigen Ausformen eines Pferdes, vom Gymnastizieren seines Körpers und seiner Psychologie. Wie Grisone benützte er hierzu Hügel und Gräben, das Klettern und Abrutschen, kurz, das Gelände, jedoch nicht nur, um bestimmte Übungen oder Haltungen zu vervollkommnen, sondern vor allem, um die gesamte Bemuskelung des Pferdes zu stählen. Er ging dabei von dem Prinzip aus, ein „durchgymnastiziertes" Pferd sei wesentlich leichter und einfacher, in kürzerer Zeit und ohne Nachteile für seine Gesundheit auch schwierigeren Übungen zuzuführen.

War somit Federigo Grisone der erste, bereits recht orthodoxe, Reitlehrer im heutigen Sinne, der versuchte, jedes Schulpferd früher oder später soweit zu bringen, daß es ausnahmslos jede Übung bis hinauf zu den Schulsprüngen beherrschte, so erscheint Giovanni Pignatelli eher als ein Freizeitreiter im Sinne des portugiesischen Königs Duarte, der aus reiner Begeisterung bei der Sache ist und nur das aus seinen Pferden hervorlocken will, wozu sie psychisch bemittelt und physisch gebaut, kurz, wozu sie von der Natur „geschaffen" scheinen.

Wurde Giovanni Pignatelli nur dieses, seines pferdegemäßeren, pferdefreundlicheren Denkens wegen zum größten Reitmeister seiner Zeit? Oder lehrte er nur in der Zeit einer „humanistischen Reaktion" (J. Burckhardt, W. 10) gegen die Inquisition, gegen das Foltern und Rädern im Namen des Kreuzes und gegen den Dolch im Gewand der Herren an den päpstlichen und weltlichen Höfen? – Wer als Reitlernwilliger nach Neapel oder Ferrara zog, scheint jedenfalls lieber eine Akademie aufgesucht zu haben, aus deren Hallen Musik ertönte, als eine, die durch Peitschenknall und „Anschrayen" auf sich aufmerksam machte. Antoine de Pluvinel de la Baume schrieb sich so als Elfjähriger im Jahre 1566 bei Pignatelli ein; Salomon de la Broue etwa zur gleichen Zeit bei Federigo Grisone, um etwas später ebenfalls zu Pignatelli überzuwechseln. Beide studierten sechs Jahre lang das Reiten und Ausbilden von Pferden, bevor sie schließlich nach Frankreich zurückkehrten, um hier die französische Schule der Reitkunst zu begründen, die sehr schnell die italienische, respektive spanisch-italienische in den Schatten stellen sollte.

5. Kapitel

ANTOINE DE PLUVINEL UND SALOMON DE LA BROUE

„Antoine de Pluvinel de la Baume, Gentilhomme dauphinois (d.h. von bescheidenem Landadel aus dem Dauphiné, dem Stammland der französischen Erbprinzen), erblickte das Licht der Welt in Crest (im heutigen Départment Drôme in der Hochprovence) im Jahre 1555" (E. Saurel, W. 43, S. 226). Elfjährig wird er (von wem?) nach Neapel zu Pignatelli geschickt und erwirbt im Laufe von sechs Jahren den Ruhm, dessen bedeutendster Schüler zu sein. Im Jahre 1572 weilt Monsieur de Sourdis, Premier Ecuyer du Roy, Erster Hofbereiter des Königs Charles IX von Frankreich, vorübergehend in Neapel und hört hier vom erstaunlichen Talent des jungen (erst 17-jährigen) Pluvinel. Er mischt sich unter die Menge der Schaulustigen in der Akademie, sieht Pluvinel reiten und ist überzeugt: der Junge hat ausgelernt. Er nimmt ihn mit nach Frankreich zurück, beschäftigt ihn kurz als Bereiter in den königlichen Marställen, bis der Duc d'Anjou, der Bruder des Königs, ihn als Oberbereiter in seine eigenen Ställe übernimmt.

1574 – Pluvinel ist gerade neunzehn Jahre alt – stirbt Karl IX von Frankreich. Pluvinels Arbeitgeber, der Herzog von Anjou, wird neuer König von Frankreich unter dem Namen Heinrich III und Pluvinel selber Hofbereiter der französischen Krone. Er lebt mitten in der Zeit der Hugenottenkriege. 1589 wird Heinrich III ermordet und sein Nachfolger, Heinrich IV, ein Hugenotte, der später aus politischen Gründen konvertiert, bringt endlich etwas Ordnung in die innerfranzösischen Angelegenheiten.

Normalerweise hätte Antoine de Pluvinel nach dem Tod Henris III aus seinem Hofamt scheiden müssen. Doch Henri IV behält ihn nicht nur im Louvre, sondern befördert ihn zum Oberstallmeister des Marstalles.

Fünf Jahre später erhält Pluvinel das königliche Privileg, in Paris die erste französische Reitakademie zu eröffnen, in der es neben dem Reiten auch das Fechten, Musik und Tanz, Mathematik und Malerei zu studieren gab. Der Ruhm seiner Reit- und Pferdeausbildungsmethoden dringt weit über Frankreichs Grenzen hinaus, und nicht wenige Söhne derer, die einst mit ihm in Neapel Reitkunst studiert hatten, drängen nun zu ihm nach Paris.

Der König verleiht ihm unterdessen Orden und Titel und schickt ihn mit Geheimmissionen durch ganz Europa. Doch 1610 wird auch Henri IV das Opfer eines Meuchelmordes. Ihm folgt Ludwig XIII auf den Thron; ein Junge von neun Jahren! Pluvinel obliegt es, diesem Kind das Reiten beizubringen. Den Bericht über die Reitstunden des Königs faßt er in Dialogform unter dem Titel

„L'Instruction du Roy en l'Exercice de monter à cheval" zu einem Buch zusammen, das als „Neu auffgerichtete Reut-Kunst" im Jahre 1670 in „Frantzösisch- und Deutscher Sprach an Tag gegeben und mit schönen Kupferstücken geziert" und 1972 innerhalb der DOCUMENTA HIPPOLOGICA in Hildesheim als Faksimile-Druck neu herausgegeben wurde (W. 36).

Dieses Werk verdeutlicht sehr eindrucksvoll den Unterschied zwischen der italienischen Schule Grisones, in der Pferden, die kaum dazu geeignet sind, die Hohe Schule mit Gewalt beigebracht wird, und der französischen, die bereits viel Geduld und Ausdauer an den Tag legt, um spanischen Geneten speziell für sie entwickelte Übungen nahezubringen. Salomon de la Broues noch erhaltene Anweisungen tun dies weit weniger deutlich. Ist Pignatelli in gewissem Sinn als der erste Vertreter der späteren französischen Schule anzusehen, so scheint Salomon de la Broue der letzte – wenn auch unbestritten große – Verfechter der italienischen Schule gewesen zu sein, obwohl auch er energisch von „jeglicher Versammlung mit Eisen" (nur zwischen Sporn und Gebiß) abgerückt ist (M. Henriquet, W. 20, S. 25).

Salomon de la Broue (1552–1602) wurde zu seinem Glück oder Unglück – je nachdem wie man es betrachtet – weniger „hoch-", resp. „wohl-" geboren und weniger „wohl-" erzogen als Antoine de Pluvinel. Drei Jahre älter als dieser, verbrachte er seine Jugend wahrscheinlich in relativer Armut, bis er sich als Page beim Grafen von Aubijoux verdingen konnte. Hier soll er mehr Unsinn ausgeheckt, als gearbeitet haben, fiel dem Grafen jedoch immer wieder als ein außergewöhnlich tollkühner und begabter Reiter auf. Eines Tages sah ihn so auch Monsieur de Saint-Antoine, „Bereiter des Königshauses", und lud ihn ein, ihm nach Neapel zu Grisone zu folgen. La Broue packte sein Bündel, fuhr nach Neapel und blieb hier fünf Jahre lang, wohl nur ein oder zwei Jahre bei Grisone, die längere Zeit jedenfalls bei Pignatelli. Was La Broue bei Grisone als „Behandlung aufmüpfiger Pferde" erlebte, ließ ihn früh das Vertrauen in die italienischen Reitmethoden verlieren, so daß er dann, selbst später bei Pignatelli, mehr an der Verfeinerung einer eigenen Methode arbeitete, als sich um die seines Meisters zu kümmern. Hinzu kam, daß La Broue zu formulieren verstand und wahrscheinlich bereits in Italien an die Herausgabe eines eigenen Buches dachte, während sein Meister, Pignatelli, schließlich nur in Zitaten seiner Schüler weiterlebte.

In Neapel verteidigte La Broue vor allem Xenophon, dessen oft vieldeutige Anweisungen und dessen Freundlichkeit zu den Pferden: „Lehnt sich das Pferd auf oder bricht es aus, so tut es dies nicht aus Boshaftigkeit oder Sturheit, sondern weil es Angst vor der Bestrafung hat, die es nicht verstehen kann" (E. Saurel, W. 43, S. 214).

„Ich bin ein Feind all jener gemeinen Tricks, welche nur Leute anwenden, die vom Reiten nichts verstehen", sagte er, und: „Freundlichkeit haben verdorbene Pferde noch nötiger, als jene, welche ich in Übungen ausbilde, die ihnen noch gänzlich unbekannt sind". Leider aber stellte er – wieder ganz Grisone-Schüler – auch fest, man habe jedes Pferd seinen Verdiensten entsprechend zu behandeln mit Belohnungen und Liebkosungen und, wenn es sein müsse, auch mit „heftigen Peitschenschlägen auf den Hintern". Sein geradezu genialer Satz: „Eine gute Hand weiß im einzig richtigen Augenblick präzis zu verwahren oder nachzugeben und so mit absoluter Genauigkeit das Resultat der Schenkel- und Gewichtshilfen zu kontrollieren" (W. 43, S. 214), scheint auf den ersten Blick unendlich feines Taktgefühl zu suggerieren und damit der Ansicht, mit Peitschenschlägen sei bei Pferden auch etwas zu erreichen, zu widersprechen. – Bei genauerem Hinsehen erscheinen jedoch sowohl die Peitschenschläge als auch die Feinheit der Hand beim Zusammenwirken der Hilfen nicht mehr als Resultat eines besonders feinen – und damit echt „neuen" – Taktgefühls, sondern eher als ein Ausdruck La Broue's „Rigueur", d.h. Genauigkeit, Zielbewußtheit, Strebsamkeit mit sich selbst und mit seinem Pferd. Fest steht jedenfalls, daß die „französische Schule" ihre später so berühmte „Rigueur" mehr Salomon de la Broue verdankt, als dem stets kompromißbereiten Antoine de Pluvinel.

Über Salomon de la Broues Karriere nach seiner Rückkehr nach Frankreich ist leider nicht viel mehr bekannt, als daß er Bereiter beim Herzog d'Epernon und als solcher mitverantwortlich wurde für den großen Marstall des Königs Henri III. Im Jahre 1593 erschien sein Buch „Préceptes du Cavalerice", die erste französische Reitlehre überhaupt, die trotz oder gerade wegen ihrer Ernsthaftigkeit und „Rigueur" sowohl dem Pferd als auch seiner Ausbildung gegenüber, für die gesamte „französische Schule" bis heute richtungsweisend blieb (W. 43, S. 213). La Broue schrieb darin den bemerkenswerten Satz: „Ich behaupte, dem Pferd gegenüber gäbe es an Unzumutbarem nichts, was die Haltung des Kopfes, sein Maul und sein Herz schlimmer verhärtet und was es ebenso heftig und ebenso früh sich auflehnen ließe, wie die Absicht, ihm den Kopf herunterzureiten; ihm eine gute Haltung aufzuwingen bevor es frei und leicht zu wenden versteht (und sich damit zu biegen beginnt)" (M.Henriquet, W. 20, S. 25). – Salomon de la Broue starb 1602, gerade fünfzig Jahre alt, in höchst bescheidenen Verhältnissen, während sein einstiger Rivale in Neapel und jetziger Vorgesetzter, Pluvinel, sich eben anschickte, dem dritten König in seiner Laufbahn als persönlicher Reitlehrer zu dienen.

Antoine de Pluvinel, der Provenzale mit dem breiten, melodiösen Akzent, war im Vergleich zu La Broue ein „Bon vivant", Wein, Weib und Gesang zugetan, stets gutgelaunt, immer bereit, auf alles, was aneckte oder Widerstand hervorrufen konnte, zu verzichten und das sowohl seinen Mitmenschen als auch seinen Pferden gegenüber. So erkannte er schon früh: Pferde können und wollen verstehen, was der Ausbilder oder Reiter von ihnen erwartet; die einen schneller und wacher, die anderen langsamer, nach und nach. Hat der Ausbilder den Charakter, das Temperament und die körperlichen Fähigkeiten eines Pferdes treffsicher durchschaut, und geht er bei der Ausbildung entsprechend eindeutig aber geduldig, unmißverständlich aber stets freundlich vor, so wird das Pferd nie auf den Gedanken kommen, sich gegen seine Hilfen und Forderungen aufzulehnen. Ein guter Zureiter ist damit, auch Pluvinel zufolge, nicht einer, der auf jedem bockenden oder steigenden Pferd sitzen bleibt, sondern ein Reiter, der es zum Bocken, Steigen oder Sich-Hinwerfen gar nicht erst kommen läßt. . . Kein Jungpferd soll sich je auch nur ein einziges Mal seiner Macht über den Reiter bewußt werden.

Pluvinel bildete seine Pferde ausschließlich mit Kappzaum und Kandare zusammen aus. Konsequent, wie er trotz seiner Freundlichkeit immer war, entwickelte er prompt einen weicheren, „humaneren" Kappzaum als den, welchen seine Vorgänger und Meister benützt hatten, damit selbst sich heftig wehrende Pferde nicht mehr in Gefahr gerieten, sich die Nase zu verletzen. Ebenso entwickelte er eine neue Bahnpeitsche aus einem kurzen, unbiegsamen Stock und zwei breiten, in sich verflochtenen Lederriemen, die eher als Klatsche wirkte, denn zum Schlagen zu mißbrauchen war. Und immer wieder predigte er seinen Reitschülern: „Il faut être avare de coups et prodigue de caresses" (Newcastle, W. 11, S. 138); „seid geizig mit Schlägen, aber verschwenderisch mit Kosungen."

Mit den Anweisungen an seinen königlichen Reitschüler beweist Pluvinel wie La Broue eine Neigung zur bestechenden Formel: „das Pferd, das sich mit Vergnügen tummelt, bewegt sich mit mehr Leichtigkeit und Brillanz". Das schreckliche Wort „Losgelassenheit" war noch nicht erfunden – und schon gar nicht bereits wieder vergessen! Dafür meinte es Pluvinel mit der „Hankenbeugung" (vergl. Reg.) umso ernster. Von der ersten Reitstunde an, wiederholte er unablässig seinem König: „Lehnen Sie den Leib im Pariren ein wenig rückwärts (. . .) daß solches (. . .) dem Pferd dienet, daß es die Hanken desto (tiefer) unter den Leib setze. . ." (W. 36, S. 52). Es geht ihm vor allem um die Förderung – lies: Gymnastizierung – der Tragekräfte der Hinterhand und um die Entlastung der soviel schwächer bemuskelten Vorhand. Das Pferd soll „pferdegemäß", d.h. seinem individuellen Gebäude und seiner individuellen Bemuskelung entsprechend geritten werden. . . La Guérinière wird diese Forderung hundert Jahre später zum Gesetz erheben.

Zu seiner Art und Weise, Reitunterricht zu erteilen, erklärt Pluvinel – bitteschön bereits 1610: „Man kann einen Schüler viel besser unterrichten wann man wenig und nur wann es Zeit ist redet, denn wann man immer schreyet, wie der mehre theil, so diese Kunst lehren, im Brauch haben (. . .), (so wird man) lang mit ihm zu thun haben, ehe (man) einen geschickten Reuter auss ihm (gemacht hat)" (W. 36, S. 54 u. 55). Und den alten Lehrsatz Xenophons

„was das Pferd erzwungen tut, kann es nicht verstehen", weitet er zu einem vernichtenden Werturteil aus, das er wohl jedem Reiter am liebsten über das Bett hätte nageln wollen: „Wer ein Pferd anderst nicht denn mit Gewalt und Zwang abrichten kan, ist ein ungeschickter und (. . .) unerfahrener Reuter" (W. 36, S. 45).

Spätestens mit diesem Satz, der ganz am Anfang seines Werkes steht, erweist sich Antoine de Pluvinel eindeutig als Freizeitreiter. Er, der Reitlehrer und oberste Bereiter im Dienst dreier Könige, weiß genau, daß das Reiten in der Ausbildung eines Königs längst keine unverzichtbare Notwendigkeit mehr darstellt. Gereist wird nur noch in Karossen, im Krieg bleibt der König den Schlachtfeldern fern, Wegelagerer und Banditen hält ihm seine Garde vom Leib, auf der Jagd wird ihm das Wild zugetrieben; wozu soll der König somit reiten lernen, wenn nicht aus Spaß daran und später vielleicht, um sich als Reiter, Ritter, Drachentöter auszudrücken. . .? Reiten um des Reitens willen. . . wenigstens für den König? Pluvinel, als seinem Erzieher, geht es gewiß um die Reitkunst; daneben aber zweifellos auch um die menschliche, „humanistische" Entwicklung seines Zöglings!

Tatsächlich hatte wohl Pignatelli und wenn nicht er, so Pluvinel selbst das wiederentdeckt, was wir heute – oder genauer: gestern – den Reitertakt nennen oder nannten: nämlich jenes kaum bewußt zu machende und so nur schwer zu beschreibende Gefühl des Reiters für den haargenau richtig dosierten, im einzigen richtigen Augenblick erfolgenden Einsatz seiner Hilfen und für das schwungvoll-freudige, locker-leichte Sich-Hergeben des Pferdes egal in welcher Übung. Wer als Reiter Takt beweist, glaubte Pluvinel, muß sich nicht nur in Pferde, sondern in alle Lebewesen einfühlen können und wird so auch dem Mitmenschen gegenüber Zuwendung, Verständnis und Takt beweisen. Und diese Form intuitiver Behutsamkeit und Freundlichkeit wollte er als Reitlehrer in seinem königlichen Schüler fest verankern: „Je mehr ein Rittersmann die Reutkunst übet und practicirt, desto mehr Mittel geben sich ihm an die Hand, dasjenige, was er begehrt, ohne Mühe zu erlangen" (W. 36, S. 57). Dieser Satz könnte ebensogut von El Cid stammen, von Perceval oder Lancelot du Lac: das Reiten und das Rittertum scheinen noch einmal verschmelzen zu wollen.

Doch, wie ritt Antoine de Pluvinel selber und wie ritt man überhaupt zu seiner Zeit? Die großen Vorbilder der Franzosen zu Beginn des 17. Jahrhunderts waren nach wie vor die italienischen Meister. Dennoch ließ man nichts unversucht, durch deren Reiterei hindurch die ursprüngliche, natürlichere, unverkrampftere Reitkunst der spanischen und portugiesischen Freizeitreiter neu zu entdecken. So erreichte Pluvinel den Höhepunkt seines Ruhmes erst, als er „Le Bonite", seinen berühmten Geneten-Hengst, fertig ausgebildet hatte und hin und wieder vorzustellen begann. Aber „le Bonite" war weder der erste, noch der einzige südspanische Hengst, den er ausgebildet hatte. Vermutlich sind es alle seine Geneten zusammen gewesen, die ihn endgültig mit der italienischen Schule brechen und seine eigene – mehr ,,iberische" – Ausbildungs- und Reitmethoden entwickeln ließen.

Die Grundlage dieser „neuen" alten Reitweise bildete die sogenannte „Impulsion" (vergl. Reg.), d.h. das, was der Reiter mit Schenkelhilfen und seinen Gewichtsverlagerungen an zusätzlicher Vorwärtsenergie oder Reizenergie, resp. an Energieüberschüssen in sein Pferd zu stecken vermag, und was er daraufhin über das Zusammenwirken aller drei Hilfen – Schenkel, Gewicht, Hand - sehr vorsichtig und „leise" zu unterhalten, zu verwalten und zu führen hat. Pluvinel brach als erster mit dem italienischen Lehrsatz – der heute eben wieder modern und „in" zu sein scheint – ,,bringe deinem Pferd die Furcht vor dir und deinen Hilfen bei, dann wird es dir gehorchen". An seine Stelle setzte er die Sentenz: „das Pferd kann und will verstehen, was du von ihm erwartest; gib ihm nur die physische und psychische Möglichkeit, es dir zu beweisen!" Der Zwang muß aus der Welt verbannt und durch echte Freundlichkeit ersetzt werden. Damit fand Pluvinel bewußt oder unbewußt, jedenfalls tatsächlich zu den Prinzipien der ersten iberischen Freizeitreiter zurück.

Wie den Iberern dreihundert Jahre zuvor, ging es ihm bei der Pferdeausbildung vor allem um das Lockern und Lösen und darum, seine Hengste täglich biegsamer zu machen. War ein gewisser Grad der Biegsamkeit (vergl. Reg.) erreicht, so gab jedes Pferd in seinem Rücken nach, kippte die Kruppe steiler, beugte und senkte die Hanken, trat mit den Hinterhufen weiter unter die Masse, übernahm sein und seines Reiters Gewicht stärker auf die Hinterhand, richtete sich in der Vorhand auf, zäumte sich von selber bei, trat nun nicht mehr raumgreifend in die Weite, sondern nahezu an Ort und Stelle vor allem in die Höhe in spielerischer Anmut federleicht aus Freude am Mittun oder als Imponiergehabe; jedenfalls zum ästhetisch befriedigendsten Beweis sowohl für sein Temperament und Feuer als auch für dessen Verfügbarkeit; für seine absolute Wendigkeit wie für die Leichtigkeit deren Handhabung, kurz für das Zusammenschmelzen seines und des Reiters Willen im Tanz des übermütigen Kentauren.

6. Kapitel

WILLIAM CAVENDISH UND BARON VON EISENBERG

Mit William Cavendish, dem späteren Herzog von Newcastle (1592–1676), begegnen wir zum ersten, aber leider nicht zum letzten Mal in der Geschichte einer Art Reiter, die heute zum Pferdealltag zu gehören scheint: dem grandseigneuralen, kultivierten, durchaus auch mit Sachverstand begabten und dennoch großmäuligen Beckmesser, Angeber, Hans Dampf in allen Gassen, der selbst Persönlichkeiten, deren Leistungen er insgeheim bewundert, prinzipiell bekrittelt oder der Lächerlichkeit preisgibt. Tatsächlich macht es Newcastle jedem Reiter, der sich mit seiner „Neuen Methode" befaßt, äußerst schwer, ihm auch nur entfernt gerecht zu werden. Die einen loben ihn über den grünen Klee (Eisenberg, La Guérinière, Ridinger, Steinbrecht), die anderen verdammen ihn als Scharlatan; die Wahrheit liegt wohl, wie oft in solchen Fällen, irgendwo in der Mitte. Oberst W. Seunig drückte seine Schwierigkeiten, ihn zu beurteilen, so aus: „oft grausam, oft den richtigen Weg ahnend, so schwankt das reiterliche Charakterbild dieser zweifellos hochbedeutenden Persönlichkeit. . ." (W. 48, S. 406).

William Cavendish wurde 1592 als Baron und einer der reichsten Erben Englands in die Zeit William Shakespeares, Michel de Montaignes, Cervantes' und Antoine de Pluvinels geboren. Als bedingungslos Königstreuer lebte er am englischen Hof, „öffnet diesem seine Schatztruhen, übernimmt den Befehl über dessen Truppen, erzieht dessen Söhne und erteilt – ebenfalls – den Königen Reitunterricht. Er versucht sich als Gebildeter, protegiert Literaten wie Hobbes, Dryden und Descartes, und schreibt auch Theaterstücke" (Saurel, W. 43, S. 238).

1603 stirbt Königin Elisabeth, unter deren Herrschaft England eine Blütezeit erlebt hat. Ihr Nachfolger ist Jakob I, der 1625 stirbt. Karl I von England besteigt den Thron und wird 1649 von Oliver Cromwell hingerichtet.

Karl I krankt an einer Zeiterscheinung, nämlich am Größenwahn des englischen Adels. Er zieht mehr und mehr Macht an sich und versucht – Newcastle treu ergeben hinter sich – gegen das englische Parlament zu regieren. Mit der „Petition of Right" lehnt sich das Parlament 1628 erstmals auf. 1629 beginnt Karl I, als Antwort hierauf, ohne Parlament zu regieren und bricht damit den 1215 in der „Magna Charta" festgelegten Regierungsmodus Englands. Das wiederum lassen die Barone des Parlaments nicht zu. Sie organisieren sich unter Oliver Cromwell zur Opposition. 1641 kommt es zum offenen Bürgerkrieg. Baron von Newcastle führt als General einen Teil der königstreuen Truppen gegen seine eigenen Standesbrüder, am Anfang zum Sieg, am Ende nach Marston Moor in die Niederlage, worauf er 1643, ein Jahr vor dem endgültigen Sieg der

Opposition, seine Schäfchen ins Trockene bringt und nach Paris „emigriert".

Antoine de Pluvinel ist vor dreiundzwanzig Jahren (1620) gestorben. Menou de Charnizay (1578–1651), Bereiter des großen Marstalles Heinrichs IV und Ludwigs XIII, ein naher Freund und Schüler Pluvinels und Herausgeber der „Reut-Kunst" nach dessen Tod, vermittelte dessen Lehre weiter, unter anderen auch an Jean de Solleysel (1617–1680), den Verfasser des „Perfekten Hufschmieds".

1643 „emigriert" Baron von Newcastle, wie gesagt, nach Paris und versucht sich hier über Pluvinels Lehre und Methoden zu informieren. Der begabteste Pluvinel-Schüler der zweiten Generation ist Jean de Solleysel, der die Reitakademie „Bernardi" leitet. Newcastle wird Stammgast in der Akademie. Da er niemals mit Geld, schönen Worten und höfischer Angabe knausert, besticht er schließlich den eher schlichten, leidenschaftlichen Pferdemann de Solleysel und wird dessen Freund. Jahre später wird de Solleysel das zweite Buch Newcastles „Nouvelle Méthode et Inventions extraordinaires pour dresser les Chevaux", des Herzogs Hauptwerk, mit unendlichem Zeit- und Arbeitsaufwand – den schreibfaulen Cavendish zu Unklarem dauernd um Stellungnahme bittend – geradezu genial ins Französische übersetzen. (Diese Fassung von de Solleysel griff 1700 Baron de Pernay auf und übersetzte sie unter dem Titel „Neu-eröffnete Reitbahn" ins Deutsche. Sie liegt deutsch/französisch dem Faksimiledruck der DOCUMENTA HIPPOLOGICA zugrunde.)

Von Paris aus reist Newcastle durch halb Europa, um sich schließlich in Antwerpen niederzulassen. 1645 eröffnet er hier eine eigene Akademie und publiziert 1654 sein erstes Buch „Horsemanship in all its branches", dem 1658 in französischer Sprache die „Méthode nouvelle pour dresser les chevaux" folgt. Dieses zweite Buch ist nicht mit dem von de Solleysel übersetzten Hauptwerk zu verwechseln, das Newcastle erst 1667, zurück in London, auf englisch veröffentlicht.

1653 wird Oliver Cromwell „Lordprotektor" mit absoluter Macht und springt nun seinerseits alles andere als zimperlich mit dem englischen Parlament um. Er stirbt 1658. Sein Sohn Richard wird zum Nachfolger bestellt, dankt aber schon ein Jahr später ab: die Restauration ist im Vormarsch. 1660 verdankt ihr Karl II, wieder ein Stuart, als neuer englischer König die Wiederaufrichtung der parlamentarischen Monarchie (W. 54). – William Cavendish, Baron von Newcastle, der sich auf dem Kontinent Herzog titulieren läßt, kehrt aus seinem Antwerpener Exil nach London zurück und wird 1664 zum Ausgleich für seine Flucht einundzwanzig Jahre zuvor, nun endlich tatsächlich zum Herzog geadelt. Als er 1676 vierundachtzigjährig stirbt, gilt er als Patriarch eines der angesehensten Häuser Englands. Seine Witwe schreibt eilends seine Biographie unter dem Titel: „Das Leben des dreifach geadelten, großen und mächtigen Fürsten William Cavendish" (W. 43, S. 238): Ende gut, alles gut?

Newcastle, so wie er uns in seinem Hauptwerk entgegentritt, besticht immer wieder durch sein enormes Fachwissen, durch seine Belesenheit, wie durch sein computerähnliches Gedächtnis, durch seine oft unglaubliche Erfahrung (er kennt nahezu alle damaligen Pferderassen), durch seine – nicht nur hippologische – Kultur und durch seine elegante Ausdrucksweise. Dann aber liest man sich in sein Monumentalwerk ein, läßt sich von seiner Persönlichkeit einwickeln – und erwacht spätestens, aber umso brutaler, wenn man ihn über Grisone reden hört.

„Es gebühret doch dem Grizon das beste Lob. . ." (W. 11, S. 2). Wundervoll, der Herzog hält Grisone lobend für den Größten. . . Ja, er spendet ihm sogar „das beste Lob"! Dann aber hält er plötzlich nichts davon, Jungpferde wie Grisone, mit der sattelbaumlosen, weichen Bardette, dem Sattelkissen, anzureiten und es beim ersten Aufsitzen mit einem weichen, aus Schnur geflochtenen, leichten Kappzaum, ganz ohne Gebiß zu führen. Grisones Übungen auf den Volten findet er lächerlich; die Helfer und Knechte Grisones, die die Bahn anfänglich begrenzen, idiotisch; Grisones Sporenhilfen unmöglich, so daß am Ende von „Herrn Grizon" tatsächlich kaum mehr etwas übrig bleibt.

Ich halte es für möglich, daß mindestens ein Teil des miserablen Rufes Federigo Grisones dem anzulasten ist, was Newcastle über ihn erzählt hat. – Aber so wie mit Grisone ist Newcastle mit beinahe allen Reitern, von denen er spricht, verfahren. Wie oft gewinnt man den Eindruck, als griffe er einen Namen, eine Methode oder einen Gegenstand nur kurz lobend auf, um ihn anschließend umso gründlicher zu zerzausen und indirekt wieder einmal auf sich selber aufmerksam zu machen. – Und trotzdem fielen so große Reitmeister wie La Guérinière und Steinbrecht auf ihn herein!

Newcastle war zweifellos ein Intellektueller. Als solcher setzte er sich erstmals auch mit den Thesen für und gegen das Reiten auseinander, d.h. auch mit den Voraussetzungen dazu. – Die Ansicht, ein Pferd müsse in seiner Hinterhand sowohl in Längsrichtung als auch in Querrichtung beweglich und biegsam gemacht werden, um unter dem Gerittenwerden nicht zu leiden, war zu seiner Zeit bereits eine Binsenwahrheit. Er griff sie dennoch auf und fragte weiter: was passiert, wenn ich ein Pferd auf Dauer ohne Arbeit, ohne Gymnastizierung, unbehelligt stehen lasse? Seine Antwort: das Pferd ist ein Haustier und kennt als solches weder die Weite seines ursprünglichen Wohnraumes, die Steppe, noch den Säbelzahntiger oder Wolf, der es von Zeit zu Zeit bis an die Grenzen seiner physischen Möglichkeiten hetzt. Will ich somit das Pferd auf seiner heute stets lächerlich kleinen Weide nicht verkommen lassen, so muß ich ihm als Reiter oder Fahrer den Wolf ersetzen und ihm langsam aufbauend immer mehr Leistung abfordern. – Leben heißt auch für das Pferd, sich Forderungen zu stellen und sich durch dieses Sich-Forderungen-Stellen allmählich auf immer mehr und immer härtere Anforderungen hin „trainieren". Leben bedeutet so, die Grenzen seiner Fähigkeiten nach und nach immer weiter ins Unendliche hinauszurücken. Hält sich der Mensch ein Pferd, so übernimmt er damit die Verantwortung für dessen Training ebenso wie für dessen Unterhalt. Dabei muß aus dem Tier schließlich objektiv mehr werden, als aus ihm hätte werden können, wenn es auf der Steppe bei Tiger und Wolf geblieben wäre. Ist dies nicht der Fall oder nimmt es beim Training bleibenden Schaden, so habe ich mich als Pferdehalter, Reiter oder Fahrer nicht nur moralisch an ihm vergangen, sondern objektiv auch das Recht verwirkt, Pferde zu halten, zu reiten oder zu fahren. Soweit die Theorie!

Newcastle nahm die seinen Pferden gegenüber eingegangene Verantwortung somit vorbildlich ernst, sah sie jedoch vor allem als ein Problem, das er nur intellektuell lösen zu können glaubte und wurde damit prompt zum ersten „reiterlichen Technokraten" der Geschichte. Ja, letztlich scheint ihn die rein technische Seite des Reitens sogar weit mehr interessiert zu haben, als das Pferd selber. Reitproblemen versuchte er deswegen in der Praxis des Alltags stets zuerst einmal mit technischen Hilfsmitteln zu begegnen. Er erfand so die Schlaufzügel (vergl. „Hilfszügel" im reg.) und setzte sie bis zum Exzess ein. Das Pferd muß ihm nach und nach nur noch als eine Art Geschöpf erschienen sein, an dem er seine Techniken und Methoden erproben konnte. So führte ausgerechnet bei ihm das ursprünglich imponierende Verantwortungsbewußtsein den Pferden gegenüber sich selber ad absurdum, d.h. es verkehrte sich in sein Gegenteil.

Tatsächlich hatten „technische Hilfsmittel" in der Reiterei seit jeher eine Rolle gespielt, zählt doch der erste Bosal der alten Berber ebenfalls schon mit. Die italienischen Meister hatten ihre Pferde longiert, indem sie ein Longenende an einem in der Zirkelmitte eingelassenen Pflock festgebunden, das andere Ende von Hand geführt hatten, für Newcastle Gründe genug, alles Longieren abzulehnen. Pluvinel hatte seinerseits die einzelne Mittelsäule nach Frankreich importiert, die Longenarbeit daran bis zur Schulterhereinstellung weiterentwickelt und schließlich die Pilarenarbeit – zwischen zwei Säulen – (vergl. Reg.) erfunden und zu einem ersten – wohl ebenfalls übertriebenen – Höhepunkt geführt. Demzufolge mußte sich Newcastle auch hiergegen aussprechen und gleich auch alles „laterale Mobilisieren der Hinterhand" verdammen. – Sich selber so der wichtigsten Hilfsmittel zur Hankenbeugung beraubend, drehte er den Spieß – in Wirklichkeit: das Pferd – ganz einfach um und versuchte die Hankenbeugung – das Verkleinern aller in der Hinderhand federnden Gelenkwinkel – dadurch zu erreichen, daß er mit neuen technischen Gewaltmitteln die Vorhand „erleichterte". Er wurde so schlußendlich zum ersten Reitmeister der Geschichte, der seine Pferde prinzipiell *von vorne nach hinten* ritt, anstatt von hinten nach vorne und eröffnete mit dieser schlimmen Methode einen der unheilvollsten Wege der Pferdeausbildung. – Leider wird dieser auch heute noch mit Vorliebe beschritten, obwohl er seit Newcastle unzählige – auch große Reiter wie Baucher und Fillis – in die Irre geführt hat. Aber hatte der Herzog nicht ausdrücklich gesagt: „In allen Dingen ist nur eine einzige Wahrheit und die bleibet in allen Stücken die Einzige. Wann nun meine Reit-Kunst auch die einzige ist, so folget daraus, daß sie auch die Wahrhafftige seye" (W. 11, S. 33)?

Der Herzog macht es einem gewiß nicht leicht! So häufig er Anfällen von Größenwahn unterliegt, so oft beweist er darauf wieder gesunden Menschenverstand, einsichtiges Urteilsvermögen und echte Pferdekenntnis. So empfiehlt er den Pferdezüchtern seiner Epoche, den Hengst zur Beschälzeit mit der Stutenherde laufen zu lassen und ihm einen Offenstall auf die Weide zu setzen. So schreibt er auch über das spanische Pferd: „Wann es wol ausgesuchet ist, so ist sicherlich kein edlers Pferd in der Welt (;. .). Es ist von großer Stärcke, großer Hertzhafftigkeit, gar gelernig, gehet und trottiret (trabt) stolz und mit den schönsten Geberden. Es ist großartig im Galopp (,. .), auch viel edler und liebreicher, es ist das tauglichste unter allen, . ." (W. 11, S. 42). Das damalige deutsche Pferd beurteilt er nicht ohne Ironie: „Diejenigen, welche sagen, daß die Teutschen Pferde mit denen (schlechten) Flandrischen können verglichen werden, befinden sich sehr betrogen. (. . .) Die Wahrheit ist; es sind wenig Teutsche Fürsten, welche nicht treffliche Arten von Pferden in ihren Stuttereyen haben: ihre Bescheller sind gemeiniglich Napolitanische Lauffer (Carossiers), Spanische und Türckische Pferde (. . .) wie auch Barbern (Berber) . . ." (W. 11, S. 51), nur keine deutschen Pferde.

Reiten heißt für Newcastle, ein Pferd unter dem Sattel „tummeln", das sich selber vor allem mit der Hinterhand trägt, das also das beweist, was wir „Selbsthaltung" oder „Gleichgewicht" (vergl. Reg.) nennen, dabei aber „auf den Hüfften wol versichert" ist. Er will beim Querfeldeingaloppieren und beim Galoppieren in der Gruppe die Zügel auf den Pferdehals legen können, ohne daß das Pferd deswegen „auseinander fällt", d.h. sich länger macht, schneller wird oder stolpert. Dieses typisch altiberische Anliegen, das sich in Frankreich bis zur französischen Revolution als ein Hauptmerkmal kultivierten Reitens erhalten hat, wurde, wie wir später sehen werden, erst im 19. Jahrhundert von den Kavallerieoffizieren als „verzopft" und anachronistisch aufgegeben und fehlt heute in den meisten Reitlehren ganz, obwohl es gerade für den Freizeitreiter von dringlichster Aktualität wäre.

Umgekehrt sieht Newcastle im Auf-der-Hand-Liegen des Pferdes ein Anzeichen dafür, daß das Tier in den Lenden schwach ist und vor allem dafür, daß die Tragekräfte der Hinterhand noch nicht genügend gefördert wurden. Denn nur ein „Pferd mit starcken Lenden", das die „Hüfften wol zu senken weiss" (Hankenbeugung) übernimmt sein Gewicht mit der Hinterhand, wird vorne tatsächlich „leicht" und findet auf der kurzen Basis zu jener Durchlässigkeit den Hilfen gegenüber und zur höheren Wendigkeit, welche Gütezeichen eines ernsthaft ausgebildeten Reitpferdes darstellen.

Auch im zweiten Teil seines Werkes erweist sich Newcastle als ein schärferer Beobachter von Reit- und Wagenpferden, als die meisten seiner Vorgänger und Nachfahren. Er unterscheidet zwischen Schritt, Trab, Pass, Galopp und Redopp (vergl. Reg.). In der courbettenähnlichen Schaukelbewegung des Redopps sieht er richtig die paarweise symmetrischen Sprünge der Vor- und Nachhand, die somit der Fußhaltung in der Levade näher verwandt sind, als den Galoppsprüngen. – Von Pass und Tölt hält er bei seinen eigenen Reitpferden nichts, obgleich er beide sehr genau beschreibt und ihre Bequemlichkeit für den Überlandreiter nicht in Abrede stellt. Für ihn führt der „wahrhafftige Weg" der Pferdeausbildung vom Zureiten über den „Trab, Galop, Redop zur Carobetten in halben Tacten und zu allerhand Sprüngen" (W. 11, S. 110), „dann aus aller andern Art und Weise entstehet nichts denn Verwirrung und Unordnung." Er benützt dabei von Anfang an den Kappzaum und die Kandare, bedient sich aber nicht, wie die Franzosen und Iberer, vor allem des Kappzaums, sondern läßt immer die Kandarenwirkung überwiegen.

Was die Zügelführung anbelangt, geht der Herzog ebenso unorthodox vor. Bisher wurden in der Regel alle vier Zügel (zwei Kappzaumzügel außen und zwei Kandarenzügel innen) mit der linken Hand geführt; ausgenommen beim ersten Anreiten von Jungpferden, bei dem der linke Kappzaumzügel und beide Kandarenzügel mit der linken Hand, der rechte Kappzaumzügel aber mit der rechten Hand gefaßt wurde. Sobald Newcastle dem Pferd den Kappzaum für immer abgenommen hat, teilt er von Zeit zu Zeit auch die Kandarenzügel oder nimmt beide in die rechte Hand. Prinzipientreu ist er, genau wie die Spanier, Italiener und Franzosen vor ihm, ausschließlich beim „Wie?" der Zügelführung, nämlich: mit den Zügeln wird im äußersten Fall leicht *verwahrt* oder *nachgegeben* und zwar stets *von unten nach oben* und *von hinten nach vorne*, d.h. „vorwärts", wie er es nennt, mit nach *oben* gedrehten Fingernägeln.

Newcastle muß auf diese langerprobte, durch und durch pferdegemäße uralte Methode der Zügelführung umso dringender zurückgegriffen haben, als seine Pferde ja mit Schlaufzügeln, statt mit Kappzaumzügeln, zugeritten worden waren und so irgendwann wohl kaum mehr vorwärts gingen oder sich, wie die meisten mit Hilfszügeln gearbeiteten Tiere, dabei erbärmlich auf die Schultern und die Hand warfen. Jedenfalls muß ihm die Fragwürdigkeit des Schlaufzügelgebrauchs schließlich selber bewußt geworden sein, denn vom 27. Kapitel seines Werkes an, lehrt er plötzlich, wie man sich des Kappzaums auch *ohne Schlaufzügel* bedienen kann.

So sympathisch sich Newcastle letztlich dadurch erweist, daß er sogar seine liebste Erfindung, die Schlaufzügel, die er für das Alpha und Omega aller technischen Ausbildungshilfsmittel hält, in Frage stellt und Wege weist, die um deren Verwendung herumführen, so tragisch ist in seiner Lehre, daß er die Vorherrschaft der Hand unter den Hilfen – scheinbar trotz besseren Wissens – dennoch festschreibt. Er begründete damit wie bereits angedeutet eine Schule oder Tradition allein lokalen, d.h. am Pferd örtlich punktuellen Biegens und Beugens, dessen Auswüchse wir heute noch in Dressurprüfungen – leider oft sogar in den „olympischen" – bewundern können. Die einzelnen Pferdeteile arbeiten einigermaßen korrekt, doch ihr Zusammenspiel hat offensichtlich gelitten. Den Pferden fehlt es an Leichtigkeit, Schwerelosigkeit und Impulsion, kurz, an der Freude an ihren eigenen Leistungen, nur weil sie durchmechanisiert statt durchgymnastiziert wurden: William Cavendish was here!

Herzog von Newcastles Ausstrahlung auf die Reiter seiner Epoche fand ihren Höhepunkt in der Zeit zwischen 1650 und 1660, in der er als Reitlehrer in Antwerpen wirkte. So wie der junge Adel Europas einhundert Jahre zuvor die Reitakademien in Neapel belagert hatte, strebte man jetzt zu Du Vernet du Plessis oder zu Antoine de Vendeuil nach Paris oder eben zu William Cavendish nach Antwerpen. Dabei zogen die jungen Italiener, Spanier, Portugiesen und Franzosen vorzugsweise nach Paris; der deutsche, holländische und skandinavische Adel lieber nach Antwerpen. So ist jedenfalls zu erklären, weswegen die deutsche Reiterei selbst noch des 18. Jahrhunderts sich vornehmlich auf Newcastles Lehren ausrichtete, während die südwesteuropäischen Reiter den großen Meistern des „Manège de Versailles" nacheiferten.

Ein erwähnenswert typisches Beispiel eines jungen Edelmannes und seines reiterlichen Bildungsweges bietet uns der deutsche Baron von Eisenberg, auch wenn über sein Privatleben nicht viel bekannt ist.

Baron von Eisenberg wurde wahrscheinlich 1687 geboren und wuchs bei Hof in Sachsen-Weimar auf. Wer ihm die Grundbegriffe des Reitens beigebracht hat, wissen wir leider nicht. Bekannt ist nur, daß er um das Jahr 1700 herum als Schüler bei von Regenthal in Wien weilte, darauf viel durch Frankreich, Italien und England reiste, einige Jahre Oberbereiter beim Grafen Daun, dem damaligen Vizekönig von Neapel, war und 1753, sechsundsechzig Jahre alt, zwölf Jahre vor seinem Tod, noch einmal nach Italien zog, um dort die Leitung der Akademie von Pisa zu übernehmen.

1727 schrieb, zeichnete und veröffentlichte er in London die „Description du Manège Moderne", die 1748 von David Herrliberger in Zürich aus dem Französischen ins Deutsche übersetzt, in Kupfer gestochen und unter folgendem Titel herausgebracht wurde: „Des Herrn Baron von Eisenbergs Wohleingerichtete Reitschule, oder Beschreibung der allerneuesten Reitkunst in ihrer Vollkommenheit (, . .), beygefüget ein Wörterbuch, worinnen alle, in der Reitkunst, auf der Reitbahne und bey Ritterübungen vorkommende und dahin gehörige Kunstwörter; wie auch die Eigenschaften, Zäumungen, Krankheiten und Heilungsmittel der Pferde und andere dazu gehörige Sachen enthalten sind (W. 13, Titelseite); eine Ausgabe, die dem vorliegenden Faksimiledruck der DOCU-

MENTA HIPPOLOGICA zugrunde liegt.

In seinem Werk (W. 13) erweist sich Baron von Eisenberg als ein Humanist mit erstaunlich viel Pferdeverstand. Als Kosmopolit weitergereist als Newcastle, spricht er fließend deutsch, französisch, englisch und italienisch, hat er das Reiten in Deutschland, Österreich, Frankreich, England und Italien studiert, kennt er aus eigener Anschauung die meisten Pferderassen Europas und des Nahen Ostens und auch alle erdenklichen Verwendungsmöglichkeiten des Pferdes. Er ist, wie der von ihm hochverehrte Newcastle, ein typischer Vertreter jener reisenden und sich reisend weiterbildenden Adelskaste Europas, die im 17. und 18. Jahrhundert ständig unterwegs war. Doch im Unterschied zu Newcastle, machte dieses Bildungsnomadentum Eisenberg nicht größenwahnsinnig, sondern bescheiden; es ließ ihn nicht ein angeblich neues Reitsystem in die Welt setzen, sondern alles von anderen Gehörte und Gesehene zu einem Mosaik zusammentragen, und dies nicht, um sich schließlich zum Reitdiktator aufzuschwingen, sondern um zu versuchen, das Reiten mit der humanistischen Bildung in Einklang zu bringen.

Newcastles Einfluß auf Eisenberg wird in der „Wohleingerichteten Reitschule" immer wieder deutlich, ist manchmal sogar etwas allzu präsent; aber ebenso offensichtlich hat Eisenberg dem System des Engländers inzwischen die allzu spitzen, allzu grausamen Krallen beschliffen; er interessiert sich für das Pferd nicht nur mehr als Reituntersatz, an dem man die Tauglichkeit seiner Reittechnik prüfen oder seine Herrsch- und Machtgelüste ausleben kann, sondern aus echter Zuneigung zum Pferd.

Er beginnt und beendet jede Ausbildungslektion im Schritt und verlangt, daß die Pferde „mit einer gewissen Zärtlichkeit und aller immer möglichen Sparsamkeit (der Hilfen) müssen angewiesen werden". Im Trab läßt er alsdann die Zügel des Zaumes durchhängen und benutzt fast ausschließlich die Kappzaumzügel – wenn leider auch zu oft von vorne nach hinten. Er weiß zwar: „Der Nutzen des Kappen-Zaumes bestehet darinnen, daß er das Pferd zuruck hält, desselbigen Kopf aufrichtet und es überall fertiger (geschickter) machet; er lehret dasselbige sich wenden und still halten; dessgleichen den Kopf wohl tragen und bevestiget ihm die Hancken, sintemal er so wohl dem Kopf als dem Rücke eine rechte Stellung giebt und in allen Verrichtungen des Pferdes die natürliche Empfindlichkeit des Kiffels (Kiefers), wie auch des Theiles, den die Kinnkette berühret, erhält. Er lencket die Schulteren und den gantzen Leib, mit einem Wort, er machet das Pferd angenehm und tüchtig zur Reit-Kunst und daß es dem Reuter ein Vergnügen schaffet. . ." (W. 13, S. 9). Und dennoch *zieht* er an den Kappzaumzügeln, bindet er teils sogar das Pferd damit aus (W. 13, S. XXXIII), wirkt er jedenfalls damit von vorne nach hinten und vergeht sich so am natürlichen Vorwärtsdrang und an der Impulsion des Tieres.

Gewiß, Newcastle tat dies auch, wenn er die Schlaufzügel durch die Kappzaumringe führte. Aber er wußte wenigstens, daß man als Reiter dann die Kappzaumzügel umso deutlicher nach vorwärts-aufwärts zu führen hat. – Trifft etwa auch auf Eisenberg zu, was Newcastle schon fünfzig Jahre früher festgestellt hatte, nämlich: „Niemand reitet oder arbeitet ein Pferd in Teutschland ohne Nas-Band (Kappzaum); ja sie nehmen diesselbige gar, wenn sie über Land reiten (. . .), ob wol sie nichts davon verstehen und solches nicht zu gebrauchen wissen" (W. 11, S. 62)?

Eisenberg versucht zwar, über die Ausbildungsphase, die den Kappzaum zwingend verlangt, so schnell wie möglich hinweg zu gelangen, schreibt er doch als Warnung: „Manche Bereiter lassen ihre Pferde unter den Nasenbändern alt werden und sogar sterben, welches nicht zu loben ist" (W. 13, S. 29). . . tatsächlich nicht, solange *mit Kappzaum und Anlehnung* geritten wird. Verfügt man über den geeigneten Pferdtyp, der sich ohne oder nur mit leisester Anlehnung in Selbsthaltung reiten läßt, so kann man den Kappzaum durchaus ohne Nachteile für das Pferd bis zum Ende der Ausbildung beibehalten. . . (ich für mein Teil würde dies sogar empfehlen!). Die Frage ist, beherzigte Eisenberg seine eigene Warnung? Oder müssen wir aus seinen schlechten Erfahrungen mit dem Nasenband und aus Newcastles Zitat über die Kappzaumbenützung in „Teutschland" schließen, die deutschen Reiter seien auch schon im 17. und 18. Jahrhundert Anlehnungsfanatiker gewesen? – Wie dem auch sei, seit Grisones Zeiten war Eisenberg tatsächlich der erste europäische Reitmeister, der die Ungehörigkeit des von vorne nach hinten am Zügel Ziehens als die richtige reiterliche Art beschrieb.

Gewiß, auch Xenophon und Grisone hatten dies bereits getan. Von den Iberern, von Pignatelli und Pluvinel, ja in gewissem Sinn sogar vom Technokraten Newcastle, wissen wir indessen, daß man sich damit bloß an der Vorwärtsbewegung des Pferdes, an seinem Schwung, an seinem Gleichgewicht und an seiner Selbsthaltung vergeht. Wie aber kam dann die Zügelzieherei nach Deutschland?

Wir sind hier wieder auf bloße Vermutungen angewiesen, die jedoch recht stichhaltig erscheinen. – Engelhardt von Löhneysen, der um 1580 lebte und mit seiner „Neu eröffneten Hof-, Kriegs- und Reitschule" erstmals die grisoneschen Methoden in leicht abgemilderter Form in Deutschland bekannt machte, war wahrscheinlich auch der Übermittler des grisoneschen Am-Zügel-Ziehens. Hinzu kommt wohl, daß die damaligen deutschen Pferde wie die grisoneschen Neapolitanos von recht schwerem und sturem Kaliber waren, so daß ihnen kurzzeitig die grisonesche „Anlehnung" vielleicht bekommen sein mag. Warum nur bürgerte sie sich aber so tiefgreifend ein, daß viele deutsche Reiter heute nicht einmal mehr merken, ob sie zwanzig Gramm oder drei Kilo in der Hand halten? – Eisenbergs Schuld?

Jedenfalls hat Eisenberg auch nichts dagegen unternommen! Ja, als leidenschaftlichem Newcastle-Jünger, wird ihm das Vorherrschen der Hand sogar durch das von vorne nach hinten Ziehen erst richtig etabliert erschienen sein... Des Herzogs unmöglichen Klemmsitz auf den Oberschenkeln hat er indessen überwunden. Er stand nicht mehr wie sein englisches Vorbild mit verkrampft geschlossenen Knien in den Steigbügeln, sondern saß wie Pluvinel und dessen Nachfolger gerade auf dem Gesäß, wenn er dabei auch noch nicht wagte, sein Becken nach hinten abzukippen und endlich einmal bequem zu reiten. Er empfiehlt seinen Schülern geradezu, viel ohne Bügel zu traben und ihr Becken schön aufrecht gerade zu halten, was unverkrampft auf die Dauer nicht durchzuhalten ist. Kommt etwa daher auch die so typisch deutsche Vorliebe für das „angezogene Kreuz"?

Unbestrittene Meisterschaft stellt Eisenberg beim „still Stehen" unter Beweis; beim sehr plötzlichen, aus tiefer Hankenbeugung (vergl. Reg.) entwickelten Anhalten allein auf Schenkeldruck und leichte Gewichtsverlagerung nach hinten hin: „Dieses ist ein Haupt-Artickel der Reit-Kunst und kan nicht anderst als durch eine lange Erfahrung erlernet werden" (W. 13, S. 54 u. 55). – Wic recht hat er damit! Denn diese Art des Anhaltens ist für den Reitschüler tatsächlich das Tor zu den „höheren Weihen" genau so, wie es für das Pferd den besten und kürzesten Einstieg in die Hankenbeugung darstellt. Sehr vorsichtig unternommen und geübt und sehr allmählich gesteigert, bringt es in den Lenden kurze Quadratpferde verblüffend schnell dazu, ihr Gewicht kurzzeitig auf die Hinterhand zu übernehmen, woraufhin der Reiter endlich einmal erfährt, was Reiten heißt! – Daß es Eisenberg zum Alpha und Omega seiner Reitschule macht, weist ihn – wenn auch energisch abgesehen von seiner Schlaufzügelbenutzung – als einen der unseren aus; vielleicht sogar als den ersten deutschen Freizeitreiter der Geschichte.

Im „Wörterbuch", d.h. im zweiten Teil seiner „Reitschule", zeigt Eisenberg mit seinen Definitionen nochmals das ganze Ausmaß sowohl seiner Kultur als auch seines Pferdeverstandes. Sie sind kurz, prägnant und durchdacht. Wo er Pferderassen anführt, zitiert er oft Newcastle. Aber neben Rezepten gegen die geläufigsten Pferdekrankheiten, die ebenfalls wie bei Newcastle eher einer Hexenküche als einer Apotheke zu entstammen scheinen, vertritt Eisenberg hier Ansichten von brennender Aktualität. So sagt er z.B., eine der wichtigsten Voraussetzungen für „pferdegemäßes Reiten" sei die, daß der Reiter „nach Art der Pferde, nach ihrer Gestalt, ihrem Alter und ihrer Geschicklichkeit zu verfahren weiß und ihnen nur solche Übungen zumuthet, dazu sie geartet sind".

Wie Newcastle unterscheidet auch Eisenberg sehr genau zwischen allerlei Reit- und Zugpferden, so z.B. zwischen „Genetti di Regno" („Reining"-Geneten = Schulpferden) und verschiedenen Arten von gewöhnlichen Reitpferden einerseits und andererseits zwischen gewöhnlichen Kutschpferden und den „Corsieri", „so wol zum Zug für Kutschen, als für Cürassierer zum Reiten dienliche Pferde". Bemerkenswert hierbei ist, daß um 1720 die „Cürassierer", d.h.

die schwere Kavallerie noch immer mit einem näher dem Wagenpferd als dem Reitpferd verwandten Pferdetyp beritten war, nämlich mit dem „Carossier".

Eisenbergs Wörterbuch ist alles in allem eine wahre Fundgrube für jeden Pferdefreund, auch wenn er hin und wieder französische Begriffe etwas beugend überträgt. So macht er aus der „Justesse", aus der locker-leichten, zwanglos-fröhlichen Präzision des pferdegemäß richtig ausgebildeten Pferdes: „Kadenz" und erklärt diese mit dem Halbsatz: „Cadenz ist auf der Reitschule eine Gleichheit, die ein Pferd in allen seinen Bewegungen beobachten muß, wenn es zugeritten ist, . . (W. 13 WB, S. 8 u. 9)). Aber wirft dieses „beugende" Übersetzen nicht auch ein sehr eindrückliches Licht auf Eisenberg, seine Zeit und deren Reitkultur? Heute ist so nicht mehr auszuschließen, daß das Reiten zu Eisenbergs Zeiten tatsächlich „verzopfte" (W. Seunig) nur weil die Figuren der Hohen Schule zum Selbstzweck gefroren und die Reiter und die Pferde einfach nichts mehr auszudrücken hatten – wohl nicht einmal mehr Freude an ihrem Tun!

Behielten somit die Kritiker des Reitens im 18. Jahrhundert recht – und selbst La Guérinière widerspricht ihnen nicht, wenn er feststellt, es stehe schlecht um die Reiterei seiner Zeit – so verlor das Reiten damals wirklich seinen Sinn, wurde bloßes höfisches „Schönthuen" adeliger Playboys, wenn es damit auch ganz eindeutig Freizeitreiterei blieb. Anders ausgedrückt, erwies sich das Pferd und das Reiten im 18. Jahrhundert offenbar – genau wie heute – als ausgereizt. Es ging nicht mehr schöner, nicht mehr großartiger, nicht mehr eindrücklicher; genau wie es heute kaum mehr höher, kaum mehr weiter, kaum mehr schneller und schon gar nicht mehr spektakulärer geht. – Nur eines ging damals wie heute noch: die Pferde konnten weit lockerer, losgelassener, leichter, fröhlicher, stolzer gehen, mit viel weniger Zwangsmaßnahmen, Knebelungen und technischen Hilfsmitteln ausgebildet und mit viel mehr (menschlicher) „Justesse" gehalten, gewartet und geritten werden – wie genau, verrieten allerdings weder die Bücher Newcastles oder Eisenbergs, sondern allein die „Ecole de Cavalerie" des anerkannt größten Reitmeisters aller Zeiten: François Robichon de la Guérinières. Er allein stellte Newcastles vergeblicher Biegemühe und Eisenbergs Äußerung über die „großköpfichten", sturen Pferde, die man nur mit einem „vierräderigen Mundstück" beizäumen könne, nämlich dadurch, daß man sie vor den Wagen spanne, eine einfache Übung gegenüber, welche von nun an auch zu schwere, zu lange, zu harte und zu weiche Pferde in kurzer Zeit lockerer, biegsamer, leichter zu reiten und gefälliger machte: das *„Schulterherein"* (vergl. Reg.).

7. Kapitel

FRANCOIS ROBICHON DE LA GUERINIERE UND DIE IBERER

François Robichon de la Guérinière wurde sehr wahrscheinlich im Jahre 1688 – somit ein Jahr nach Eisenberg – in der nordwestfranzösischen Stadt Caen oder in deren Umgebung geboren. In Caen, in der Normandie, besuchte er jedenfalls die Reitakademie, bevor er ein Schüler von Antoine de Vendeuil wurde, der damals Hofbereiter im „Großen Marstall" in Versailles war. Antoine de Vendeuil „entdeckte" das Talent des jungen La Guérinière und förderte es so konkret und zielbewußt, daß La Guérinière schon 1715, kaum siebenundzwanzigjährig, als einer der größten Bereiter Frankreichs galt. Der König verbriefte ihm das Recht, in Paris eine eigene Reitakademie zu eröffnen, die er im gleichen Jahr auch schuf – Etienne Saurel schreibt: in der Rue de Tournon (W. 43, S. 246); Michel Henriquet: in der Rue de Vaugirard (W. 20, S. 30). Wo genau es auch immer war, La Guérinières Akademie gewann in kürzester Zeit soviel Zuspruch, daß der Platz knapp wurde. Zudem war der Meister zwar ein großartiger Reiter, jedoch alles andere als ein großartiger Geschäftsmann. Nur zehn Jahre nach ihrer Eröffnung drohte seine Akademie an „uneffizientem Management" einzugehen, was den damaligen Grand Ecuyer de France, den Prinzen Charles de Lorraine, bewog, die ehemaligen königlichen Stallungen und Reitanlagen der „Tuileries" speziell für La Guérinière herrichten und neu eröffnen zu lassen. So wenigstens erhielt Frankreich im Jahre 1730 seine zweite Hofreitschule. Die erste bestand seit dem Wegzug des Hofes aus Paris im Jahre 1680 in Versailles, die zweite nun in den Tuilerien in Paris. Dennoch ist es unrichtig zu behaupten, La Guérinière hätte dem Marstall Ludwigs XIV vorgestanden (Waldemar Seunig, W. 48, S. 396). Louis XIV war bereits 1715 gestorben, der königliche Marstall lag seit 1680 in Versailles und La Guérinière führte in den Pariser Tuilerien eine eigene Akademie, wenn nun auch unter höfischer Verwaltung und teils mit Pferden des Hofes.

Im Jahr 1733, drei Jahre nach der Wiedereröffnung der Tuileries, veröffentlichte François Robichon de la Guérinière sein Buch „Ecole de Cavalerie", das heute noch die – international unbestritten – bedeutendste und beste Anleitung für die Pferdeausbildung schlechthin darstellt. In ihr hat jedes Wort Gewicht. Jeder Satz ist ein Grundsatz. Sie stellt tatsächlich die bisher einzige in sich absolut logische und geschlossene, also echt pferdegemäße, Zusammenfassung aller natürlichen Ausbildungsphasen des Pferdes dar, wenn man als Freizeitreiter diesen auch nicht unbedingt bis zur Arbeit zwischen den Pilaren und zu den Schulsprüngen zu folgen braucht. La Guérinière erweist sich damit jedenfalls sowohl als der größte Pferdemann aller Zeiten als auch als der größte Reiter der Geschichte – und dies mit deshalb, weil er sich eindeutig auf die Seite der Pferde geschlagen hat. . . ausschließlich auf die Seite der Pferde!

Was das Pferd in seinem jeweiligen Ausbildungsstadium für sein Weiterkommen braucht, hat der Reiter bis ins letzte Detail genau zu erfühlen, in sein Ausbildungsprogramm einzubauen, das Wie und Warum zu wissen und auch reiterlich durchsetzen zu können. Bei La Guérinière findet der Reiter nicht seinen Spaß am Reiten, sondern er lernt vor allem dem Pferd gerecht zu reiten. Das Ziel dabei hat der portugiesische Meister Nuño Oliveira einmal mit den Worten umschrieben: „dem fertig ausgebildeten Reitpferd zu erlauben, die ganze Losgelassenheit, Biegsamkeit und Freude wiederzufinden, welche es als ungerittenes, rohes Jungpferd auf der Weide charakterisiert" (W. 20, S.86), obwohl es inzwischen durch die Ausbildung seiner Muskeln, Sehnen und Gelenke lebenstüchtiger, athletischer, härter geworden ist. Reiten ist nur „Reiten", wenn dadurch in jedem Augenblick mehr aus dem Pferd wird, wenn es dem Pferd dabei täglich sowohl psychisch als auch körperlich besser geht! Wer dabei Pferde verschleißt, ist kein Reiter, sondern ein Pferdeschinder – auch wenn er es aus Unwissenheit, Dummheit oder Denkfaulheit tut. – Wie wir bereits wissen, war dieser Gedanke zu La Guérinières Zeiten keineswegs neu. Er leuchtete schon hin und wieder bei den Berbern und bei den alten Iberern auf, auch bei Xenophon, Pignatelli und Pluvinel; nur hatte ihn bisher noch niemand so konkret und kompromißlos formuliert wie Großmeister La Guérinière.

Kindern, Reitanfängern und Reitern, die mit fertig ausgebildeten Pferden nicht zurechtkommen, verbietet er ein für allemal an der Ausbildung von Pferden auch nur teilzunehmen: „La pratique dépourvue de vrais principes n'est autre chose qu'une routine" (W. 19, S. 59 u. 60): alles Reiten, das nicht auf einem individuell jedem einzelnen Pferd genau angepaßten Programm beruht – also das Pferd gymnastisch nicht weiterbringen kann – ist nichts als eine schlechte Angewohnheit und eine Verankerung schlechter Gewohnheiten im Pferd, welche früher oder später Gewaltmaßnahmen seitens des Reiters und Halbheiten seitens des Pferdes zeitigen müssen, Scheinbarkeiten, die dem Pferd nur schaden und ausschließlich Laien imponieren.

Das ist typisch La Guérinière: auch harte oder spitze Sätze rundet er nicht ab. Ihm geht es nicht um das, was die Leute von ihm halten, sondern einzig und allein um die Pferde und um deren Heil und Wohlergehen. Weiß man dies, und liest man die „Ecole de Cavalerie" mit der entsprechenden Optik, so wird sie schwierig zu übersetzen. Ich kenne denn auch keine einzige deutsche Übersetzung, die mir zugleich technisch präzis und sinngemäß richtig genug erscheint. Deswegen kann ich auch die Olms Presse in Hildesheim nur dazu beglückwünschen, La Guérinières Anleitung in der französischen Urfassung in ihre Reihe DOCUMENTA HIPPOLOGICA aufgenommen zu haben.

Die „Ecole de Cavalerie" wurde von La Guérinière in drei Teile gegliedert, deren Kapitelüberschriften dem aufmerksamen Leser das gesamte Schema in die Hand geben, nach dem er selber verfuhr. So ist das erste und wichtigste für den passionierten Pferdefreund die Pferdekenntnis (Hippologie), d.h. das Gefühl, das Auge und das Ohr für Pferde; das zweite ist die Fähigkeit, Pferde mit reiterlicher „Justesse", echt pferdegemäß von der ersten Longenlektion bis zur höheren und Hohen Schule zu gymnastizieren, das dritte, sein Pferd individuell richtig, d.h. wiederum pferdegemäß, zu halten, zu warten und in der Worte breitester Bedeutung gymnastiziert zu erhalten, nämlich sowohl als Erhaltung und Förderung seiner Gesundheit als auch als Unterhaltung und Entwicklung seiner Lebensfreude.

La Guérinière geht mit seiner Zuwendung den Pferden gegenüber so weit, wie man überhaupt nur gehen kann. In der Reitpferdezucht, -Haltung, -Wartung, -Ausbildung und im Reiten des Pferdes sieht er eine „bio-logische" Einheit, die er erstmals konsequent als einen „gegen Krankheit, Unfall und frühen Tod *vorbeugenden* Eingriff in die Natur des Pferdes" betrachtet und behandelt. Daß er damit den Pferden gegenüber eine umso größere Verantwortungslast übernimmt, ist ihm klar. Deswegen schränkt er den Anwendungsbereich für sein Ausbildungssystem auch gleich wieder ein: ihm geht es mit seiner Methode ausschließlich und allein um die Ausbildung von Jungpferden, die dem Idealbild oder Prototyp des Reitpferdes möglichst weitgehend entsprechen. Wie sehen diese Pferde aus?

Im ersten Teil der „Ecole de Cavalerie" sagt er unmißverständlich, nur relativ kleine, kräftige Pferde mit kurzen Lenden („le rein court") taugten zu Reitpferden. Selbst in dem seinerzeitigen neapolitanischen „Schulpferd" sieht er eher ein Wagenpferd. Die „türkischen Pferde" (wohl: Turkmenen, Achal-Tekkiner) sind ihm „im ganzen Körper zu lang; beim Anhalten werfen sie sich auf die Schultern und auf die Hand, . . sie taugen nur zum Rennen. . ." (W. 19, S. 30 u. 31).

Wenn seit Xenophon auch nahezu alle Reitmeister sehr deutlich zwischen dem kurzen eigentlichen Reitpferd, das leicht auf die Hinterhand zu reiten und von „mittlerer Größe" (= zwischen 140 und 155 cm Stockmaß) ist, und dem großen, langen Wagenpferd unterschieden haben, das auch von „Cürassierern", von der Kavallerie, geritten werden kann, und zwischen diesen beiden Pferdetypen nur das Renn- und Jagdpferd als ein langes, leichteres und oft auch größeres Tier beschrieben, so begnügt sich nun La Guérinière nicht nur mehr mit der hippologischen Beschreibung der Typen, sondern zeigt auch den Zusammenhang zwischen der Größe, der Länge der Lenden und den Reitpferdequalitäten auf. Damit wiederum wird er zum ersten Reitmeister der Geschichte, der die Bedeutung der Biegsamkeit sowohl der Hinterhand als auch der Lenden- und Rückenpartie für pferdeschonendes Reiten nicht nur erkennt, sondern als gymnastizierendes Biegen und Beugen analysiert und wissenschaftlich begründet.

Mit der „Ecole de Cavalerie" wird das Reiten so zwar zum ersten Mal zu einer Art Reitwissenschaft, d.h. zu einem Teilgebiet der Hippologie und der Veterinärmedizin. Da jedoch nur vor Gesundheit und Wohlergehen strotzende Pferde sich locker, losgelassen, spielerisch, d.h. „brillant" zu geben verstehen, erhebt La Guérinière die freudig spielerische Losgelassenheit unter dem Terminus technicus „Légèreté", resp. „Brillanz" zur Conditio sine qua non alles Reitens, d.h. zur wesentlichen Grundbedingung überhaupt. Hiermit wiederum erweist er sich erneut gleichzeitig als der konsequenteste und pferdefreundlichste große Meister aller Zeiten.

Reiten bedeutet für La Guérinière also, – genau wie das Züchten, Halten, Warten und Ausbilden – ein „Weg zurück zur eigentlichen Natur des Pferdes" durch natürliche Gymnastizierung seiner individuellen natürlichen Anlagen und Fähigkeiten. Ein gutes Wagenpferd, weiß er, ist groß und lang und trägt sich auch mit den Schultern. Vor der Kutsche soll es flotten Schritt und flotten Trab gehen. Deswegen muß man seinen Raumgriff schulen und fördern und darf seiner Neigung, mit den Schultern zu ziehen, nicht widerstreben. Der Raumgriff und die Übernahme des zu ziehenden oder zu tragenden Gewichtes auf die Schultern, hängen physiologisch genau so zusammen, hat er erkannt, wie die Förderung der eigentlichen Tragekräfte des Pferdes, seiner Biegsamkeit und Wendigkeit, mit der Übernahme seines und des Reiters Gewicht auf die Hinterhand zusammenhängt. Aus diesem Grund eignen sich große, lange und kräftige Pferde zum Kutschenziehen; große, lange aber leichte Pferde für die Leichte Kavallerie und als Spring-, Jagd- und Rennpferde; zum bequemen und pferdegemäßen Reiten auch über lange Strecken taugen jedoch ausschließlich kleine bis mittelgroße, in den Lenden kurze, insgesamt kräftige Pferde im Geneten- oder Cob-Typ. Kurz, ein Pferd stand für ihn entweder im Kompaktpferdetyp und war dann ein geborenes Reitpferd oder aber es war größer, länger und erwies sich so als ein Jagd-, Renn- oder Wagenpferd.

„Einfachheit und Natürlichkeit" hätte er als Wahlspruch über den Eingang seiner Akademie schreiben können. Unter den damals Hunderten von Gebissen wählte er eine Kandare mit einer einfachen gebrochenen Stange mit oder ohne Zungenfreiheit. Unter den Dutzenden von verschiedenen Satteltypen bevorzugte er „la selle à piquer" oder „la selle à la royale", die wir heute beide als einfache „portugiesische Bereitersättel" bezeichnen (vergl. Tafeln VII bis X). Die beste Kandare, sagt er unzweideutig, ist die, welche von der rücksichtsvollsten Hand geführt wird. Trensenartige Mundstücke empfiehlt er nur für Pferde, die sich hinter dem Zügel zu verkriechen pflegen. . . Es lebt hier ganz offensichtlich der gesunde Menschenverstand!

Im zweiten Teil der „Ecole de Cavalerie" erweist sich La Guérinière als die Reitmeister gewordene Methodik. Um die für jedes einzelne Pferd individuell gültigen Ausbildungsrichtlinien erkennen und durchsetzen zu können, muß der Reiter sein Pferd sowohl in Anbetracht dessen Gebäudes, dessen Morphologie und auch dessen körperlicher Mängel als auch punkto Temperament, Charakter und Willensstärke richtig zu durchschauen und einzuschätzen verstehen. Bevor er sich mit der Pferdeausbildung beschäftigt, muß er so jahrelang als Pferdehalter, Pferdewärter und auch als Reiter mit einer großen Zahl verschiedenster Pferde umgegangen sein und viele gut ausgebildete Pferde geritten haben. La Guérinière warnt deutlich vor jedem anderen Weg des Ausbildenlernens: „Unwissenheit und schlechte Laune lassen mehr Pferde bösartig oder sauer werden, als die Natur je hervorbringen könnte" (W. 19, S. 64). – Der schlimmste Feind der Pferde ist der Mensch mit seiner maßlos überheblichen Ignoranz, die er zudem noch für Tierliebe hält; wäre diese echt, so hätte er sich doch längst auf die Socken gemacht, hätte gelesen, studiert, geritten, an sich und seinem Reiten gezweifelt, wäre von Lehrer zu Lehrer gezogen bis zum Tage, an dem ein Pferd unter seinem Sattel ganz ohne absichtsvolles Zutun „von selber" spielerisch-lockere Brillanz gezeigt hätte. . .

La Guérinière ist die Reitmeister gewordene Methodik! – Stets beginnt er mit Einfachstem, das er nach und nach durch geringfügige Änderungen kompliziert, bis das Pferd sich den nächsten Programmpunkt selber abholt: die einfachste Übung des nächsten Programmpunktes ist leichter auszuführen, als die schwierigste des ersten! Das Pferd gelangt so Schritt für Schritt zu Neuem, Ungewohntem, das jedoch nie ganz unbekannt ist. Mißverständnisse sind so von vornherein ausgeschlossen. Kein Pferd lehnt sich so je gegen den Reiter auf: nur Mißverständliches macht Aufbegehren.

Die kräftigste Zügelhilfe, die er dabei einsetzt, beschreibt er so: „man hält die Zügelhand bei sich (. . .) indem man die Hanken des Pferdes mit den Waden zum Nachgeben (zur Beugung) bringt". Diese Übung nennt er den „Demi-Arest", die „Halbe Parade"; ihr Geheimnis: aktive Schenkel, aktiver Sitz und passive, leicht verwahrende Hand. Das aktive Am-Zügel-Ziehen ist tabu! Es lebe der gesunde – und freundliche – Menschenverstand: das Pferd wird noch oder wieder von hinten nach vorne geritten.

Tatsächlich ist La Guérinière, obgleich er warnend ausführlicher über die Hand als über die Schenkelhilfen schreibt, der erste Reitmeister, der die Prädominanz der Schenkel- und der Gewichtshilfe der Hand gegenüber unmißverständlich proklamiert. – Zwar ist auch schon bei Pluvinel das fertig ausgebildete Pferd (vergl. Reg.) ein Tier, das perfekt zwischen den „Absätzen und der Hand" geht; doch erst La Guérinière gab den Schenkel- und Gewichtshilfen die Bedeutung zurück, die sie bei den iberischen Stierkämpfern zu Pferd früher besessen hatten. Zum ersten Mal in der Geschichte der Reitkunst wurde nun wissenschaftlich begründet so geritten, wie es die alten Iberer, dank ihrer Beschäftigung mit dem Kampfstier, instinktiv richtig getan hatten. Zwar tritt bei La Guérinière nun die Zügelhilfe nicht in den Hintergrund, weil seine Hand nicht im entscheidenden Augenblick mit der Ginetalanze oder mit dem Trident belegt ist, sondern weil er wissenschaftlich richtig erkannt hat, daß sie die Vorwärtsbewegung des Pferdes und seine Vorwärtspsychologie nur behindern kann.

Die Schenkel- und Gewichtshilfen des Reiters haben die „Impulsion" (vergl. Reg.), die Vorwärtsenergie des Pferdes zu zünden und zu unterhalten; die Hand darf den Teil dieser Energie, der über den Impulsionsbogen aus der Hinterhand bis ins Pferdemaul gelangt, im äußersten Fall nur verwalten, kontrollieren oder messen. Das Gebiß ist für La Guérinière nur ein Gradmesser für die Impulsion, mit dem man im äußersten Fall einen Impulsionsstau auslösen hilft. Seine Hand verwahrt so, oder gibt nach; bleibt auf alle Fälle stets passiv. Die Richtung, Biegung und Haltung des Pferdes bestimmen allein die Schenkel- und Gewichtshilfen. An das sogenannte „Zurücklaufen" oder „Durchdringen" der Zügelhilfen von vorne nach hinten bis in die Sprunggelenke, glaubt er so wenig, wie an die Tauglichkeit des Gebisses als Stütze selbst für Jagdpferde: „Das Nachgeben (la descente de main), das eine vorzügliche Hilfe bei sämtlichen Übungen ist, scheint geradezu für Jagdpferde erfunden worden zu sein, um diesen das Galoppieren ganz ohne Anlehnung beizubringen und ohne, daß der Reiter sie fortwährend zu stützen gezwungen ist" (W. 19, S. 156).

„Zurück zur Natur des Pferdes" heißt für La Guérinière somit „Weg mit der Hand als Stütze", was wiederum nur möglich ist, wenn auch der Sitz locker und losgelassen ist und „un air d'aisance et de liberté", d.h. Wohlbefinden und Ungezwungenheit verrät. Tabu ist denn auch das Hohlkreuz, das ihm oft nachgesagt wird, und jede Pose, in der irgend etwas „angezogen", „geschlossen" oder „gestemmt" wird. Nur wer locker-losgelassen ungezwungen sitzt, wird eines Tages das Glück genießen, auch ein locker-losgelassenes Pferd zu reiten. Locker-losgelassenes Sitzen bedingt zu Pferd, daß der Reiter sein Becken nach hinten abkippt, um daraufhin die Pferdebewegungen nur noch mit dem Becken und dem leicht beweglichen (mobilen) Kreuz mitzumachen. (Ich komme im zweiten Teil dieser Arbeit ausführlicher hierauf zurück.) – La Guérinière fand jedenfalls auch mit seinem Sitz zur natürlichen und dabei echt pferdegemäßen Haltung der alten iberischen Reiter zurück, obwohl es ihm ausschließlich um den für die Pferde zugleich bequemsten und wirksamsten Reitsitz ging.

Auf seinem Weg des „wissenschaftlichen Durchleuchtens" aller natürlichen Bewegungsmöglichkeiten des Pferdes unter dem Sattel, fiel La Guérinière immer wieder die hervorragende Bedeutung des – je nach der Biegung – inneren Hinterhufes und dessen Auffußens weit unter der Masse auf. Das Untertreten allein, fand er schnell heraus, reicht nicht, denn gewisse Pferde können durchaus auf den Schultern liegen und dennoch untertreten – was man heute besonders deutlich in schweren Sportdressurprüfungen bei der Arbeit auf kurzer Basis sieht, wo man es richtig „Zusammenkriechen" nennt. – Nein, soll das

Pferd den inneren Hinterhuf auch unter dem Sattel seiner Natur gemäß, nämlich als Pivot, d.h. als federnde Stütze, Drehpunkt und Basis der Tragekräfte der Hinterhand so einsetzen, daß weder die Muskeln und Sehnen, noch die Gelenke darunter leiden, so muß das Tier, wie wir bereits wissen, seine Kruppe der Lendenwirbelsäule gegenüber abgekippt und damit sämtliche Gelenkwinkel der Hinterhand verkleinert haben. Nur so erschließt es sich tatsächlich die zusätzlichen Federkräfte, die es bei jeder Arbeit auf kurzer Basis braucht, um seine Hinterbeine dabei nicht zu verschleißen.

Konsequent wie er war, suchte La Guérinière nach einem Mittel, um dem Jungpferd bereits früh den Weg zum Abkippen der Kruppe und zur Übernahme seines und des Reiters Gewicht auf die Hinterhand zu zeigen. Er zerpflückte die Methoden seiner Vorgänger. In Pluvinels Longieren um die Mittelsäule und in Newcastles einseitigen Ausbindeexzessen muß er zwar Ansätze zu dem, was er suchte, erkannt haben; nur beschäftigten sich diese Methoden viel zu viel mit der Vorhand, wo es doch in Wirklichkeit um das Abkippen und Untertreten der Hinterhand ging. Nein, er mußte das Pferd allein mit Schenkel und Gewicht soweit bringen, daß es den inneren Hinterfuß stärker belastete, ohne es deswegen seinen Hilfen entkommen zu lassen. Da alles An-den-Zügeln-Festhalten ein für allemal verboten war, blieb ihm nur noch ein Ausweg: er hatte die Vorhand des Pferdes ohne Zügelhilfe in eine Haltung zu bringen, in der sie sich dann selber im Wege stand! Hierzu aber eignete sich nur die „falsche Biegung", d.h. eine Biegung, in der das Pferd nicht dahin blickt, wohin es tritt. . . Die sogenannte „Epaule-en-dedans", das „Schulterherein", war erfunden und wurde zum unmißverständlichsten, wirksamsten, präzisesten Ausbildungsinstrument schlechthin, ohne das echt gymnastizierendes Reiten noch immer undenkbar ist. Noch heute gilt so das Schulterherein (vergl. Reg.) als das Alpha und Omega alles seriösen, verantwortungsbewußten Reitens und ist – besonders für den Freizeitreiter, der über kurze, kleine, kompakte Tiere von La Guérinières Reitpferdetyp verfügt – die wichtigste gymnastische Übung überhaupt, denn Kompaktpferde leiden in der Regel stets an Biegeschwierigkeiten.

Für den Reitschüler hat das „Schulterherein" auf einem gut ausgebildeten Pferd geritten den Vorteil, daß es ihm ein für alle Mal die Schenkel richtig plaziert und ihn hinter das Geheimnis der Dosierung seiner Schenkelhilfen kommen läßt. – Hat man erst einmal auf die aktive Hilfengebung der Hand verzichtet und im Laufe der Jahre ein so feines Gefühl für den Einsatz der Schenkel entwickelt, daß man wie La Guérinière zwischen fünf verschiedenen Arten des Schenkeldrucks unterscheidet: zwischen dem Oberschenkeldruck, dem Kniedruck, dem Wadendruck, dem Streifen der Pferdeflanke mit dem Sporn von hinten nach vorne und der feinsten Hilfe überhaupt, dem Bügeltritt (W. 19, S. 92), so ist inzwischen das Pferd allen Hilfen gegenüber derart sensibel geworden, daß die leiseste Gewichtsverlagerung zu einer mächtigen Hilfe wird. Allein, das Reitergewicht muß in einem gewissen Rahmen zum Pferdegewicht passen...

Ich habe mir den Spaß erlaubt, alte Stiche und Gemälde auszumessen, um das ideale Verhältnis Pferdegröße zu Reitergröße, bzw. Pferdegewicht zu Reitergewicht statistisch zu erfassen, indem ich selbstverständlich auch alle zu beschaffenden Notizen, Berichte und Angaben über die Durchschnittsgröße und das Durchschnittsgewicht der Menschen der damaligen Zeit berücksichtigte. – Zusammengefaßt ergibt sich, daß die eigentlichen Reitpferde zwischen 1550 und 1789 erstens alle Quadratpferde waren, zweitens zwischen minimal 136 cm und maximal 152 cm Stockmaß besaßen, drittens zwischen 240 kg und 420 kg gewogen haben müssen, viertens, daß die Reiter zwischen 162 cm und 174 cm groß waren und ihrerseits zwischen 53 kg und 70 kg gewogen haben.

Besitzt somit das Durchschnittspferd im idealen Reitpferdetyp während der 250 Jahre nach Grisones Eröffnung der ersten Akademie etwa 143,5 cm Stockmaß bei 330 kg Gewicht und mißt sein Reiter zur selben Zeit 168 cm bei 61,5 kg Gewicht, so gewinnen wir ein ideales Größenverhältnis Reiter : Pferd von 1.17 und ein ideales Gewichtsverhältnis von 0.186 für den Reiter. Versucht man nun im Hinblick auf echt pferdegemäßes, rationelles und seriöses Reiten diesen Idealwerten eine gewisse Bandbreite zuzuordnen und sie für uns zu aktualisieren, so ritte unter ähnlichen Umständen wie La Guérinières Schüler jeder Reiter zwischen 168 cm und 180 cm Größe bei einem Gewicht von 61 bis 72 kg auf Pferden von 143 cm bis 155 cm Stockmaß bei 330 bis 440 kg Gewicht.

Reiterlich mit der Optik La Guérinières, d.h. im Sinne allein des Pferdes und seiner idealen Gymnastik betrachtet, kann demzufolge ein Reiter von 190 cm und 95 kg Gewicht einen Isländer sowenig rationell und pferdemäßig ausbilden wie der Dressurreiter von 58 kg seinen Holsteiner von 640 kg Gewicht. – Mag auch in dieser letztlich einfachen Rechnung des idealen Pferdegewichtes im Verhältnis zum gegebenen Reitergewicht (= ca. 1/5), bzw. der idealen Pferdegröße in der Beziehung zur gegebenen Reitergröße (= ca. 1/5 mehr als des Pferdes Stockmaß), das Größenverhältnis allein ein eher ästhetischer Aspekt sein und ausschließlich das Gewichtsverhältnis eine ausschlaggebende Rolle spielen, so geht hieraus nicht weniger eindrucksvoll hervor, daß wir letzteres bei jedem Pferdekauf zu beachten haben, wenn es uns ernsthaft um das Reiten als Gymnastik geht.

Stimmt also mein Gewicht dem meines Pferdes gegenüber, so führt die gesamte Schenkelarbeit während der Ausbildung nahezu automatisch zu dessen Sensibilisierung auch meinen Gewichtsverlagerungen gegenüber. Bin ich dann eines Tages ans Ende der Ausbildung gelangt, so habe ich nicht nur längst meine Hand vergessen, sondern nun auch meine Schenkel, da das Pferd praktisch nur noch mit feinsten Gewichtsverlagerungen geführt, getrieben und verlangsamt wird, die nicht einmal mehr bewußt zu werden brauchen.

Das war jedenfalls schon für La Guérinière und ist heute noch in meinen Augen echtes, glückliches Freizeitreiten. Das Pferd wurde jahrelang auf jedem Ritt im Gelände und von Zeit zu Zeit auch in der Bahn immer weiter gymnastiziert, bis es sich allmählich selber als eine Art Tänzer erfuhr, der seine überschäumenden Lebensfreude und seinem ,,Körperstolz" nur noch im Tanz Ausdruck zu verleihen vermag, in einem locker-losgelassenen Freudentanz, zu dem ihm jeder Vorwand gelegen kommt. Erst wenn mein Pferd aus Lebensfreude und aus Spaß am Durchs-Gelände-Streifen unvermittelt eine Passage oder Piaffe tritt; erst wenn es aus eigenem Antrieb auch Travers und Pirouetten tanzt, hat sich für mich als Freizeitreiter der Riesenaufwand an Konzentration, Nachdenken, Nachlesen, Lernen, Ausprobieren, Zuschauen, Neubeginnen, Tasten, Suchen, Finden gelohnt und zahlt sich nun für mein Pferd und mich in spielerischer Beweglichkeit aus.

Besteht dabei nicht die Gefahr, fragen oft Reitgäste, daß sich das Pferd dabei jeglicher Disziplin entledigt und von sich aus nur noch das anbietet, was ihm am wenigsten Mühe macht?

Die Gefahr besteht tatsächlich, es sei denn ich habe meine Pferde nicht nur richtig geritten, sondern auch richtig erzogen und dominiere sie pferdegemäß einwandfrei. Auch La Guérinière kannte dieses Problem und hat darüber geschrieben.

Unter dem Sonnenkönig und seinem Nachfolger, Ludwig XV, ging es dem französischen Adel glänzend und entsprechend gut auch seinen Pferden. Die spanischen Geneten waren noch immer die Favoriten aller Freizeitreiter. Doch Meister La Guérinière begann sie langsam mit immer finstereren Blicken zu mustern.

Hatte ein spanischer Genet nämlich eine neue Lektion begriffen – und das Begreifen machte ihm La Gueriniere wie gesagt zur Spielerei – so bot er von nun an allzu oft das neu Hinzugelernte von selber an. Die Besitzer oder Reiter freuten sich darüber so, daß an konkretes Weiterarbeiten = Weitergymnastizieren kaum mehr zu denken war; im Gegenteil! La Guérinière erkannte schnell, daß die spanischen Pferde, je perfekter sich ihr natürliches Gleichgewicht äußerte, desto deutlicher die fatale Neigung zeigten, Übungen in hoher Versammlung von sich aus anzubieten, um ihre Hanken dabei weniger zu beugen, mit ihren Hinterhufen weniger weit unterzutreten, also zu „schludern" und sich so vor allem die Sprunggelenke selber zu ruinieren. Er schrieb diese Neigung dem ,,allzu guten Gedächtnis" der spanischen Pferde zu und drang von nun an umso bestimmter auf ernsthaft gymnastizierendes Reiten. Der spanische Genet sei, obwohl er schon von Fohlenbeinen an Passagen und Piaffen zeige, also schon nahezu ,,zugeritten" zum ersten Mal unter den Sattel gelange, nicht leichter als andere Pferde zu reiten, sondern in Wirklichkeit schwieriger, predigte der Meister, und schrieb prompt die erste Philippika der Geschichte gegen alle Zirkusreiterei, lange bevor es den Zirkus überhaupt gab. Daß er damit auch in Deutschland nur auf taube Ohren stieß, beweisen Photographien und Berichte, denen zufolge heute eben die ersten Andalusier in Deutschland in ihren Sprunggelenken und Rücken ruiniert werden. . .

Wie lösten damals und heute die Spanier und Portugiesen selber das Problem des reiterlich scheinbar allzu vorteilhaften natürlichen Gleichgewichtes ihrer Pferde?

Ohne La Guérinière und seine Kunst des wissenschaftlich begründeten Ausbildens von Pferden zu vergessen, richten wir noch einmal unseren Blick zurück auf die iberischen Reiter zur Zeit der Reconquista.

Alles Reiten war damals entweder „Reiten a la brida" mit der langschenkligen Kandare, den langen Bügeln und der Bewaffnung der Kreuzritter; oder war „Reiten a la Gineta" mit kurzen Bügeln, dem „offenen Sitz" (Steinbrecht), das Pferd mit einem Ringgebiß gezäumt, locker versammelt ganz auf der Hinterhand, bei dem höchste Wendigkeit, rasantes Stoppen und das Anspringen aus dem Stand von größter Bedeutung waren, denn in der Gineta-Reitweise ging man mit der kurzen Reiterlanze, dem Degen und langen Dolchen sowohl in Zweikämpfen auf offenem Feld als auch mit dem Stier in freier Wildbahn um. Während der Reconquista und in Anbetracht der iberischen Landschaften bewährte sich den Mauren gegenüber vor allem die Reitweise a la Gineta.

Im Jahre 1094 vertrieb der spätere Alfons I so die Mauren aus der Grafschaft Porto, 1139 aus der nördlichen Hälfte des heutigen Portugals, erhob sich zum König und hielt sein Land von nun an unabhängig. Aus Leon und Nordkastilien, Navarra, Aragon und Katalonien wurden die Mauren um die Mitte des 12. Jahrhunderts vertrieben. Allen diesen Provinzen ging es vorher wie nachher im großen Ganzen so gut, daß sich der Groß- und Kleinadel vor allem um seine Liebhabereien kümmern konnte: um die Stiere, die Pferde, den Stierkampf und damit um die Verfeinerung der Gineta-Reitweise. Jeder größere Ort erhielt nach und nach eine Arena, in der an hohen Festtagen Stierkämpfe, Stierspiele und Reiterkämpfe ausgetragen wurden.

Bei der Verfeinerung der Gineta-Reitweise, d.h. bei ihrer allmählichen Umgestaltung zum Freizeitreiten, taten sich besonders die Portugiesen hervor. So erschien wie bereits angedeutet die allererste schriftlich niedergelegte Reitanweisung Europas nach Xenophon bereits im Jahre 1381 in Portugal, also 169 Jahre vor Grisones Werk, unter dem Titel „Buch über die Jagd" von einem Don Giraldo. Und 1434 – noch immer 116 Jahre vor dem Erscheinen von Grisones Buch – schrieb dann der portugiesische König Duarte selber ein Werk über die Ausbildung von Freizeitreitern und Freizeitreitlehrern, das „Buch über das Reitenlehren" (Saurel, W. 43, S. 272).

In dieser ersten Anleitung für Freizeitreiter geht es bereits um feinste Reitkunst in sehr pferdegemäßem Sinne. Die Pferde mußten sich in der Tat allein dadurch versammeln lassen, daß sie die Kruppen abkippten, also die Hanken beugten und ihr Gewicht vor allem mit der weit untergeschobenen Hinterhand trugen bei deutlich durchhängenden Zügeln. Die Schenkel und der Sitz „versammelten", nie die Hand! Die Pferde dankten es ihren Reitern durch lockere Hergabe des Rückens und besonders schöne Aufrichtung. Die Wendigkeit wurde somit auch hier schon dem Pferd nicht aufgezwungen, wie später in Italien, sondern angymnastiziert, wenn vielleicht auch noch unbewußt, d.h. nur aus praktischen und ästhetischen Gründen. Die lockere Losgelassenheit des Pferdes in hoher Versammlung – der deutlichste Beweis dafür, daß das Pferd methodisch richtig gymnastiziert und nicht mit Zwangsmaßnahmen behelligt wurde – kristallisierte in Portugal bereits im 14. Jahrhundert zu einer eigenständigen, originellen Tradition. Selbst nachdem die späteren portugiesischen Reitmeister, aus Neapel zurückgekehrt, das alte A-la-brida-Reiten wieder zu Ehren kommen ließen, blieb die traditionelle lockere Reitweise erhalten. – Die portugiesischen Meister des 16. und 17. Jahrhunderts: Galego, Lemos y Castro, Pinto Pacheco, Galvao de Andrade, „die alle auch Ginetagefechte zu Pferd geübt haben, zeigen sich vor allem dem A-la-brida-Reiten verbunden, aber schwanken dennoch dauernd zwischen beiden Reitweisen, weshalb sie in der Regel jeweils auch beide beschreiben" (Etienne Saurel, W. 43, S. 273).

Da trat im Jahre 1750 Sebastião José e Nello, Marquis von Pombal, als eine Art portugiesischer Richelieu in die Dienste des Königs Joseph I. Da er eines seiner Familienmitglieder im Stierkampf verloren hatte, verbot er, nachdem er Minister geworden war, zuerst einmal jeglichen tödlichen Ausgang der Stierkämpfe – das galt auch für den Stier. Die Hörner der Stiere wurden von nun an mit ledernen Gamaschen bekleidet, die im Kampf die Verletzungsgefahr für Reiter und Pferd entscheidend minderten. Zum Ausgleich ließ der Marquis von Pombal die Stierkampfregeln nochmals erschweren, so daß es von nun an noch unerläßlicher wurde, ein vollkommen durchgymnastiziertes, also ernsthaft ausgebildetes Pferd zu reiten. Etienne Saurel, wohl der bedeutenste Hippologe und Reithistoriker unserer Zeit, faßt die damalige Evolution des berittenen Stierkampfes wie folgt zusammen: von nun an ging es um ein Schauspiel, „das weniger blutig als in Spanien und in der (portugiesischen) Vergangenheit verlief, dafür reiterlich umso mehr bot, als der Akzent nun auf der Reitkunst der Stierkämpfer, auf der Brillanz ihrer Vorführung und auf der Perfektion der Ausbildung ihrer Pferde lag" (W. 43, S. 274).

Mitten im reiterlichen Aufwind, den der portugiesische Stierkampf, die „Tourada", durch die neue Reglementierung erfuhr, wurde Portugals größter Reiter, Don Pedro José de Meneces, vierter Marquis von Marialva (1713–1799), zum Oberbereiter der königlichen Pferdezucht in Alter do Chao, im Alentejo, bestellt. „Als ein absolut einzigartiger Reiter, der leider keinerlei Aufzeichnungen hinterlassen hat, schuf der Marquis von Marialva eine reiterliche Synthese aus der traditionellen Stierkampfreiterei und den damals allerneuesten Erkenntnissen der französischen Reitakademien" (Etienne Saurel, W. 43, S. 275), vor allem der La Guérinières. Manoel Carlos de Andrade, ein Freund und Schüler Marialvas und „Hofbereiter bei seiner portugiesischen Majestät" brachte im Jahre 1790 Marialvas Synthese in sein eigenes Werk „Luz da Liberal e Nobre Arte da Cavaleria" ein, in ein Buch, das heute mit La Guérinières „Ecole de Cavalerie" zusammen zu den bedeutendsten hippologischen und reiterlichen Dokumenten überhaupt gehört (die Olms Presse in Hildesheim bietet es zur Zeit als Faksimiledruck zur Subskription an).

Auch in diesem Werk gibt es für die Lösung der Probleme, die das scheinbar allzu vorteilhafte natürliche Gleichgewicht der iberischen und vieler kurzer Robustpferde schafft, genau wie bei La Guérinière nur ein Rezept: besonders sorgfältiges methodisches Gymnastizieren des Pferdes in absoluter Losgelassenheit und Zwanglosigkeit mittels Schenkel- und Gewichtshilfen, jedoch ohne aktive Hand. Manoel Carlos d'Andrade selbst muß hierin ebenfalls brilliert haben, werden seinen Pferden doch die höchsten, weitesten, also spektakulärsten Schulsprünge aller Zeiten zugesprochen. „Der Kupferstecher (der Stiche in d'Andrades Werk) stellt ihn jedenfalls in unglaublichen Höhen schwebend dar, seine Pferde stets in absoluter Losgelassenheit und Leichtigkeit reitend" (Saurel, W. 43, S. 275).

Der Kreis schließt sich! Wie wir gesehen haben, verdanken wir die ersten Ansätze zum wahrhaft pferdegemäßen Reiten, d.h. zur Reitmethode, welche die Pferde nicht verschleißt, sondern im Gegenteil gymnastizierend fördert, weder den Reiternomaden der eurasischen Steppen, noch den Streitwagenfahrern, sondern allein jener Nation, die als Berber und Mauren Nordafrika und als Celtiberer die iberische Halbinsel bereits im Neolithikum bewohnte und durchstreifte. Aber selbst dieses erste echte Reiten wäre wahrscheinlich schnell zum Jagen, zu bloßem „Laufenlassen" der Pferde verkommen, hätte es in Tassilien und auf der iberischen Halbinsel nicht den Urwildstier gegeben, der auf der Jagd verletzt, vor dem berittenen Jäger nicht weglief, sondern umdrehte und sich zum Kampf stellte.

Alles wendige und pferdegemäße „Auf-der-Hinterhand-Reiten" verdankt somit seinen Ursprung dem Stierkampf zu Pferd. – Daß die Pferde beim Weiden ihr Gewicht zwar deutlich auf die Schultern übernehmen, aber rund zwei Drittel ihrer Tragekräfte dennoch in der Hinterhand gruppiert erhalten haben, scheint eindeutig darauf hinzuweisen, daß die Natur das Pferd ausersehen hat, sich in entscheidenden Augenblicken seines Lebens – beim Erwittern einer Gefahr, bei Rangkämpfen in der Herde, in der Verteidigungs- und Angriffsstellung seinen natürlichen Feinden gegenüber, beim Paradieren vor Stuten oder konkurrierenden fremden Pferden, im gymnastizierenden Spiel der Fohlen und Jungpferde – weit mehr, weit stärker belastend, viel häufiger und jeweils länger auf die Tragekräfte seiner Hinterhand zu verlassen, als auf die nur stützenden und abstoßenden Kräfte seiner Vorhand.

Für uns Freizeitreiter, die wir über Pferde verfügen, welche vom Typ her dem kompakten Urpferd noch am nahesten verwandt sind, bedeutet dies, daß alles „Reiten auf der Hinterhand" unserem Pferd gemäßer ist, d.h. seiner Natur und seinem Gebäude eher entspricht als das „Reiten auf der Vorhand". Wollen wir mit unseren Pferden dennoch Jagden, Springen und Distanzrennen bestreiten, so müssen wir sie nochmals sorgfältiger „vorbeugend gymnastizieren" und überdies ihren frühen Verschleiß in Kauf nehmen.

Die Iberer verfeinerten ihre Reitweise im Laufe der Jahrtausende mit dem Ziel, immer mehr Wendigkeit bei immer mehr Mühelosigkeit für den Reiter, also bei mehr und mehr „Durchlässigkeit" (vergl. Reg.) und mehr und mehr Losgelassenheit seitens des Pferdes zu gewinnen. Sie erarbeiteten so nach und nach den heute noch gültigen Beziehungsbogen: Vorwärts – Biegen – Beugen als Gymnastik des Raumgriffes, der biegsamen Wendigkeit und der Hankenbeugung, also der Versammlung mit der vom Pferd angebotenen Aufrichtung und Umwandlung des Raumgriffes in hohe Gesten. Die Iberer und unter ihnen vor allem die Portugiesen entdeckten so das Pferdeausbilden und Reiten als eine zugleich fördernde und konservierende Gymnastik des Pferdes und wurden damit zu den ersten Freizeitreitern der Geschichte.

Die spanischen Offiziere der Garnison Neapel gaben später wahrscheinlich vor allem militärisch abgewandeltes, zweckgebundenes Reiten über die ersten italienischen Akademien an Resteuropa weiter. Die Franzosen Pluvinel und La Guérinière verfeinerten erneut die ungehobelte grobe akademische Reittechnik unbewußt im gleichen Sinne, wie es die früheren iberischen Freizeitreiter schon einmal getan hatten, wenn nun auch wissenschaftlich untermauert und ohne die unfreiwillige Hilfe von Kampfstieren. Daß La Guérinière damit ausgerechnet zur höchsten Form der Stierkampf-Reitkunst zurückfand, ist zwar verblüffend, beweist aber nur, daß sowohl die portugiesische „Rejoneo-Kunst" (Stierkampf-Kunst) als auch seine Pferdeausbildungsmethode bis ins letzte Detail im wahrsten Sinn des Wortes pferdegemäß war und der Natur des iberischen Kompaktpferdes absolut entsprach. Wie sonst vermöchten heute noch portugiesische Rejoneaderos und buchstabengetreue Schüler La Guérinières ihre Pferde untereinander auszutauschen und damit auf Anhieb wie mit ihren eigenen umzugehen? – Wie sonst wären heute die Pferde sowohl gewisser portugiesischer Rejoneaderos als auch die großer La Guérinière-Schüler wie Nuño Oliveira und Michel Henriquet als die subtilsten Reitpferde schlechthin der absolute Geheimtip wohlhabender Freizeitreiter? – Wie sonst hätte endlich der große Reitergeneral de Lagarenne noch zu Beginn unseres Jahrhunderts behaupten können: „Der moderne Reiter, der sich heute bemühte, den Grundsätzen aus La Guérinières ‚Ecole de Cavalerie' Schritt für Schritt zu folgen, liefe nicht das geringste

Risiko, sich auf seinem Weg zu verirren, fände aber an dessen Ende nur vortrefflichste Ergebnisse" (Saurel, W. 43, S. 246).

Daß La Guérinières Ausbildungsmethode tatsächlich das zugleich pferdefreundlichste und narrensicherste System schlechthin ist, kann ich aus eigener Erfahrung nur bestätigen. – Es beginnt mit einfacher, leichter Longenarbeit am Kappzaum ohne Hilfszügel, wobei es vorderhand nur um lockere Gymnastik und die psychologische Erziehung des Jungpferdes auf der Kreisbahn im Schritt und Trab bis zum Handwechsel und zum Anhalten auf Kommando geht. Erst wenn das Tier diese Übungen sicher beherrscht und mit den Kommandos des Bereiters durch und durch vertraut ist, wird das Aufsitzen geübt, bei dem das Pferd absolut still zu stehen hat. Daraufhin folgt nochmals die gleiche Longenarbeit wie zuvor, jedoch mit einem erst tatenlosen, dann allmählich vorsichtig Hilfen assoziierenden leichten Bereiter im Sattel. Dabei soll der Longenführer immer passiver, der Reiter immer aktiver werden, bis das Pferd das Zusammenwirken der Hilfen und deren verschiedene Bedeutungen genau, d.h. präzis versteht und befolgt.

Nun ritt La Guérinière das Jungpferd ohne Longe ins Gelände, ließ es hier zwanglos geräumig und fleißig traben, um endlich immer häufiger, aber jeweils nur kurz in die Bahn einzukehren und sich mit mehr und mehr Präzision um das Gleichgewicht des Pferdes zu bemühen. War das Jungpferd schließlich seiner Bewegungen unter dem Sattel im Schritt und Trab völlig sicher geworden, so begann La Guérinière mit der Übung, die er „den Anfang und das Ende aller Lektionen" nannte und deren Vorstufe es bereits von der Longenarbeit her kannte: mit dem „Schulterherein".

Auf das „Schulterherein" folgt die „Croupe au mur", das Traversieren der Wand entlang, bei dem die Hinterhufe den Hufschlag nicht verlassen. Alle zwei bis drei Schritte hält La Guérinière an und lobt sein Tier, setzt erneut zu ein paar Schritten an, hält wieder an, lobt, fährt mit der Übung fort, die er neu immer wieder aus dem „Schulterherein" entwickelt, im Schritt, im Trab, im Schritt, im Trab. . . Zwei Jahre später ist er so bis zur Piaffe gelangt, die er zwischen den Pilaren zu üben beginnt.

Dem großen Meister La Guérinière auch die Pilarenarbeit nachzumachen, empfehle ich keinem Pferdeausbilder, denn die ersten Ansätze zur Piaffe entwickeln unsere Kompaktpferde ebenso leicht aus den sogenannten „halben Tritten" des versammelten Schritts, aus Schritt- und Trabpirouetten oder aus der Passage, wenn dem Pferd dabei nur die Kruppe stärker abgekippt und seine Hinterhufe weiter unter die Masse geholt werden. Und gerade darum soll es uns Freizeitreitern ausschließlich gehen. Piaffe und Passage dürfen für uns nur Gradmesser der Hankenbeugung und des „Gleichgewichtes auf den Hanken" sein, nie Selbstzweck! Zu hüten haben wir uns so allein vor allen Pseudopassagen und Pseudopiaffen, bei denen das Pferd sein Gewicht weiter mit den Schultern trägt, statt mit der Hinterhand. Denn damit ruiniert man selbst jeden noch so kurzen Andalusier schnellstens im Rücken und in den Sprunggelenken.

Die Galopparbeit beginnt La Guérinière immer erst nach der Piaffe. Er schließt so alles Galoppieren auf den Schultern von vorneherein aus und gelangt zudem unglaublich schnell zum Travers- und Renvers-Galopp (vergl. Reg.) und zur Galopp-Pirouette. Das Courbettieren empfiehlt er, um einem Pferd das Überhasten der Piaffe oder Passage abzugewöhnen, womit er einmal mehr unendlich scharfen Pferdeverstand beweist. Ansonsten ist für ihn die gymnastische Grundausbildung des Pferdes mit der Piaffe und Passage abgeschlossen. Die Galopparbeit erhält er daraufhin wie angedeutet vom Pferd nahezu geschenkt: Denn „es gibt eine Regel, der sich alle wahrhaft geschickten Meister unterordnen, nämlich die, niemals ein Pferd zu galoppieren, ohne es zuvor im Trab so geschmeidig und biegsam gemacht zu haben, daß es den Galopp von sich aus anbietet, ohne sich deswegen auf die Hand werfen zu wollen. Man muß nur zuwarten können bis der gesamte Pferdekörper in dem „Schulterherein" so gleichmäßig gebogen wurde, daß er den Schenkeln in der Travers-Passage präzis gehorcht und in der Piaffe völlig leicht geworden ist; erst wenn (das Pferd) es bis zu diesem Grad an Willigkeit gebracht hat, wird es auf leiseste Hilfen zum Galopp anspringen und *mit Freude galoppieren*" (La Guérinière, W. 19, S. 126).

Das ist zugleich das Prinzip und das ganze System La Guérinières: Gymnastiziere Dein Pferd, nachdem Du seine physischen und psychischen Möglichkeiten und Fähigkeiten richtig analysiert und eingeschätzt hast, so daß es jeden folgenden Schritt seiner Ausbildung von sich aus bei Dir abholt. Dränge es nie zu Neuem, ohne daß es Dir klar zu erkennen gegeben hat, daß es dazu physisch und psychisch bereit ist. Arbeite nie aufs Geratewohl, sondern stets mit genauen Vorstellungen der nun notwendigen Übungen und des neuen Zieles innerhalb Deines Programmes. Das Tempo des Weiterkommens bestimmt allein Dein Pferd. An das Programm indessen halte Du Dich. Die alten Meister haben es ausgetüftelt, ausprobiert, diskutiert, verbessert, neu durchdacht, neu durchprüft bis La Guérinière es 1733 speziell für Kompaktpferde zwischen 140 cm und 155 cm Stockmaß für alle Zeiten gültig niederschrieb. – Stagniert Dein Pferd darin, so suche den Fehler nicht im Programm und nicht bei Deinem Pferd, sondern allein bei Dir und bilde Dich auf alle Fälle bei guten Reitlehrern auf gut ausgebildeten Pferden fortwährend weiter, sonst hast Du Deinem Pferd schon allzu bald nichts mehr zu bieten, und all Deine Bemühungen um pferdegemäßes Reiten waren nicht nur umsonst, sondern verkehren sich in ihr Gegenteil.

François Robichon de la Guérinière starb 1751 als dreiundsechzigjähriger hochgeehrter Leiter der Akademie in den Tuilerien; neununddreißig Jahre vor dem Erscheinen der portugiesischen Synthese aus seiner Reitkunst und der der berittenen Stierkämpfer von M.C. d'Andrade und achtunddreißig Jahre vor dem Ereignis, das scheinbar für alle Zeiten mit dem pferdefreundlichen kultivierten Freizeitreiten brechen sollte; im Jahre 38 vor der französischen Revolution.

II. TEIL

REITEN

Was heißt „Reiten" objektiv?

*Die vielbesungene Kavallerie-Attacke ist längst ad absurdum geführt. Der Kontrollritt über Latifundien hat seit mindestens fünfzig Jahren keinerlei Bedeutung mehr. Das Jagdreiten ist auf unserem Kontinent nur noch ein „So-tun-als-ob"; das Westernreiten ebenso. Die Renn-, Spring- und Vielseitigkeitsreiterei verschleißt zuviele Pferde. Das Distanz- und Wanderreiten setzt ein Pferdetraining voraus, das kaum ein Nicht-Berufsreiter mehr aufzubauen und durchzuhalten vermag. Die Dressurreiterei erstickt mehr und mehr in je länger desto weniger pferdegemäßem Formalismus. Die Freizeit*reiterei *ruiniert heute, vor allem im deutschen Sprachraum, mehr Pferde als sie gesund erhält. – Also nochmals: was heißt „Reiten"?*

Wie bereits angedeutet, kann auch von echten Pferdefreunden vertretbares Reiten längst nur noch ein Reiten um des Pferdes willen darstellen; ein Reiten, das das Pferd unter dem Sattel nicht behindert, das ihm nicht schadet, sondern das es psychisch und körperlich soweit aktiv fördert und soweit ausbildet, daß es sich beim Gerittenwerden täglich wohler fühlt.

Die Erfahrung zeigt seit Jahrhunderten, daß nur höchst sorgfältig durchgymnastizierte Pferde, die sich zudem in bester Trainingskondition befinden müssen, ihr eigenes Gewicht und das ihres Reiters so weitgehend auf die Hinterhand zu übernehmen verstehen, wie es deren viel kräftigerem Bau und deren Tragekraft entspricht. Aber nur Pferde, die den Reiter und ihr eigenes Gewicht vor allem mit ihrer Hinterhand tragen, können bis ins höchste Alter (von 30 Jahren und mehr) geritten werden ohne je Verschleißerscheinungen an ihren Sehnen, Gelenken und am Skelett zu zeigen. Eine alte Reiterregel weiß: nur Pferde, die sich selbst bei härtester Beanspruchung nicht verschleißen, geben sich dabei auch ganz her, zeigen Spaß an ihrer Arbeit, sind durchlässig und leichtrittig und somit auch mit Spaß und Vergnügen zu reiten; d.h. sind somit letztlich geeignete Freizeitpferde.

Gewisse, in den Lenden kurze, quadratische oder beinahe quadratische Kleinpferderassen kommen den Voraussetzungen für pferdegemäßes Reiten bereits durch ihren kompakten Bau entgegen. Ja, ihre Reiter sind heute mit die letzten, die noch konsequent pferdegerecht reiten können. . . oder genauer: reiten könnten, wenn sie es nur ernsthaft wollten. Das aber ist ihnen zuviel der Mühe, zu aufwendig an Zeit und Geld und Nachdenkenmüssen, obwohl sie längst nicht mehr ignorieren können, daß es sehr einfache und kurze Wege auch zu pferdegemäßem Umgang mit Pferden und zu objektiv pferdegerechtem Reiten gibt. Sie müßten somit nur wollen und den Initiationsweg dahin bedeutend ernster nehmen. . . Und dann? Was ist das Reiten dann?

*Dann wird es überhaupt erst zu echtem Reiten, zu pferdegemäßem Reiten, also zum Frei*zeitreiten. *Das meiste dessen, was sich bisher so nennt, hat leider nichts damit zu tun. . . „Reiten" heißt somit: das „andere Reiten"; nämlich jenes, bei dem der Reiter zum Pferd, das Pferd zum Reiter, die Pferdeausbildungs- und Reitweise zu beiden* und *zu der Aufgabe paßt, die der Reiter seinem Pferd zu stellen beabsichtigt. . . Dann erst heißt „Reiten" die Konkretisierung jenes Zusammenklingens des Pferdes und des Reiters Wollen und Können und des Vergnügens beider am gemeinsamen Tun.*

8. Kapitel

DIE PFERDE, IHRE HALTUNG UND WARTUNG

Zurück zu den Urwildpferden! Wir wissen bereits, daß sie rund 500.000 Jahre lang Eurasien bevölkerten, von Zeit zu Zeit auch Amerika, vielleicht sogar auch den afrikanischen Kontinent. Doch woher kamen sie und wie sahen sie aus?

Über die richtige Antwort auf diese beiden Fragen streiten sich die Gelehrten schon seit rund zweihundert Jahren. Den vorläufig letzten Stand der Forschung publizierte Professor Dr. G. Nobis von der Universität Köln in der Zeitschrift „Informations de Médécine Vétérinaire" 1974 (Z. IV, 3/74, S. 207–221): „Die authentischen Wildpferde der Familie ‚Equus' treten in Eurasien zum ersten Mal in der Mitte des Pleistozäns (= Altpaläolithikum; vor ca. 480.000 Jahren) in Form des Equus mosbachensis auf, dessen Reste (. . .) in Mosbach und in Mauer bei Heidelberg gefunden wurden (; . .). Morphologische Vergleichsstudien der verschiedenen Körperproportionen haben festzustellen erlaubt, daß es das Pferd von Mosbach in verschiedenen Größen gab, denn die Wildpferde, die ihm in der späten 2. Eiszeit (Mindel = vor ca. 440.000 Jahren) oder während der 2. Zwischeneiszeit (vor ca. 360.000 Jahren) folgten, waren deutlich kleiner (Funde von Châtillon und Steinheim).

Der Grund für diesen Verkleinerungsprozeß scheint in der allmählichen Verschlechterung der Lebensbedingungen gelegen zu haben, nämlich durch das Auftreten der 2. oder 3. Eiszeit (Mindel oder Riss). Die Gletscher, die das Voralpengebiet und die norddeutsche Tiefebene bedeckten, haben eine Trennung der westlichen von den östlichen Regionen ausgelöst, welche die Wildpferde im Westen isolierte. Dadurch, daß jede Tierart ein Minimum an Lebensraum benötigt, wurden die Lebensbedingungen in dieser (westlichen) Schutzzone immer schwieriger; vor allem für die großen Säugetiere wie die Wildpferde, wurde der Kampf ums Überleben immer härter.

Die Faktoren, die mitgeholfen haben, dieser Tierart ihre spätere Form zu verleihen, vor allem die Isolierung, gewannen mehr und mehr Bedeutung; dazu kamen Mutationen und die natürliche Auslese, welche Anpassungsprozesse auslösten, die ihrerseits den Beginn der subspezifischen (auf der Ebene nicht mehr der Art, sondern der Herden und in deren Lebensräumen stattfindender) Differenzierung charakterisieren. Letztere bewirkte beim Pferd wohl die Reduzierung seiner Größe und die Veränderung seines Gebisses (. . .). Das Pferd von Achenheim (ursprünglich von gleicher Größe wie das Mosbach-Pferd, nämlich um 158 cm Stockmaß) wurde allmählich kleiner und führte zur Entwicklung des sogenannten „Pferdes von Remagen", dessen Wideŕristhöhe zwischen 141 und 145,5 cm lag. Von nun an (vor 100.000 bis 50.000 Jahren) vertritt dieser Equus remagensis und seine Untergattungen das typische Wildpferd des eurasischen Mittelpaläolithikums". (Rückübersetzung aus dem Französischen SGS).

Der Equus remagensis ist demzufolge eine Form des Urwildpferdes, die sich auch später weiter verkleinerte. So besaß das Solutré-Pferd, der Stammvater des Camargue-Pferdes und des Asturconen, aus dem sich der spanische Genet und der heutige „Andalusier" entwickelt haben, zwischen 136 und 137,5 cm Widerristhöhe. Im Gesamtbild der Entwicklungsgeschichte des Pferdes verzichtet Professor Nobis denn auch auf die namentliche Unterscheidung zwischen dem Remagen-Pferd, dem Solutré-Pferd und etwa dem Islandpferd, von dem er ebenfalls Knochenfunde untersucht hat, zugunsten des älteren, globaleren und schon 1785 von Boddaert eingeführten Namens „Equus ferus" für das Urwildpferd.

Der Equus ferus paßte sich fortwährend weiter seiner Umwelt an, dem Klima, den Weidegründen und deren Pflanzenbewuchs, der Landschaft wie dem Auftreten natürlicher Feinde, d.h. er spezialisierte sich. Auf den süd- und mittelrussischen Steppen, aus denen er ursprünglich zu stammen scheint, erreichte er nach der letzten Eiszeit, wohl dank des wieder reichlicher wachsenden Futters, Widerristhöhen von 148 bis 154 cm und entwickelte sich langsam zum typischen leichten und schnellen Fluchttier, zum Equus gmelini oder Tarpan (G. Nobis). – Vor rund 11.500 Jahren kam der Tarpan nach Westeuropa, wie die Knochenfunde von Bad Cannstatt beweisen. Seine weniger spezialisierten Brüder wanderten derweil eher nach Nordosten, teils bis in den Nordostzipfel Sibiriens, in die Mongolei und wohl auch nach Nordamerika. Diese Pferde, welche damals dem ursprünglichen Equus ferus noch am ähnlichsten waren, werden seit 1881 Equus ferus przewalskii genannt, nach dem russischen Entdeckungsreisenden N. M. Przewalski, der 1878 zwischen dem Altai und dem Tarbagatai-Gebirge einen Wildpferdeschädel fand und zur wissenschaftlichen Identifizierung nach Moskau brachte. Zwischen dem ursprünglichen Equus ferus und seiner nordostasiatischen Untergattung Equus ferus przewalskii scheinen für uns Reiter zwar nur geringe Unterschiede zu bestehen, dennoch müssen wir die Urahnen unserer westlichen Reitpferde nun nicht mehr länger Przewalski-Pferde, sondern zutreffender „Ferus-Pferde" nennen.

Professor Nobis drückt sich diesbezüglich als Fachmann jedenfalls sehr genau aus: „Abschließend kann man feststellen, daß der wilde Ahne des Hauspferdes der Gattung Equus ferus angehört, die während des Neolithikums im Norden der großen Gebirgsketten über ganz Eurasien verteilt lebte und sowohl den Equus ferus gmelini oder Tarpan in Zentral- und Südrußland, als auch eine Zwergform des Equus ferus solutréensis (des Solutré-Pferdes) in Zentral- und Westeuropa und den Equus ferus przewalskii, das Przewalski-Wildpferd der Mongolei, umfaßt" (G. Nobis, Z. IV, 3/74).

Die Ahnen der Vollblutpferde betreffend, zitiert Professor Nobis eine Untersuchung von Frau Erika Schiele: demnach sollen die Ahnen des Vollblut-

Arabers möglicherweise durchaus vom Tarpan abstammen, und erst *nach* Christi Geburt in Arabien eingeführt worden sein. Professor Nobis stellt abschließend fest: „Wir müssen hieraus schließen, daß die domestizierten Pferde mit dem Menschen zusammen die großen Gebirgsketten überschritten haben, um in den Orient zu gelangen" (Z. IV, 3/74).

Gilt dies auch für die Nachkommen des Equus ferus solutréensis, welche über die Pyrenäen kamen?

Ich glaube nicht, denn die ältesten Höhlenzeichnungen der iberischen Halbinsel, die Pferde darstellen, stammen aus Zeiten, in denen noch kein Jäger ans Domestizieren von Einhufern dachte. – Aber wie gelangten dann die Ahnen der Berberpferde nach Nordafrika? Ohne Hilfe des Menschen kamen sie kaum über die Meerenge von Gibraltar und mit Hilfe des Menschen sind sie im Neolithikum, d.h. zur Zeit ihrer ersten Domestizierung, nachweislich auf keinem Fall über Kleinasien und Ägypten nach Nordafrika eingewandert. Logischerweise bleiben nur noch zwei Hypothesen übrig: entweder entstammen sie tatsächlich einer eigenständigen afrikanischen Urwildpferderasse, was nicht mehr ganz von der Hand zu weisen ist, oder die Großväter der Berber, die Campignien-Leute, haben sie um 4750 vor Christus von der iberischen Halbinsel auf Schiffen oder Flößen mitgebracht, was bereits weit fortgeschrittene Domestizierung voraussetzen würde.

Beide Hypothesen eignen den ersten Berbern einen beinahe unglaublichen Pferdeverstand und höchste Pferdehalter-, -Wärter und damit auch Reiterqualitäten zu, die dem wenigen, was wir historisch gesichert über sie wissen, indessen durchaus entsprechen. So führt schließlich auch die Entwicklungsgeschichte des Hauspferdes zum Nachweis einer nordafrikanischen Reiterkultur zu einem Zeitpunkt, in dem man in den ursprünglichen Stammgebieten des Pferdes, d.h. auf den eurasischen Steppen, eben erst daran ging, Pferdeherden unberitten aus der Ferne zu überwachen.

Der gemeinsame Stammvater aller bekannten Pferderassen der Welt ist der Ferus-Hengst. Die Ferus-Herden Westeuropas wurden durch die Vergletscherung während der Eiszeiten mehrmals von ihren östlichen Verwandten getrennt und verkleinerten ihre Körperformen. Herden, die über Land- oder Eisbrücken auf Inseln gerieten, legten, nach dem Versinken oder Abtauen der Brücken auf der Insel isoliert, an Größe nicht wieder zu. So bildeten sich die Ponyrassen heraus.

Großen und kleinen Ferus-Nachkommen gemeinsam blieben jedenfalls ihre nahezu unglaubliche Anpassungsfähigkeit, Genügsamkeit und Widerstandsfähigkeit, die sie für die später erfolgende Domestizierung geradezu prädestinierte; bedeutet alles Domestiziertwerden für das Tier und seine Gattung doch vor allem eine Herausforderung an seine Anpassungsfähigkeit.

Die dank der Anpassungsfähigkeit mehr und mehr geförderte Umstellung, ursprünglich ein psychosomatischer Prozeß, hinterläßt im Laufe der Generationen sehr deutliche Spuren an den Zähnen und Knochen, an den Hufen und am Gebäude des Pferdes. Nur dank dieser Spuren können die Domestikationsforscher heute genau bestimmen, ob sie es bei einem Tierskelettfund mit ehemaligen Wild- oder Haustieren zu tun haben.

Den gleichen Domestikationsspuren zufolge gibt es heute auf der ganzen Welt – abgesehen von den wenigen Wildpferdeherden der Mongolei und den Zebras, Onager, Kulan und Kiang (H. Preuschoft) – keine authentischen Wildpferde mehr. Der Mustang Nordamerikas trägt genau wie das Panje-Pferd, der Norweger, das „Wildpferd" Arabiens, der Sorraia Portugals und das Camargue-Pferd, die Stigmata der Domestizierung, ist also, gemessen am ursprünglichen Wildpferd, dem Grad seiner Domestizierung entsprechend mehr oder weniger lebensuntüchtig geworden. Dem einstigen Ferus am nächsten kommen somit nur noch einige wenige Robustpferderassen, die vom Menschen in der Regel erst in den letzten Jahrhunderten entdeckt wurden, so z.B. der Sorraia, das Camargue-Pferd und vielleicht noch einige Pferdestämme, die in der Rasse der Connemaras aufgegangen sind; keineswegs aber der Dülmener, der Isländer, das Shetland-Pony, der Bosniake. Nennen wir sie deshalb: „verhältnismäßig naturbelassene Kompakt- oder Robustpferde"!

Im Vergleich zu ihnen sind hyperdomestizierte Pferde die Berber, alle iberischen Rassen mit Ausnahme des Sorraias, alle Tarpanabkömmlinge wie die Turkmenen, Achal-Tekkiner, Kabardiner, Perser, Araber, dann die Lippizzaner, das englische Vollblut und sämtliche mehr oder weniger „hochveredelten" Landschläge.

Alles Domestizieren macht das Pferd seinem ursprünglichen Lebensraum, der Steppe, und seinem ursprünglichen Lebensmodus gegenüber lebensuntüchtiger, für den Menschen jedoch umgänglicher, leichter zu durchschauen, leichter zu halten und zu warten, leichter zu reiten und einzuspannen und auch leichter zu mißhandeln. Und darauf hatte es der Mensch von Anfang an – außer in echten Reitkulturen, in denen das Pferd auch eine symbolische oder religiöse Rolle spielte – abgesehen: es sollte möglichst unproblematisch möglichst viele verschiedene Dienste leisten, aber ja keine großen Ansprüche an seine Haltung und Wartung stellen.

Die ersten Reiter der Geschichte hielten es in beaufsichtigten Herden auf der Steppe und lockten oder fingen es zum Gebrauch aus dem Herdenverband. Die ersten „zivilisierten" Fahrer sperrten es in Umzäunungen (Wagenvierecke) und Korrale; so war es schneller und müheloser verfügbar. Weitreichendes Pferdeverständnis gewannen letztlich nur jene bei der Pferdehaltung, die ihre Reittiere jeden Morgen neu zu überlisten hatten. Nur ihr Gefühl für Pferde wuchs und machte täglich Fortschritte, die ihnen wiederum auch beim „pferdegemäßen" Reiten ungeahnte, täglich neue Möglichkeiten erschlossen. Pferdegemäßes Halten, Warten und Reiten bedingte sich so gegenseitig: der Kreis schloß sich, das Pferd stand im Mittelpunkt.

Von den alten Berbern und Iberern wissen wir, daß sie ihre Pferde in ganzen Herden hielten, beritten überwachten und mit ihnen regelmäßig die Weidegründe wechselten. Auf der iberischen Halbinsel werden sie schon relativ früh dazu übergegangen sein, die Herden durch strengere Zuchtwahl zu verkleinern und in wasserreichen Bergtälern einzuschließen. Erstmals wurden so nicht mehr die Weiden dem Futterbedarf der Herde entsprechend gewechselt, sondern die Größe der Herde wurde dem Futtervorrat einer bestimmten Weide angepaßt. Dieses System der Pferdehaltung habe ich während meiner Gardianlehre in der Camargue kennen und schätzen gelernt, obwohl es wahrhaft pferdegemäß wohl nur auf sehr kargen und trockenen Böden in südlichen Gegenden praktikabel ist, wo es mit ganzjähriger Weidehaltung von Rindern gekoppelt wird.

Tatsächlich brauchen Pferde auf der Weide nicht nur genügend vielfältiges Futter; das heißt das Futter muß nicht nur den Vitamin-, Mineralstoff-, Eiweiß- und Füllstoffgehalt im richtigen Mengenverhältnis aufweisen. Ebenso wichtig ist das artgerechte Lebenkönnen der Pferde auf der Weide. Es ist erfahrungsgemäß umso schwieriger durchzusetzen, je robuster, also dem Urwildpferd näher verwandt, d.h. je „naturbelassener" die Rasse ist, der die Pferde entstammen.

Damit ein Pferd ein artgerechtes Leben zu führen vermag, muß es sich im weitesten Sinn des Wortes „als Pferd" fühlen können. Es muß draußen auf der Weide im Herdenverband geboren werden und aufwachsen. Es braucht gleichaltrige Spielkameraden, die es zum Herumtoben animieren, es in Scheinkämpfe verwickeln, mit ihm Rennen veranstalten, ihm frühzeitig schon beibringen, daß es seinen Platz im Herdenverband erkämpfen muß (außer bei Jungstuten, die den „Platz" der Mutter erben können). Es sollte von ranghöheren Mutterstuten gewarnt, gebissen, geschlagen, von älteren Junghengsten bedroht und gejagt, von der Leitstute oder dem Leithengst für Unsinn bestraft oder zur Herde zurück getrieben werden.

Das Pferd scheint – wie der Mensch – über zwei kommunizierende Psychen, resp. über eine „Zweikammer-Psyche" zu verfügen, über seine individuelle eigene und über einen Anteil an der kollektiven Herdenpsyche. – Die für das Individuum wichtigste Funktion der kollektiven Herdenpsyche ist der Zusammenhalt des Herdenverbandes, die Förderung und Ausbildung des „Herdentriebes" im Individuum und das in seiner Jugend sehr konkret erfahrene „Dominiertwerden".

Das Pferd, als Fluchttier von geradezu hektischer Schreckhaftigkeit, kann sich psychisch nur entspannen und ausruhen wenn es sich so unmittelbar, d.h. deutlich dominiert weiß, daß es in jedem Augenblick fühlt: die anderen, die ranghöheren Tiere, mindestens der Leithengst oder die Leitstute wachen, passen auf, warnen frühzeitig genug, wenn Gefahr drohen sollte. Es selbst kann derweil wörtlich „in aller Ruhe" weiden, dösen, schlafen oder spielerisch die Welt entdecken. Nur das Leittier und Pferde, die sich nie in die Herde einleben konnten, können dies nie und werden dadurch sehr oft in kurzer Zeit zu „Nervenbündeln". Das Dominiertwerden durch einen guten Herdenchef – ob Hengst oder Stute – ist denn auch die erste und wichtigste Erziehungsmaßnahme, die in das junge Pferdeleben einzugreifen hat. Dominiert der Herdenchef richtig, d.h. bis ins Letzte konsequent, aber nie streitsüchtig oder brutal, und verausgabt er sich nervlich und physisch nur in vertretbarem Rahmen, so bleibt er in der Natur oft mehrere Jahre lang der absolute Herrscher. In der Camargue und in Spanien wurden solche „geborenen Leithengste" in der Regel in der Herde belassen und erst Jahre später oder überhaupt nie zugeritten. Ein Zureiterspruch aus der Camargue behauptet, ein Jungpferd, das von einem „geborenen Leithengst" erzogen worden sei, käme bereits zugeritten zum ersten Mal unter den Sattel. Wie dem auch sei! Daß ein in der Herde richtig dominiertes Jungpferd sich auch später dem Zureiter gegenüber viel gelassener, ruhiger, vertrauensvoller erweist, ist eine Erfahrungstatsache und war wohl auch schon den alten Berbern und Iberern bekannt.

Die wichtigste Voraussetzung für die artgerechte Pferdehaltung ist somit die Herdenhaltung unter einem guten Leithengst. – Wie groß muß nun eine solche Herde sein? Generell kann man nur sagen: zu groß ist sie nie, solange der Futterbestand der Weide für alle Tiere ausreicht. Legt man amerikanische Erfahrungen, die in Mustang-Reservaten gesammelt wurden, auf unsere Kompaktpferde um, so müßten Reit- und Gebrauchspferdeherden wenigstens sechs, Zuchtpferdeherden minimal zwanzig bis dreißig Tiere umfassen.

Eine zweite wichtige Voraussetzung für artgerechte Pferdehaltung ist die Weite der Weiden. Das Pferd ist ein Fluchttier und muß den Fluchttrieb, die Fluchtreflexe und seine physische Beweglichkeit ebenso schulen, gymnastizieren und bewahren wie sein Abschalten- und Sich-entspannen-Können. Gewiß schulen auch bereits die Fohlenspiele die Bewegungsfähigkeit des Pferdes, doch die eigentlichen Fluchtreflexe, die Ausdauer und den Raumgriff fördern ausschließlich Weiden, die groß genug sind, um die Pferde im Verband zum Rennen – auch über lange Distanzen – einzuladen.

Die vitale Notwendigkeit des Pferdes, regelmäßig seine Ausdauer, d.h. seine Herz- und Lungentätigkeit und den Blutkreislauf zu trainieren und auf dem einmal erreichten Leistungsniveau zu bewahren, machte seine Haltung auf der Steppe so schwierig, daß früher oder später nahezu alle Reitervölker zur Haltung ihrer Reit- und Gebrauchspferde in Paddocks, Korralen und Laufställen übergingen. Die Jung- und Zuchtpferdeherden blieben den Steppen so weiter erhalten. Die Gebrauchspferde mußten indessen von nun an tagtäglich ihr Training unter dem Reiter absolvieren.

Verliert ein Pferd das Vertrauen in seine eigene Fliehfähigkeit, in die psychische – weil es sich angebunden, eingekerkert oder festgehalten fühlt – wie in die physische – weil es schwer verletzt ist, lahmt, chronisch unterernährt oder überfüttert, chronisch arbeitsmäßig unter- oder überfordert ist oder nur selten oder falsch geritten wird, so daß jede ungewöhnliche Bewegung Schmerzen erzeugt, so verliert es erfahrungsgemäß umso schneller seinen Lebenswillen und -mut, je näher es noch dem Wildpferd verwandt ist. In der Camargue sah ich so Pferde im Laufe von nur sechs bis acht Monaten allmählich eingehen, nur weil sie ständig falsch behandelt wurden. Ihre Besitzer nannten dieses Phänomen, das ich auch bei Berbern mit schweren Beinschäden und bei dämpfigen Vertretern üblicherer Freizeitpferderassen beobachten konnte: das Tier hat „seine Seele verloren". Und was gibt es in der Tat Seelenloseres, Traurigeres zu sehen, als webende, tickende, koppende oder zungenstreckende – jedenfalls in ihrem Bewegungsbedürfnis frustrierte – „vor Langeweile sterbende" Pferde? In modernen Reitställen sagt man von einem Tier, das das Vertrauen in seine Fliehfähigkeit verloren hat, es sei eben „sauer" geworden. Und niemand fragt sich weshalb!

Zurück zur Weide. Wir müssen uns darüber im Klaren sein, daß kein Mustang-Reservat von 40.000 Hektar und keine Kampfstier- und Pferdeweide von 1000 Hektar einer Pferdeherde je die Weite ihrer ursprünglichen Steppen ersetzen kann. Wer Pferde auf Weiden hält – und Gott weiß wie erbärmlich klein die großzügigsten Pferdeweiden in Europa heute sind – wird diese auf alle Fälle so abwechslungsreich, durch Baum- und Buschbepflanzungen so „gewunden" und mit Hügeln und Abhängen, Gräben und Mauern so unübersichtlich gestalten müssen, daß sie einerseits dreimal weitläufiger erscheinen, als sie es in Wirklichkeit sind, daß sie andererseits den Pferden fortwährend Neues und Anderes zu entdecken und „Abenteuer" zu erleben geben, und drittens mindestens einen zusammenhängenden „Rennweg" von wenigstens 500 bis 1200 m, im schlimmsten Fall als Schleife angelegt, ständig offen halten. Anders ausgedrückt ist eine Pferdeweide erst dann groß genug, wenn der Pferdehalter mit seiner Pferdeherde noch eine Rinderherde ganzjährig laufen haben muß, um zu verhindern, daß sich seine Pferde überfressen. Meiner Idealvorstellung von einem Pferdeparadies in Europa am nächsten käme eine Haltergemeinschaft, deren zwanzig bis dreißig Gebrauchspferde ständig mit vierzig Angus-Rindern zusammen auf 150 bis 500 Hektar hügeligem, baum- und buschbewachsenem Ödland ganzjährig draußen weiden würden. Ich selber verfüge jedoch auch nur über zwölf Hektar für sechs Pferde!

Nochmals: wie hielten die ersten Reitervölker und ihre Nachfolger die Pferde? Die alten Berber und Iberer, wissen wir bereits, hielten sie in beaufsichtigten Herden auf den nordafrikanischen Steppen, bzw. in zahlenmäßig reduzierten Herden auf Stammweiden. Etwas später holten die Iberer ihre Reithengste vor allem im Sommer in Ställe und mußten sie hier erstmals voneinander trennen. Wahrscheinlich erfanden sie damit die Boxenhaltung. – „Die scythischen Völkerschaften (, . .), liessen die Thiere (, . .), Sommer und Winter im Freien (, . .). Die Griechen und Römer ließen ihre Pferde höchstens im Sommer ganz im Freien, und hielten sie die übrige Zeit in eigenen Stallungen" (Schlieben, W. 44, S. 128 u. 129). Xenophon schreibt (W. 65A, S. 38), der Stall solle „in einem solchen Teil des Hauses liegen, wo der Herr das Pferd täglich sehen kann".

„An der Bucht von Centorbi in Sicilien ist das wahrscheinlich einzige noch erhaltene Original eines (. . . römischen Stalles) gefunden worden; es ist von Mauerwerk, oben gewölbt, die Krippen (sind) ebenfalls gemauert (, . .), der Stallraum (ist) nicht in Stände abgetheilt (. . .). In der Wand über jeder Krippe ist eine kleine Öffnung angebracht, durch welche der Halfterstrick hindurch gesteckt wurde, auf der anderen Seite über eine Rolle lief und durch einen Holzklotz angespannt wurde" (Schlieben, W. 44, S. 129).

Im 16. Jahrhundert unserer Zeitrechnung wird das Pferd in Mitteleuropa nur noch im Stall gehalten. Zwar sagt dann Grisone 1550: „Der Stall am tag soll wol gerainigt sein, des nachts aber soll es haben eine gute strew von Stro oder grobem Hew biss zu seinen knien" (W. 17, S. 25); Sauberkeit, gewiß, und Heu bis zu den Knien; nur, sehe ich heute die Kupfer- und Bronzebeschläge an modernen Pferdekerkern, so werde ich das Gefühl nicht los, als ob der Mensch damit nur sein berechtigt schlechtes Gewissen den Pferden gegenüber zu besänftigen versucht genau wie schon Xenophon. Kein Aufwand, auch nicht der an Sauberkeit und Heu bis zu den Knien, wird einem Boxenpferd indessen je die Weide ersetzen, auf der allein es gesund bleiben und sich „als Pferd fühlen" kann.

Aber der Stall hat sich nun einmal eingebürgert, heißt es, und erleichtert ungemein die Wartung der Pferde!

Dann gestehen wir es doch lieber gleich ein: wir halten unsere Tiere in Ställen, weil es für uns – nicht für sie – sicherer, bequemer, weniger aufregend und letztlich auch billiger ist! Und dies obwohl selbst Deutschlands größter Reitmeister, Gustav Steinbrecht, erst vor hundert Jahren noch einmal eindeutig genug gesagt hat: „Der Grund (dafür, daß) unser Pferd sehr zu Erkältungen und in Folge dessen zu entzündlichen Krankheiten geneigt ist (. . .), ist in unserer künstlichen Pflege zu suchen, da wir durch warme Ställe und warme Bedeckung in denselben ein möglichst feines Haar zu erzielen suchen, das nachher nicht hinreichend Schutz gegen unser rauhes Klima gewährt. Im freien Zustande versieht die Natur das Pferd mit der entsprechenden Bekleidung, so daß das Pferdegeschlecht nördlicher Länderstriche die härteste Kälte und das rauheste Wetter ohne allen Nachtheil erträgt" (W. 55, S. 54).

Die Aussage des letzten Satzes kann ich aus eigener Erfahrung nur bestätigen.

Tatsächlich wird die Weidehaltung z.B. in der Camargue, wo es wie im Frühwinter 1980 wochenlang jede Nacht minus fünfzehn Grad kalt werden kann, den Pferden höchstens im Hochsommer bei Temperaturen von vierzig bis fünfundvierzig Grad im Schatten zur Last. Besitzt die Weide für letzteren Fall ein Wäldchen, in dem die ganze Herde Schatten findet, so ist ihr damit besser gedient, als mit dem teuersten Offenstall. Das gilt sowohl für Zuchtpferdeherden mit Fohlen als auch für die Gebrauchspferde.

Was wird in diesem Fall aus der Pferdepflege?

Erlaubt sei mir die Gegenfrage: was wollen wir denn pflegen, was das Weidepferd nicht pferdegemäß selber pflegen kann? – Sollen wir seinen Kötenbehang beschneiden, der die Fesselbeuge vor Nässe schützt; die Mähne verzupfen, von der draußen, zwischen den Dornbüschen, sowieso nicht viel übrig bleibt; mit der Kardätsche das natürliche Fett von der Pferdehaut schmirgeln, welches das Tier im kalten Regen gegen lokale Unterkühlung schützt; die Hufe von Lehm befreien, der das beste Hufpflegemittel der Welt darstellt?

Seit jeher gibt es in der Pferdepflege nur zwei unumstößliche Gebote: 1. die richtige Übernahme des Tieres in die eigene Verantwortung; 2. den richtigen Blick für Mangelerscheinungen beim Pferd.

Was bedeutet „richtige Übernahme des Pferdes in die eigene Verantwortung"? Wie bereits erwähnt, fühlt sich jedes Tier einer natürlich gehaltenen Herde normalerweise von den ranghöheren Pferden dominiert. Dominiertwerden heißt für das Individuum, im Fall einer Gefahr von den ranghöheren, aufpassenden Tieren vorgewarnt, beschützt und eventuell verteidigt zu werden. Je stärker es sich so kollektiv dominiert fühlt, desto weiterreichend kann es „abschalten" und sich desto ruhiger seinen individuellen Bedürfnissen hingeben.

Hole ich als Reiter ein Jungpferd aus einer einigermaßen naturbelassenen Zuchtherde, so vereinzele und verunsichere ich es. Es zeigt sich entsprechend hin und her gerissen zwischen seiner Furcht vor dem individuellen Ausgeliefertsein und dem Grauen, nun auch die kollektive Verantwortung für sich selber tragen zu müssen. Es versucht auf alle Fälle, in den psychologischen Schutz seiner angestammten Herde zurück zu gelangen; eine neue Pferdegesellschaft wiegt den Verlust der alten, gewohnten vorerst nicht auf. Das einzige, was ich als Pferdemann in diesem Stadium für das Jungpferd tun kann, ist zu versuchen, ihm so schnell wie möglich die Herde zu ersetzen; genauer ausgedrückt: ihm begreifbar zu machen, daß *ich* nun die „kollektive", äußere Verantwortung für seine Sicherheit und sein Wohlergehen übernommen habe, und daß *ich* es auch in dieser neuen, erschreckend fremdartigen Umgebung ebenso, wenn nicht noch eindeutiger, noch konsequenter dominiere als es seine ehemalige Herde und deren Chef früher dominiert haben. Dazu muß es mich zuerst einmal als Mit-Lebewesen akzeptieren, bevor es mich später als Mit-Pferd und noch später als Herdenchef anerkennen kann.

Sein Mit-Lebewesen werde ich dadurch, daß ich es vorübergehend mit ein bis zwei vertrauten Pferden auf engem Raum, z.B. in einem Korral oder Innenhof halte, in dem ich selber ebenfalls den ganzen Tag beschäftigt bin, Heu und Wasser hole und verteile, mich viel mit den zahmen Pferden beschäftige, sie bürste, ihre Hufe hochhebe, sie sattle und aufzäume usf. Dem Jungpferd darf ich dabei kein sichtbares Interesse widmen. Erst nach einigen Tagen werde ich es von Zeit zu Zeit einmal wie aus Versehen streifen, dann berühren, streicheln und stets dabei in ruhigem Singsang reden. Nochmals einige Tage später werde ich ihm einen Kappzaum überstreifen und es am Führseil als Handpferd neben einem speziell hierfür geschulten ruhigen Reitpferd ins Gelände führen. Diese Spaziergänge werden täglich etwas ausgedehnt. Dann beginne ich das Jungpferd zu longieren und es zufuß an der Longe ins Gelände zu führen. Allmählich werde ich so als Mit-Pferd anerkannt und werde dadurch, daß ich in Schrecksituationen weder erschrecke, noch weglaufe, noch das Jungpferd je weiter als ein bis zwei Meter zur Seite springen lasse, als ranghöheres Wesen akzeptiert. Überflüssig zu erwähnen ist hoffentlich, daß das Jungpferd in dieser ersten Periode des Vertrautmachens in meiner Anwesenheit nie auch nur geringsten Schmerz erleiden darf, es sei denn, es springt oder bockt selber einmal in seinen Kappzaum.

Die selbstsichere, konsequente, für das Pferd unmißverständlich bestimmte Art und Weise meines Umganges mit ihm muß von den ersten massiveren Berührungen an ausgeglichen werden durch täglich stundenlange zuneigende Beschäftigung mit ihm. Hierbei darf ich nun methodisch massierend bürsten, um es zu entspannen: mit der Wurzelbürste oder mit dem Kaktustuch, jedenfalls fellkraulenderweise und bei einem nie abbrechenden leisen Singsang beruhigender Silben. So oder ähnlich machten es auch die Indianer Nordamerikas, wenn sie sich *zufuß* einen Mustang aus einer Wildpferdeherde fingen.

Ich haben diesen Prozeß des Vertrautmachens eines jungen, aus einer halbwilden Zuchtherde stammenden Hengstes mit dem Menschen so ausführlich beschrieben, weil er 1.), wenn auch in abgeschwächter Form, für sämtliche Jungpferde gilt; 2.) auf die Dauer von nur wenigen Augenblicken zusammengedrängt, aufzeigt, was auch ein fertig ausgebildetes älteres Reitpferd erlebt, wenn ich es aus der Herde hole, um es zu satteln und zu reiten; 3.) genau definiert, was Pferdepflege bezwecken muß, wenn sie „pferdegemäß" sein soll, nämlich: das Pferd aus seiner Herde und deren Verantwortlichkeit zu lösen und unter die Verantwortung des Reiters zu bringen dank jener komplexen Zeichensprache aus Einfangen, Überlisten oder Abholen am Führseil, d.h. durch dominierendes Sichaufdrängen und den Ausgleich: entspannendes Bürsten, Kraulen, Massieren und Reden. Das Satteln und Aufsitzen bedeutet hierauf wieder aktives Dominieren; das Anreiten im Schritt am langen Zügel: Lockern und Entspannen usf.

Dies alles zusammen nenne ich „Übernahme des Pferdes in die eigene Verantwortung" oder „das Dominieren durch den Ausbilder oder Reiter". Glückt es, so wird das Pferd schnell absolutes Vertrauen – nicht etwa zu mir oder zu meiner Person, sondern – allein zu meiner Weitsichtigkeit, Vorsicht und zu meinem Urteilsvermögen beweisen. Ein Pferd liebt oder schätzt somit niemals mich, sondern die Ruhe, Entspannung und das Wohlgefühl, die es in meiner dominierenden Gegenwart empfindet. Dieses, sein Vertrauen in mein Verantwortungsbewußtsein ihm gegenüber, darf ich allerdings nie, nicht einmal andeutungsweise, in Frage stellen, indem ich es etwa schlage oder mißhandele, es mit mißverständlichen Hilfen behellige oder es so halte, warte oder reite, daß es gesundheitlich leidet oder sich unter- oder überfordert fühlt.

Damit sind wir beim zweiten unumstößlichen Gebot pferdegemäßer Wartung angelangt: beim „richtigen Blick für die Mangelerscheinungen des Pferdes so früh, daß noch Abhilfe geleistet werden kann".

Vorweggenommen sei, daß ich zu „Mangelerscheinungen" das Koppen und Weben ebenso zähle wie chronische Unterernährung und chronische Überernährung, blutige Rangkämpfe in der Herde ebenso wie Spat, Überbeine, aufgelaufene Sehnen oder Atembeschwerden; chronisches Ausbrechen aus Weiden ebenso wie die Steifheit des ganzen Pferdekörpers oder die Unempfindlichkeit des Pferdemaules.

Das einzige wirksame Mittel gegen sämtliche Mangelerscheinungen ist, wie gesagt, der „richtige Blick", der diese Phänomene nicht erst erkennt, wenn sie sich akut bemerkbar machen, sondern sie in den Ansätzen bereits richtig zu diagnostizieren und ihren Ursachen – nicht den Symptomen – richtig abzuhelfen weiß.

Dieser „Blick für Pferde" oder diese „richtige Optik" scheint dem Menschen entweder angeboren oder aber eine Frucht jahrzehntelanger Erfahrung im täglichen Umgang mit Pferden aller erdenklichen Typen, Rassen und Verwendungszwecke zu sein und ist jedenfalls von höchster Seltenheit. Allen Pferdemenschen, die den „richtigen Blick" besitzen, ist gemeinsam, daß sie unmißverständlich auf der Seite der Pferde stehen, somit bewußt oder unbewußt ein Pferd ausschließlich mit ihrem Pferdeverständnis, Pferdegefühl betrachten, es mehr „erleben", als es bloß nach intellektuellen medizinischen oder hippologischen Gesichtspunkten zu analysieren.

Bereits der Herzog von Newcastle sagte: „des Herrn Aug machet das Pferd fett" (W. 11, S. 61), obwohl er anderweitig bewies, daß es ihm, besonders ihm, am „richtigen Blick für die natürlichen Belange des Pferdes" völlig gebrach. Und dennoch verrät sein Satz, wie unendlich wichtig früher selbst einem Pferdeschinder wie ihm die „andere Optik" erschien. Denn daß es bei „des Herrn Aug" nicht nur um die Fütterung des Pferdes ging, sondern um sein ganzes psychisches und physisches Wohlergehen schlechthin, ist evident.

Tatsächlich macht die Fütterung allein ein Pferd nicht fett – höchstens zu fett! Es geht vielmehr um den gesamten Komplex „Haltung, Wartung, Beschäftigung"! Und das wußten auch schon die ersten Pferdehalter, deren Herden noch auf den Steppen weideten. Obwohl ihre Pferde somit „versorgt" waren, schulten sie unablässig ihr „Aug", ihren „Pferdeblick", an dem, was ihre Tiere innerhalb eines Tages, innerhalb der Monde und der Jahreszeiten an besonderen Pflanzen als Zusätze zum Normalfutter fraßen, *und* an den Reaktionen der Pferde auf diese Zusätze hin. So entdeckten sie praktisch die gesamte Pferdepharmakologie schon vor 5000 Jahren.

Normales Steppengras war zu neun bis zehn Zehnteln die Basis aller Pferdeernährung. Nur wenn sich ein Pferd sein Futter nicht selber suchen konnte – etwa weil es krank war, weil es viel geritten, neben der Behausung angepflockt oder später im Stall gehalten wurde – bekam es Zusatzfutter; „vorzugsweise Gerste, wie heute noch im ganzen Orient, außerdem Dinkel, Spelz und Waizen. Salomos Pferde wurden durch Gerste und Stroh erhalten. Vegetius empfiehlt Heu, Spreu, Wicken händeweise, Gerste nicht zu jung, das Wasser lau und fließend und das ganze Futter in mehreren kleinen Portionen zu geben (;..) Heu erwähnt schon Hesiod; Hafer aber war als Körnerfutter nicht üblich und wurde meistens grün (lange vor der Samenbildung) gegeben" (Schlieben, W. 44, S. 130).

„Ein vorzügliches Futterkraut war die sogenannte ‚herba medica', womit die nisaeischen Pferde genährt wurden (, ..)" (W. 44, S. 131). In Frankreich nennt man die alte „herba medica" noch heute „sainfoin" (wörtlich übersetzt: „Gesundheu") und auf provenzalisch, occitanisch und . . . deutsch: „Esparsette". Hier in Südfrankreich gilt sie bei den Bauern nach wie vor als das beste Krankheiten vorbeugende wie auch Krankheiten heilende Pferdefutter schlechthin. Bei meinen Pferden habe ich damit ohne Ausnahme nur beste Erfahrungen gesammelt, baue ich sie doch bereits im achten Jahr an. Daß sie in Deutschland ausschließlich Pferdehaltungsspezialisten wie Frau Jutta von Grone bekannt ist, hat seinen Grund allein darin, daß sie wie die Gerste nicht als „praktisch" gilt.

Denn soweit ist es selbst bei der Pferdefütterung gekommen; Pferde erhalten nicht mehr, was ihnen am besten bekommt oder was sie dringend brauchen, sondern was am mühelosesten, am billigsten oder am rationellsten verfüttert werden kann: Hafer statt Gerste, Pellets statt Heu, Luzerne statt Futteresparsette, Stroh statt Weide, zu fette Minigärten statt geräumiger Ödlandweiden. . . Weshalb wird beispielsweise in Deutschland vorwiegend Hafer statt Gerste als Kraftfutter verfüttert? – Nur weil Gerste vor dem Füttern geschrotet oder überbrüht werden muß und niemand die Arbeiten von Professor Dr. Voltaire der tiermedizinischen Fakultät in Lyon kennt, denen zufolge der Hafer – nicht auch die Gerste – Phytine enthält, welche den Calcium-Haushalt des Pferdes empfindlich stören und zu frühem Knochen- und Gelenk-Verschleiß führen? –

Die alten Mittelmeervölker kannten diese Untersuchungen auch noch nicht und hätten sich frühen Pferdeverschleiß gewiß weit leichtsinniger leisten können als der heutige Freizeitreiter. .. Drängt sich der Schluß nicht geradezu auf, sie hätten offenbar einfach das Pferd noch als Pferd respektiert, es ernsthafter – nicht als mondänes Hobby – gezüchtet, gehalten, gewartet, ausgebildet und geritten und sich mit ihm dabei so „pferdegemäß" befreundet, daß zu früher Verschleiß und Tod ganz einfach ausgeschlossen blieben?

Auf alle Fälle besaßen sie noch den „Blick", das „Aug' ", für Pferde und waren sich der Verantwortung für deren Wohlergehen im weitesten Sinn des Wortes noch bewußt. Heute locken „Kurse für das Halten, Warten und Reiten von Freizeitpferden" längst niemanden mehr. Als Pferdebesitzer „weiß man doch Bescheid"! Ja, ist der Pferdebesitz nicht geradezu ein äußeres Zeichen dafür, daß man „Bescheid zu wissen" glaubt? Meine Frage: wie und woher?

9. Kapitel

AUSRÜSTUNG UND VORBEREITUNG DES PFERDES FÜR DIE AUSBILDUNG

Die ersten Versuche, Wildpferde zu domestizieren, wurden in der Steinzeit von nomadisierenden Jägern unternommen. Wahrscheinlich fingen diese anfangs nur Fohlen ein, die bei getöteten oder schwerverletzten Müttern zurückgeblieben waren, hobbelten sie in ihren Lagern oder banden sie an, bis sie sie belasten und als Tragtiere benutzen zu können glaubten. Diese erste Art der Pferdezähmung war wohl mit so vielen Zwangsmaßnahmen verbunden, daß dabei die meisten Wildfohlen zugrunde gingen oder aber, daß sich selbst Jahre später auch auf fertig abgerichtete Tragtiere niemand je wirklich verlassen konnte. Wie sonst hätten Jahrtausende verstreichen müssen, bevor aus dem halbwilden Tragtier auch nur ein halbwegs verlässliches Reit- oder Wagenpferd wurde?

Am kürzesten scheint die Periode der Domestizierung stets dort gedauert zu haben, wo der Jäger für lange Zeit Jäger blieb; dafür am längsten da, wo er sich schon früh als Bauer seßhaft niederließ. Leider können wir nur vermuten, dieser Umstand sei der Psychologie des Jägers zuzuschreiben. Denn notgedrungen waren die Steinzeitjäger auch die ersten Verhaltensforscher der Geschichte. Der geschickteste, erfolgreichste, angesehenste unter ihnen war stets jener, der den „besten Blick", das „sicherste Gefühl" für die Reaktionen der jeweiligen Wildart entwickelt hatte. Beweise dafür, daß der Steinzeitmensch dieses

„Gefühl" für Wildpferde, Wildrinder und Wildhirsche selber aktiv zu schulen versuchte, liefern die mit Handabdrücken versehenen Höhlenzeichnungen von mit Pfeilen gespickten Pferden und Rindern in Südfrankreich und Spanien, vor denen die Jäger „magisch", d.h. psychologisch, auf den Jagdzug „eingespielt" wurden (nicht anders als heute Berufspiloten im „Simulator" auf neue Flugzeugtypen „eingespielt" werden).

Als Noch-Jäger und somit höchst einsichtige Pferdepsychologen müssen die Großeltern der ersten Reiter zufuß den Pferdeherden gefolgt sein, sich im Laufe vieler Tage ganz allmählich den Tieren genähert, diese schließlich sogar berührt haben, bevor sie, nochmals Tage später, den von ihnen auserwählten Pferden Lassos oder Halfter überstreiften und sie mit sich wegzuführen versuchten. . . auf möglichst harmlose, zwanglose, psychologisch richtige Art und Weise. Jedenfalls taten es die Indianer Nordamerikas genau so. . . und auch sie waren zu dieser Zeit noch oder wieder Jäger, Verhaltenskenner mit dem Blick und dem Gefühl für Pferde.

Obwohl es nur bedingt legitim ist, anzunehmen, die Steinzeitjäger hätten sich auf die genau gleiche Art und Weise beritten gemacht wie die Indianer, spricht doch eine ganze Reihe von gesicherten Erkenntnissen dafür, daß mindestens die Berber und Iberer ihre Reitpferde nicht „einbrachen", sondern wie gewisse Indianer auf die zwangarme Weise zuritten. A. Schlieben schreibt so zu einem Bericht Aelians: „Wenn uns erzählt wird, daß die Libyer (Berber), wie die Indier bei ihren Elephanten, zur Abrichtung ihrer Pferde Musik zu Hülfe nahmen, so ist damit (. . .) diese Periode des Frommachens verstanden" (W. 44, S. 171).

Das schlechthin wichtigste Instrument der ersten Reiter, die diesen Namen verdienen, beim Vorbereiten ihrer Jungpferde auf die Ausbildung war somit nicht wie später bei den Persern und Griechen das stachelbewehrte Gebiß, auch nicht wie bei den Indern der stachelbewehrte Kappzaum, noch wie bei den Cowboys Amerikas das Lasso, mit dem man dem Wildpferd zuerst einmal die Atemluft abschnürte, sondern es war das Einfühlungsvermögen, war die freundliche Geduld, war die Zwanglosigkeit, war im gröbsten Fall die List.

Statt des indianischen Singsangs und statt der eintönig gutturalen Beruhigungsformeln der Berufszureiter unter den Gardians und Vaqueros, benützten die Berber Musik, um die Jungpferde mit sich vertraut zu machen. Dann gingen auch sie mit ihnen spazieren. Wollten sie sie unterwegs anhalten oder beruhigen, so legten sie ihnen die rechte Hand mit dem Führseil vor den Widerrist auf die Mähne – anfänglich wohl mit einem leichten Zupfen an der Nasenschlinge, wie es heute noch in Portugal gehandhabt wird. Das Pferd gewöhnte sich daran, daß die Hand in der Mähne „Stehenbleiben!" bedeutete und wurde so später, beim Aufsitzen des Reiters, niemals unruhig und trat niemals an, solange dessen Hand hier lag. Erst wenn auch diese Lektion assimiliert war, begannen die Berber ihre Pferde am langen Führseil zu longieren. Zu vermuten ist, daß sie bereits jetzt versuchten, ihre Pferde „auf der Hinterhand" anhalten zu lassen, wohl mittels einer langen Rute, mit der sie die Pferdebrust antippten, vielleicht mittels der von außen über den Widerrist geführten Longe, sicher jedenfalls mit einem bosalähnlichen Kappzaum. Gesichert ist auch, daß sie ihre Pferde wenig später ohne jegliches Sattel- und Zaumzeug oder nur mittels eines einfachen Führseiles ritten und sie dennoch regelmäßig aus voller Karriere zu abruptem Stehen brachten, was tatsächlich nur bei abgekipptem Pferdebecken und weit untergeschobener Hinterhand pferdefreundlich gelingt.

Die Indianer Mexikos entwickelten später aus den Führseilschlingen oder Kappzäumen der iberischen Conquistadores den sogenannten „Bosal", eine Art Reithalfter aus geflochtenem Rohleder („raw-hide") (vergl. Tafel X Bild 20 und Register), den auch die Berber erfunden haben könnten, so harmlos und *gerade deswegen wirksam* ist er in Wirklichkeit. . . solange man nicht daran herumzieht.

Das wichtigste Instrument zur Erziehung und Ausbildung eines Jungpferdes, das sei festgehalten, ist die zwanglose, geduldige Freundlichkeit dem Pferd gegenüber. Das zweitwichtigste ist das Führseil, das mit einem speziellen Knoten, der sich nie zuziehen kann, am Hals des Pferdes befestigt wird und durch dessen erste Schlinge eine zweite (einmal verdreht) so gezogen wird, daß sie auf der Pferdenase (bei Arabern in der Höhe des „Knicks") liegen bleibt. Dieses Führseil aus geflochtenem Pferdehaar, von sieben bis neun Meter Länge, kann gleichzeitig (ohne Nasenschlinge) zum Anbinden, (mit Nasenschlinge) zum Spazierenführen und zum Longieren dienen. Eine bis zu zwei Meter lange Gerte oder Longierpeitsche ist für alles Longieren unerläßlich, sie muß als treibende (drohende; nie schlagende) Hilfe die der Hand und Longe in Bezug auf Bestimmtheit, Präzision und sichtbare Präsenz stets überwiegen.

Geduldige Pferdefreundlichkeit, Führseil und Gerte und ein gerütteltes Maß an Pferdeverstand waren und blieben die einzigen Hilfsmittel, welche die erste große Reiternation der Welt einsetzte, um mit halbwilden Junghengsten fertig zu werden. (Stuten hielten die Berber ausschließlich für die Zucht.) Und sie waren und blieben die einzigen Hilfsmittel bis weit über die Zeit hinaus, in der die Perser, Griechen, Phönizier und Römer längst mit Satteldecken und Sattelkissen, gebrochenen und ungebrochenen Roll- und Knebelgebissen, goldenen Sporen und goldverzierten Reitstöcken aufzutreten pflegten. „War der Zaum (der Griechen) auch zuerst nur ein mit einem Leitzügel versehenes Halfter (. . . wie bei den Berbern), so wurde dieses doch durch das Hinzutreten eines eigenthümlichen Nasenriemens zu einer Art Kappzaum ausgebildet, die wir schon auf alten ägyptischen Abbildungen finden (. . .). Der Pslamist (ca. 1250 v. Chr.) aber (Moses I 24,32) und Homer (ca. 800 v.Chr.) sprechen schon von Gebissen" (Schlieben, W. 44, S. 140).

Nach dem neuesten Stand der Forschung sieht es so aus, als ob nicht die ersten Reiter, sondern die Streit- und Jagdwagenfahrer Gebisse aus Knochen, dicken Stricken, gewundenem Draht und bronzenen Kettengliedern erfunden hätten. Tatsächlich wurden die Pferde z.B. Indiens noch zur Zeit Arrians vornehmlich mit Kappzäumen oder Maulkörben, d.h. gebißlos geritten, aber stets mit Gebissen gefahren. Auch nach Griechenland scheinen die Gebisse erst mit den Streitwagen gelangt zu sein. Von den Persern wissen wir, daß sie vor dem Anspannen kaum oder überhaupt nicht geritten haben, beim Anspannen allerdings von Anfang an Gebisse verwendeten.

Ist somit das Gebiß ein Instrument nur für Wagenpferde, das Führseil und der Kappzaum aber die eigentliche Reitzäumung?

Die Berber hatten ihren ersten Imitatoren bewiesen, daß man durchaus gebißlos reiten kann. Doch kaum einer unter ihren Nachahmern besaß auch ihre feinfühligen Hände und ihren so feinen Pferdeverstand. – Beginnt man nämlich an einem Führseil, Bosal oder Kappzaum zu ziehen, so stemmt sich das Pferd erfahrungsgemäß gegen den Druck auf seiner Nase, packt so dem Reiter mehr und mehr Gewicht in die Hand, worauf dieser in der Regel mehr und mehr ins Ziehen kommt. . . „circulus vitiosus", Reiter und Pferd stürmen dahin. . . Die einzige Alternative dazu wäre, es gar nie soweit kommen zu lassen.

Die Reiter nach den Berbern sahen dies nicht ein. Statt mit ihren Händen leichter und freundlicher umzugehen, schlugen, nieteten und nähten sie immer brutalere Stacheln auf die Innenseiten ihrer Kappzäume, fertigten diese, noch später, ganz aus Bronze oder Eisen, entwickelten so die berüchtigten eisernen Halbmonde und „Fahrradketten" (vergl. Tafel X Bild 22). – Dabei ist der Kappzaum – sogar der eiserne, wenn man mit ihm umzugehen gelernt hat – in Wirklichkeit eines der genialsten Pferdeausbildungsinstrumente, die der Mensch je erfunden hat. Wie angedeutet besteht er aus einem Nasenband, das dem hannoverschen oder englischen Reithalfter ähnlich, nur wesentlich höher und fester, so unter dem Kinn verschnallt wird, daß es weder rutschen, noch scheuern kann. In dieses Nasenband, das an einem schmalen, leicht verstellbaren Nackenriemen aufgehängt ist, sind vorne seitlich zwei Ringe – manchmal in der Mitte dazu noch ein dritter – so angebracht, daß Zügel eingeschnallt, bzw. in den mittleren Ring die Longe eingehakt werden können.

Jeder Kappzaum hat die Eigenart, wie immer man auch mit seinen Zügeln umgeht, dem Pferd gegenüber so zu wirken, als erhielte es einen feinen leichten Stoß an die äußere Seite seines Nasenbeins. Diese Wirkungsweise bleibt die gleiche, ob nun jemand, um nach links abzuwenden, am linken Zügel nach links-oben-vorne zupft, oder den rechten Zügel, „über den Hals lenkend" nach links-oben-vorne führt. Leicht einzusehen ist, daß jeweils nur ein feines Zupfen oder ein leichter Ruck über den Kappzaum zu jenem Stoß werden kann, dem es augenblicklich mit dem Kopf und Hals in die Gegenrichtung ausweicht. Jedes

Ziehen seitens des Reiters wird für das Pferd zu sturem Druck, dem es sich logischerweise sogleich entgegenstemmt. Dagegen ist dann tatsächlich kein Kraut mehr gewachsen. – Aber soweit läßt es ein halbwegs vernünftiger Kappzaumreiter gar nicht erst kommen. Jedem „Zupfzeichen" voraus gehen ja unmißverständliche Schenkel- und Gewichtshilfen, welche das Pferd schnell soweit bringen, daß es die Kappzaumhilfe gar nicht mehr abwartet, sondern bereits auf die Gewichtsverlagerung oder – im äußersten Fall – auf den leichten Druck der Kappzaumzügel auf den Hals hin reagiert.

Die ersten, noch von den Berbern beeinflußten, Kappzäume und kappzaumähnlichen Reithalfter besaßen nur einen Zügel, der, wie beim indianischen Bosal, unter dem Kinn am eigentlichen Nasenband befestigt war. Eine Legende behauptet denn auch, ursprünglich sei der Bosal von Arabern aus einem Kamelhalfter entwickelt worden (arabisch: „hakma", in Mexiko dann „jaquima", in den USA schließlich „hackamore"). In Wirklichkeit ist der Kappzaum in seiner bosalartigen Form ursprünglich eine sehr typische, auf außergewöhnlich einsichtigem Pferdeverstand beruhende, Erfindung der Berber in einer Zeit, in der es in ganz Nordafrika noch kein einziges Kamel und in ganz Arabien noch kein Reitpferd gab. Richtig ist indessen, daß ihn die Iberer schon sehr früh übernahmen, offenbar nicht auf Anhieb mit ihm zurecht kamen, ihn deswegen aus Silber, Bronze und Eisen nachformten, die Zügel nun direkt am Nasenteil befestigten und so seine Wirkungsweise veränderten. Als Conquistadores in Amerika, hatten sie wahrscheinlich die bosalartige Form des Kappzaums längst vergessen. Daher ist zu vermuten, daß es den ersten Bosalflechtern unter den mexikanischen Indianern entweder mehr um eine Kopie vor allem der spanischen Stall- oder Führhalfter ging – oder aber, daß die Indianer damals bereits über ebensoviel Pferdeverstand und Gefühl für Pferde verfügten wie 4000 Jahre zuvor die alten Berber und damit klar erkannten, daß der bei den Spaniern gebräuchliche Kappzaum nur eine pervertierte Form eines ursprünglich genialeren Instrumentes war, welches sie dann mit dem eigentlichen Bosal neu- oder wiederentdeckten.

Wie auch immer: Bosal und Kappzaum werden mit Gewinn erst benutzt, wenn das Pferd bereits so perfekt „an den Hilfen" der Schenkel und des Gewichts steht, daß die Hand ihm nur noch letzte Feinheiten zu präzisieren hat, jedenfalls nie in Versuchung gerät, seinen Vorwärtsbewegungen Grenzen oder auch nur eine Bremse entgegen zu setzen. Mit dem Kappzaum oder Bosal und einem Stangengebiß zusammen kann man so dem Pferd den Grad der gewünschten Biegung, den Grad seiner Versammlung und Aufrichtung, d.h. die gewünschte Haltung *verdeutlichen*, darf diese jedoch nie direkt provozieren oder gar erzwingen wollen.

Man wird sich fragen, wie muß man sein Pferd aufzäumen, bevor es so perfekt an der Schenkel- und Gewichtshilfe steht? – Die Berber kannten ausschließlich den Bosalvorläufer und die Gerte, die Iberer den Kappzaum und verschiedene Knebelgebisse, Xenophon das bosalartige Führhalfter und seine Walzentrensen, die Mauren bosalartige Kappzäume aus Leder und Ringgebisse, Grisone aus Seilen geflochtene spezielle Longier- und Reithalfter und sehr langschenkelige Kandaren. . . Allen gemeinsam waren nur drei Umstände: 1. die Verwendung des Kappzaumes, in welcher Form auch immer, als Ausbildungsinstrument für Jungpferde; 2. das vorbereitende Longieren der Jungpferde mit dem Bosal oder Kappzaum; 3. die Kleinheit ihrer Pferde und damit die Stimmigkeit des Reitergewichtes im Verhältnis zum Pferdegewicht.

Tatsächlich beeindruckt das Reitergewicht erfahrungsgemäß das Jungpferd am deutlichsten, wenn es ungefähr ein Fünftel des Pferdegewichtes ausmacht und von einem Reiter eingesetzt wird, der damit auch umzugehen weiß. Am Anfang seiner Ausbildung reagiert das Pferd überdies wesentlich sensibler, als später, wenn es bereits gelernt hat, die Gewichtsverschiebungen des Reiters diskret auszubalancieren. Assoziiert der Zureiter so seinen unmißverständlich präzisen Gewichtshilfen von Anfang an zugleich die seiner Schenkel, so wird das an der Longe ernsthaft vorbereitete Jungpferd in nur zwei, drei Wochen, höchstens einem Monat, so „perfekt" auf die Schenkel- und Gewichtshilfen reagieren, daß es die Hilfen der Hand über den Kappzaum wie von selber richtig verstehen wird.

In der Camargue brachten wir den Jungpferden als erste Lektion unter dem Sattel stets bei, auf Zuruf und assoziierte Schenkel- und Gewichtshilfen hin stehen zu bleiben. Gelang dieses Anhalten Tage später dann auch ohne Zuruf aus dem Schritt und Trab, so konnte man in der Regel vorsichtig beginnen, den Schenkel- und Gewichtshilfen jene der Präzisierung mittels des Kappzaumes zu assoziieren. So verzichteten wir Gardians damals darauf, die Jungpferde mit dem Kappzaum zu belästigen, bevor sie seine Wirkungsweise überhaupt verstehen konnten. Und so müssen es auch die Berber und alle späteren pferdefreundlichen Kappzaumreiter geübt haben. Zur genaueren Übermittlung der Gewichtshilfe verzichteten wir allerdings, im Unterschied zu den Berbern, nie auf den Sattel, ja, wir hielten ihn für die Verdeutlichung der Gewichtshilfen ebenso unerläßlich wie die Sporen für die Präzisierung der Schenkelhilfen.

Tatsächlich soll man einem Jungpferd niemals, auch nicht nur kurz, auch nicht in Notfällen und auch nicht „nur gelegentlich" den Eindruck vermitteln, es könne sich, stellt es sich nur stur genug an, den reiterlichen Wünschen entziehen. Geradezu katastrophal wirkt sich vor allem bei den noch einigermaßen „naturbelassenen" – also noch „normal sturen" – Robustpferden die ihnen meist anerzogene, manchmal nur „gespielte" Taubheit für die Schenkel- und Gewichtshilfen aus. Denn mit jedem kleinen Übersehen eines Schenkeldruckes oder einer Gewichtsanweisung gewinnt das Pferd im Augenblick zwar etwas Freiheit zurück, verliert dabei aber sehr schnell das Vertrauen in das Dominiertwerden durch den Reiter und damit seine innere Ruhe und Losgelassenheit, d.h. jene psychologischen Komponenten, welche die Arbeit unter dem Sattel mit einem gewissen Wohlgefühl verbinden könnten. Hat zudem ein Pferd erst einmal erfahren, daß es unter Umständen Schenkel- und Gewichtshilfen mißverstehen oder sogar ignorieren kann, so wird es sich das Gerittenwerden immer bequemer machen, wird gymnastisch „vergammeln", nur weil es sich nicht mehr zu biegen braucht und wird schließlich mit feinen Hilfen der Hand überhaupt nichts mehr anzufangen wissen. (Ausschließlich die Schenkel- und Gewichtshilfen geben dem Reiter das Pferd im wahrsten Sinne des Wortes in die Hand!) Ein solches Tier läßt sich dann gebißlos nur noch unter Lebensgefahr und mit Gebiß nur noch auf der Vorhand reiten, was prompt zu frühem Verschleiß der Vorderbeine führt.

Ohne unmißverständliche Schenkel- und Gewichtshilfen ist somit ein Kompakt-Pferd „pferdegemäß", d.h. pferdefreundlich und gymnastisch richtig, überhaupt nicht zu reiten. Und mindestens während seiner Ausbildung ist es „unmißverständlich" ohne Sattel und ohne höchst präzise Schenkel (wenn es sein muß, mit stumpfen Sporen nochmals genauer gestaltet) nicht in die feine Hand zu bekommen. Sattelloses Auf-dem-Pferd-Herumrutschen entspricht zwar sentimentalen Jungmädchenträumen, hat aber nicht das geringste mit pferdegemäßem Reiten zu tun und macht jede Pferdeausbildung zur Katastrophe für das Tier.

Wie behüteten die Berber ihre Pferde ohne Sattel und Zaumzeug vor dieser Gefahr?

Das ist eine Frage, die ich mir schon seit Jahren stelle. Denkbar ist: sie arbeiteten die Tiere solange an der Longe, daß sie die Hankenbeugung bereits erhielten, bevor sie das Pferd zum ersten Mal bestiegen. Historisch gesichert ist nur, daß die Berber im Kampf einer relativ „linearen", die Pferde nur wenig biegenden, schnellen Steppenreitweise huldigten, d.h. einer Reitweise, die wiederum mit der gewisser Indianerstämme Nordamerikas und mit der Westernreitweise zu vergleichen ist. Mehrere römische Geographen und Geschichtsschreiber haben sie jedenfalls als „auseinandergefallen" charakterisiert, so auch Frontinus (Strateg.) (1, 5, 16). Und dennoch bekamen die Berber ihre Pferde aus voller Karriere jederzeit abrupt zum Stehen allein dadurch, daß sie mittels Schenkel- und Gewichtshilfen die Hinterhand unmißverständlich zum Abkippen, die Hinterhufe unter den Pferdeleib und die Vorhand zum Courbettieren (vergl. Reg.) brachten. Müssen somit die Berber, gerade weil sie ohne Sattel und Zaum ritten, ihre Tiere umso präziser an den Schenkel- und Gewichtshilfen stehen gehabt haben, so ist Ähnliches von den *mit* Zäumen reitenden Indianern – wenigstens mir – nicht bekannt.

Auf den Sattel kann heute ein Reiter guten Gewissens nicht mehr verzichten. Denn gute Sättel fördern seit jeher das richtige Einwirken in die richtige Richtung, obwohl kein anderes Hilfsmittel aus unserem Instrumentarium so oft und so bis in die Einzelheiten immer wieder dem Verwendungszweck des Pferdes neu angepaßt wurde wie gerade der Sattel. So schnallten z.B. die ersten berittenen Bogenschützen unter den Steppenjägern den Pferden immer dickere Sattelkissen auf, um mehr Raum für das Spannen ihrer Jagdwaffen zu gewinnen. Die ersten iberischen Reiter setzen sich indessen so nahe wie möglich ans Pferd, um seine Wendigkeit zu fördern. Die Griechen und Römer, bei denen das Reiten außer in Paraden und Schaustellungen keine große Rolle spielte, zogen Prunkreitdecken jedem Sattel vor. „In den Ruinen (des altpersischen) Chapur findet sich (auf einem Fries) ein vollständiger Pferdesattel mit Vorder- und Hinterzeug und einem dreifachen Gurt, an welchem selbst die Schnallen deutlich zu sehen sind (, . .)" (Schlieben, W. 44, S. 147). Von Alexander dem Großen wissen wir, daß er, als es ihm um mehr als nur Showreiten zu gehen begann „das griechische Pferdegeschirr mit dem persischen vertauschte" (W. 44, S. 148). Den alten Kulturvölkern fehlte somit der Sattel keineswegs, benützten sie doch schon seit langem regelmäßig auch noch viel schwieriger pferdegerecht zu fertigende Pack- und Tragsättel. In der Regel griffen sie jedoch erst auf den Reitsattel zurück, wenn sie teils gute Reiter geworden waren, teils wenn das Reiten nicht nur mehr Auftritten vor der „niederen Masse des Volkes" galt. Die griechischen Reitpferde, die zum Ausbilden Iberern, Berbern oder Skythen anvertraut wurden, scheinen mit Sätteln zugeritten worden zu sein. Die Steppenreiter und die Kulturvölker des Ostens – Skythen, Thraker, Perser, Inder und Chinesen – verwandten zu Xenophons Zeiten sattelkissenartige, baumlose Flachsättel, während die Iberer, Kelten und Etrusker dem Packsattel nachempfundene Reitsättel mit hohen Vorder- und Hinterzwieseln benützten, zwischen denen das eigentliche Sitzleder oft aufgehängt war, wie noch bei den letzten portugiesischen Kavallerie-Sätteln.

Historisch betrachtet ist die Entwicklung des ursprünglich dünnen und dann dicken Sattelkissens zum Flachsattel im Osten, resp. zum „Hohlsattel" (selle creuse) im Westen, Hand in Hand gegangen mit der Evolution der Reitweisen, d.h. mit dem schnellen, linearen, aggressiven Reiten der östlichen Bogenschützen einerseits und mit der gemessenen, wendigen, defensiven „ritterlichen" Reitkunst vor allem der iberischen Stierkämpfer im Westen andererseits.

Der Flachsattel begünstigt die Gewichtsverlagerungen des Reiters nach vorne und entlastet so indirekt die Hinterhand des Pferdes bei raumgreifendem Galoppieren auf geraden Strecken, verlangt jedoch ein Gebiß und eine Reiterhand, die das Pferd in seinem „Ungleichgewicht auf den Schultern" zu stützen verstehen. Der Hohlsattel schiebt indessen den Schwerpunkt des Reiters und indirekt auch den des Pferdes stärker der Hinterhand zu, stellt damit das Pferd auf eine kürzere Basis, garantiert so vor allem Wendigkeit, statt Schnelligkeit, erhabene Gesten, statt raumgreifende, mobilisiert jedenfalls mehr die Trage- als die Schiebekräfte, verlangt jedoch vom Reiter präzisen Umgang mit seinen Schenkeln und seinem Gewicht. Erinnern wir uns, daß den großen Reitmeistern der Vergangenheit zufolge, nur das echt biegende, beugende, „sammelnde" Reiten die Pferde pferdegemäß gymnastiziert, so wird offensichtlich, daß dies in einem Hohlsattel leichter und präziser als auf einem Flachsattel zu bewerkstelligen ist. Allein aus diesem Grund fanden die großen Freizeitreiter Frankreichs – unter ihnen Michel Henriquet – schon vor Jahren zu portugiesischen und spanischen Hohlsätteln zurück (vergl. Tafeln VII u. VIII, Bilder 14–18). Iberische Bronzestatuetten, die Fernando d'Andrade in seinem Werk (W. 2, S. 28 u. 29) abbildet, scheinen zu beweisen, daß die Iberer bereits im 5. Jahrhundert vor Christus in Hohlsätteln mit ledernen Steigbügeln Pferde im heutigen Cartujano-Typ ritten, welche die Hanken beugten, auf kurzer Basis traten und einwandfrei auf der Hinterhand anzuhalten verstanden (vergl. Tafel I, Bild 2). Zur gleichen Zeit scheinen Iberer (nach Funden in Aguilar) auch schon kandarenähnliche Pferdegebisse und Hufeisen verwendet zu haben (W. 2, S. 27 u. 28), was nochmals auf die versammelnde Reitweise hindeutet. Denn so bar jeglichen reiterlichen Gefühls es wäre, ein unter einem Flachsattel auf der Vorhand dahinstolperndes Pferd mit einer Kandare stützen zu wollen, so abstrus wäre es, dasselbe Pferd im Hohlsattel mit einer Wassertrense beizäumen zu wollen. Trensenartige Gebisse gehören zum Flachsattel und zur „Richtung auf die Schultern" wie der Kappzaum, der Bosal und die Kandare oder Stange zum Hohlsattel und zur „Richtung auf die Hanken" (Steinbrecht).

Doch soweit sind *wir* noch nicht! Bisher haben wir unser Jungpferd erst aus seiner ursprünglichen Herde gefangen, es an uns und seine Behandlung mit der Wurzelbürste, d.h. an unsere Massage gewöhnt. Wir haben begonnen, regelmäßig seine Hufe aufzuheben und diese zu beklopfen. Wir sind mit ihm am Kappzaum spazieren gegangen, haben es durch Wasserpfützen geführt und an flatternder Wäsche vorbei. Es zeigt keinerlei Furcht mehr vor uns, respektiert aber genau unsere Zeichen und Kommandos. Jetzt wird es Zeit, es langsam an die Longenarbeit zu gewöhnen.

La Guérinière definiert die Longe so: „Die Longe ist ein langes Seil (. . .) an dessen Ende eine Schnalle so angebracht ist, daß man es am mittleren Ring des Kappzaumes festmachen kann. Die Longe eignet sich vorzüglich, um junge Pferde daran zu gewöhnen, auf Kreisbahnen vor der Fahrpeitsche (eigentlich: Bahnpeitsche) zu traben (. . .)" (W. 19, S. 66). Das aber ist von einem rohen Jungpferd schon einmal mächtig viel verlangt, denn auch weite Kreise (bis zu 12 m Durchmesser) zwingen es, sich erstmals in seinem Leben regelmäßig zu biegen. Longierten Xenophon und Grisone Jungpferde deshalb nur so kurz?

Der erste große Meister, der die Longenarbeit als unverzichtbaren Teil der Ausbildung des Jungpferdes einführte, war Antoine de Pluvinel, auch wenn er das Pferd dabei noch um den einen zentralen Mittelpfeiler herum führte. Er benützte dazu einen, aus einem Seil geknüpften, Kappzaum, in den die Longe mit eingeflochten war. Durch die Longenarbeit, schrieb er (W. 36, S. 70), kann ich ein Pferd „dazu bringen (. . .) wozu ich will, und ist nicht vonnöthen, daß ich den Leib, die Schenckel oder Füße plage, sondern ist genug, daß ich sein Gemüth übe. Dann um den Pfeiler setzt sich das Pferd freywillig auff die Hüffte, besinnt und resolvirt sich (löst und lockert sich), dreht mit Übermuth seine Kreise rundgebogen, wenn es sehr lebhaft ist".

Verstehen wir, besonders den letzten Satz, nicht falsch! Das Longieren, das Pluvinel anspricht, hat nichts, aber auch gar nichts, mit dem zu tun, was man in den heutigen Reitställen sieht. Es geht ihm nicht darum, ein Stallpferd, das vor Bewegungsmangel am liebsten die Wände hochklettern würde, für ihn gefahrlos sich austoben zu lassen, noch darum, ein mit Hafer künstlich aufgeputschtes Tier „ruhigzulongieren", sondern um Longenarbeit, Biegearbeit, Beugearbeit, kurz, um die Gymnastizierung des Jungpferdes bis zu jenem Punkt, von dem an es das ungewohnte Reitergewicht auf seinem Rücken auch in Seitensprüngen für seine Sehnen und Gelenke schadlos ausbalancieren kann. Daneben „übt er auch sein Gemüth", hat er doch bereits erkannt, wie unendlich wichtig das Dominiertwerden für die Pferdepsyche ist.

Tatsächlich treten sich bei der Longenarbeit Mensch und Tier in einem psychologisch sehr aktiven Kreis Auge in Auge gegenüber, um sich pausenlos gegenseitig zu messen. Der natürliche Sicherheitsabstand des Pferdes bleibt dabei gewahrt, auch wenn er sich mit der Zeit verkleinert. Und dennoch gerät das Tier dank Bahnpeitsche und Longe nie aus der Reichweite des Longenführers. Es fühlt sich zur Arbeit gedrängt, kann aber nie dazu gezwungen werden. Es weiß sich durch die Kommandos gefordert, jedoch niemals „in die Ecke getrieben". Kurz, bei ernsthafter Longenarbeit kulminieren das Dominieren und das Dominiertwerden in ihrer psychologisch aktivsten, pferdegemäßesten Art und Weise: für das Pferd dadurch, daß der Longenführer wie der Leithengst in der ehemaligen Herde zwar viel fordern und zu viel drängen, aber nichts erzwingen kann, für den Menschen dadurch, daß er das Jungpferd nicht nur über Peitsche und Longe, also über sein Taktgefühl, sondern auch mittels seines jeweiligen Standortes, durch seine Bewegungen oder sein Stehenbleiben, durch den Tonfall seiner Stimme und, nicht zuletzt, dank seines „Sehens" kontrolliert, überwacht, beurteilt, korrigiert, kurz „in seiner Präsenz einwickelt". – Gestört oder zerstört kann dieser Idealfall menschlich-tierischen Zusammenspiels nur dadurch werden, daß das Pferd dabei schlechte Erfahrungen macht, die es aus der Umgebung seines ehemaligen Herdenchefs nicht kennt, z.B. dadurch, daß es geschlagen, statt nur bedroht, mit mißverständlichen Kommandos belästigt, durch Hilfszügel zu unnatürlichen Haltungen gezwungen, an einer Doppellonge beim sogenannten „Fahren vom Boden aus" in seiner Vorwärtsbewegung von vorne nach hinten behindert wird und sich wie auch beim Longieren an der

Einfachlonge durch einen unerfahrenen, unpräzisen oder brutalen Longenführer, festgehalten fühlt. Wie später beim Reiten, muß dem Fluchttier Pferd stets auch beim Longieren der Ausweg zur Flucht offen gehalten werden, soll es den Reiter später nicht als einen, bereits in seinem Nacken kauernden, Säbelzahntiger erfahren. . .

Machen wir uns bitte nichts vor! Das Longieren ist eine ebenso komplexe Kunst wie das Reiten und sollte daher nie Kindern oder Unerfahrenen überlassen werden. Andererseits ist es wie das Reiten bei einem alten erfahrenen Zu- oder Bereiter durchaus zu erlernen, wenn dabei zehn absolvierte Longenstunden auch ebenso wenig bedeuten wie unsere ersten zehn Reitstunden. Nur deswegen schrieb der große deutsche Reitmeister, Börries Freiherr von Oeynhausen: „Wer die Schwierigkeiten kennt, die eine gute, methodisch betriebene Longenarbeit hat (, . .); wer die vielen Mißgriffe in dieser Hinsicht und die nachtheiligen Folgen gesehen hat, kann nur der Meinung beipflichten, es sei zweckmäßig, daß die Remonten vor dem Anreiten nicht mehr longiert werden" (W. 33A, S. 105). Und dennoch ist jede gekonnt geglückte Longenlektion für jedes Pferd wie für jeden Pferdemenschen eine wahre Sternstunde gegenseitigen Einvernehmens und Sichverstehens.

Ähnlich scheint es auch Ludwig von Hünersdorf gesehen zu haben, sagt er doch: „Ist das Pferd noch zu jung, zu roh und zu schwach, um geritten zu werden, so ist demselben am zuträglichsten, daß man es eine Zeit lang an der Linie (Longe) laufen läßt. Man kann es hier schon vertraulich machen und ihm den ersten Grad von Gehorsam geben, der bey dem Anreiten sehr gut zu statten kommt. Dem jungen Pferd wird also der Kappzaum (, . .) aufgelegt (, . .). In den mittleren Ring des Kappzaums wird die Linie eingeschnallt. (. . .) Das Pferd wird so lange im Schritte herumgeführt, bis es sich die Rundung des Platzes ziemlich gemerkt hat. (. . .) Einem eigensinnigen und bereits (. . .) verdorbenen Pferde, ist das Laufen, eine Zeit lang, an der Linie ebenfalls sehr zuträglich. Man kann es hierdurch oft der ersten übelen Behandlung wieder vergessen machen. (. . .)" (W. 25, S. 11–16).

Nur, vergessen *wir* nicht: nie longieren, bevor man das Longieren nicht ernsthaft erlernt hat – und nie zureiten, bevor man das Reiten nicht völlig beherrscht!

10. Kapitel

DAS REITEN – EIN PROBLEM FÜR DEN REITER!?

Zwischen der Domestizierung des Wildpferdes zum Hauspferd und der Benützung des Hauspferdes als Reitpferd mußten Jahrtausende verstreichen, und das scheint darauf hinzuweisen, daß das Reiten für den Menschen viele Generationen lang ein scheinbar unlösbares Problem dargestellt hat. Von den indogermanischen Völkern, den Saken, Indern, Iraniern, Persern, Sarmaten usw. wissen wir, daß sie, bevor sie ihre Pferde einzuspannen lernten, überhaupt nicht ritten. Sie zogen den indirekten Weg der Pferdekraftnutzung dem direkten vor, obwohl er die Erfindung des Rades, des Wagens, der Deichsel und des Fahrgeschirres voraussetzte. Das Fahren muß diesen Völkern praktischer, rationeller und auch ungefährlicher erschienen sein als das Reiten. – Weshalb?

Die ersten Reitervölker der Geschichte hatten nahezu alle vor dem Pferd den Onager oder Wildesel domestiziert und diesen relativ schnell als Trag- und Reittier benutzt. Von ihrem Sitz auf der Eselskruppe schlossen sie offenbar schon früh auf einen möglichen Reitsitz auch zu Pferd, der sich in der reiterlichen Praxis daraufhin als unhaltbar erwies. Der Reitsitz zu Pferd blieb jedenfalls Jahrhunderte lang ein Experiment, das die meisten der damaligen Pferdebesitzer vorschnell zugunsten des Fahrens im Jagd- und Streitwagen abbrachen. Den ältesten bildlichen Reiterdarstellungen zufolge, scheinen so nahezu alle eigentlichen Reiter auch mit dem Seit- oder Damensitz experimentiert zu haben. Auf den tassilischen Felsbildern, besonders auf den frühen „Gegenlichtbildern" (Schattenrissen), scheinen ebenso Reiter im Seitsitz vorzukommen, wie auf den weit über tausend Jahre jüngeren Wandmalereien in den Katakomben von Kertsch (wo offenbar Sarmaten im Seitsitz sogar Krieg führen).

Auf das Seitsitz-Experiment folgte in der Regel der Versuch, sich im „Herrensitz" sehr weit hinten, d.h. auf der Kruppe des Pferdes zu halten. Von griechischen Darstellungen wissen wir, daß er bis nach Xenophons Zeiten gebräuchlich blieb, obwohl es sich auch dabei kaum um einen Gebrauchssitz gehandelt haben kann. Nicht auszuschließen ist, daß ihn die Griechen nur anwandten, um ihre Pferde nach iberischem Vorbild zu versammeln und höher treten zu lassen. Dabei übten sie – Vasenbildern und Xenophon zufolge – den „Oberschenkelschluß" mit hochgezogenen Knien, deren Lage direkt hinter den Schulterblättern des Pferdes das Vorrutschen des Reiters verhinderte. Unbequemer sowohl für den Reiter als auch für das Pferd geht es kaum. Deswegen mißtraue ich auch etwas Xenophons oft widersprüchlichen Forderungen, die den Reitsitz betreffen. Er sagt zwar: „Aber einen Sitz wie auf einem Sessel, also mit hochgezogenen Knien, kann ich durchaus nicht loben" (W. 65A, S. 53); dies jedoch erst, nachdem er behauptet hat, „ein breiter, gefurchter

Rücken ist zum Sitzen weicher und angenehmer als ein spitzes Rückgrat" (W. 65A, S. 27), was zu bedeuten scheint, daß er sich mit Vorliebe trotz allem weit hinter den Widerrist setzte. Wie nur verhinderte er dort das Vorrutschen in den tiefsten Punkt des Pferderückens? – „Richtig sitzt der Reiter, wenn er mit beiden Schenkeln gespreizt aufrecht, als ob er steht, auf dem Pferd sitzt" (W. 65A, S. 53), fährt er fort, was er mir bitte einmal an der Stelle vormache, an der der Pferderücken „breit, gefurcht und zum Sitzen weicher" ist, und fordert überdies „vom Knie abwärts muß er das Schienbein mit dem Fuß schlaff herabhängen lassen" (W. 65A, S. 53). – Alles in allem gleicht Xenophons Sitz dem der heutigen Distanzreiter, den diese „leichter Sitz" nennen, in der Regel auf Westernsätteln mit sehr lang geschnallten Bügeln üben, indem sie die Zügel in der Linken halten und sich selber mit der Rechten am Sattelhorn abstützen. Nur: die Distanzreiter tun dies wie gesagt auf Sätteln und mit Bügeln und haben mit der Versammlung des Pferdes nichts im Sinn; während Xenophon das gleiche Kunststück auf blankem Pferderücken, ohne Bügel und in hoher Versammlung zustandebringen will... Jeder Reiter, der je einmal längere Zeit auf einem ungesattelten Pferd unterwegs war, wird sich an die Stirne greifen... Steifer geht's tatsächlich nicht. Aber genau diese Beschreibung des Sitzes von Xenophon übernahmen die ersten Kreuzritter, übernahmen auch Federigo Grisone und etwas später der Herzog von Newcastle, über den dieses Unikum an Steifheit nach Deutschland gelangte, wie Ridingers Stiche beweisen.

In Wirklichkeit sitzt man auf einem ungesattelten Pferd auf die Dauer nur bequem, so man keinen einzigen Muskel im ganzen Körper anzieht oder anspannt, d.h. weder die Knie hochzieht, noch diese absichtlich nach unten oder hinten drückt, das Becken weder in die Vertikale stellt, noch den Rücken bewußt rund macht, weder willentlich mit Knieschluß reitet, noch sich „schön gerade" hält. Noch mehr ausschlaggebend als auf dem gesattelten Pferd ist die Losgelassenheit des Reiters auf dem ungesattelten, denn auch die kleinste, das Pferd berührende Muskelpartie des Reiters will vom nackten Pferd in die Bewegung mitgenommen werden. – Wer weiß, wie angesehen Xenophon bei den Griechen und seine Reitlehre bei den Römern war, kann sich letztlich der Frage nicht verschließen, inwieweit der „Vater der Reitkunst" nicht mitschuldig daran ist, daß es die Griechen und Römer reiterlich nie zu etwas gebracht haben, obwohl die numidischen und iberischen Vorbilder unter ihren berittenen Söldnern damals Furore machten.

Zu vermuten ist, daß mindestens die Berber absolut locker und losgelassen, also bequem und sicher, auf ihren ungesattelten Pferden saßen; sonst hätten sie dem Sattel und seinen enormen Vorteilen bestimmt nicht ein ganzes Jahrtausend lang widerstanden. Absolut locker und losgelassen, bequem und sicher ist auf dem ungesattelten Pferd jedoch nur *ein* Sitz, nämlich der auf dem einzigen menschlichen Körperteil, das zum Sitzen geschaffen wurde, d.h.der auf dem Gesäß, nicht der auf den Oberschenkeln, der mit dem hinter die Sitzhöcker abgekippten Becken, nicht der mit aufrechten Hüften, der mit leicht rundem Rücken, nicht der mit dem hohlen oder hohlerscheinenden Kreuz. Absolut locker und losgelassen ist so – gemessen an der heute eben gültigen Mode – weder der schöne, noch der elegante, noch der korrekte Dressursitz, sondern der eher schlapp erscheinende „Stuhlsitz" des Herrn Müseler (W. 31) mit tiefen Knien und lang herunterhängenden Beinen. Dieser ,,Berbersitz" war lange Zeit auch der Sitz der Iberer, bis diese im 6. oder 5. Jahrhundert v. Chr. mit den ersten vorne und hinten hochgezwieselten Sätteln experimentierten.

Das neue „Sitzgerät" erlaubte ihnen von nun an, auch dem Kampfstier gegenüber Reittaktiken anzuwenden, die bisher nur dem Spiel und der Parade vorbehalten waren, so das Courbettieren, und führte nach und nach zur Entwicklung dessen, was man heute die ,,Schulsprünge der Hohen Schule" nennt. Wurde somit der erste Hohlsattel dem Gebrauchssitz der Berber und Iberer auf ungesatteltem Pferd entsprechend gebaut, eigentlich nur, um diese in kitzligen Situationen zu stützen, so paßten die Iberer in der Folge ihren Sitz den dank des Sattels neu erschlossenen Aufgaben ihrer Pferde an. Das erste Ergebnis dieses Entwicklungssprunges war der für alle ,,A-la-Brida-Reiter" typische tiefe Sitz, den heute in Spanien und Portugal nur noch wenige alte Campinos, in der Camargue nur noch drei oder vier alte Gardians und Herdenbesitzer (Manadiers), dafür mehr und mehr Freizeitreiter üben.

Zur Zeit der Maurenherrschaft glichen die iberischen Hidalgos, wie erwähnt, ihren Sitz dem des reiterlich arabisch beeinflußten maurischen Adels an, ritten nun mit kürzeren Bügeln, geräumigeren Sätteln, steilerem Becken, provozierend gewölbter Brust, hoffnungslos hohlem Kreuz und nannten dies den Sitz „a la Gineta". Ihre modernen Nachfolger halten ihn heute noch für vornehm, obwohl mit ihm praktisch nur in der Arena, Bahn oder auf der Wahlstatt, jedenfalls nie stundenlang über Land zu reiten oder mit Kampfstieren auf der Weide umzugehen ist. Zu unserem Glück behielten die ,,einfachen Leute", Vaqueros und Campinos, den alten A-la-Brida-Sitz bei und überlieferten ihn nach der Reconquista den ersten iberischen Freizeitreitern. Er blieb locker, losgelassen, bequem und sicher und zeigte sich den Pferden gegenüber nicht weniger wirkungsvoll als der Gineta-Sitz. Ja, die Pferde erwiesen sich unter ihm weit regelmäßiger brillant, freudig-locker und losgelassen als zwischen den ständig Kontakt haltenden Sporen der Gineta-Reiter.

Federigo Grisone scheint den Stichen in seinem Werk zufolge und als treuer Xenophon-Schüler ziemlich steif geritten zu haben (vergl. Tafel III Bild 5, Neapel 1550). Nicht umso weniger ernst muß er aber auch das spanische Vorbild genommen haben, schreibt er doch zum Sitz zu Pferd: ,,Darumb zu allem andrem beglaide es zu rechter Zeit, gleichformig seiner bewegung, wie es deinem beger und anmütung begegnet. Hierzu ist nun auch von nöten, dass du deinen Leib sampt dem Rucken gerecht fürest, mit gutem bedacht und wolgestalt, nicht minder der leichtfertigkait, als ob du ein Fliege oder mücke werest. (. . .) Merck auch, dass du reittest nach gelegenhait dess Sattels, lang oder kurtz (. . .)", d.h. je nach dem, ob du in einem langbügeligen Brida-Sattel oder in einem kurzbügeligen Gineta-Sattel sitzt. . .

Obwohl er demnach einen Sitz empfiehlt, der das Pferd „zu rechter zeit, gleichformig seiner bewegung beglaide", d.h. einen Sitz *in* oder *mit* der Bewegung, d.h. einen lockeren, losgelassenen Sitz, kann er von Xenophons Forderungen nicht lassen und übersetzt diese frei: „Reidt aufrecht und halt dich mit den Knien sampt den Schencklen wol in Sattel in gestalt, wie du sonsten zu fuss bist (, . .)" (W. 17, S. 34). – Aber wie soll der Reiter „mit der Leichtfertigkeit einer Fliege" in die Bewegungen des Pferdes eingehen können, wenn er gleichzeitig Knie- und Oberschenkelschluß zu praktizieren hat? Entweder ist er locker und entspannt oder er klemmt mit den Schenkeln; das eine schließt das andere aus.

Grisones Mißverhältnis zwischen der Theorie und der Praxis des Reitsitzes scheint auch sein Konkurrent, der große Pignatelli, nicht gelöst zu haben, erklärte doch noch dessen Schüler, Antoine de Pluvinel, Jahre später: „Sehen Euere Majestät wol, wie er (der „Grand Ecuyer de France", Monsieur de Bellegarde) im Sattel sitzt, daß er solchen kaum berühret außer in der Mitte, sich hütend damit er mit dem Unterleib den Effter (den hohen, vertikalen Hinterzwiesel) nicht anrühre und dadurch zu sitzen komme, denn man sich so auffrichtig im Sattel halten muß, als stünde man mit den Füßen auff der Erde. Die beyde Schultern hält er gleich, den Bauch etwas für sich (nach vorne) biegend, daß ein kleine Höle erscheine im Rücken oberhalb dem Gürtel (. . .). Über diss hält er die Knie mit Gewalt geschlossen: dann es gewiß ist, daß diss das einzige Mittel sich auff dem Pferd fest zu halten, so fern man dem Leib sein recht Gegengewicht gibt (. . .)" (W. 36, S. 9).

Soviel Antoine de Pluvinel für die sanftere, natürlichere, pferdegemäßere Ausbildung des Reitpferdes erfunden und getan hat, sowenig scheint er an die Bequemlichkeit des Reiters gedacht zu haben. – Im ideologischen Strauß um den korrekten Sitz hatte zu seiner Zeit weder der iberische Vaquero, noch der südfranzösische Gardian recht, die beide weiter ihrem alten, lockeren Gebrauchssitz a la brida fröhnten, sondern deren Herren, der Adel, mit seinem modisch steifen Spaltsitz, der sich nun „akademisch richtig" nannte.

In diese „Renaissance pferdegemäßer Pferdeausbildung" platzte der reiche Baron von Newcastle auf der Flucht vor den Schergen Oliver Cromwells. Als weitgereister, aufgeklärter Kopf informierte er sich allüberall über die Bahnfiguren und Schulsprünge, die gerade Mode waren, zog sich nach Antwerpen in die eigene Reitschule zurück und begann, unschuldige Pferde sehr marktgerecht zu verbiegen. Da er dabei nicht nur als der Größte, sondern auch als der

Schnellste gelten wollte, wandte er wie seine heutigen Jünger Gewalt an und führte damit den grisone'schen Zweig der italienischen Art und Weise mit Pferden fertigzuwerden zum Paroxysmus. Sein Sitz ist entsprechend noch „xenophonisch-italienischer" als selbst der Grisones: „Der Reuter (. . .) soll sich setzen und einsencken (. . .) bis ans Hintertheil (. . . Dieses) muß zwar den Sattel berühren und solches ohne Wancken, noch aufheben, doch aber niemals darauf ruhen lassen und niedersitzen. Wann nun der Reuter also zu Pferd ist, so soll er die Gürtel vorwärts und so lang zum Sattel-Knopff halten, als es immer möglich ist, indem er zu gleicher Zeit sich von des Sattels Hintertheil wegbegibet und die Brust auch vorwarts hinaus bieget, wodurch seine beeden Schultern hol (werden, . .) den Kopf solle er gerade führen, die Füße wol hinunter strecken, das ist gesagt, als ob er stünde und seine Knie und Dieche (Oberschenkel) soll er einwarts gegen den Sattel drehen" (W. 11, S. 145 u. 146). Das heißt: „ihr solt auf der Schlitzung aufsitzen" (W. 11, S. 148). Ein noch schlimmer verkrampfter Sitz ist glücklicherweise undenkbar, sonst hätte ihn bestimmt Newcastle selber oder einer seiner Jünger im Geiste erfunden – und an letzteren fehlt es, wie angedeutet, bis in unsere Tage nicht. . .

William Cavendish, der spätere Herzog von Newcastle, war und blieb somit Weltmeister im Verkrampfen von Reitschülern. Im Verkrampfen von Pferden machen ihm bis heute nur allzu viele Reiter Konkurrenz. Für den deutschen Sprachraum ist tragisch dabei, daß er ausgerechnet hier mehr Nacheiferer fand, als sonstwo auf der Welt (England inbegriffen!), schrieb doch sogar der große Gustav Steinbrecht: . . . „kein Land kann einen größeren Meister dieser Kunst und wärmeren Verehrer des edelen Pferdes aufweisen, als England in seinem weltberühmten Herzoge von Newcastle" (W. 55, S. 38 u. 39).

Der deutsche Baron von Eisenberg, der sehr wahrscheinlich als erster den englischen Herzog und seine Methoden in Deutschland bekannt gemacht hat – nach ihm erwies vor allem der Augsburger Kupferstecher Ridinger Deutschland diesen Bärendienst – wiegelt in seinem Werk (W. 13) über Newcastles Methoden in der Regel eher ab. So schreibt er zum Sitz: „Den Leib muß man grad halten, jedoch ungezwungen (; . .). Die Schenckel und Knye muß man hineinwerts gegen den Sattel wenden, die Beine hingegen ausstrecken, jedoch daß sie ohne Beschwerden neben dem Pferde herunter hangen (. . .)" (W. 13, S. 8). – Allmählich scheint auch der Reiter zu seinem Recht zu kommen. Der Sitz selber hat sich zwar noch kaum verändert, ist immer noch modisch steif verkrampft, nur soll sich der Reitschüler von nun an möglichst „ohne Beschwerde" verkrampfen.

Wie wir sehen, ist das Experiment „pferdegerecht *und* zugleich bequem auf dem Pferd zu sitzen und zu reiten", das die Berber viertausend Jahre vor Christus begonnen haben, außer bei den nichtmilitärischen Berufsreitern, Vaqueros, Campinos und Gardians, zu Beginn des 18. Jahrhunderts noch immer nicht abgeschlossen, obwohl der Mensch inzwischen auf seinen Pferden sogar caprioliert. . . Die berühmten Reitakademien Europas haben zwar den Umgang vor allem mit Jungpferden in den letzten 150 Jahren etwas „menschlicher" gestaltet, dem Reiter selber aber kaum Fortschritte gebracht. Er sitzt noch immer stocksteif im Sattel, mehr auf den Oberschenkeln als auf dem Gesäß, im sogenannten Spaltsitz, hält sein Becken schön gerade aufrecht, macht ein niedliches Hohlkreuz dabei, übt Oberschenkel- und Knieschluß. . . und fällt wohl schon nach einer halben Stunde völlig „geschafft" vom Pferd. Kurz, die Akademien haben bisher das einzige oder größte Problem, nämlich das des Reitsitzes auf dem sich bewegenden Pferd, trotz der Erfindung und Weiterentwicklung des Sattels, der Bügel, des Vorder- und Hinterzeugs seit Xenophons Tagen weder erhellt, noch auch nur andeutungsweise gelöst. Wer reiten will, klemme sich eben fest. Der Adel reitet sowieso nur Quadrillen und Pas de deux, d.h. nur in kurzen Shows; ausschließlich Bauern und „Gemeine" geben dem verrückten Wunsch nach, über Land zu reiten, statt zu fahren. . . Die französische Revolution rückt näher!

Da eröffnet Francois Robichon de la Guérinière seine Akademie in Paris und beginnt, obwohl auch er dem Adel angehört, Pferde im Gelände auszubilden, mit Pferden über Gräben und Baumstämme zu springen, Jagdpferde zu schulen wie die „verrückten Engländer", die, neuesten Informationen zufolge, ihr Glück überhaupt nur noch bei Querfeldeinrennen finden, wenn sie sich dabei nicht gleich den Hals brechen.

La Guérinière ein Jagdreiter? – Jedenfalls ein Ketzer wider die akademische Orthodoxie! Gleicht er seinen Sitz zu Pferd nicht dem der Bauern und Gemeinen auf ungesatteltem Pferd an? Bildet er mit königlicher Erlaubnis in seiner „Ecole de Cavalerie" nicht sogar Bauernjungen und „gemeine Reiter" ab und dies sogar als Vorbilder für die natürliche Haltung zu Pferd? (Vergl. Tafel XII, Bild 25) Und benützt dieser Ketzer nicht auch immer wieder das Adjektiv „libre", frei, losgelassen, locker, wenn er über die Haltung und den Sitz des Reiters spricht?

Lassen wir ihn selber zu Wort kommen: . . . „man muß sich genau in die Mitte des Sattels setzen, den Gürtel und das Gesäß nach vorne geschoben, um nicht mit dem Hinterzwiesel in Konflikt zu geraten: dabei muß man seine Nierenpartei gebogen (oder abgekippt) und stützend eingeschoben halten, um den Bewegungen des Pferdes (leichter) zu widerstehen" (W. 19, S. 84). „Tenir ses reins pliez & fermes" – über diese Forderung La Guérinières wurde bereits viel gerätselt, obwohl sie nur aus dem Zusammenhang gerissen mißverständlich wirken kann. – Setze ich mich nämlich in einem vorne und hinten hochgezwieselten Hohlsattel (Gardian- oder Vaquerosattel, Selle à Picquer, portugiesischen Bereitersattel oder in einem, dem amerikanischen Mc Clellan-Sattel nachempfundenen Wanderreitsattel – vergl. Tafel VIII) genau in die Mitte und versuche, mein Gesäß nach vorne zu schieben, so bleibt mir gar nichts anderes übrig, als meinen oberen hinteren Beckenrand nach hinten abzukippen, was einerseits tatsächlich meine Nierenpartie knickt oder biegt („plie") und andererseits das Gewicht meines Oberkörpers dem Becken und dem Pferd gegenüber wirklich „stützend" („ferme") einsatzbereit macht. Durch das Abkippen des oberen Beckenrandes nach hinten oder genauer ausgedrückt, durch das Vorschieben des Gesäßes im Sattel verlasse ich den bisher von allen akademischen Reitern benützten Stützpunkt des Beckens – die sogenannten Sitzbeinhöcker – und setze mich hinter diesen auf die Muskelpolster des Gesäßes. Meine Rückenlinie wird so zwar gerade oder leicht nach hinten convex gebogen, aber endlich reite ich bequem, entspannt und dank der Beweglichkeit meiner Nierenpartie, welche die Funktion eines Scharniers übernommen hat, dem Pferd gegenüber ungeahnt wirksam und präzis.

Weshalb aber fordert La Guérinière, wirft man oft ein, „den Gürtel und das Gesäß" nach vorne zu schieben; drücke ich die Gürtelschnalle nach vorne, so entsteht in meinem Rücken doch ein sogenanntes Hohlkreuz, wie seit Grisone gehabt! – Man stelle sich vor, La Guérinière hätte nur gesagt, man müsse das Gesäß nach vorne bringen. Übereifrige Schüler hätten daraufhin bestimmt versucht, sich mit dem Oberkörper soweit nach hinten zu neigen, daß an Reiten nicht mehr zu denken gewesen wäre!

Anläßlich eines Kurses in Deutschland hatte ich vor Jahren das Privileg, einem Versuch Professor Dr. Preuschofts beizuwohnen, bei dem es darum ging, unter verschiedenen Sattelformen die für das menschliche Skelett anatomisch günstigste zu finden. Kippten wir, nach La Guérinières Forderung, das Becken des Skelettes dabei nach hinten schräg, so machte der bisher horizontal liegende Gürtel die Kippbewegung mit, sank hinten tiefer, hob sich vorne und näherte sich so insgesamt dem Vorderzwiesel, wenn auch eher durch seine neue Stellung, als durch die Verschiebung des gesamten Beckens nach vorne. Die bisher in einer S-Windung „gestauchte" Wirbelsäule streckte sich bei der Kippbewegung des Beckens jedenfalls, wurde annähernd gerade, obwohl das Skelett mit dem nun aufgerichteten Oberkörper leicht hinter der Senkrechten zu sitzen kam. Das wollte scheinbar auch La Guérinière, fährt er in der Beschreibung der Haltung zu Pferd doch fort: . . . „die Schultern müssen ebenfalls sehr frei (oder: locker) und etwas nach hinten gehalten werden, denn wenn der Kopf und die Schultern nach vorne lasteten, so würde sich das Gesäß aus dem tiefsten Punkt des Sattels heben, was abgesehen vom unschönen Bild, das Pferd seine Schultern überlasten ließe (. . .)". – Nichts somit von Hohlkreuz, Spalt- oder Klemmsitz, auch wenn der Zeichner der Stiche in der „Ecole de Cavalerie", Chr. Parrocel jun., die Reiter oft noch etwas affektiert drapiert. (Sie bleiben trotzdem die künstlerisch und reiterlich genauesten und wertvollsten aller Zeiten!)

La Guérinières ungezwungen freier Sitz mit dem nach hinten abgekippten Becken, dem weit untergezogenen Gesäß und der so charakteristischen Oberkörperhaltung leicht hinter der Senkrechten, brachte noch zu seinen Lebzeiten nicht wenige Reiter auf den Gedanken, die nach vorne rutschenden Oberschenkel und Knie einfach dadurch zu fixieren, daß sie ihre Steigbügel kürzer schnallten. . . genau wie heute immer noch. . . Da aber wurde der Meister böse: Die Schenkel „dienen dazu, das Pferd zu führen und seinen Körper und seine Hinterhand unter Kontrolle zu halten: ihre einzige richtige Lage hierzu ist die, gerade und locker-losgelassen vom Knie an abwärts nahe dem Pferd zu hängen, jedoch ohne dieses jemals unbeabsichtigt zu berühren(, . .). (. . .) Erweisen sich die Bügel als zu kurz, so rutscht man aus dem tiefsten Punkt des Sattels, wenn man sie einmal austritt. (Andererseits) darf der Absatz nur wenig tiefer als die Fußspitzen liegen, nie zu tief, denn das würde den Schenkel steif machen". — Statt die Bügel immer weiter zu verkürzen, nehmt lieber einige Reitstunden bei einem guten Reitlehrer. „Ein geschickter Reitlehrer läßt gewöhnlich die Anfänger viel traben, um ihnen den tiefsten Punkt des Sattels finden zu helfen. Nichts geht über den Trab, um einem Reiter den geschmeidigen Sitz zu vermitteln. (. . .) In einer guten Reitschule müßte man den Reiter nach dem Trab auf ein zwischen Pilaren piaffierendes Pferd setzen; dabei könnte er lernen (. . .) sich vor allem niemals nach vorne zu neigen, welches der größte unter allen Fehlern ist (; . .)" (W. 19, S. 84—86).

Endlich hat sich der Kreis geschlossen. Das Experiment ist geglückt. Das einzige echte Reitproblem des Menschen ist gelöst. Nach den Berbern und den a la brida-reitenden Vaqueros, Campinos und Gardians, hat nun auch ein anerkannter akademischer Reitmeister das Geheimnis des natürlichen, bequemen Sitzes zu Pferd gelüftet: die Losgelassenheit des Reiters wird wie die des Pferdes zum grundlegenden Prinzip alles Reitens. . . Reiter und Pferd finden endlich wieder Freude aneinander. . . es lebe das lockere, gelöste Freizeitreiten als gymnastische Lockerungsübung für das Pferd!

Da nimmt 1789 das französische Volk dem Adel die Privilegien, Schlösser, Reithallen, Reitbahnen, Karossen und Pferde ab und schickt die einstigen Machthaber ins Exil, wenn es sie nicht auf die Guillotine bringt. La Guérinière ist achtunddreißig Jahre zuvor gestorben. Seine größten Schüler sind nun im Exil oder umgekommen; Frankreich verfügt über keinen Reiter mehr, der seine Lehre lebendig erhalten könnte. Die Portugiesen springen ein, machen ihn zu ihrem Abgott und damit zu einer Modesache. Auch fehlt ihnen die Ausstrahlung auf Resteuropa. In Italien gibt es zwar immer noch Reitakademien, doch zehren diese ziemlich orthodox an den letzten Früchten ihres längst verflossenen Ruhms. Deutschland, Belgien und die skandinavischen Länder sind längst Newcastles Zwangsmethoden verfallen. England begeistert sich für das Vollblutpferd und seine Leistungen. La Guérinière gilt nur noch als Geheimtip unter Freizeitreitern. Im Jahre 1791 erschien in der neuen akademischen Buchhandlung in Marburg ein Werk unter dem Titel: „Anleitung zu der natürlichsten und leichtesten Art Pferde abzurichten" von dem Königlich Württembergischen Stallmeister Ludwig Hünersdorf (1748–1813). In diesem Werk (Nachdruck in der DOCUMENTA HIPPOLOGICA) erweist sich der Autor als ein Verehrer und Nachfolger La Guérinières, vor allem was den Sitz und die Haltung zu Pferd, weniger was die Schenkel- und Zügelhilfen betrifft: „Den oberen Theil des Körpers soll der Reiter (, . .) zurückhalten und im Hosengürtel etwas vorwärts biegen, jedoch nicht auf die Art, daß der Reiter dadurch einen hohlen Rücken macht. Diese Stellung (. . .) fordert viel Übung, denn sie setzt die Fertigkeit voraus, daß der Reiter einen jeden Theil seines Körpers bewegen könne, ohne die übrigen Antheil daran nehmen zu lassen. (. . .) Sein Körper muß schmeidig bleiben, nachgeben und widerstehen. Macht er sich steif, so wirkt die Reaction des Pferdes stärker auf ihn, er wird mehr von dem Sattel weggeprellt, verliert das Gefühl und ist außer Stand, feine und richtige Hülfen zu geben" (W. 25, S. 22–24).

Hünersdorf weiß genau, daß er sich mit dem leicht zurückgelehnten Oberkörper an Newcastles Orthodoxie des steifen, geraden, aufrechten Sitzes erheblich vergeht. Aber er ist ein Praktiker und plaudert aus der Schule: „Es ist nun hier die Frage, ob die bloße senkrechte Stellung den Reiter in den Stand setzet, mit Nachdruck auf das Pferd wirken zu können? – Meiner Berechnung nach, muß er den Oberleib rückwärts halten, so bald er anfängt sein Pferd zu arbeiten, auf die Art, daß wenn man eine gerade Linie an dem Reiter herunter fallen ließe, der obere Theil des Körpers sich meist hinter dieser Linie befände" (W. 25, S. 19). Wie richtig und wie wahr! Nur wäre es mir lieber, er lehnte nicht seinen Oberkörper nach hinten, sondern würde sein abgekipptes Becken nach vorne schieben. Das Resultat wäre dasselbe für das Pferd, nicht aber auch für den Reiter. Denn um sein Becken wirklich von hinten nach vorne schieben zu können, muß es der Reiter konkret nach hinten abgekippt haben. Er kann somit nicht wie beim „Kreuz-Anziehen" nur so tun als ob, in der Hoffnung, das Pferd verstehe trotzdem, was er meine.

Ist Hünersdorf der einzige deutsche Reitmeister geblieben, der sich offen zu La Guérinière bekennt, so finden sich doch auch in den Werken der anderen Großen deutscher Reitkunst immer wieder Sätze und Stellen, die sich direkt oder indirekt auf La Guérinière beziehen, wenn sie auch nur selten als von ihm stammend gekennzeichnet sind.

Eine, von der damals eben nur modisch schönen Lösung des Sitzproblems anders abweichende Auffassung des Reitsitzes zu Pferd als die Hünersdorfs, vertrat Gustav Steinbrecht (1808–1885), der international als der größte deutsche Reitmeister schlechthin gilt. Er schrieb in seinem „Gymnasium des Pferdes": „Einen normalen Sitz zu Pferde, wenn man darunter eine auch nur für die Mehrzahl der Fälle richtige Körperhaltung verstehen will, giebt es gar nicht, denn der Reiter sitzt nur dann richtig zu Pferde, wenn der Schwerpunkt, oder vielmehr die Schwerpunktslinie seines Körpers mit der des Pferdes zusammenfällt. Nur dann ist er mit seinem Pferde in vollkommener Harmonie und gleichsam eins mit ihm geworden. Da aber der Schwerpunkt des Pferdes nach seiner verschiedenen Haltung und Richtung sehr verschieden verlegt werden kann, so muß sich danach auch die Richtung des Reiters jedes Mal ändern. (. . .) Der sogenannte normale Sitz wird dann erst zum schönen und eleganten, wenn das in's richtige Gleichgewicht gerichtete Pferd seinen Reiter selbst darin versetzt" (W. 55, S. 2).

Heißt das mit anderen Worten nicht, der Reiter habe sich mit seinem Sitz stets nach seinem Pferd zu richten – während La Guérinière dem Pferde gerade mit dem Sitz und den Schwerpunktverlagerungen nahelegt, sich mit seiner Haltung nach der des Reiters zu richten? Kündigt Steinbrechts Ansicht des Problems nicht schon das übergroße, überschwere moderne Sportpferd an, bei dem Schwerpunktsverlagerungen sowieso nicht mehr „durchzukommen" scheinen; ja, führt Steinbrechts Auffassung nicht sogar geradenwegs zu Caprilli (1868–1907), der den modernen „leichten Sitz" erfunden hat? – Was hat jedoch, sei zu fragen erlaubt, der „leichte Sitz" noch mit pferdegemäßem, d.h. mit Pferdebeine schonendem Reiten zu tun?

Die Mehrzahl der westeuropäischen Freizeitpferdebesitzer verfügt heute über relativ kleine, kurze, gedrungene Kompaktpferde genau wie einst La Guérinière. Daß diese nun einmal anders geritten werden wollen, als die übergroßen, überlangen, überschweren modernen Sportpferde ist nicht nur für jeden Pferdekenner offensichtlich, sondern auch durch und durch logisch. Daran ändert auch die Tatsache nichts, daß in den Dreißigerjahren unseres Jahrhunderts der deutsche Major a.D. Müseler eine bis heute international erfolgreiche Reitlehre schrieb, in der er verlangte, man habe mit aufrecht geradem Becken zu reiten und vor jeder Hilfengebung das „Kreuz anzuspannen", was immer man darunter auch versteht!

Es wäre einfach, Major Müselers „Reitlehre" (W. 31) als einen vereinfachten Auszug aus dem ehemaligen deutschen Kavalleriereglement und seine Kreuzanzieherei als einen bloßen militärästhetischen Privattick abzutun, wenn in den deutschen Reitbahnen heute nicht immer noch mit aufrecht vertikalem steifen Becken geritten und der Reitlehrer nicht weiter unverdrossen „Kreuz! Kreuz!" rufen würde. – Dabei hat es 1936, beim Erscheinen der „Reitlehre", an Protesten vernünftiger Reiter gegen Müselers Kreuzversteifen keineswegs gefehlt. Eine der stichhaltigsten „reitphysikalischen Studien" stammt dabei ebenfalls von einem Major a.D., nämlich von Franz Mensch und erschien im „Sankt Georg" (Jahrgang 1936 ab erstem Märzheft – Z VI) unter den Titeln „Wo liegt der Schwerpunkt?" und „Das Kreuzrätsel". Auf den ersten Artikel hin schrieb

Major Müseler eine Entgegnung, die Major Mensch im „Kreuzrätsel" analysiert: „Wenn (Müseler) aber sagt: ‚Die Kreuzeinwirkung ist nicht nur eine Schwerpunktsverlegung nach rückwärts, sondern sie ist eine Muskelanspannung, mit deren Hilfe man das Gesäß vordrückt', so liegt darin m.E. eine Verwechslung von Ursache und Wirkung, denn es kommt doch bei jeder reiterlichen Einwirkung nur darauf an, wie und wo das Pferd sie empfindet. Das Pferd fühlt selbstverständlich nicht die Muskelanspannung des Reiters, sondern nur deren Wirkung, die eben, wie Herr Müseler sagt, aus dem ‚Vordrücken des Gesäßes', oder, wie ich gesagt habe, aus dem ‚Zurückverlegen und Senken des Oberkörperschwerpunktes' resultiert" (beides brachte La Guérinière dadurch zustande, daß er sein Becken nach hinten abkippte – SGS).

„Obwohl die Reitkunst Jahrtausende alt ist und im edlen Wettkampf olympische Siegerpreise errungen werden, sind sich die Sachverständigen bis auf den heutigen Tag noch nicht über die grundsätzliche Frage einig: Wie ist eigentlich der ‚normale Sitz' zu Pferd? Nach der Müselerschen ‚Reitlehre' soll das Gewicht des Reiters, entsprechend der deutschen ‚Reitvorschrift', auf drei Punkten ruhen, und zwar auf den beiden Gesäß- oder Sitzhöckern und dem. . . Spalt (sic). Nach den ‚Grundzügen der Reitkunst' des Oberstleutnant d.R. G. von Dreyhausen (Wien 1936) (. . .) ist dagegen die ‚Wirbelsäule mit einer Gabel zu vergleichen, deren längerer, leicht gekrümmter Stiel in drei Zinken, die Sitzknochen und das Steißbein, ausläuft. Die Wirbelsäule soll leicht nach rückwärts gekrümmt sein, damit sie federn kann'. Schon Louis Seeger (Lehrer Steinbrechts – SGS) vertrat u.a. die gleiche Ansicht. Auch nach Fillis ‚darf das Kreuz eher leicht nach hinten heraustreten, und die Beckenmuskeln müssen *ohne* Anspannung sein'." (. . .)

Hierauf folgen in Franz Menschs Artikel zwei Zeichnungen, eine, die Müselers „Reitlehre" (40. Auflage, S. 22, Skizze 7, Zeichng. 1: Normaler Sitz – P. Parey Verlag, Berlin 1972) entnommen ist; die andere stammt von Franz Mensch und veranschaulicht. . . das Abkippen des Reiterbeckens nach hinten!! Franz Mensch schreibt dazu: „Aus der Müselerschen Zeichnung ist ohne weiteres ersichtlich, daß der größere Teil der Körpermasse und damit auch die eigentliche Schwerlinie des Reiters *vor* der gestrichelten Senkrechten liegt. Da letztere aber wiederum zugleich die Schwerlinie des Pferdes sein soll (wie bei Steinbrecht – SGS), so ergibt sich logischerweise, daß durch diesen ‚normalen Sitz' die *Vorhand* des Pferdes entsprechend *mehr belastet* wird. Das ist also die Folge des Sitzes auf den Gesäßhöckern und dem Spalt. – Aus meiner Zeichnung soll dagegen hervorgehen, daß zum Ausgleich der Mehrbelastung der Vorhand durch den schweretechnisch mit dem Pferde verbundenen Unterkörper des Reiters der *freie* Oberkörperschwerpunkt entsprechend zurückverlegt werden muß. Zu diesem Zwecke muß der Reiter durch ‚eine leichte Krümmung der Wirbelsäule nach rückwärts' das ‚Kreuzgelenk', wie ich die Kreuzwirbelgelenke genannt habe, *entspannen* und sich mit ‚gerade vertikal gehaltenem Oberleib', d.h. nur vom Kreuz an aufwärts, als dritten Punkt mehr oder weniger auf das Steißbein setzen". (. . .) „Nur aus diesem losgelassenen Sitz und nicht aus dem mit ‚angezogenem Kreuz' und ‚festerem Heransaugen der Schenkel an das Pferd' (Müseler) heraus, ist der ‚richtige Gebrauch der Gliedmaßen bei den Einwirkungen auf das Pferd möglich'." (Sankt Georg, Jahrg. 1936 Nr. 5)

Fassen wir zusammen: Franz Mensch ist eindeutig auf dem richtigen Weg, wenn er sagt, dem Pferd sei es gleichgültig, ob sein Reiter den Schwerpunkt durch Kreuzanziehen oder dadurch zurückverlegt, daß er sich im Kreuz *entspannt,* d.h. den oberen hinteren Beckenrand locker nach hinten kippen läßt und so endlich losgelassen auf dem hinteren, breiteren Teil der Sitzbein-Schambeinäste, jedenfalls bequem *hinter* den Sitzbeinhöckern sitzt (dank derer sich Anfänger „aufreiten"). Dem Pferd ist es tatsächlich gleichgültig, solange es die Verschiebungen des Reiterschwerpunktes nur eindeutig genug wahrnimmt und mit seinem eigenen Schwerpunkt nachvollziehen kann. – In der Praxis vieler deutscher Reiter – selbst unter meinen Reitgästen – wird das Kreuzanziehen jedoch dadurch geübt, daß die Verbindung zwischen dem „Unterkörper", d.h. dem Becken, und dem Oberkörper versteift und verkrampft und die Schulterpartie nach hinten geworfen wird. Der Reiter versucht sich so beim „Kreuzanziehen" starr gegen die Pferdebewegung zu stemmen und wird logischerweise dadurch nur umso härter durchgeschüttelt und aus dem Sattel geprellt. Von einer für das Pferd „eindeutig und präzis wahrnehmbaren Gewichtsverlagerung" kann nicht nur nicht mehr die Rede sein, sondern der Reiter stört mit seinem „Kreuzanziehen" geradezu jegliche pferdegemäße Versammlung des Pferdes. – „Selbstverständlich", entgegnet man mir hierauf in der Regel, „diese Leute sollen endlich 'mal lernen, ihr Kreuz richtig anzuspannen!" Gut, aber wie spannt man das Kreuz richtig an, d.h. ohne daß die Wirbelsäule des Reiters zum Besenstiel wird?

Ich forschte nach Bildern international anerkannter guter Dressursitze und fand in Müselers „Reitlehre" (W. 31) im Kapitel über die Kreuzeinwirkung (S. 53) ein Bild Felix Bürkners (Abb. 24), auf dem Reiter und Pferd tatsächlich losgelassen scheinen. Daneben steht richtig: „Losgelassenes Kreuz im Arbeitstrab". Es handelt sich bei diesem Bild also um einen Reiter der „ohne Kreuz" reitet. Auf dem Bild darunter (Abb. 25) sitzt Oberst Gerhard auf Fels mit „angespanntem Kreuz beim Übergang zum Mitteltrab"! Hätte ich die Bildunterschrift hierzu entwerfen müssen, so hätte ich getextet: „Ein steifer, verkrampfter Reiter auf einem verkrampften Pferd". – Das dritte Bild, Felix Bürkner mit „stärker angespanntem Kreuz", zeigt sehr deutlich das ebenfalls stärkere Sich-Verkrampfen von Reiter und Pferd beim starken Kreuzanziehen. Also?

1978 erschien im P. Parey Verlag Hamburg und Berlin ein geradezu geniales

Werk zweier Reiter und Mediziner, Vater und Sohn Schusdziarra, unter dem Titel „Das Gymnasium des Reiters", das die reiterlichen Probleme des Sitzes, der Kreuzeinwirkung und der Hilfengebung aus anatomischer Sicht analysiert. – Die Autoren übernahmen hierfür die drei Abbildungen zur Kreuzeinwirkung aus Müselers „Reitlehre", tauschten jedoch zum „angespannten Kreuz beim Übergang zum Mitteltrab" Oberst Gerhard auf Fels gegen Patrick Le Rolland auf Cramique aus. Und von Patrick Le Rolland hörte ich, er habe einmal auf die Frage, inwiefern er mit Kreuz reite, geantwortet: Ich weiß nicht, was soll das bedeuten! – Typisch Franzose!?

Tatsächlich findet man in der gesamten Reitliteratur Frankreichs, Englands, Italiens und Spaniens nur eine einzige Stelle, die sich mit einer Art des Kreuzanziehens beschäftigt. Sie stammt von General L'Hotte, der behauptet, in gewissen Ausnahmesituationen zu Pferde könne es von Bedeutung sein, „savoir soutenir son rein", d.h. „seine Nierenpartie unterstützend einsetzen" zu können. Wie er das macht, erklärt er indessen nicht. Auch die beiden Anatomen, Heinrich und Volker Schusdziarra, können das Kreuzanziehen nicht anders erklären als mit der Feststellung: „Kreuzanspannen ist kein Vorgang des Spannens, sondern einer des *Kippens*, und zwar wird das Kreuzbein (das die Verbindung zwischen Wirbelsäule und Becken bildet) nach hinten gekippt dadurch, daß mit den Muskeln der vorderen Bauchwand der Beckenring, zu dem das Kreuzbein gehört, vorn gehoben wird" (W. 45, S. 33).

Bei Müseler wird erst durch das „Kreuzanspannen" aus dem normalen Sitz ein wirkfähiger Reitsitz oder Gebrauchssitz. Umgekehrt formuliert: nur im normalen Sitz hält Müseler sein Becken aufrecht gerade, d.h. ohne das Kreuz anzuspannen und scheint so den normalen Sitz als eine Art Ruhesitz anzusehen. – In Wirklichkeit ist zu Pferd aber nichts anstrengender für den Reiter als sein Becken dauernd gerade aufrecht halten zu müssen. Echt loslassen kann er sich denn auch nur, so er sich aus der aufrecht geraden Haltung des Beckens „zusammensinken" läßt, d.h. so er den oberen Beckenrand nach hinten abkippt und die S-Windung seiner Wirbelsäule sich der Geraden nähernd streckt, was die Schwerpunktsverlagerung nach hinten bewirkt, die auch Franz Mensch anspricht. Nach Müseler ist aber diese, *unsere* Ruhehaltung, *unser* losgelassener Sitz, bereits ein Reiten mit angespanntem Kreuz. Ich halte es deshalb durchaus für möglich, daß Reiter, denen Jahre lang das Kreuzanziehen als ein anstrengender und bewußt zu vollziehender Vorgang abverlangt wurde, sich schließlich immer stärker verkrampfen, nur um ihren Schwerpunkt etwas für den Lehrer offensichtlicher rückwärts zu verlagern. Der gebräuchliche Flachsattel erleichtert dabei nichts, beschränkt er den Kippvorgang des Beckens doch niemals deutlich und sicher genug. Ja, aus unbewußter Angst, beim Kippen des Beckens das Gleichgewicht nach hinten zu verlieren, verkrampfen sich so viele Reiter wohl nochmals. Anfänger verlieren jedenfalls regelmäßig die Bügel dabei, nur weil sie instinktiv die Knie hochziehen. Wäre es aus allen diesen Gründen nicht einfacher, der nächsten Generation Reitschüler von Anfang an Hohlsättel, statt Flachsättel, zu geben und ihr den lockeren, losgelassenen Sitz mit langen Bügeln beizubringen, d.h. den Sitz La Guérinières, um sie erst später zum Springen, Dressurreiten und Distanzreiten, auch den Sitz betreffend, zu spezialisieren?

In Frankreich wird diese Alternative des Reitenlehrens nun schon seit sieben Jahren mit mexikanischen, Western- und McClellan-Sätteln sehr erfolgreich getestet. Eine neue, ganz andere Art Reitschüler geht mit diesen Sätteln bereits nach zehn „Spielstunden" in der Bahn ins Gelände, spielt Pato, nimmt an Gymkhanas teil und findet so in erstaunlich kurzer Zeit zu einem äußerst sicheren, bequemen, lockeren Gebrauchssitz, aus dem erst daraufhin die einzelnen Spezialitäten der Sportreiterei, den Neigungen der Reitschüler entsprechend, ausgebildet werden.

Für uns Freizeitreiter geht es allein schon unserer kurzen und relativ kleinen Pferde und deren Wohlergehen wegen noch viel eindeutiger ausschließlich um diesen Gebrauchssitz, über den Franz Mensch bereits 1936 schrieb: „Im Gebrauchssitz muß der Reiter sich auch auf längeren Ritten ‚behaglich fühlen'. Andererseits muß er aber auch jeden Augenblick in der Lage sein, aus seinem Sitz heraus alle erforderlichen reiterlichen Hilfen zu geben. Beides zusammen ist aber nur bei einem Sitze mit leicht gekrümmter Wirbelsäule (. . .) möglich. Dieser Sitz entspricht auch deswegen den gestellten Anforderungen, weil ja das Oberkörpergewicht des Reiters bei federndem, losgelassenem Kreuz (d.h. entspanntem Rücken = abgekipptem Becken – SGS) automatisch und ohne jegliche Kraftaufwendung die Beckenpartie in Richtung auf die Schultern des Pferdes vorwärtsdrückt. So einfach ist die ‚Lösung des Kreuzrätsels'." (Sankt Georg, Jahrgang 1936). – So einfach ist sie tatsächlich! Noch einfacher wäre sie gewesen, wenn die Militärs die Soldaten nie nur aus militärästhetischen Gründen („Brust 'raus, Bauch 'rein!") mit vertikalem Becken auf die Pferde gesetzt und stattdessen die Hohlsättel beibehalten und auf La Guérinière gehört hätten, wie z.B. beide Armeen im amerikanischen Sezessionskrieg!

Alles Gebrauchsreiten ist seit jeher *ausgesessenes Reiten* weil Losgelassenheit, Bequemlichkeit und Sicherheit für Reiter und Pferd objektiv von höherer Bedeutung sind, als die Schnelligkeit und die Mode, die alles Steife für vornehm und vorbildlich hält. Daß wir bei Pferde verschleißenden sportlichen Wettkämpfen diesen Gebrauchssitz aufgeben zugunsten eines die Schnelligkeit und das Hochspringen fördernden Sportsitzes, ist ebenso logisch und normal. Dabei wollen und sollen wir uns aber bewußt sein, daß alle Jagdsitze, „leichte Sitze", Renn- und Springsitze und der aktuelle offizielle Dressursitz nichts anderes als Spezialsitze sind und in der Regel mehr uns selber und der sportlichen Aufgabe entsprechen, als dem Pferd, das wir am Wettkampf teilzunehmen zwingen...

Wenn es überhaupt so etwas, wie einen „typischen Freizeitreiter-Sitz" gibt, so kann dieser – erstens – nur ein Sitz sein, der vom Zureiten und Ausbilden des Jungpferdes an, über die typischsten Verwendungszwecke des Freizeitpferdes; über das Wanderreiten und das Gymnastizieren zu seiner Gesunderhaltung bis zur Hohen Schule, *der gleiche bleibt*, – zweitens – ein Gebrauchssitz ist, der auch nach zwölf Stunden im Sattel für uns und für das Pferd noch immer so bequem ist, wie er es in der ersten Viertelstunde war, daher – drittens – von einem typischen Freizeitreiter kodifiziert worden sein muß, um – viertens – Freizeitpferde (nicht englische Voll- oder Halbblüter und Spring- und Wagenpferde) ihrem Körperbau, ihrer natürlichen Bemuskelung und Tragfähigkeit entsprechend, also wahrhaft pferdegemäß, zu reiten. – Allen diesen Punkten wird bisher nur ein Sitz gerecht, nämlich jener, welchen die Berber auf nackten Pferden „erfunden", die A-la-Brida-Reiter dem Reiten mit Sattel angepaßt haben, den La Guérinière analysiert und beschrieben hat und den heute noch einige wenige Berufsreiter Südwesteuropas – Vaqueros, Campinos, Gardians – weiter pflegen: der Gebrauchssitz der Kampfstierhirten!

11. Kapitel

DAS REITEN – EIN PROBLEM FÜR'S PFERD!?

Wer auch immer das Reiten zu definieren versucht, nimmt damit unwillkürlich einen ihm gemäßen Standpunkt ein. So sagt beispielsweise der (vorsichtige) Sportreiter: Reiten heißt die Nutzung der Vorwärtsbewegung des Pferdes unter dem Sattel! – Der Springreiter definiert: Reiten ist die Nutzung der Springfreude (!?) des Pferdes! – Folgt man Horst Sterns höchst bemerkenswerten „Bemerkungen über Pferde" (W. 56), so ist das Reiten die Nutzung der Fluchtinstinkte des Pferdes unter dem Sattel. – Als Freizeitreiter muß ich subtiler und entsprechend komplizierter urteilen: Reiten heißt alles biopositive, „gesundheitsfördernde" Gymnastizieren eines Pferdes unter dem Sattel für den Fall eines nur noch hypothetischen Kampfes des Tieres um sein Überleben, wobei leider nur der Reiter, nicht auch das Pferd weiß, daß dieser Kampf nie stattfinden wird.

Wie angedeutet, hat die Domestizierung des Pferdes zwar die natürlichen Instinkte weitgehend beschnitten, am wenigsten jedoch den Flucht- und Kampfinstinkt und kaum die psychische Notwendigkeit des Pferdes, physisch jederzeit zum Fliehen oder Kämpfen bereit, somit körperlich frei und fit zu sein.

Fehlt dem Pferd die „Trainingsmöglichkeit seiner eigenen Fitness", so beginnt es, entweder an Ort und Stelle gewisse Muskeln an- und abzuspannen – durch Weben, Ticken, Koppen, Schnappen, Scharren, Bolzen etc. – oder „es gibt auf", „schaltet ab", „perd son moral", „wird sauer", „verliert den Lebenswillen", kurz, wird anfällig für allergische Reaktionen – Heuallergie, Dampf, Sommerekzem, chronische Mauke, Parasitenbefall, Fettsucht, Magersucht usw. – geht also frühzeitig ein.

Der Freizeitreiter, der sich auf die Seite des Pferdes geschlagen hat, wird deshalb das Reiten als eine logische Konsequenz seiner pferdegemäßen, artgerechten Pferdehaltung, Pferdewartung betreiben müssen – oder das Ganze am besten lassen! Er wird ernsthaft lernen müssen, seine Pferde pferdegerecht zu gymnastizieren und das nun nicht nur im Viereck, in der Bahn, sondern vor allem im Gelände (vergl.: „Prioritäten des Freizeitreitens" im Register).

Fein, höre ich manchen schmunzelnd sagen, so gehe ich mit meinen Pferden nur noch ins Gelände und fördere ihre Fliehfähigkeit immer wieder dadurch, daß ich sie einfach richtig laufen lasse!

Die armen Pferde!

In der Wildpferdeherde stellen die eigentlichen Fluchtreflexe nur einen sehr geringen Teil der ganzen Skala defensiver und offensiver Fähigkeiten dar, mit denen die Natur das Pferd ursprünglich ausgerüstet hat. Und selbst diesem kleinen Teil, den wir sehr unpräzis „Fluchtinstinkt" nennen, wurde durch die Domestizierung und wird durch die Ausbildung zum Reitpferd fortwährend mehr von der Unmittelbarkeit des Umsetzens in Bewegung und Flucht genommen. Das beste Beispiel hierfür bietet der moderne, sogenannte „Andalusier", dessen Fohlen auf der Weide erschrickt, Passagen tritt oder beinahe auf der Stelle galoppiert, anstatt davonzustieben, wie es jedes auch nur halbwegs naturbelassene Robustpferd noch tun würde.

Das Vertrauen des Pferdes in seine Fluchtfähigkeit scheint demzufolge für seine psychische Gesundheit objektiv wichtiger zu sein, als seine physische Kondition und Fitness, d.h. als seine wirkliche Schnelligkeit und Ausdauer. Das bei den Reitern so beliebte „Flitzen" oder „Laufenlassen" zerstört jedenfalls weit häufiger das Vertrauen des Pferdes in seine Kampfkraft, als es diese fördert, besonders wenn das Tier dabei in Panik gerät oder auch nur außer Atem, wenn danach die Beine schmerzen oder die Puls- und Atemwerte schmerzhaft zu hoch liegen. Das beste Beispiel hierfür liefern viele – oft sogar richtig vorbereitete und trainierte – Spring- und Rennpferde an den „berüchtigten Montagen" nach dem Wettkampf.

Zu den defensiven Fähigkeiten des Pferdes gehört gewiß auch die Fähigkeit, im gestreckten Galopp zu fliehen. Beobachtet man indessen das Verhalten frei lebender Zebraherden auf den Steppen Afrikas, so stellt man fest, daß es zur Flucht in gestrecktem Galopp in Wirklichkeit nur äußerst selten, höchstens kurzzeitig und dann ausschließlich bei Einzeltieren kommt, die sich vom Herdenverband zu weit entfernt haben, individuell direkt bedroht werden und nun in echter Panik in den Schutz der Herde zurückfliehen.

Der gestreckte Galopp scheint so von den Equiden tatsächlich stets mit Panik, d.h. physiologisch betrachtet, mit einem Adrenalin-Stoß direkt in die Blutbahn, verbunden zu sein, wobei die Panik ebenso die Fluchtfähigkeitsreserven mobilisiert, wie die Flucht die Panik überhaupt erst auszulösen scheint. Auf alle Fälle werden wir diesem Phänomen der physiologischen Verwechslung von Ursache und Wirkung seitens des Pferdes bei zu früher und zu anspruchsvoller „Richtung auf die Hanken" (Steinbrecht), d.h. bei zu „künstlicher" Versammlung, zu brutaler Aufrichtung oder beim schlecht oder falsch vorbereiteten Reiten auf kurzer Basis nochmals begegnen – was ein Beweis dafür ist, daß auch das Tragen der Hinterhand zu den defensiven Fähigkeiten des Pferdes gehört und, falsch- oder überbeansprucht, Adrenalin = Panik oder mindestens Erregung frei zu setzen vermag.

Welches sind generell die „defensiven Fähigkeiten", d.h. die Verteidigungsmöglichkeiten des Pferdes?

Die erste ist das Ausweichen im Seitensprung oder das „sich an etwas Vorbeidrücken", die zweite die eigentliche „sichernde" Flucht im Schritt, Trab oder in einem alles andere als überstürzten Galopp im horizontalen Gleichgewicht oder auf der Hinterhand, in dem das Pferd, einseitig gebogen, in einer Art Plié-Stellung (vergl. Reg.) , den Verfolger nicht aus den Augen verliert und wendig Haken und Bögen schlägt, um sich von der Herde nicht trennen zu lassen oder zu ihr zurück zu gelangen. (Wer je beritten versucht hat, ein Jungpferd auf der Steppe von seiner Herde zu isolieren, wird diesen unendlich wendigen „Schulgalopp" perfekt auf der Hinterhand zwar gebührend bewundert, wohl aber auch verflucht haben, denn solange das Jungpferd sich im Galopp nicht auf die Schultern wirft, ist es von einem Reitpferd aus weder zu fangen, noch von der Herde zu lösen.)

Zur zweiten Verteidigungsmöglichkeit, zum Galopp im Gleichgewicht oder auf der Hinterhand, gehört auch die Fähigkeit des Pferdes, aus dieser Ganghaltung heraus gezielt nach hinten auszuschlagen und zu bocken, zu steigen und sich aus dem Galopp hinzuwerfen und zu wälzen, um einen bereits im Nacken kauernden Feind abzuschütteln.

Nahe verwandt mit der zweiten ist die dritte defensive Fähigkeit, die des in die Enge getriebenen Pferdes, das an Ort und Stelle aus einer Art Piaffe heraus die Angreifer vor sich offensiv mit gezielten Vorderhufschlägen, Bissen und courbettenähnlichen Kampfsprüngen in die Flucht zu schlagen oder tödlich zu treffen versucht. Junghengste üben diese dritte Fähigkeit in Rangkämpfen untereinander, bei denen allerdings nur selten Blut fließt.

Erst die vierte Verteidigungsmöglichkeit ist für den Fall, daß alle anderen versagt haben, schließlich die blinde, heillose Flucht in Panik, in linearem Renngalopp auf den Schultern, in dem der Adrenalin-Stoß ins Blut dem Pferd – wie wir erst seit kurzem wissen – eine gewisse Schmerzunempfindlichkeit und damit erhöhtes Leistungsvermögen beschert und wahrscheinlich auch eine gewisse „Einnebelung" der natürlichen Vorsicht und der Todesangst.

Unter Freizeitreitern sollte es unnötig sein, zu erwähnen, daß ein Reiter, der „sich auf die Seite der Pferde geschlagen hat", seine Tiere nie in panischen Galopp hetzt, sie nie „auswindet", nie an „Rennen unter Freunden" teilnimmt, somit nie „laufen läßt", noch „zischt", sondern sie nur mit Maß und Ziel und Methode flott galoppieren läßt ohne jemals auch nur eine Sekunde lang die Herrschaft über ihre „Pace", über ihr Tempo zu verlieren. – Der oft gehörte Einwand, die Pferde wollten nun einmal – „aus Freude"!!! – schneller und länger galoppieren, als einem selber lieb sei, sticht nicht: kein reiterlich unverdorbenes Pferd galoppiert freiwillig schneller, als es der Reiter verlangt. Sollte dies dennoch der Fall sein, so hat es der Reiter entweder unbewußt zum Rennen abgerichtet – durch zu starke Vorlage im Sitz, zu stark „stützende" Hände, durch die gedankenlose Gewohnheit, immer an den selben Geländestellen anzugaloppieren und „laufen zu lassen" – oder das beklagenswerte Tier ist niemals sachkundig zugeritten, sondern in Wirklichkeit verritten worden.

Unter den vier Gruppen defensiver Fähigkeiten des Pferdes finden sich zwei, die erste und die letzte – der Seitensprung und der heillose Renngalopp in Panik – die jedem körperlich normal gebauten Pferd angeboren sind, und die von ihm „auf den Schultern" verwirklicht werden. Die anderen beiden, die listenreiche, wendige Flucht im Schritt, Trab und Galopp im Gleichgewicht, und der sich aus der Piaffe entwickelnde offensive Kampf an Ort und Stelle, müssen von jedem Jungpferd im Spiel und in Raufereien erst gelernt und geübt werden, bevor das Tier im Herdenverband als lebenstauglich und mitverantwortlich anerkannt wird und so sein psychisches Gleichgewicht finden kann.

Hierzu eine Anekdote! – In der Camargue wie in Spanien und Portugal habe ich von Pferdezüchtern mindestens ein halbes Dutzend Mal die gleiche Geschichte gehört: Sie fingen für einen Gardianlehrling oder jungen Vaquero einen vier- oder fünfjährigen Junghengst aus den unteren Rängen ihrer Herdenhierarchie und überließen ihn dem neuen Knecht „zum Zeigen was er kann". – Sechs Monate später fanden sie sich von der Arbeit des Junghengstes so beeindruckt, daß sie ihn dem Lehrling wieder abnahmen, um ihn selber auszubilden. Dann ritten sie den Hengst ein paar Jahre lang bei der Arbeit mit den Kampfstieren oder beim Stierkampf in der Arena. Gelegentlich gaben sie ihn dann einmal in die Herde zurück und stellten baß erstaunt fest, daß sich dieser Hengst aus den untersten Herdenrängen in nur wenigen Stunden zum neuen Leithengst aufschwang und von den anderen Herdengliedern sogleich auch anerkannt wurde. – Gibt es, fragten sie jeweils, sowohl in der Pferdepsyche als auch in der

Pferdephysis eine Neigung, die Stufenleiter der Herdenhierarchie hochzuklettern und, fragten sie weiter, fördert die Ausbildung vor allem der Tragekräfte der Hinterhand ungewollt nicht nur diese Neigungen, sondern auch des Pferdes körperliche und psychische Fähigkeiten, schließlich nur in Stunden Leithengst zu werden?

Heute bin ich davon überzeugt, obwohl ich noch nichts schlüssig beweisen kann. Die Bedeutung des Reitens als einer nicht nur biopositiven, sondern sogar für das Pferd lebensnotwendigen psychischen und physischen Gymnastizierung würde damit jedenfalls eindeutig bewiesen.

Versuchen wir als Freizeitreiter somit ernsthaft, unseren Pferden nicht nur die ursprüngliche Herde und deren Leittier zu ersetzen, sondern sie auch gymnastisch auf den hypothetischen Kampf ums Überleben vorzubereiten, um das Vertrauen in ihre defensiven Fähigkeiten, ihren Lebensmut zu fördern, so haben wir vor allem die Verteidigungsmöglichkeiten zu schulen, die früher durch Rangkämpfe in der Herde und durch Kundschafter der Wolfsrudel auf der Steppe gymnastiziert wurden: vor allem die Bewegungsmöglichkeiten, bei denen das Pferd sein Gewicht vermehrt mit der Hinterhand trägt. Sie vermitteln dem Tier die Wendigkeit und damit das Vertrauen in seine Verteidigungsmöglichkeiten an Ort und Stelle. Sie verhindern, daß dem Pferd bei jedem Erschrecken immer nur das Weglaufen einfällt. Nur sie kommen endlich auch dem Reiter und dem pferdegemäßen Reiten entgegen. Selbst der Natur scheint letztlich der offensiv-defensive Kampf an Ort und Stelle besser in ihr Programm zu passen, als die heillose Flucht, hat sie die Hinterhand des Pferdes doch mit weit mehr und weit mächtigeren Muskelpaketen ausgerüstet, als die Vorhand, welche die Flucht, den Sprung nur stützt, kaum trägt! – Und dennoch stolpern heute achtundneunzig von hundert Reitpferde hoffnungslos auf den Schultern durch Hallen und Gelände und ruinieren sich so ihre Vorhand. Ja, dem Menschen ist es geradezu perfekt gelungen, aus dem einst quadratischen Wildpferd, das zum kultivierten Gerittenwerden geradezu prädestiniert erschien, ein dackelartig langes Renn-, Spring- und Wagenpferd zu züchten, das sich kaum mehr auf die Hinterhand übernehmen kann, ohne darunter zu leiden: es ist hinten überbaut, hat tolle (Wagenpferd-) Gänge und läuft und läuft und springt Häuser. . . als ob nicht Straßen darum herum führten. . .

Wann genau der Mensch begonnen hat, domestizierte Wildpferde bewußt in die Länge zu züchten, um sie schneller zu machen, ist heute nicht mehr festzustellen. Zu vermuten ist nur, daß die ersten Jagd- und Streitwagenfahrer, die Indogermanen, die den südrussischen Steppenraum bewohnten und den Tarpan gezähmt hatten, ungefähr um 2500 v. Chr. (Wiesner, W. 63) begannen, Pferde durch Zuchtauswahl im Gebäude länger zu gestalten. Ihnen ist es dabei jedoch à priori nicht so sehr um mehr Schnelligkeit gegangen, als darum, aus ihren temperamentvollen Tieren das Bocken und Steigen, d.h. die offensiven Verteidigungsmöglichkeiten an Ort und Stelle und besonders vor dem Wagen, wegzuzüchten. Erst danach müssen sie auch festgestellt haben, daß Pferde, je länger sie im Gebäude sind, umso kräftiger, gewandter und ausdauernder ziehen, weil sie ihre Impulsion (vergl. Reg.) nicht mehr in hohen kurzen Tritten verausgaben, sondern in flachen weiten Gängen „haushälterisch" einsetzen. Das In-die-Länge-Züchten schien somit nur Vorteile zu bergen. Tatsächlich wirkten sich diese dann auch erst 1500 Jahre später nachteilig aus, nämlich als es darum ging, aus den Wagenpferden plötzlich Reitpferde zu machen.

Das lange Pferd oder „Rechteckpferd", das „auf die Schultern" gezüchtet wurde, will in allen seinen schnellen Bewegungen vom Reiter aktiv gestützt werden, nur weil es weiß, daß es sich auf seine überlastete Vorhand nicht ebenso sicher verlassen kann wie auf seine tragende und schiebende Hinterhand. Je stärker es der Reiter aber stützt, desto schneller glaubt es laufen zu müssen, weil die Anlehnung im Maul oder auf der Nase in Wirklichkeit teils eine psychologische „ermutigende", teils eine physikalische Wirkung zeitigt, indem sie das Ungleichgewicht nach vorne, nach dem Prinzip Aktion = Reaktion, verstärkt, anstatt ausgleicht. Das Pferd läuft also schneller und schneller nur, um das objektiv drohende Übergewicht nach vorne in immer kürzeren Abständen mit der immer weiter ausgreifenden Vorderhand abzufangen und zu stützen: circulus vitiosus; die Schlange beißt sich in den Schwanz! Nicht auszuschließen ist, daß das Pferd schließlich in Panik gerät, nur weil es nicht mehr weiß, wie es ohne zu stürzen aus dem irren Galopp wieder herausfinden soll. . . was ein weiteres Mal beweisen würde, daß der gestreckte Renngalopp dem Pferd von der Natur nur für Ausnahmesituationen verliehen wurde, in denen es um Leben und Tod geht. . . und daß Stürze dem Pferde als das Schlimmste erscheinen, was ihm widerfahren kann. (Letztere Annahme wird eindeutig auch durch die reiterliche Erfahrung gestützt.)

Der moderne Freizeitreiter ist heute in der Regel der letzte Besitzer kurzer, kleiner, stämmiger Kompaktpferde und wäre damit der Einzige, der noch wahrhaft pferdegemäßes Reiten praktizieren könnte, d.h. jenes Reiten, das die alten Meister und allen voran La Guérinière zum Wohl vor allem von Kompaktpferden entwickelt haben. Und nur dieses Reiten ist und bleibt der einzige vertretbare Vorwand für jegliche Beschäftigung mit Reitpferden. Kein Pferdefreund wird heute mehr leugnen wollen, daß es jedem ungeborenen Pferd letztlich besser geht, als jenen bedauernswerten Kreaturen, die auf unseren Miniweiden, in unseren Boxen, Ställen und Reithallen und auf den Turnierplätzen im Laufe eines, wenn auch nur kurzen Lebens von Fohlenbeinen an vergammeln, bevor sie dann „reiterlich" verschlissen werden.

Pferdegemäßes Reiten vollendet, was die Natur, wegen der Zucht und Haltung des Pferdes als Haustier, nicht selber erreichen konnte. Wir haben so des Pferdes offensive Wendigkeit und sein offensives Piaffieren stellvertretend für den streunenden Steppenwolf zu schulen; wir müssen ihm, die Rangkämpfe in der Herde ersetzend, zum Courbettieren- und Levadierenkönnen verhelfen. Unser Ziel sei dabei aber nicht die Hohe Schule, sondern die Freude unseres Pferdes an seiner eigenen Kondition und Fitness, sein „biopositiver Körperstolz", kurz, die objektive Steigerung seiner Lebenstüchtigkeit. Anders formuliert ist pferdegerechte Haltung, Wartung und pferdegemäßes Reiten nichts anderes als ein Versuch, am Pferd biopositiv gutzumachen, was die Domestikation an ihm verbrochen — wenn nicht sogar zerbrochen — hat.

Wer sich in diesem Sinn mit dem Pferd beschäftigt, wird jedenfalls nie wieder Beinschäden, Haltungsfehler, chronische Mangelerscheinungen oder Äußerungen von Erziehungsfehlern „in Kauf nehmen", wird sich nie mehr damit „abfinden", daß sein Pferd „aus Zeitmangel" im Stall oder auf der Weide nur noch weiter vergammelt. Stattdessen wird er pferdegemäß reiten zu lernen haben. Inwieweit ist aber auch pferdegemäßes Reiten problematisch für das Pferd?

Grisone, seine Schüler und besonders auch der Herzog von Newcastle haben ihre Pferde wie heute noch immer allzu viele Reiter so brutal zwischen den Sporen und den hart gegenhaltenden Händen buchstäblich „eingeklemmt", daß den Pferden nur noch ein Ausweg offen zu bleiben schien: der, sich bokkend oder steigend des Reiters zu entledigen. Zum Bocken wie zum Steigen holte sich das „in die Enge getriebene" Pferd den dazu nötigen Schwung in Bewegungen auf kurzer und kürzester Basis (Stützfläche), d.h. im Galopp an Ort und Stelle, in der Piaffe hinter dem Zügel oder in der überhasteten Passage, worauf der Reiter sogleich mit Sporen und Zügelhand nachgab und das Pferd lobte. Allmählich richtete man es so ab, sich in jeder Bedrängnis durch den Reiter erst einmal lange Schwung holend auf die kurze Basis zu stellen ohne gleich zu explodieren. Das bedeutet: damals wurden mangels besseren Wissens nur die Verteidigungsreflexe des Pferdes „konditioniert", mit „Zuckerbrot und Peitsche" mehr in der Pferdepsyche verankert, als durch richtiges Gymnastizieren im Pferdekörper ausgebildet. Logischerweise verkrampften sich die Pferde mehr und mehr und damit wurde mehr und mehr die Beweglichkeit vor allem ihrer Hinterhand gelähmt. Die mit Zwang „arbeitenden" Reiter ruinierten geradezu die Hinterhandgelenke ihrer Tiere, da eine verkrampfte Feder nie zu federn vermag. Die Federmöglichkeit der verkleinerten Gelenkwinkel schützt aber normalerweise die Hinterhandgelenke und -sehnen vor Überbelastung, ist also dem Pferd schiere Lebensnotwendigkeit!

Andere Pferde, die weniger mit Schenkeln und Sporen, dafür mit umso brutaleren Händen „bearbeitet" wurden, ließen sich auf schwungholendes Piaffieren auf kurzer Basis gar nicht ein, sondern versuchten, dem Zwang im Maul dadurch zu entkommen, daß sie im Hals nachgaben, sich hochaufgerichtet beizäumten, dafür den Rücken (nach unten) wegdrückten und mit den Hinterhufen „hinter sich" traten. Ihre Hinterhandgelenke arbeiteten mit zu offenen, zu weiten Winkeln, was ihren Federkräften ebenfalls jegliche Wirkung nahm und sie in den Sprunggelenken ruinierte.

Antoine de Pluvinel und François Robichon de la Guérinière waren die ersten und nahezu letzten weltweit anerkannten Meister, die gegen diese Arten „reiterlicher Tierquälerei" in ihren Schriften angingen. So wichtig ihnen auch das Gleichgewicht des Pferdes (vergl. Reg. u. „Selbsthaltung") und das Gleichgewicht auf der Hinterhand bei abgekipptem Becken („Abaissement des hanches" vergl. Reg.) erschien, so leidenschaftlich traten sie für einen langen, geduldig-konsequenten Ausbildungsweg bis dahin und für dessen absolute Zwangs- und Gewaltlosigkeit ein. Da sie beide erkannt hatten, daß es für das Jungpferd unter dem Sattel nur ein Problem gibt, nämlich jenes, das ungewohnte zusätzliche Reitergewicht auszubalancieren, bereiteten beide ihre Jungpferde freundlich, aber bestimmt, sich die nötige Zeit nehmend, aber durch und durch konsequent, auf die eigentliche Ausbildung erst einmal sorgfältig vor. Diese Vorbereitung nannten sie: le „débourrage", das Zureiten oder Anreiten (vergl. Reg.).

Pluvinel ritt zu, indem er das Jungpferd erst einmal lange und gründlich *ohne Reiter* an die Longe nahm und so lange an der Longe behielt, bis es ihm im Schritt und Trab eine Haltung oder Stellung anbot, die man später die „Plié"- (Steinbrecht), resp. „Schulterhereinstellung" nannte.

Hier sei kurz vorweggenommen, daß die Schulterhereinstellung das Pferd zwingt, sich – erstens – stärker und vor allem vollkommener, gleichmäßiger zu biegen und dabei – zweitens – den inneren Hinterhuf weiter in Richtung seiner Schwerlinie (der Senkrechten aus dem Schwerpunkt) zu bewegen, sich also – drittens – selber weitergehend zu gymnastizieren, als ihm dies in der Natur je abgefordert wird. In dieser an sich unnatürlich erscheinenden Haltung übernimmt es jedoch ein erstes Mal vermehrt Gewicht auf die Hinterhand und gymnastiziert auf diese Weise die Tragfähigkeit der Hinterhand schon einmal bevor der Zureiter diese mit seinem zusätzlichen Gewicht in Anspruch genommen hat.

La Guérinière, der Erfinder des Schulterherein unter dem Sattel, wußte ebenfalls, daß er die Hinterhand seines Pferdes beim Zureiten nie mit Gewicht überfallen durfte. Auch er nahm die Pferde deshalb zuerst an die Longe, setzte dann einen leichten Jungen darauf, longierte weiter, bis er schließlich selber aufsaß und, begleitet von einem Bereiter auf einem älteren, sichereren Pferd, ins Gelände ritt. Hier stellte er fest, daß sich Jungpferde beim Anreiten in der Natur nach zwei grundsätzlich verschiedenen Schemata verhalten: die einen übernehmen das ungewohnte Reitergewicht auf die Schultern, wie sie es bisher nur mit ihrem eigenen Gewicht taten, und drängen vorwärts. Die anderen übernehmen das Reitergewicht mehr auf die Hinterhand, weigern sich vorwärts zu gehen und scheinen nur ans Umkehren, Bocken oder Steigen zu denken: „sie geben sich nicht her, sind in der Hand aber leicht. (. . .) Man muß sie locker und mit langen Gesten traben und sie forscher reiten, um ihnen die Schultern und die Hanken zu lösen. Was die anderen betrifft, welche von sich aus schwer auf den Händen liegen, die schwer zu halten sind, weil sie ihre Nasen strecken, so muß man ihren Trab kürzer und höher gestalten, um sie auf die spätere Versammlung vorzubereiten. – Aber sowohl die einen als auch die anderen müssen zu regelmäßigem, flottem Trab angehalten werden, ihre Hanken dürfen nicht hinterherhinken und die Lektionen haben vom Anfang bis zum Ende mit derselben Bestimmtheit und Konsequenz erteilt zu werden, ohne daß sie zu lange dauern dürfen" (La Guérinière, W. 19, S. 97 u. 98).

Jungpferde sollen von Anfang an lernen, das Reitergewicht in einem für sie auch über längere Zeit erträglichen Gleichgewicht auszubalancieren, d.h. sich weder damit auf die Schultern zu legen, noch die Reiterlast allein tragen und nicht auch schieben zu wollen, denn hierzu wäre es noch viel zu früh. Die Tragekräfte dürfen nur sehr langsam und vorsichtig gefördert werden. Selbst wesentlich später, wenn La Guérinière bereits mit dem Schulterherein und dessen Schwesterübung, dem Kruppe-zur-Wand (Travers – vergl. Reg.) begonnen hat, kommt er immer wieder zum Trab auf Geraden zurück, um das Pferd in seinem Gleichgewicht zwischen der Vorder- und der Hinterhand, in der sogenannten Gebrauchs- oder Selbsthaltung (vergl. Reg.) zu bestärken: „Obwohl die Schulterherein-Lektion und die des Kruppe-zur-Wand, welche stets zusammen gehören, außergewöhnlich gut und wirksam sind (, . .), darf man deswegen nie auf die Trablektionen auf der Geraden und auf den Zirkeln verzichten; sie gehören zu den Grundprinzipien, auf die man immer wieder zurückzugreifen hat, um das Pferd in seiner schwungvoll forschen Aktion der Schultern und der Hinterhand zu unterhalten und zu bestärken" (W. 19, S. 113).

Erst wenn die Selbst- oder Gebrauchshaltung, das Gleichgewicht des Pferdes unter dem Reiter, in dem alle vier Hufe gleichmäßig belastet werden, und erst wenn auch die Gewichtsübernahme mit der Hinterhand durch Schulterherein- und Kruppe-zur-Wand-Lektionen auf der Geraden und auf den Zirkeln vorbereitet, dem Pferd nichts Unbekanntes mehr bedeutet, erst wenn somit alle Tempoverlangsamungen stets Hand in Hand mit höherer Versammlung gehen und das Anhalten allein mit Schenkeldruck und Gewichtsverlagerung ohne aktives Eingreifen der Hand gelingt, ist für La Guérinière und jeden seriösen Zureiter die Zureitearbeit beendet. Das Pferd ist zu diesem Zeitpunkt seit ziemlich genau einem Jahr unter dem Sattel. Jetzt kann er mit der Ausbildung beginnen, mit dem Präzisieren der Hilfen und ihrer Kombinierung: des Pferdes Tragekräfte sind weit genug geschult, daß nun mit ihrer Hilfe der gesamte Pferdekörper als ein Ganzes gymnastiziert werden kann. Jetzt erst beginnt La Guérinière das Pferd im eigentlichen Sinn zu reiten.

Was umfaßt somit das Zureiten konkret?

La Guérinières deutscher Zeitgenosse, Baron von Eisenberg, der Newcastle-Schüler, definiert es so: „Zureiten heißt der erste Anfang den man mit einem jungen Pferde auf der Reitbahne vornimmt. Dieses geschiehet (. . .), daß man es an der Leine (Longe) ledig (ohne Reiter) laufen läßt, damit es thätig (schwungvoll) wird" (W. 13B, S. 63). Erst später, wenn das Jungpferd beinahe schon fertig zugeritten und auf die eigentliche Ausbildung vorbereitet ist, heißt dann „Mettre un Cheval" auch bei ihm „ein Pferd richten und geschickt machen, daß es vorne leicht wird und sich wohl zusammen nimmt (versammelt), . . " (W. 13B, S. 36).

Der deutsche La Guérinière-Verehrer, Ludwig Hünersdorf, sagt zum Zureiten vorsichtig: „Durch vernünftige und zweckmäßige Lektionen sollen wir (dem jungen Pferd) erst Stellung und Geschicklichkeit geben, daß es unsern Willen befolgen kann" (W. 25, S. 4). Das Jungpferd muß zuerst einmal psychologisch und körperlich in die Lage versetzt werden, unser Reitergewicht nicht nur zu ertragen, sondern aktiv mehr auf die Vorderhand oder mehr auf die Hinterhand zu übernehmen, je nachdem, welche Aufgabe es zu erfüllen hat: „Die Kunst ist also: das Pferd erstlich (körperlich) in den Stand zu versetzen, daß es uns folgen kann, und dann uns ihm (psychologisch) verständlich zu machen, auf was für eine Art es dieses thun soll. Durch unsere beständige Unterhaltung mit ihm, und durch den richtigen Gebrauch und Anwendung unserer Hülfen, nemlich: daß wir sie nie anders, als wie und wann sie nöthig sind, geben, lernt es alle unsere Bewegungen kennen, und lernt sie so genau verstehen, daß unsere vorigen starken Hülfen, wodurch wir es bestimmen mußten, sich bis zu ganz geringen kaum fühlbaren Zeichen verlieren, durch welche sich das Pferd nun selbst bestimmt" (W. 25, S. 307).

So könnte es auch La Guérinière ausgedrückt haben. Und so drückt es später wieder der große portugiesische La Guérinière-Schüler, unser Zeitgenosse Meister Oliveira, aus: „Das Zureiten eines Jungpferdes muß sich vor allem mit dessen Psyche beschäftigen und bedeutet dann, es auf seine Ausbildung vorzubereiten". Dabei gibt es nur ein Tabu: „Treibt nie ein Jungpferd in die Enge, verkrampft es nie; es muß stets psychisch entspannt gehen" (W. 7, S. 55).

Treibt nie ein Pferd in die Enge, obwohl ihr vor allem die Tragekräfte schulen wollt, die im Jungpferd noch brachliegen, aber vordringlich immer dann von ihm gebraucht werden, wenn es sich in die Enge getrieben fühlt. . .

Hier genau scheiden sich heute die Geister, die Ausbildungsmethoden und die Reitweisen und, nicht zuletzt, die Freizeitreiterei von der Sportreiterei. . . Doch davon später mehr!

Im Augenblick geht es um konkretes Zureiten. Wie stellen wir es an?

Am besten gar nicht! Alles Zureiten gehört, so uns unser Pferd wirklich etwas bedeutet, in die Hände eines Berufsreiters oder eines auf Kompaktpferde spezialisierten Bereiters! – In Deutschland kenne ich gerade nur vier solche

Reiter, denen ich ein Jungpferd anvertrauen würde. Denn nur ein auf Kompaktpferde spezialisierter Berufsreiter weiß, daß beim Zureiten von kurzen, bulligen Robustpferden – nicht auch bei Arabern, Vollblutkreuzungen und ausgesprochen langen Ponys wie z.B. dem Isländer – jede Art von Renn-, Spring-, Jagd- und Vorwärtssitz, auch der sogenannte „leichte Sitz" und das sogenannte „Leichttraben", mehr ruiniert, als fördert; so vor allem die Vorderbeine, das Pferdemaul, des Pferdes Vertrauen in des Reiters Schutz vor Schäden selbst, wenn es „von selber" schneller läuft, als er will. . .

Statt chronisch die Vorderhand unserer Tiere zu überlasten, belasten wir lieber die Hinterhand, an der die kräftigeren Muskeln arbeiten, in der die eigentlichen Tragekräfte und die gelenkschonenden Federn sitzen, und beherzigen wir La Guérinières Mahnungen, indem wir lernen, uns im Sattel „niemals nach vorne zu beugen, welches der größte unter allen Fehlern ist" (W. 19, S. 86).

Der Rücken unserer Kompaktpferde, dessen Schonung in der Regel als Vorwand für das Leichttraben und den „leichten Sitz" herhalten muß, hält in Wirklichkeit, was er verspricht, so die Lenden kurz genug sind: er braucht jedenfalls weniger Rücksichtnahme, als der Rücken der Reiter dort, „wo dieser an den Mond erinnert" (G. Brassens).

Betrachten wir dennoch kurz das Leichttraben. – Erfunden wurde es von englischen Jagdreitern zu Beginn des 19. Jahrhunderts, also zu einer Zeit, in der das Englische Vollblut als eine langrechteckige Renn- und Jagdpferderasse bereits fest etabliert war, die Renn- und Springmode in ganz Westeuropa einen ersten Höhepunkt zu erreichen versuchte und die Wassertrense als „Stütze" (= „fünftes Bein") für das auf den Schultern laufende Sportpferd eben wieder eingeführt wurde.

Die Engländer haben seit jeher die Neigung, logischer und konsequenter zu denken und zu handeln, als ihre Nachbarn auf dem Festland. Die Steeple-Chase (Kirchturm-Jagd) mit ihren gewaltigen Sprüngen verlangte tatsächlich nach einer zusätzlichen Stütze für des Pferdes Vorderhand sowohl im Renngalopp als auch beim Auffußen nach jedem Sprung. Die Pferde erhielten die Wassertrense – nachdem sie zuvor nur mit Stangen geritten worden waren – und drängten nun nicht nur mehr im Galopp, sondern bereits im Trab vorwärts, griffen immer weiter aus, warfen sich dabei ihrem langen Wagenpferd-Format entsprechend immer mächtiger auf die Schultern, wurden immer unbequemer auszusitzen, besonders kurz vor dem Angaloppieren und kurz nach dem Galopp, wenn sie den Reiter an den Zügeln beinahe aus dem Sattel auf den Widerrist oder Hals zerrten. . . Und damit war das Leichttraben, auch „englischer Trab" genannt, bereits so gut wie entdeckt. Leichttrabenderweise konnte man danach das Trabtempo auch auf Ausritten erhöhen, sogar das gangfauler und wenig „gängiger" Pferde: das Leichttraben erhielt eine erzieherische „therapeutische Indikation", einen „titre de noblesse", der von der therapeutischen Notwendigkeit vor allem für des Reiters Gesäß ablenkte. Vom Standpunkt des Pferdes betrachtet, scheint das Leichttraben ausschließlich auf Tieren eine Bedeutung zu besitzen, die so sehr in die Länge gezüchtet und hinten überbaut wurden, daß die Tragfähigkeit ihrer Hinterhand und des Rückens tatsächlich gelitten hat. Aber sind solche Pferde überhaupt noch Reitpferde? Wäre es nicht humaner, sie ihren Mitteltrab unbelastet vor einem leichten Jagdwagen vorzeigen zu lassen?

Einen der wichtigsten Punkte beim Zureiten stellt, wie erwähnt, die absolute Unmißverständlichkeit, die absolute Eindeutigkeit der Hilfengebung bei absoluter Freundlichkeit und Geduld dar. Die wichtigste Hilfe ist hierbei der Sitz, dessen Schwerpunktlage dem Pferd ein in Sicherheit wiegendes Haltungs-Leitbild vermitteln muß. Eine Todsünde wider alles pferdegerechte Zureiten begeht somit, wer auf einem gesunden, normal entwickelten, kurzen Kompaktpferd leichttrabenderweise seinen Schwerpunkt pausenlos so auf und ab, hin und zurück schleudert, daß sich das Jungpferd nie auf dessen Lage einstellen kann. Meiner Erfahrung nach bringt das Leichttraben jedes Jungpferd allzu leicht aus dem Konzept, gestaltet seinen Trab unregelmäßig, stellt es schief, wirft es auf die Schultern und erschwert oder verhindert präzisen Umgang mit den Schenkel- und Gewichtshilfen.

In der Pferdepsyche müssen der Sitz und die Schenkel des Reiters, die Gewichtsverlagerungen und die treibenden und verwahrenden Schenkelhilfen zu einem ruhigen – nie überraschenden – logisch-präzisen – d.h. voraussehbaren – Bewegungsrahmen zusammenschmelzen. Der Sitz – nicht der Kopf – des Reiters ist die gesetzgebende, haltunggebende, fordernde und verwahrende Instanz; die Schenkel sind – vom Oberschenkel bis zum Absatz – die Exekutive, die ausführende, umsetzende Macht. Sitz und Schenkel dominieren in Einklang die Hinterhand und damit das ganze Pferd. Die Hand begrenzt nur locker-leicht den Spielraum, in dem sich das Pferd absolut frei, nie festgehalten, dem dominierenden Sitz anvertrauen soll. Der gute Sitz ist die wichtigste und mächtigste Reiterhilfe überhaupt und muß gerade deswegen Jungpferde beruhigen können. Nur, dem Jungpferd muß die Bedeutung des Sitzes mittels der Schenkelhilfen zuerst einmal begreiflich gemacht werden.

Xenophon gab dem Pferd ein „Zeichen" wenn es antreten sollte, d.h. er schnalzte mit der Zunge oder sagte ein Wort oder „stupste" es später mit dem Sporn „an", „leicht, aber plötzlich" (W. 65, S. 60) wie jeder Reitanfänger. Damit aber erschreckte er es nur. Und weil die meisten erschreckten Säugetiere die Neigung haben, sich kurz in Fötusstellung zu begeben, d.h. den Rükken rund zu machen und den Kopf, Hals und die Glieder „einzuziehen", glaubte Xenophon, sein Pferd durch das erschreckende Zeichen versammelt zu haben.

Der Fötushaltung des Pferdes während der „Schrecksekunde" kommt der

Umstand entgegen, daß der erschreckende Reiterschenkel die Flankenmuskeln des Pferdes getroffen hat, die sich vom Brustbein über die Flanken bis ins Bekken ziehen und sich angestupst, beboxt oder getreten, reflexartig verkürzen und so das Pferd ,,versammeln'' – wenn auch nur für eine umso explosivere Reaktion. . . Zu vermuten ist, daß Xenophon dank allzu vieler schlechter Erfahrungen mit dem „erschreckenden Schenkel'' schließlich nur noch mit der Zunge schnalzend Zeichen gab, statt progressiv, d.h. nach und nach, den Schenkeldruck zu verstärken und das Pferd so auf die Sitzhilfe hinzuweisen, ohne es zu erschrecken.

Grisone hat im 16. Jahrhundert die „erschreckende Hilfe" überwunden und assoziiert bereits dem inneren „treibenden", den äußeren „verwahrenden" Schenkel, den er den ,,rundirenden" nennt. Der Herzog von Newcastle unterscheidet erstmals zwischen dem Schenkeldruck als einem Wadendruck und der Fersen- oder Sporenhilfe. ,,. . . wann ihr die Schenckel strecket und die Ferse abwärts haltet, so nähert sich das Dicke des Schenckels oder der Waden zum Pferd, die Ferse (mit dem Sporn) aber hingegen entfernet sich davon; wann ihr aber die Spitze des Fußes ernidriget und also die Waden bieget, so entfernt sich das Dicke des Schenckels von dem Pferd und die Ferse hingegen nähert sich demselben (. . .)'' (W. 11, S. 133).

So unmißverständlich brutal der Herzog teilweise auch mit seinen Schenkeln umgegangen zu sein scheint, den ersten Weg zur taktvollen, wohldosierten Schenkelhilfe hat nichts desto weniger er gewiesen. Den vollkommenen ,,feinen Schenkel" hat indessen nicht er, sondern wie die perfekt „feine Hand" und den perfekten Sitz, François Robichon de la Guérinière analysiert, gelehrt und beschrieben: „In den Schenkeln des Reiters finden sich fünf Hilfen, das heißt fünf Wirkungsmöglichkeiten: die der Oberschenkel, die der Knie, die der Waden, die des Streifens der Pferdeflanke mit dem Sporn und die, welche man anwendet wenn man den Bügel austritt. – Die Oberschenkel- und Kniehilfe wird dadurch gegeben, daß man beide Oberschenkel oder beide Knie (kurz) schließt, um ein Pferd vorwärts zu treiben; oder dadurch, daß man nur den äußeren Oberschenkel oder nur das äußere Knie schließt, um das Pferd dem inneren Absatz zuzuschieben; oder dadurch, daß man mit dem inneren Oberschenkel oder Knie das Pferd verhält wenn es zu weit nach innen drängt. Bemerkt sei hier, daß kitzlige Pferde und solche, die sich nicht hergeben, leichter mit kräftigen Kniedrücken vorwärts zu bekommen sind, als mit den Sporen, welchen solche Pferde nie unvermittelt Folge leisten. Die Wadenhilfe, die dadurch eingesetzt wird, daß man die Waden vorsichtig an den Pferdeleib anlegt, dient dazu, das Pferd, das auf den Kniedruck nicht reagiert hat, vor dem Sporn zu warnen, der nicht weit entfernt ist. Diese Hilfe ist eine der nützlichsten, deren sich ein Reiter bedienen kann, um ein ausgebildetes Pferd zu versammeln (, . .). Die Hilfe des Streifens mit dem Sporn wirkt dadurch, daß der Reiter das Haar der Pferdeflanke gerade eben mit dem Sporn berührt, ohne ihn anzudrücken oder die Haut zu verletzen; sie stellt eine noch deutlichere Warnung dar, als die der Oberschenkel, der Knie und der Waden. (. . .) Die Hilfe des Bügeltritts ist endlich die feinste unter allen Hilfen: sie dient dazu, die Schenkel als Gegengewichte einzusetzen um damit die Hinterhand gerade zu richten und das Pferd zwischen den Schenkeln geradegerichtet zu halten (pour tenir le Cheval droit dans la balance des talons)" (W. 19, S. 92).

Ausführlicher und genauer kann man die Schenkelhilfen nicht beschreiben. Hinzuzufügen ist wohl nur noch, daß der richtige gute Sitz den Schenkeln automatisch die richtige Haltung und Lage zuweist und, daß selbstverständlich auch oder vor allem die Schenkelhilfen *von hinten nach vorne* wirken müssen.— Tatsächlich ist der Überraschungseffekt jeder Schenkelhilfe nur dadurch zu mildern, daß sich der oder die Schenkel stets nur von oben nach unten und von hinten nach vorne allmählich schließen: angefangen beim Oberschenkel- und Kniedruck über den Wadendruck bis zum Absatz. Bereits der Wadendruck muß umso deutlicher von hinten nach vorne eingesetzt werden, als dies mit dem Oberschenkel- oder Kniedruck nur schwer zu bewerkstelligen ist.

Um die Waden von hinten nach vorne einzusetzen und das Pferd — wie einen Olivenkern, den man zwischen dem Daumen und dem Zeigefinger durch Druck wegschießt — damit vorwärts zu treiben, muß ich meinen tiefen Absatz und die Waden dem Pferdeleib zu drehen, wie es La Guérinière besonders deutlich mit dem Sporn tat und wie es die Fußballer mit dem Ball tun, den sie wegschießen wollen. — Ketzerei!, wird man protestieren. Dabei drehen sich die Fußspitzen ja nach außen!

Genau! Und? — Weswegen soll sich ein Freizeitreiter nicht eine Kniedrehung angewöhnen, auf die auch schenkelstumpfe Pferde ansprechen; etwa nur weil diese früher von Kavallerieoffizieren nicht gerne gesehen wurde? — Vornehm war sie — extrem deutlich geübt — auch zu La Guérinières Zeiten nicht, schrieb Baron von Eisenberg darüber doch: „Porter les jambes à la Genette, wird gesagt, wenn der Reiter die Knie am Sattel aufwärts führet, daß die Sporen einwärts an des Pferdes Leibe stehen, welches von den französischen Bereitern für eine Unvollkommenheit, bey den Spaniern aber für eine Zierde gehalten wird" (W. 13B, S. 22).

Was sagen heutige Anatomen dazu? — In ihrem für uns, die wir locker und natürlich reiten wollen, so überaus wichtigen Werk „Das Gymnasium des Reiters" schreiben die Mediziner Heinrich und Volker Schusdziarra: „Wenn wir den Unterschenkel am Pferdeleib zum Einsatz bringen wollen (, . .), in der Ausgangsstellung, in welcher der Fuß parallel zum Pferdeleib steht, dann bewegt sich der Unterschenkel ebenfalls parallel zum Pferdeleib nach rückwärts-aufwärts und kommt am Pferd nicht zur Wirkung. (. . .) Eine optimale Tätigkeit der Unterschenkel (kann) nur erzielt werden (. . .), wenn (letztere) vorher im

Kniegelenk nach auswärts gedreht werden, bis der Fuß in einem Winkel von etwa 30 Grad steht. (. . .) Aus dieser Stellung können die Reitmuskeln den Unterschenkel am leichtesten und auf dem kürzesten Weg am Pferd einsetzen" (W. 45, S. 36).

Und wenn wir dann mit der Wade am Pferdeleib sind, so drehen wir zudem noch kurz den tiefen Absatz einwärts und gewinnen so unserer Schenkelhilfe ungeahnte Wirksamkeit und ebenso ungeahnte Präzision hinzu. – Allein, üben wir dies *nie mit kurzen Bügeln!* Abgesehen davon, daß die Wadenhilfe bei zu kurzen Bügeln nie fein zu wirken vermag, sieht sie in der Tat auch noch unmöglich aus. Jedenfalls sind das die Gründe, weshalb La Guérinière den „Genetten-", resp. „Gineta-Sitz" verurteilte und sind auch die für den Lacherfolg, den moderne spanische Gineta-Reiter mit kurzen Bügeln heute außerhalb Spaniens regelmäßig ernten.

Kommen wir zum Abschluß dieses Kapitels zur eingangs gestellten Frage zurück: inwiefern ist das Reiten für Pferde ein Problem, da es – pferdegemäß ausgeübt – seine natürlichen Tragekräfte doch gymnastiziert und fördert. . .? – Tatsächlich; . . . pferdegemäß geübt!

Im Pferdealltag indessen besitzt kaum ein Freizeitreiter das Fachwissen und die Erfahrung, die man braucht, um ein Pferd an der Longe pferdegemäß auf das Zugerittenwerden vorzubereiten, kaum einer besitzt die Erfahrung und die Präzision der Hilfen, die man benötigt, um ein Pferd pferdegemäß zuzureiten, kaum einer die Genauigkeit der Schenkel, die ihm erlauben würde, die Hinterbeine seines Tieres pferdegemäß unter die Masse zu holen, kaum einer den Sitz, der die Pferdehanken beugt und für sich allein schon einmal das Tor zum einzigen denkbaren pferdegemäßen Reiten öffnet. Denn nur das Untertreten bei wirklich abgekipptem Becken erschließt dem Pferd sowohl seine Tragekräfte als auch die sehnen- und gelenkschützenden Federkräfte, welche das Reiten für das Pferd nicht nur unproblematisch, sondern zu einer locker-losgelassenen psychisch und physisch biopositiven Gymnastik machen.

Ist nämlich alles sogenannte Reiten, bei dem das Pferd sein und seines Reiters Gewicht vor allem mit der Vorderhand stützt, ein Teufelskreis, der die Vorderbeine des Tieres nur immer weiter verschleißt, so kommt man auch mit allem pferdegerechten Reiten im Gleichgewicht oder auf der Hinterhand in einen Circulus vitiosus, in dem sich jedoch das Pferd locker selber so gymnastiziert, daß es zum Gerittenwerden immer tauglicher und selber dabei immer lebenstüchtiger und lebensfroher wird.

12. Kapitel

DAS FREIZEITREITEN

Alles Freizeitreiten, das diesen Namen verdient ist, es sei denn zum Wohle des Pferdes, *desinteressiertes Reiten.* – Dem Freizeitreiter geht es weder darum, Blumentöpfe zu gewinnen, noch darum, in irgendeiner vereinsinternen Erfolgsbilanz zu erscheinen. Er ist weder Berufsreiter, noch Jäger zu Pferd, noch Sportreiter; er reitet höchstens um des Reitens willen, dann allerdings „pferdegemäß". Dem Freizeitreiter geht es mehr um sein Pferd und dessen Wohlergehen als um den eigenen Spaß am Reiten, er interessiert sich ebenso sehr für Pferdehaltung und Pferdewartung wie für das Reiten. Deshalb hat er unzählige Bücher über Pferde gelesen, das Longieren und das Reiten bei seriösen Ausbildern gelernt. Sein Hobby beginnt ihm längst über den Kopf zu wachsen. Er gibt dennoch nicht auf; im Gegenteil, er will an den Pferden gutmachen, was die Domestizierung an ihnen verbrochen hat. Nur deswegen reitet er verhältnismäßig „naturbelassene" Kompakt- resp. Robustpferde. – Den Lohn für seine Bemühungen findet er auf einsamen Ausritten oder Wanderritten im vollkommenen Sichverstehen mit seinem Pferd, auf denen er die Welt nur noch durch die Pferdeaugen, über die Pferdeohren und über die Witterung des Pferdes wahrzunehmen scheint. Sein Pferd trägt sich derweil in lockerer Selbsthaltung, d.h. in einem Gleichgewicht, in dem es für feinste Hilfen – oft sogar unbeabsichtigte – empfänglich ist. . . Die Landschaft hinter ihnen ist vergessen, die Landschaft vor ihnen liegt verschleiert. Nur das Jetzt und eine Pferdelänge des Weges unmittelbar vor ihnen zählt. . . Das ist Freizeitreiten, pferdegemäßes Reiten. Dazu gehört Bescheidenheit und das Wissen, daß wir unseren Pferden gegenüber nichts wissen, nichts können, außer dem einen: ununterbrochen neu versuchen, sie und ihre Bedürfnisse besser zu verstehen. Unseren Pferden gegenüber sind und bleiben wir alle Anfänger und müssen deswegen lernen, lernen, lernen. Wer eines Tages ausgelernt haben möchte, wende sich etwas Anderem zu: dem Kegeln vielleicht oder dem Alphornblasen, nur nicht den Pferden.

Also lernen wir, unsere Pferde jeden Tag besser zu halten, besser zu warten, besser zu beschäftigen, besser zu erziehen: also lernen wir, unsere Pferde richtig zu longieren! Aber das bedeutet Arbeit; fünfzig bis achtzig Longenlektionen von maximal dreißig Minuten Dauer mit vielen und langen Spaziergängen an der Hand dazwischen; drei Monate täglicher, regelmäßiger Zuwendung. . . Daraufhin muß man dann das Pferd einem guten Zureiter anvertrauen. . .

Kommt das Tier – nach einem bis sechs Monaten – vom Zugerittenwerden zurück, so wird es beim Aufsitzen ruhig stehen, mit einhändiger Zügelführung zu reiten sein, auf das Abkippen des Reiterbeckens hin antreten, im Schritt und

Trab flott vorwärts gehen. Auf bloßen Schenkeldruck hin und dadurch, daß man sein Gesäß etwas weiter nach vorne schiebt, wird es sich in der Kruppe senken und in der Vorhand aufrichten und dabei seine Schrittlänge verkürzen. Beim zweiten oder dritten Versammeln auf diese Weise, wird es stehen bleiben, ohne daß die Zügelhand jemals aktiv geworden ist. Nun loben wir es sogleich.

Wir reiten von neuem an, folgen dem Weg vor uns indem wir Schlangenlinien über seine ganze Breite legen: allein durch seitliche Gewichtsverlagerungen mit aktivem innerem Schenkel, leicht verwahrendem äußerem, erst im Schritt, später im Trab, ohne an den Zügeln je zu rühren. . . Versuchen wir in dieser Phase, hinter all das zu kommen, was das Pferd beim Zugerittenwerden gelernt hat. Versuchen wir daraufhin das, was es bereits kann, zu vervollkommnen. Versuchen wir täglich genauer, präziser und wendiger zu reiten, ohne das Tier jemals auch nur andeutungsweise zu verkrampfen. Versuchen wir endlich des Pferdes Geschicklichkeit so oft wie möglich praktisch einzusetzen (Koppeltore öffnen und schließen, Slalom zwischen Bäumen und Büschen, absolut geradegerichtetes Reiten auf schmalen Mittelstreifen von Feldwegen, Klettern an Steilhängen, Abrutschen, Anhalten mitten in steilen Abhängen usw.): es geht um Gewandtheit, um die des Pferdes wie um unsere.

Was die Natur infolge der Domestizierung des Pferdes und seiner Aufzucht und Haltung auf unseren Miniweiden nicht vervollkommnen konnte, hat der verantwortungsbewußte Freizeitreiter notwendigerweise selber – wenn auch ausschließlich im Sinne der Natur – zu perfektionieren. Dabei geht es vordringlich nur um die Gewandtheit des Pferdes und um sein Vertrauen in diese, seine Gewandtheit und Geschicklichkeit; reiterlich formuliert: um seine Biegsamkeit, sein Gleichgewicht, seine Hankenbeugung und seine Wendigkeit. Haben des Reiters Schenkel und Sitz zusammen die Biegsamkeit und die Selbsthaltung im Pferd erst einmal sicher verankert, so ist dann die Hankenbeugung, die Durchlässigkeit und Wendigkeit nur noch eine Sache des Sitzes (vergl. Reg.) nach dem Motto: gib dem Pferd die Haltung und die Impulsion, die es braucht, um seine Aufgabe zu lösen und lasse es gewähren (N. Oliveira). . . Aber, wie schon Ludwig Hünersdorf richtig bemerkte: „Ohne eine genaue Kenntnis der Schenkel, welche das Pferd haben muß, ist keine ordentliche Führung möglich, und der Zaum thut die gehörige Wirkung nicht. Durch sie wird das Hintertheil mit dem Vordertheil vereinigt gehalten (, . .), und stellt es immer so, daß es seinen Antheil von Gewicht auf sich behalten muß, und das Vordertheil unterstützen kann. Hierdurch wird Gleichgewicht, Beweglichkeit und Biegsamkeit, folglich Leichtigkeit im Maul, unterhalten" (W. 25, S. 310). „Die Schenkel wirken (jedoch) als Schenkel*hilfen* erst, wenn man dafür sorgt, daß sie das Pferd *von hinten nach vorne* aktivieren *und nicht umgekehrt.* Dies ist von höchster Bedeutung! Wenn die Schenkel von hinten nach vorne wirken, so schiebt das Gesäß mit; wenn man umgekehrt verfährt, so hat das Gesäß die Neigung zurückzurutschen und sich an der Vorwärtsbewegung des Pferdes zu vergehen" (Nuño Oliveira, W. 7, S. 68). Und gleich nochmals Meister Oliveira: „Wenn ich von den Schenkeln behaupte, sie ‚trieben die Pferdemasse vor sich her', so möchte ich damit nicht sagen, die Ausbildung des Pferdes hätte den Reiter zu ermüden! Der Reiter hat dem Pferd mit seinen Schenkeln gerade nur so zu helfen, daß es schwungvoll vorwärts tritt; ohne Mühe für sich selber, noch für das Pferd" (W. 34, S. 22).

Die Schenkel vermitteln dem Pferd nur die *Impulsion*, d.h. jenen Energieüberschuß, der sich daraufhin mit im „Schwung" (vergl. Reg.) äußert, und die Biegung; der Sitz präzisiert ihm die gewünschte Haltung und verwaltet die Impulsion. Die Zügelhilfen unterstützen den Sitz und die Schenkel und deren Wirkungen ausschließlich passiv. Denn jede mehr als nur verwahrende und jede nicht rechtzeitig nachgebende Hand wird absichtlich oder ungewollt zu einer aktiven Hand, die dem Pferd nicht nur in keiner Weise mehr „hilft", sondern es im Gegenteil bestraft, ob man nun mit langen oder kurzen, schlotternden oder strammen, ruhigen oder unruhigen Zügeln reitet.

Dieses unser Reiten noch einmal zusammengefaßt, können wir nun an die Ausbildung unseres vom Zureiten zurückgekommenen Jungpferdes denken – allerdings nicht ohne uns ins Gedächtnis zurückgerufen zu haben, daß wir z.B. das Schulterherein, Travers und Renvers (vergl. Reg.) und die Pirouetten etc. nie mit unserem Jungpferd zusammen lernen dürfen, sondern sie bereits möglichst vollkommen beherrschen müssen, bevor wir sie ihm beizubringen versuchen. Lernen wir sie zum Wohle unseres Pferdes und zu unserem eigenen auf einem fertig ausgebildeten fremden Tier; denn jedes Mißverständnis zwischen unserem Jungpferd und uns würde es an seinem noch jungen Vertrauen in sich, in uns und in unser Reiten nur irre werden lassen.

Bei der Festlegung des genauen Ausbildungsprogrammes für unser Jungpferd folgen wir peinlich genau: 1. den psychischen und körperlichen Möglichkeiten und Fähigkeiten unseres Tieres (Gebäude, Kondition, Ausbildungsstand, Charakter, Temperament usf.), 2. den Aufgaben, die wir für unser Tier und uns vorsehen (Wanderritte, Distanzritte, Geschicklichkeitsprüfungen, Spiele, Showreiten usw.), 3. dem Ausbildungsprogramm La Guérinières (reiten wir nicht den gleichen Pferdetyp wie er?), diesem allerdings so buchstabengetreu wie möglich:

„Nachdem wir aufgezeigt haben (. . .), daß der Trab das beste Mittel ist, um Jungpferden einen ersten Grad an Losgelassenheit zu vermitteln, den sie in der Folge benötigen, um sich unseren Wünschen herzugeben; gehen wir nun zu einer anderen, nicht weniger nützlichen, Lektion über, nämlich zu jener, die sie darauf vorbereitet, sich auf die Hinterhand zu übernehmen und sich so für die Reiterhand angenehm und leicht zu machen. (. . .) Um ein Pferd auf die Hanken (vergl. Reg.) zu bringen und ihm den Fehler zu nehmen, sich mit den

Schultern tragen zu wollen, haben die Pferdeleute mit den Lektionen des Anhaltens (vergl. „Arrêts" i. Reg.) und den halben Arrêts wahre Heilmittel entdeckt.

Um richtig anzuhalten, muß das Pferd zuvor angetrieben worden sein und im Augenblick, in dem man spürt, daß es schneller werden will, muß man dann, fein mit den Waden einwirkend, die Schultern etwas rückwärts-abwärts (das Becken tiefer einschiebend – SGS) sinken lassen indem man die Hand um die Zügel verwahrend schließt, bis das Pferd angehalten hat" (W. 19, S. 100).

Auf das allmählich immer präzisere Anhalten hin, übt La Guérinière die sogenannte „halbe Parade", „le demi-arrêt", oder „das Verlangsamen durch Versammeln": „Die halbe Parade ist die Maßnahme, die man trifft, wenn man die Zügelhand (die Linke), die Fingernägel nach oben gedreht, bei sich zurückhält, ohne das Pferd damit anzuhalten, . . " (W. 19, S. 102). Wiederum wirkt hier die Hand ausschließlich verwahrend, während der Sitz und die Schenkel das Pferd wie schon bei der ganzen Parade, bereits zuvor in die Hand getrieben haben, es hier aber nicht (z.B. durch Nachgeben) aus der Bewegung fallen ließen.

Bei der ganzen Parade wie bei der halben, haben die Wadendrücke jeweils die Hinterhufe des Pferdes weiter der Schwerpunktlinie zu unter die Masse geholt, während der Sitz versuchte, das Pferdebecken zum Abkippen, somit zum Verkleinern der Gelenkwinkel der Hinterhand und dadurch zu *müheloserem*, federndem Untertreten zu bewegen. – Beiden Bemühungen setzen Jungpferde in der Regel dadurch Grenzen, daß sie noch zu sehr auf der Vorhand liegen, d.h. es kommt hierbei oft zum sogenannten „Schmieden", zum charakteristischen Klappen der hinteren Eisen gegen die vorderen. La Guérinière suchte und fand, um u.a. diese Grenze zu überwinden, eine gebogene Schrägstellung des Pferdes, die diesem erlaubte, nahezu beliebig weit unter die Masse zu treten, ohne daß die Hinterhufe mit den vorderen in Konflikt zu geraten brauchten: das Schulterherein.

„Wenn somit ein Pferd auf beiden Händen locker und frei zu traben versteht und das sowohl auf der Geraden als auf dem Zirkel; beide Figuren ebenfalls in ruhigem und gleichmäßigem Schritt ausführt und daran gewöhnt ist, sich halben und ganzen Paraden herzugeben und auch der leichten Einstellung nach innen; so muß es im langsamen aber nicht zu stark abgekürzten Schritt auf die Weise der Wand (Mauer, Zaun, Bande – SGS) entlang geritten werden, daß die Hinterhand den einen Hufschlag beschreitet und die Vorhand einen anderen. Der Hufschlag der Hinterhand ist der an der Wand und jener der Vorhand ist eineinhalb bis zwei Fuß (= 45 – 60 cm) von ihr entfernt, das Pferd somit nach innen und auf die Hand gebogen, auf der es geht (, . .). Es muß also der Wand entlang vorwärts gehen, indem wir ihm mit dem inneren Zügel und Schenkel helfen: was es in dieser Haltung nicht tun kann, ohne dabei den inneren Vorderfuß vor und über den äußeren und auf die gleiche Weise den inneren Hinterhuf vor den äußeren zu setzen(; . .). Diese Lektion zeitigt soviele gute Ergebnisse auf einmal, daß ich sie als die erste und letzte (als die allerbeste) unter allen betrachte, die man einem Pferd angedeihen lassen kann, um ihm höchste Biegsamkeit und vollkommene Freiheit und Losgelassenheit in allen seinen Körperteilen zu verleihen" (W. 19, S. 107).

Kaum hat das Pferd das Schulterherein im Schritt und auch das Durch-die-Ecke-Treten in dem Schulterherein gelernt und führt beides einigermaßen sauber aus – auch draußen im Gelände – geht La Guérinière zur nächsten Lektion über, zum „Kruppe-an-der-Wand" und vervollkommnet erst daraufhin beide Übungen abwechslungsweise: „Wenn sich ein Pferd der Schulterherein-Lektion auf beiden Händen hergibt und somit seine inneren Hufe jeweils losgelassen frei vor und über die äußeren setzt, muß man es, wenn man es beispielsweise auf der rechten Hand arbeitet und es durch die Ecke einer langen Seite geführt hat, anhalten (, . . ,) und anstatt daraufhin weiter geradeaus zu reiten, schiebt man es mit dem linken Schenkel in die verwahrende Hand und dem rechten Absatz zu, um es zu bewegen, einige Schritte (von links nach rechts) seitwärts zu machen; tut es das, so hält man es nach zwei oder drei Schritten an und lobt es (, . .).

Da die Ungewohntheit dieser Lektion das Pferd während der ersten Tage verwirren kann (obwohl das Durch-die-Ecke-Treten und das Zirkel-Verkleinern in dem Schulterherein es bereits daraufhin vorbereitet haben), muß man es am Anfang mit geteilten Zügeln und sehr vorsichtig führen, um zwar die Schultern verwahrend etwas zurückzuhalten, jedoch ohne es zu biegen und ihm stattdessen nur die Haltung zum Seitwärtstreten geben, ohne gleich die Vollkommenheit der Ausführung anzustreben. Sobald es dem äußeren Schenkel zwei oder drei Tritte seitwärts nachgegeben hat, ohne sich dabei zurückgehalten zu haben, halte man es an, lobe es, um erneut im Seitengang anzureiten und es immer wieder anzuhalten und zu loben, bis es in dieser Haltung am Ende der langen Seite angekommen ist (. . .). Weigert sich das Pferd auf einer Hand, dem äußeren Schenkel zu weichen, so ist dies der Beweis dafür, daß es auf der anderen Hand noch nicht biegsam genug gemacht ist: dann muß man es weiter im Schulterherein arbeiten (, . .).

Obwohl die Schulterherein-Lektion und die der Kruppe-zur-Wand, die untrennbar zusammengehören, außergewöhnlich wirksam sind, um einem Pferd Losgelassenheit, eine schöne Biegung und die richtige Haltung zu verleihen, in der es sich mit Freude und Leichtigkeit tragen soll, darf man deswegen die Trablektionen auf der Geraden und auf den Zirkeln nie aufgeben (; . .). Hierdurch vergnügt man ein Pferd und läßt es sich von der Unterordnung erholen, in der man es während der Schulterherein-Lektion und der der Kruppe-zur-Wand zu halten gezwungen war. Das ist die Regel, die zu beobachten ist, um die ganze Wirksamkeit dieser Lektionen ausnützen zu können" (W. 19, S. 110–114).

Auf die Schulterherein- und Kruppe-zur-Wand-Lektionen hin bringt Meister La Guérinière seine Pferde zwischen die Pilaren (vergl. Reg.) und zum Piaffieren ohne Reiter, d.h. zum Schwebetrab an Ort und Stelle. Bis dahin wollen wir ihm als Freizeitreiter jedoch nicht folgen. Heißt das nun, daß wir deswegen auch auf alles Piaffieren und Passagieren zu verzichten haben?

In der Praxis erübrigt sich die Beantwortung dieser Frage. Denn wer ein Kompaktpferd von normalem Bau und normalem Charakter von Fohlenbeinen an richtig aufgezogen und erzogen hat, es richtig zureiten ließ und es nach La Guérinières Anweisungen richtig ausgebildet und gymnastiziert hat, wird eines schönen Tages feststellen, daß sein Pferd zwischen den Schulterhereinübungen im Trab und den Kruppe-zur-Wand- oder Travers- und Renvers-Lektionen immer häufiger von selbst einige Tritte Passage einschiebt. Diese ,,Doux-Passage" wird daraufhin erneut nach La Guérinières Angaben auf Zirkeln und Volten und auf noch weiten halben und ganzen Pirouetten kultiviert, bis das Pferd sich so leicht im ,,Gleichgewicht auf der Hinterhand" trägt, daß es uns auch Piaffen zu schenken beginnt. Bei Pferden, die sich zurückhalten, empfiehlt es sich, die Passage aus der Piaffe zu entwickeln. Von höchster Wichtigkeit für das Wohl des Pferdes ist dabei nur, daß es uns nie um die Passage oder Piaffe selber geht, sondern stets und ausschließlich um die Vervollkommnung seines „Gleichgewichtes auf den Hanken" bei schwungvollem hohem Treten auch der Hinterhufe – und daß es dabei nie seine Fähigkeit verliert, mitten aus jeder Piaffe oder Passage in Mitteltrab überzugehen und zwar schwungvoll mächtig vorwärts.

Das Geheimnis hübscher und vor allem für das Pferd *nützlicher* Passagen und Piaffen ist in diesem Stadium des Gymnastizierens die sogenannte Plié-Stellung (vergl. Reg.), d.h. eine leichte, aber absolut regelmäßige Schulterhereinstellung auf den Hanken, in der das Pferd zwischen den beiden Absätzen sowohl leicht gebogen als auch in majestätischer Bewegung durchlässig gehalten wird. Erst später werden wir endlich versuchen, es auch bei dieser Hankenarbeit gerade zu stellen. – Erst beim regelmäßigen Piaffieren in absoluter Losgelassenheit bereitet sich unser Pferd allmählich selber auf die nun anstehende Galopparbeit vor, d.h. auf das gymnastisch nützliche, statt nur verschleißende, Galoppieren.

La Guérinière (W. 19, S. 126): ,,Alle geschickten Meister huldigen der Regel, der zufolge ein Pferd niemals galoppiert werden soll, ohne daß es zuvor im Trab auf solche Weise gelockert und gelöst wurde, daß es sich im Galopp von selbst hergibt, ohne sich jemals auf die Zügel zu legen oder sogar das Gebiß als Stütze zu benützen: man muß demzufolge solange damit zuwarten, bis sein ganzer Körper geschmeidig, im Schulterherein biegsam geworden ist, im Kruppe-zur-Wand den Schenkeln gehorcht und bis (das ganze Pferd) in der Piaffe so leicht und durchlässig geworden ist, daß es auf das leiseste Zeichen hin mit Freude angaloppiert. Dabei müssen wir es dann in Schulterherein-Stellung galoppieren, nicht nur um es noch leichter und noch durchlässiger zu machen, sondern vor allem um ihm die schlechte Angewohnheit zu nehmen, welche nahezu alle Pferde haben; nämlich die, mit weit geöffnetem innerem Hinterfuß zu galoppieren".

Tatsächlich entspricht die Plié- oder leichte Schulterherein-Stellung im Gallop perfekt jener Haltung, die auch das vom Menschen unberührte Wildpferd auf der Flucht vor einem einzelnen Verfolger einnimmt, wenn es diesem durch Wendigkeit, Hasenhaken, Pirouetten usw. zu entkommen versucht. Der Plié-Galopp löst im Pferd somit kaum je den blinden Fluchtreflex aus, sondern bringt es in die Verteidigungshaltung auf den Hanken und entspricht so mehr der „Selbstgymnastizierung" des Pferdes als der eigentlichen Flucht. Mit dem Plié-Galopp gewöhnen wir dem Jungpferd jedenfalls von Anfang an die Neigung ab, jemals schneller laufen zu wollen, als es der Reiter wünscht. Nur, die Plié-Stellung darf dabei dem Pferd niemals mit den Händen, sondern ausschließlich mit den Schenkeln und dem Sitz verliehen und muß allein mittels Schenkel- und Sitzhilfen beibehalten werden.

Aus dem verkürzten Plié-Galopp entwickelt La Guérinière darauf das „Terre-à-terre", „einen Zweitakt-Galopp auf zwei Hufschlägen, der wesentlich kürzer und stärker versammelt ist, als der normale Galopp, und bei dem auch die Fußfolge insofern anders ist als das Pferd dabei die beiden Vorderhufe gemeinsam hebt und gemeinsam wieder auf den Boden setzt, wobei die Hinterhufe die Vorderhufe auf gleiche Weise sich bewegend begleiten(. . .). Um einen noch klareren Eindruck zu gewinnen, muß man sich diese Übung als eine Reihe kleiner, recht tiefer Sprünge vorwärts-seitwärts vorstellen (. . .)" (W. 19, S. 138).

Auf das Terre-à-terre folgen die „Hohen Schulen" („Airs relevez"): Die Pesade, heute auch Levade genannt; das Mézair, „höher und länger ausgehalten, als das Terre-à-terre" (W. 19, S. 142); die Courbette mit einem „noch höher und noch länger als beim Mézair ausgehaltenen Abheben der Vorhand" (W. 19, S. 143); die Croupade, die Balotade, die Capriole und der „Schritt-und-Sprung", („le Pas-et-le-Saut"). Für den Freizeitreiter interessant ist hiervon neben dem Terre-à-terre nur die Pesade oder Levade als letzter Ausdruck des Gleichgewichtiges auf den Hanken, das Mézair und die Courbette in La Guérinières Sinn. Die Schulsprünge – Balotade, Capriole, Schritt-und-Sprung – sind für uns heute nicht nur anachronistisch, sondern bringen das Pferd gymnastisch kaum weiter, ja, können es sogar verschleißen: „Wenn zum Kapriolieren ausgebildete Pferde sich zu verbrauchen beginnen, führen sie oft, wie um sich zu schonen, von selbst eine Übung aus, der man den Namen „Schritt-und-Sprung" verliehen hat. Sie besteht aus drei Takten; der erste ist ein stark abgekürzter Galopp- oder Terre-à-terre-Sprung; der zweite eine Courbette und der dritte eine Capriole" (La Guérinière, W. 19, S. 149), brauchen wir sie?

Für uns ist alles Reiten Spiel, auch wenn es für das Pferd eine höchst ernsthafte Gymnastizierung bedeuten muß. So haben es jedenfalls auch schon die ersten modernen Freizeitreiter nach dem zweiten Weltkrieg aufgefaßt. Es waren Nordamerikaner, Südamerikaner, Spanier, Portugiesen, Südfranzosen, Söhne und Töchter aus Familien, die mit Ranchern, Hazienderos, Herdenbesitzern befreundet waren und als „Freunde des Patrons" sonntags von den Cowboys, Gauchos, Vaqueros, Campinos, Gardians auf Kontrollritte mitgenommen wurden. Sie schwärmten darauf ihren Eltern von der Freiheit auf der Prärie, den Pampas und den Sierras vor, erhielten zum Geburtstag oder Abitur ein Pferd geschenkt, sattelten es immer häufiger auch zur Mithilfe bei härteren Arbeiten in den Rinder- und Kampfstierherden, lernten, lernten, ohne sich dessen richtig bewußt zu werden, wurden so mit der Zeit zu brauchbaren Aushilfs-Cowboys, -Vaqueros, -Gardians, zu sogenannten „Amateuren", die es manchmal sogar zu beachtlichem Pferdeverstand brachten. . . Aus den Sonntags-Cowboys, Sonntags-Gauchos, Sonntags-Gardians wurden später Freizeitreiter, meistens Wanderreiter mit phantastischen Fernzielen, in Nordamerika Distanzreiter und Showreiter, in Spanien, Portugal und Südfrankreich Stierkämpfer zu Pferd und Hohe-Schule-Reiter, jedenfalls leidenschaftliche Individualisten, die ihre Vaquero-Vergangenheit in das traditionelle Schulreiten iberischer und guérinièrischer Obedienz einbrachten.

Dank ihnen lebte z.B. der gesamte Süden Westeuropas reiterlich auf. Das Pferd, sein Wohlergehen, seine Gymnastizierung und seine Langlebigkeit wurden plötzlich wichtiger, als alles Punktesammeln im Pferdesport. Der Rejoneadero Alvaro Domecq eröffnete in Andalusien ein Reitinstitut, die Rejoneaderos der Familie Peralta nahmen Reitlehrlinge bei sich auf, in Portugal wurde Nuño Oliveira einer der größten international anerkannten Reitmeister unserer Zeit, in Frankreich erkämpfte Michel Henriquet den iberischen Pferden — Alter Reales, Lusitanos, Cartujanos — den Platz zurück, den sie nur als Freizeit-Geneten einzunehmen fähig sind und bricht seither Lanze um Lanze für die einzige ihnen wahrhaft gemäße Reitweise, die La Guérinières. . .

Heute besitzen Frankreich, Spanien und Portugal längst ein stehendes Heer von überaus ernsthaften Freizeitreitern, die, in vielen Fällen ehemalige „Amateure", nur an Pferdefesten auffallen, wenn sie Programme der Hohen Schule frei nach La Guérinière oder dem Marquis de Marialva vorführen, „à la Vaquera" reiten, Stierkampfpferde arbeiten, sich Gineta-Kämpfe liefern, immer nur darum bemüht, vor allem ihre Pferde brillieren zu lassen: Cartujanos, Hispano-Berber, Lusitanos, Camargue-Pferde und Camargue-Berber, ja, sogar kurze Anglo-Araber. Den Rest des Jahres diskutieren sie bei gegenseitigen Besuchen die Reinheit ihrer Auffassungen von La Guérinières oder Marialvas Prinzipien und sind im Juli oder August meistens tausend Kilometer und weiter von zuhause entfernt auf einsamen Wanderritten anzutreffen. . . schwerbepackt auf ihren Hohe-Schule-Pferden.

Selbst in der offiziellen Sport-Dressurreiterei gibt es hier bereits Leute, die sich neben ihren „offiziellen" Dressurpferden noch ein oder zwei Kompaktpferde halten, „um hinter La Guérinières Geheimnisse zu kommen". – Michel Henriquet spielt im Augenblick mit dem Gedanken, zwei deutsche Warmblüter nach La Guérinières Prinzipien auszubilden und in offiziellen Dressurprüfungen vorstellen zu lassen. Auch hier scheint sich der Kreis zu schließen. – Werden schließlich Freizeitreiter so die Sport-Dressurreiterei vor dem Untergang retten? Ich lasse mich ungern auf Spekulationen ein. Dennoch muß ich anerkennen, daß der neueste Trend in der französischen Reiterei sehr deutlich schon Symptome einer Infizierung mit dem La Guérinière-Virus offenbart. Und dieser Virus stammt eindeutig aus der Freizeitreiterei!

Die französischen Dressurrichter scheinen es in der Tat allmählich leid zu sein, in schweren Dressurprüfungen letztlich die Trabschritte auf den Diagonalen zählen zu müssen, um überhaupt noch Vergleichsmöglichkeiten zwischen dem Mittel- oder starken Trab des einen und des anderen Pferdes zu gewinnen. Denn der internationale Gangfetischismus ließ auch in Frankreich eine Generation Dressurpferde heranwachsen, die sich bei der Arbeit auf langer Basis untereinander kaum mehr unterscheiden. Alle verdienen dabei die beste Note. Bei der Arbeit auf kurzer Basis hingegen sind die Ergebnisse ebenso gleichförmig kümmerlich. Deswegen werten die französischen Richter nun alle Figuren in hoher Versammlung auf und ungewollt damit auch die Prinzipien La Guérinières, die kürzeren Pferde, die Losgelassenheit und Brillanz, die einst international Dressurideale darstellten. Liegt die Zukunft der Sportdressur so tatsächlich in der Freizeitreiterei? Wie gesagt, besitzt Frankreich heute schon ein ganzes Heer ernsthafter Freizeitreiter. Wieviele besitzt der deutsche Sprachraum? – Ich für mein Teil kenne in Deutschland nur einen, er lehrt in Karlsruhe und wird angesichts der Lage der Freizeitreiterei in Deutschland geradezu böse, wenn man ihn Freizeitreiter nennt...

Es geht um die Ernsthaftigkeit zum Wohle der Pferde! Soviel haben die südwesteuropäischen ehemaligen „Amateure" von den Vaqueros Spaniens, Campinos Portugals und von den Gardians der Camargue mit auf ihren Freizeitreiter-, Wanderreiterweg mitbekommen und mitgenommen: „Qui veut voyager loin, ménage sa monture"! – Hatten sich ihre Pferde früher, angesichts der Kampfstiere bei der Arbeit, von selbst versammelt und ins Gleichgewicht gesetzt, so galt es nun, die pferdeschonende Hankenbeugung den Tieren für die langen Wanderritte erst einmal beizubringen. Nur wie? – Man besann sich der großen Ähnlichkeit zwischen den Arbeitsreitweisen „à la brida" in den Herden und der La Guérinières und Marialvas, verschaffte sich die Texte, las, probierte aus, dachte nach, versuchte es nochmals, lernte bei seriösen Ausbildern, diskutierte das Gleichgewicht, die Hankenbeugung mit Freizeitreitern im nächsten Dorf und im übernächsten, ritt sonntags zu Vergleichs- und Diskussionsbesuchen, telefonierte mittwochs stundenlang. Während etlicher Jahre sah es so aus, als ob die französische Freizeitreiterei ausschließlich als Debattierverein aktenkundig würde. Dann begannen die ersten französischen Rejoneaderos ihre Pferde bei Stierkämpfen vorzustellen; der Stein kam ins Rollen.

Nun zeigten sie plötzlich alle, daß ihre Debatten und Diskussionen, ihre Lektüren und Meditationen nicht unfruchtbar geblieben waren: man ritt so gut und so richtig wie es eben ging. Gewiß hätte das Ergebnis oft großartiger, manche Vorstellung präziser ausfallen dürfen, aber war es nicht schon erstaunlich genug, zu sehen, daß kaum ein Pferd je seine Selbsthaltung am losen Zügel aufgab oder irgendwie unwirsch auf die oft ambitiösen Ansinnen der Reiter reagierte? Wahrscheinlich wird heute auch in Südfrankreich und auf der iberischen Halbinsel eher zu wenig von den Freizeitpferden verlangt; das Wenige jedoch sitzt, geschieht im Gleichgewicht und erweist sich oft sogar als brillant. . . und auf den Beinen oder sonstwie heruntergekommene Pferde stehen auf den Weiden dieser Reiter wenigstens nicht.

Ist Südfrankreich und Iberien somit ein Freizeitreiter-Paradies?

Gewiß nicht, – aber eine grundlegend bedeutende Entdeckung haben die südwesteuropäischen ehemaligen Amateure nahezu ausnahmslos gemacht und den deutschen Freizeitreitern voraus: um einen langen oder sehr langen Wanderritt auch für das Pferd nicht nur nicht verschleißend, sondern biopositiv fördernd gestalten zu können, muß man es monatelang nicht nur konditionsmäßig ernsthaft trainieren, sondern muß es zudem noch dressurmäßig so weit gymnastizieren, daß es sich auch über 500 oder 1000 Kilometer in Selbsthaltung tragen kann. Und so unverzichtbar wichtig wie die Selbsthaltung des Pferdes für das Gelingen des Wanderrittes nun einmal ist, so unverzichtbar bedeutend erweisen sich regelmäßige lange und sehr lange Wanderritte (und das Training hierfür) für die Losgelassenheit und Biegsamkeit und damit für das Gleichgewicht der Pferde auf den Hanken, d.h. für ihre maximale Gewandtheit und Geschicklichkeit. – Heute steckt in jedem leidenschaftlichen Wanderreiter Südfrankreichs ein ebenso leidenschaftlicher La-Guérinière-Schüler und in jedem Freizeitreiter „en plaza", ein ebenso leidenschaftlicher Wanderreiter. Den Beweis hierfür liefern die Dutzende, wenn nicht Hunderte von La-Guérinière-Schülern, die in den letzten Jahren von Andalusiern auf Lusitanos, Cartujanos und Hispano-Berber umgestiegen sind: auf Andalusiern läßt es sich zwar hübsche Schauen reiten und angeben; im Gelände kommt man mit ihnen jedoch nur selten zügig voran und mit ihrer Ausdauer ist es in der Regel ebenfalls nicht allzu weit her.

Welches ist dann aber „das ideale Freizeitpferd"?

Bereits erwähnt ist, daß es sich dabei um ein möglichst naturbelassenes, also robustes Kompaktpferd handeln sollte, das überdies mit seiner Größe und seinem Gewicht zu seinem künftigen Reiter passen soll. – Gezüchtet und aufgezogen wurde das ideale Freizeitpferd in einer möglichst großen Herde auf möglichst großem Raum ganzjährig im Freien von einem wirklich sachverständigen Berufszüchter, der seinerseits der wichtigste Berater des Pferdekäufers bleiben muß. Auch zugeritten wurde das Pferd von einem möglichst alten, erfahrenen Berufszureiter, nur um Gottes Willen nicht von einem Nachbarn, Schwager oder einem jener tollkühnen Jungen, die zwar erst seit zehn Jahren reiten, aber bereits alles können und wissen, was man an Pferden begreifen kann.

Jede Ausbildung eines Jungpferdes zum Freizeitpferd darf daraufhin nichts anderes sein, als eine sachkundige, regelmäßige und konsequente Förderung, Steigerung und Vervollkommnung seiner Gewandtheit und Geschicklichkeit unter dem Sattel, also seines Gleichgewichts. Die mächtigsten reiterlichen Hilfen sind dabei von Anfang an der locker-losgelassene präzise Sitz und die Gewichtsverlagerungen, die durch die Schenkeleinwirkungen von hinten nach vorne unterstützt und präzisiert werden. Die Schenkel und die passive Hand setzen dem Pferd und seiner Länge Grenzen, zwischen denen es sich frei und losgelassen tummeln soll. Die stets lockeren Zügel spielen mit der Impulsion im Sinne der Bewegungsrichtung, bzw. Bewegungshöhe. Nur ein auf diese Weise den Prinzipien und Methoden La Guérinières entsprechend ausgebildetes und gerittenes Kompaktpferd erweist sich schließlich seinem Bau und seiner Veranlagung gemäß so vollkommen durchgymnastiziert, daß es als ein „ideales Freizeitpferd" gelten kann. Es geht auf Wunsch jederzeit und wo auch immer in vollendetem, d.h. der jeweiligen Aufgabe perfekt entsprechendem Gleichgewicht am lockeren Zügel einhändig geführt und ist, selbst bei Aufgaben, die höchste Präzision und Konzentration verlangen, ausschließlich mittels unsichtbaren Gewichtsverlagerungen zu reiten. . .

Versuchen wir abschließend das Freizeitreiten nochmals zu definieren: Freizeitreiten heißt die ernsthaft-konsequente physische und psychische Gymnastizierung eines robusten Kompaktpferdes unter dem Sattel mit dem Ziel, eines Tages seinen Willen dem Tier gegenüber ausschließlich dadurch durchzusetzen, daß man mit der Lage des gemeinsamen Schwerpunktes spielt. . . Das bedeutet:

1. es kann keine reiterliche Hilfe geben, die von vorne nach hinten wirkt, denn sie würde sich an den Schiebekräften des Pferdes vergehen;
2. alles echte Reiten beginnt mit dem Gleichklang des Wollens von Reiter und Pferd, wobei der Reiter dem Pferd die psychischen und physischen Voraussetzungen für sein Verstehen, Wollen und Können, das Pferd dem Reiter nur sein Vertrauen und seine Kraft zur Verfügung zu stellen hat;
3. alles Freizeitreiten ist zwar für den Reiter „nur" eine mit den Tragekräften des Pferdes spielende Tätigkeit, für das Pferd hingegen gerade deswegen eine nicht umso weniger einschneidende ernste Mobilisierung seiner gesamten

Existenz, welcher sich der Reiter mindestens bewußt zu sein hat;
4. das Freizeitreiten verdient so diesen „Titre de noblesse" nur, wenn es zum Wohl des Pferdes betrieben wird, also konsequent, ernsthaft, verantwortungsbewußt gymnastizierendes Reiten ist, das schließlich unbeabsichtigt zur Reitkunst wird und zu einer ungeahnt vielfältigen Ausdrucksmöglichkeit für den Reiter und für das Pferd...

Von meinen Reitgästen höre ich oft den Einwand, dies sei ja alles lobenswert, richtig und schön, nur werde damit von ihnen als Reiter viel zu viel verlangt. Ich akzeptiere diesen Einwand nicht! Denn bei Kursen, die ich für meine Gäste in Deutschland abhielt, bewiesen mir deren eigene Pferde zu oft, daß sie nur darauf warten, endlich einmal ihrem Gebäude gemäß gebogen, in Selbsthaltung geritten und versammelt zu werden. Tatsächlich bin ich stets von neuem überrascht, wie leicht sich Kompaktpferde, deren Mäuler, Flanken und Rücken noch nicht total stumpf geritten sind, ins Gleichgewicht und oft sogar nur nach Tagen kurzzeitig auf die Hinterhand finden. . . und dies wiederum auch unter deren eigenen Besitzern, wenn diese nur einmal ihre Schenkel und ihr Gewicht präzis einsetzen ohne gleichzeitig an den Zügeln herumzuzerren. Noch im Frühjahr 1981 sah ich so bereits an einem dritten Kurstag zwei Haflinger und eine bayerische Warmblutstute geradezu über die Wechsellinien der Bahn weg schweben, eine Araber- und eine Appaloosa-Stute präzisen Arrêts allein mittels Schenkeldruck und Sitz nachgeben, einen jungen Camargue- und einen Connemara-Wallach unvermittelt die Gesten erhöhen allein durch scheinbar erstmaliges aber endlich echtes Untertreten bei abgekipptem Becken...

Gewiß, wir müssen uns hüten, solche und ähnliche erste Talentproben unserer Pferde gleich auszunützen oder auch nur zu überschätzen. Unsere Pferde zeigen uns damit ausschließlich, wie wohl sie sich in diesen ersten, kurzen, ihrem Bau und ihrer Psyche durch und durch gemäßen Gleichgewichtsmomenten fühlen. An uns ist es daraufhin, sie vorsichtig allmählich soweit zu gymnastizieren, daß sie schließlich vergleichbare Talentproben jederzeit auf Wunsch und vor allem noch viel gekonnter, d.h. nahezu vollkommen zu reproduzieren vermögen.

An den Pferden liegt es somit nicht, wenn es im deutschen Sprachraum so erstaunlich wenige richtig und konsequent gymnastizierte Freizeitpferde gibt. Das geeignete Pferdematerial ist da. Es liegt offenbar allein an den Reitern und an ihren reiterlichen Minderwertigkeitsgefühlen, deretwegen sich niemand je an präzise Hilfengebung heranwagt — oder aber daran, daß sie, den Minderwertigkeitskomplex kompensierend, alle sich für Weltmeister im „anderen Reiten" halten, in dem ohne Schenkel-, Gewichts- und Zügelhilfen, als ob den Pferden gegenüber ein „anderes Reiten" als jenes zu ihrem Wohl auch nur denkbar wäre.

Wie leicht wäre dem reiterlichen Minderwertigkeitskomplex doch abzuhelfen! Gibt es nicht auch in Deutschland, Österreich und in der Schweiz genug gute Reitlehrer, die auch einem Freizeitreiter und seinem Pferd in einer, zwei oder drei Einzelstunden gerne zeigen, wie man einen korrekt gymnastizierenden Arrêt, richtig Schulterherein reitet, wie man sauber aus dem Stehen oder dem Schritt angaloppiert und wie man ein Pferd gymnastisch richtig zwischen seinen Absätzen ,,balanciert"? – Die schlechten Erfahrungen, welche viele Freizeitreiter zu Beginn ihrer Karriere mit Reitlehrern gemacht zu haben vorgeben, waren in der Regel „schlechte Erfahrungen" mit dem eigenen Körper, dem eigenen Wollen und Können, dem eigenen Selbstwertgefühl und den eigenen Illusionen. Allem zusammen kann kaum ein Reitlehrer Rechnung tragen, besonders wenn man bereits in eine Abteilung eingegliedert wurde. Man dränge deshalb auf Einzelunterricht oder solchen in Zweier-, höchstens in Dreiergruppen oder begnüge sich mit dem Zuschauen beim Unterricht von Fortgeschrittenen oder wenn Profis Pferde dressurmäßig arbeiten (= normalerweise: gymnastizieren).

Aller Anfang ist schwer – und in der Reiterei besonders langwierig, unbefriedigend, wenn nicht frustrierend. Denn beim Reitenlernen geht es zuerst einmal darum, den eigenen Körper der Pferdeform anzupassen, dann darum, die eigenen Bewegungen mit denen des Pferdes zu koordinieren, daraufhin darum, die Bewegungen des Pferdes nicht nur mehr auszubalancieren, sondern sie zu erzeugen, zu verwalten und zu steuern und endlich darum, letzteres auch auf bloßen Ausritten nur noch konsequent gymnastizierend zum Wohl des Pferdes zu tun. Während der gesamten Lehrzeit muß zudem das eigene Gefühl, der Reitertakt, fortwährend verfeinert werden. Die Beobachtungsgabe, das Wissen und Können als Pferdehalter, Pferdewärter, Tierarzt, Tierpsychologe, Schmied, Weidefachmann, Landwirt usf. muß die reiterlichen Qualitäten stützen. Der erste Grad echt reiterlich-ritterlichen Seins und Könnens scheint jedenfalls erst dann erreicht, wenn wir das Pferd, seine Bewegungen, sein Temperament und unseren Umgang damit nicht nur mehr ebengerade noch kontrollieren, sondern so unter dem Sattel und zwischen den Schenkeln ,,im Griff" haben, daß ohne unser reiterliches Zutun überhaupt nichts geschehen kann. Statt dem Pferd und seinen Einfällen und Ängsten ausgeliefert zu sein, haben wir es soweit zu gymnastizieren, daß es sich *uns* vertrauensvoll restlos ausliefert; das erst nennt man ein Pferd ,,reiterlich dominieren", und erst damit beginnt in Wirklichkeit das eigentliche Reiten!

Der große deutsche Reitmeister Louis Seeger sah das Reiten ebenso, empfahl er seinen Schülern doch sogar, auch widersetzliche Pferde zu reiten: „Durch Reiten widersetzlicher Pferde (. . .) kann der Reiter den Wechsel in der Form ihres Rumpfes am deutlichsten wahrnehmen und deuten lernen. So z.B. ist das Pferd, welches durchgeht, in seinem Rumpfe verlängerter und schmaler, weil die Hinterbeine zu weit hinter die Linie der Hanken treten, also, sich steifend, zuviel schieben, als das Pferd, welches sich niederwerfen will, denn bei diesem sind die Hinterbeine zu weit vor der Linie der Hanken. (. . .) Hat ein Reiter sich erst die Geschicklichkeit erworben, Pferden den Mißbrauch dieser Eigenthümlichkeiten zu erschweren, so wird es ihm nach und nach gelingen, auch dieselben zu seinem Zweck zu fördern: das *Aufweiten* zum versammelten und das *Ausstrecken* zum gedehnten Tempo. Der Ort, die Richtung und der Grad des Drucks seiner Schenkel werden alsdann ein Hauptgegenstand seiner Berücksichtigung werden. Er bedient sich nicht mehr des gemeinen Schenkelschlusses, sondern der schulgerechten Anlehnung (der Schenkel) oder des Hanges der Schenkel, von dem allein (. . .) alle Grade der Hülfen ausgehen können. Die Individualität des Pferdes, aber nicht die Willkür des Reiters, wird dann die Anwendung der einen oder der anderen dieser Schenkelhülfen, und die fast ebenso wichtige Vertheilung seines Gewichts als Hülfe bestimmen. Die Präcision in der Anwendung der Hülfen hat ihren Höhepunkt erreicht, wenn diese nicht mehr von dem Reiter auszugehen scheinen und wirklich nur noch in den Bewegungen bestehen, die durch den Gang des Pferdes ihm mitgetheilt werden. Diese Vollkommenheit kann nur *den* Reitern eigen sein, die das Biegen (Beugen) der Hinterbeine zur Hauptsache der Dressur machen, während diejenigen, die *zuviel* auf Biegungen des Kopfes und Halses geben, nie dieses Ziel erreichen werden. Denn aus allem bereits Gesagten geht wohl deutlich hervor (. . .), daß, da sich der Heerd der Fortbewegung in dem Hintertheil befindet, jene Reiter auch *naturgemäßer* handeln, die ihre Aufmerksamkeit vorzugsweise auf die Hinterbeine richten, und das Treten, Biegen und Belasten derselben berechnen. Die ungezwungene und doch kräftige Haltung des Reiters ist alsdann nicht seinem Körperbau, sondern dem richtigen Gange des Pferdes zuzuschreiben, der eine andere Haltung fast gar nicht zuläßt. Solche Reiter sind auf jedem Pferde sattelrecht, und fühlen bald das Mangelhafte der Dressur; sie entdecken schnell jede Abweichung von der Regel, und ihre Mittel zielen darauf hin, das Fehlerhafte zu beseitigen; nur *sie* besitzen den wahren Reitertact" (W. 47, S. 132–134).

III. TEIL

REITEREI

Der Audruck „Reiterei" ist ein alter militärischer Begriff und diente früher der Unterscheidung berittener Heeresgruppen vom „gemeinen Fußvolk", ähnlich wie noch heute zwischen Luftwaffe, Marine und Heer unterschieden wird. Das Wort „Reiterei" wurde somit ursprünglich selten als Werturteil benutzt, geschah dies dennoch einmal, so wertete es eher auf als ab (Sankt Georgs Reiterei. . .). Sollte es Abwertung ausdrücken, so wurde es stets mit Adjektiven verbrämt wie „wilde Reiterei", „sinnlose Reiterei" u.a.m. – Erst in unseren Tagen, d.h. seitdem es keine militärische Reiterei mehr gibt, scheint der Begriff allmählich auch ohne Adjektiv einen negativen Beigeschmack zu bekommen. – Ich für mein Teil bemühe mich, das Wort „Reiterei" werturteilsfrei in seinem ehemaligen Sinn zu verwenden, d.h. vor allem für militärische Reiter und militärisches Reiten, auch wenn dieses von Zivilpersonen ausgeführt, gelehrt oder auch nur angestrebt wurde. Spreche ich somit in der Folge z.B. von der Sport- oder Freizeitreiterei, so meine ich dies nicht kritisch oder abwertend, sondern weise damit auf die ideologische oder praktische Zweckgebundenheit hin, mit der das Reiten und das Pferd in den Dienst einer Sache gestellt werden.

13. Kapitel

GESCHICHTLICHER ABRISS DER REITEREI

Selbst wenn die ersten Reiter unter den Berbern und Iberern das Pferd vornehmlich auf der Jagd einsetzten, kann es nicht lange gedauert haben, bis sie – obwohl eher friedfertig – es in Jagdreiterspielen, dann in freundschaftlichen Reiterkämpfen und schließlich auch gegen fremde Eindringlinge ritten. Das kriegstechnische Reiten hat sie wohl sehr früh gezwungen, ihre Jagdreitweise immer wieder zu durchdenken, die Pferdeabrichtung mit neuen Erfordernissen zu konfrontieren und ihre Tiere zu Jagd- und Streitrossen auszubilden, sich selber zu Jägern und Kriegern. Der streitsüchtige alte Kriegsgott wird so selbst bei eher friedliebenden berittenen Jägervölkern von Anfang an auch kriegerische Reitmethoden mit geprägt und mit entwickelt haben. Nicht länger mehr auszuschließen ist somit, daß wie bei den alten Berbern die Ursprünge vieler reiterlicher Finessen, z.B. des Arrêts auf der Hinterhand, des Redopps, der Hankenbeugung usf. auch auf Erfordernissen kriegerischer Strategie, also der Reiterei, beruhen. Jedenfalls sind die Jagdreiterei und militärische Reiterei älter, wohl sogar wesentlich älter, als jede freizeitreiterliche Regung selbst in den Reiter-Hochkulturen.

Doch wer „J'A" sagte zur kriegerischen Reiterei, mußte auch „B" sagen, nämlich zur Verbreiterung, Vermassung, Vereinfachung des Reitens, denn kein Kavallerieoffizier kämpft gerne ohne Truppen hinter (oder vor) sich. Verbreitung, Vermassung, Vereinfachung in der Reiterei bedeutet jedoch notwendigerweise, daß dem Phänotyp Pferd, seinen individuellen Anlagen und Fähigkeiten weniger individuell, weniger fachmännisch, weniger pferdemäßig gegenübergetreten wird, obwohl man ihm andererseits immer mehr Zuverlässigkeit, Leistung und Ausdauer abverlangt. Diesem Widerspruch kam man während der letzten 6000 Jahre nicht anders bei, als durch recht unnatürliche, ja, oft widersinnige Manipulationen, d.h. z.B. durch immer penetranter betriebene züchterische Domestizierung (Entfremdung) des Wildpferdes zum Hausroboter. Und die Nachfrage nach zuverlässigen, willenlosen, kreuzbraven und dennoch leistungsfähigen Kleppern erfolgte immer und überall vor allem durch die Führer der Reiterei.

Bereits aus Xenophons Reiterschriften geht klar hervor: hier das Gebot an die Pferdezüchter, billige, zuverlässige, ausdauernde Kriegspferde zu produzieren, die sich auch durch ungeschickte Reiter und primitives und brutales Reiten nicht durcheinander bringen lassen, dort das Verlangen der Offiziere und des Adels nach noch einigermaßen „pferdebelassenen" Tieren, an die sich der (gute) Reiter anpassen will, also zwei diametral entgegengesetzte Zuchtziele, zwei diametral entgegengesetzte Einstellungen dem Pferd gegenüber, zwei diametral entgegengesetzte Niveaus reiterlichen Könnens und Wollens, Reiten contra Reiterei!?

Die Berber, die bedeutendsten Pferdezüchter der damaligen Welt, befriedigten unter der Fuchtel der geschäftstüchtigen Herren Karthagos die Nachfrage nach Kriegspferden und berittenen Söldnern, die Iberer die nach dem „König der Pferde und Pferd der Könige". Unter den Römern und in der nachrömischen Zeit galt das Berberpferd vor allem als ein gutes und schnelles Kavalleriepferd für die Reiterei, während sich zum Reiten angeblich nur noch iberische Hengste eigneten. Der Berber wurde dadurch nach und nach in die Länge, das iberische Pferd indessen widernatürlich immer kürzer gezüchtet. Newcastle, der beide Pferderassen aus eigener Anschauung kannte, beschrieb sie 1667 wie folgt: „Der Barber ist, nach dem Spanischen Pferd, das Vernünfftigste, doch ist er nicht so arglistig und also um so viel leichter (ab-)zu richten (. . .). Das Barbarische Pferd dient nicht zum Hengsten, so fern man Schulpferde aufzuziehen begehret, aber wol, wann man Lauffer (Renn- oder Wagenpferde) davon haben will; dann die Füllen sind gemeiniglich lang und geschmeidig (. . .)" (W. 11, S. 43, 45 u. 46). – Baron von Eisenberg sagte 1727 über die Berber: „Sie schicken sich besser zu Beschelern, wenn man Wettläufer, als Schulpferde haben will. Sie bringen lange und feige (schreckhafte) Pferde" (W. 13, S. 4). Und La Guérinière behauptete 1733 von ihnen, sie seien außergewöhnlich gute Vererber, jedoch nur, so man Jagdpferde aus ihnen ziehen wolle (W. 19, S. 30).

Was war inzwischen aus dem Berber geworden, aus dem idealen Reitpferde-Prototyp, auf dem einst die Hankenbeugung und die Arrêts ohne Zügel (vergl. Reg.) entdeckt worden waren? Ist er das erste Opfer der Kriegspferdezucht geworden, ein Opfer der Reiterei, so wie dann das spanische Pferd etwa gleichzeitig ein Opfer seiner übertriebenen Kürze, also des Freizeitreitens wurde? Mußte die Domestizierung notwendigerweise auch zur Spezialisierung des Pferdes führen? In der zweckgebundenen Reiterei logischerweise!

Die Reiterei unterscheidet sich somit vom Reiten auch durch das Format der dazu herangezogenen Pferde. In den Lenden lange Rechteckpferde entsprechen den Bedürfnissen der zweckgebundenen schnellen Reiterei ebenso perfekt wie das in den Lenden kurze Quadratpferd jenen des kultivierten Freizeitreitens. Züchterische Übertreibungen gibt es auf beiden Seiten. – Und wie sich endlich die Reiterei durch ihre Zweckgebundenheit notwendigerweise schnelle große Pferde mit unnatürlich langen und dadurch empfindlichen Lenden heranzüchten ließ, mußte sie schließlich auch ihre Reitweise auf der einen Seite dem schnelleren Reiten und auf der anderen, den empfindlicheren Rücken der neuen Pferde Rechnung tragend, verändern. Der Kompromiß auch zwischen diesen beiden – ebenfalls widersprüchlichen – Forderungen führte in der Sportreiterei zum heutigen modernen Spring- und Reitsitz, in der Berufsreiterei zum sogenannten „Forward-Seat" und in der Distanzreiterei zum „leichten Sitz", blieb aber dennoch ein höchst wackeliger Kompromiß. Ja, auf der Kompromiß-Bereitschaft scheint alle Reiterei zu beruhen, wie sonst könnte sie zwischen dem Reitzweck Entsprechenden, dem Pferde Schonenden und dem für den Reiter Erträglichsten vermitteln wollen? – Das Freizeitreiten, bei dem des Pferdes Gesunderhaltung und Gymnastizierung im Vordergrund steht, braucht sich dem gegenüber nur am „Besten für das Pferd" zu orientieren und somit keine Kompromisse einzugehen. Daß allerdings der für das Kompaktpferd beste Sitz auch für den Reiter der natürlichste und bequemste ist, scheint nur auf Zufall zu beruhen, vielleicht auch auf dem Pferdeverstand der großen Sattler aus der Zeit zwischen dem 15. und 18. Jahrhundert.

Mit diesen Beispielen, mit dem des „Umzüchtens" des einstigen idealen Reitpferdes zum langen, rechteckigen Kavalleriepferd (Nordafrika) wie zum hochrechteckigen Showpferd „en plaza" (Spanien) und mit dem des Reitsitzes als Kompromiß zwischen sich widersprechenden Notwendigkeiten, möchte ich verdeutlichen, daß es keineswegs reicht, sich eines schönen Tages als noch wackeliger Reiter für oder gegen die Reiterei und für oder gegen das Reiten auszusprechen, um alsbald als Sport- oder Freizeitreiter zu gelten. Denn erstens kenne ich sowohl in der Sportreiterei als auch in der Berufsreiterei eine größere Zahl „ernsthaft pferdegemäß reitender" Reiter als in der Freizeitreiterei, zweitens hat das Reiten sich nur sehr langsam aus der Reiterei herausgeschält und kann dies auch heute noch weiter tun.

Mindestens theoretisch ist nicht auszuschließen, daß die Reiterei, nachdem sie nun keine kriegstechnische oder militärische Rolle mehr spielt, noch in unserem Jahrhundert zu natürlichem, pferdegemäßem Reiten zurückfindet. Haben denn nicht auch die großen Meister der Reiterei – Hünersdorf, Weyrother, Oeynhausen, Seeger, Steinbrecht, Loerke, Bürkner; auch Baucher, L'Hotte und Général Decarpentry – immer wieder auf Dinge hingewiesen, die heute zwar schon wieder vergessen oder hoffnungslos veraltet erscheinen, deswegen aber nicht weniger echte Grundlagen alles kultivierten Reitens sind und bleiben: auf die Losgelassenheit, die „Légèreté", die Brillanz, den Schwung auch auf kurzer Basis? Hat das Einschwenken der Reiterei und ihre Rückbesinnung auf das alte kultivierte Reiten nicht bereits begonnen dank international bekannter Meister wie Nuño Oliveira in Portugal, Michel Henriquet in Frankreich und E. von Neindorff in Deutschland?

Auch die Reiterei hat sich nur aus Zufällen und Notwendigkeiten entsprechend entwickelt. Selbst wenn sie heute tatsächlich an einem Scheideweg angelangt ist, an einem Punkt ihrer Entwicklung, von dem aus es nur noch abwärts in den Abgrund der Selbstzerstörung oder aber aufwärts zum seriösen, pferdegemäßen Freizeitreiten à la Neindorff weiter gehen kann, so hat sie nicht desto weniger auch das kultivierte Reiten von Anfang an mit geprägt. Selbst auf die Gefahr hin, bereits Besprochenes noch einmal zu streifen, blicken wir dennoch ein letztes Mal zurück auf die Anfänge der Reiterei, um anschließend zu untersuchen, wie sie sich erst vor relativ kurzer Zeit (seit rund 350 Jahren) dank weniger großer Meister vom bloßen strategischen Truppentransport auf Pferden emanzipiert und dem Reiten auch zur Erhöhung der Geschicklichkeit des Pferdes zugewandt hat.

Wie angedeutet, beginnt die historisch mit Jahreszahlen und Augenzeugenberichten belegte „Geschichte des Reitens" in Wirklichkeit als eine „Geschichte der Reiterei". – 1730 vor Christus fielen die Hyksos in Ägypten ein – wenn auch noch als Streitwagenfahrer, nicht als Reiter. Sie blieben hier eineinhalb Jahrhunderte lang bis um 1580 v. Chr., bis ins Jahr, in dem Ahmosis sie entgültig aus dem Land vertrieb. Sein Sieg zündete die ägyptische Renaissance. Ahmosis und seine Nachfolger, Thotmes I bis III, reorganisierten das ägyptische Staatswesen und die ägyptische Armee, die nun (ca. 1480 v. Chr.) erstmals neben Streitwagenverbänden auch eine eigene Reiterei erhielt: festangestellte berittene Berber-Söldner (Saurel, W. 43, S. 75). Der Bibel zufolge (Chronik II, 12) sollen die Ägypter um 930 v. Chr. Jerusalem mit 200 Streitwagen und 60.000 berittenen Berbern und Äthiopiern angegriffen haben. Um 730 v. Chr. schufen sich auch die Assyrer eine eigene Kavallerie. Ihnen folgten die Meder, Perser und Skythen und schließlich auch die Griechen.

An der „Urgeschichte der Reiterei" für uns besonders interessant ist der Zusammenhang zwischen den Lebensformen der einzelnen Völker und ihren Reitweisen. Während der ersten Hälfte dieser „Urgeschichte" gab es in der Tat nur zwei Lebensformen, das Nomadentum und die Stadtkulturen und nur zwei Reitweisen: die schnelle, offensive Jagdreitweise und die fintenreiche, wendige, defensive Reitweise beim Scharmützel aus dem Hinterhalt. Die einzige Nation, die beide Lebensformen und beide Reitweisen schon früh miteinander verband, war die der Berber in Nordafrika: wendig und fintenreich auf der Stier- und Wildschweinjagd, schnell und linear im Krieg.

Die Steppenvölker Eurasiens jagten indessen Niederwild und Vögel teils mit abgerichteten Beizfalken, teils mit Pfeil und Bogen. Letzteres bewog sie früh, das dicke Sattelkissen zu erfinden, um Raum für das Bogenspannen zu gewinnen, und im „leichten Sitz" mit prononcierter Vorlage zu reiten. Sie nutzten eindeutig die Fluchtreflexe ihrer – von den Streitwagenfahrern bereits bewußt oder unabsichtlich in die Länge gezüchteten – Tarpanabkömmlinge um linear offensiv und schnell die Stadtkulturen anzugreifen.

Sie, die Halb- und Ganz-Nomaden aus der Steppe, waren arm an tauschbaren Gütern und weniger arm als die Städter nur an jener Freiheit, die ihr Nomadentum ausmachte. Städte zu plündern und zu schleifen galt bei ihnen als ruhmvoller Zeitvertreib. Da sie mit ihren Jagdbogen Stadtmauern gegenüber kaum je viel ausrichteten, verlegten sie sich darauf, den eingeschlossenen Städtern die Nachschubwege zu verlegen. Diese Taktik trug ihnen den Ruhm ein, ausgekochte Schlitzohren, Falschspieler und ehrloses Gesindel zu sein und bewog die reichen Städter, gegen sie vorbeugend berittene Söldner in vorgeschobenen Posten zu kasernieren. Aber obwohl offensiv, kamen selbst draußen auf der Steppe diese den Reiternomaden kaum bei. Lockten sie sie jedoch in Schluchten, Täler und Wälder, wo die Nomaden die geradlinige Schnelligkeit ihrer Pferde nicht mehr nutzen konnten und fielen sie aus dem Hinterhalt über sie her, so konnten sie ihnen durchaus vernichtende Verluste beibringen. Das defensive, wendige Reiten wurde für die Städter umso wichtiger, je stärker der Druck wurde, den die Nomaden auf die Städte ausübten. Und Reitlehrer für die städtischen Bürgersöhne und späteren Offiziere der Reiterei besaß man unter den fremden Söldnern.

Das defensive, wendige Reiten auf kurzen Pferden entwickelte sich so tatsächlich auf der ganzen Welt – ausgenommen in Nordafrika und Iberien – aus der Reiterei und dem Druck, den die aggressiven Nomaden auf die kulturell höherstehenden, reicheren Stadtstaaten ausübten. Aber es blieb defensiv, wendig und kultiviert jeweils nur solange, als die Stadtstaaten nicht ihrerseits offensive Heere sammelten, um Nachbarstaaten zu unterwerfen. Wie eng Lebensform und Reitweise, Kultur und Politik einst zusammenhingen, läßt sich besonders eindrucksvoll an der Geschichte der alten Perser studieren, die pausenlos zwischen Offensive und Defensive, zwischen Aggressivität und friedlicher Rückbesinnung, zwischen hoher Kultur und Barbarei schwankten und die man durchaus als „die Reitlehrer des Ostens" betrachten darf. Noch Xenophon übernahm von ihnen den offensiven, militärischen Teil in seine Reitinstruktionen; den defensiven und „paradierenden" indessen von den Iberern.

Da sich im Verlauf der historisch belegten Geschichte kein Volk jemals – von sehr seltenen Ausnahmen abgesehen – über längere Zeiträume hinweg ausschließlich defensiv, kultiviert und ritterlich verhalten hat und da alles militärische Reiten in der Regel Höhepunkte nur in Schlachten oder chauvinistischen Wettkämpfen erlebte, dürfen wir dem Begriff „Reiterei", auch kulturell betrachtet, durchaus legitim alles kühne, schnelle, raumgreifende, aggressive, offensive, zweckgebundene Reiten zuordnen, somit das Gegenteil dessen, was wir als Freizeitreiten definiert haben, ohne damit Werturteile zu fällen.

Im Laufe der Frühgeschichte bauten sich also beinahe nur in die Defensive gedrängte Stadtstaaten ihre Reiterei aus Söldnern auf. Die angreifenden Nomaden ritten selbst. Die „reisigen" berittenen Söldner wiederum ritten vornehmlich offensiv, wie die Angreifer, und waren so von den Stadtstaats-Offizieren, die sich nur defensiven Verteidigungstaktiken verpflichtet fühlten, nicht eben leicht zu disziplinieren. Dies und der Umstand, daß die berittenen Söldner nicht selten ausschließlich Unteroffizieren und Offizieren aus den eigenen Reihen gehorchten, führte schließlich zu einer Selbständigkeit der Reiterei innerhalb der Heere. Hin und wieder führte diese Autonomie soweit, daß die

Reiterei unvermittelt vor oder sogar während einer Schlacht geschlossen zum mehrbietenden Gegner überlief. Geld, Gold, Plünderungserlaubnisse und die Ehrentitel für die Offiziere wurden so dank der „Reiterei im Sold" zu nicht zu unterschätzenden Macht- und Druckmitteln im Krieg. Während der Kreuzzüge wurde die christliche Reiterei aus ganz Europa sogar mit ihrem eigenen Glauben, d.h. mit christlicher Ehrabschneidung und Exkommunikationsdrohungen bei der Stange gehalten. – Viele Schlachten um das Heilige Grab fielen dennoch aus: mangels Nachschub an Pferden, die per Schiff aus Europa herangeschafft wurden.

Wie groß waren die Reiterverbände in den einzelnen Heeren?

Von Xenophon wissen wir, daß die Spartaner im Peloponnesischen Krieg ganze 50 berittene Iberer gegen Athen einsetzten. Später empfahl er den Athenern, ihre Reiterei auf rund 100 Mann zu vergrößern. Die römische Kavallerie umfaßte unter Tarquin dem Älteren (um 600 v. Chr.) 300 Reiter. Hannibals Armee, mit der dieser aus Spanien über Südfrankreich und die Alpen in der Poebene einfiel, um die zahlenmäßig weit überlegenen Römer im Jahre 216 n. Chr. bei Cannae zu schlagen, bestand aus 50.000 Mann Infanterie, 37 Kriegselefanten und 9.000 Reitern und Pferden, vor allem Berber und Iberer. Auch die Islamisierung des ersten Arabischen Reiches, das sich von Indien über Persien, den Nahen Osten und Nordafrika bis nach Spanien und Südfrankreich erstreckte, in nur 100 Jahren (von 632 n. Chr. an), wäre ohne starke Reiterei undenkbar gewesen, selbst wenn den Historikern bisher genaue Zahlen fehlen. Schätzungen reichen von 15.000 Mann über 60.000 bis zu 250.000 Reitern.

Wie auch immer, das Zahlenverhältnis zwischen Fußtruppen und Reitern blieb rund 2000 Jahre lang in nahezu allen Armeen gleich: auf 100 Mann Infanterie kamen in der Regel drei bis maximal zwanzig Reiter; mehr Pferde vermochte die Intendanz kaum regelmäßig mit Heu, Gerste und Wasser zu versorgen. Dieses Zahlenverhältnis änderte sich erst mit der Entwicklung und Ausbreitung des Rittertums vom 9. Jahrhundert an und mit den Kreuzzügen (1095–1291), bei deren Kämpfen sich oft ausschließlich Reiter gegenüberstanden.

Das Rittertum können wir als eine erste „humanistische Reaktion" auf die bürokratische, entmenschlichte römische Machtverwaltung hin ansehen. Die Araber, die sich nach der Islamisierung des Orients, Nordafrikas und Spaniens mehr und mehr mit den Wissenschaften, Künsten und den großen griechischen Philosophen auseinandersetzten, vor allem mit Platon und Aristoteles, entdeckten, daß sie sich mit der Verbreitung des Korans in den Dienst einer großen Sache gestellt hatten: Das Reiten und Kämpfen im Dienst Allahs und seines Propheten befreite den Einzelnen von sich selbst, vom Alltag und dessen Banalität, auch von der Todesangst, denn wer dabei fiel, hatte sich Mohamed und dem Koran zufolge das Paradies uneingeschränkt verdient.

Das Reiten und Kämpfen nach den Vorschriften des Korans wurde erst zu einer Art Mannbarkeitsritus, schließlich zum Selbstzweck. Interessant dabei ist, daß selbst diese Bekehrungsideologie, aus tiefer Religiosität, hoher Kultur und echter Menschlichkeit geboren, sich nur wenig später oft in ihr Gegenteil verkehrte und so mit zu dem zweihundert Jahre währenden Kampf um das Heilige Grab führen konnte. – Dabei fielen Tausende und Abertausende, Araber und Christen. Tausende anderer Christen gelangten schwer verletzt oft erst nach Jahrzehnten in ihre Heimat zurück. . . und schwärmten hier nur noch vom Glanz, von der Süße und von der schwindelerregenden Höhe der arabischen Kultur, vom Wissen, von der Ritterlichkeit und vom Reichtum jener, die man als Todfeinde bekämpft hatte: der Funke war übergesprungen. Europas Adel hing am Haken der arabischen Ideologie des Reitertums als Rittertum im Dienst des Höchsten.

Im Kampf um das Heilige Grab hatte der schwergepanzerte christliche Kreuz-Reiter von Arabern den Ritterschlag erhalten, war prompt aus dem Sattel gekippt, hatte stundenlang in der glühenden Sonne gelegen, unfähig, sich ohne Hilfe zu erheben, und war dennoch nicht hingemeuchelt, sondern gesund gepflegt und bewirtet worden, von Arabern, von arabischen Rittern, die dies selbstverständlich, d.h. eben gerade nur „ritterlich" fanden.

Die Verbrüderung der Reiter über alle Religionen, Hautfarben, Heereszugehörigkeiten hinweg, die den Kampf keineswegs ausschloß, trieb das Rittertum zu seiner ersten Blüte. Von Spanien, Portugal und Südfrankreich und später auch vom Heiligen Land breitete es sich im Laufe von sieben Jahrhunderten über ganz Europa aus, als Reitertum im Namen Christi und als Rittertum „zum Segen der Armen und Entrechteten".

Der zehn- bis vierzehnjährige junge Adelige durchlief bei einem im Kampf erprobten Ritter eine Lehre als Page. Er bediente den Ritter dabei sowohl bei Tisch, als er auch dessen Pferde wartete. Er lernte bei ihm reiten, fechten und den Umgang mit der Lanze und der Streitaxt zu Pferd, bevor er endlich mit vierzehn oder fünfzehn Jahren Knappe wurde und seinen Herrn auf die Jagd, zu Turnieren und in den Krieg begleiten durfte. Auf seine ersten, noch bescheidenen, Heldentaten hin, wurde er mit achtzehn bis zwanzig Jahren zum Ritter geschlagen und trug von nun an im Kampf die – bis zu fünfzig Kilo schwere – Rüstung mit dem Helm, Schild, Lanze, Schwert und Streitaxt oder Morgenstern. Wurfspeere, Pfeil und Bogen, die Armbrust und die Schleuder galten ihm – außer auf der Jagd – als unritterlich und wurden von ihm im Kampf nie verwendet. Als „reisiger Ritter" durchzog er daraufhin Jahre lang die Lande als eine Art Gendarm von Gottes Gnaden, sorgte in bescheidenem Rahmen für Ordnung, Menschlichkeit und Recht auf höchst unsicheren Wegen, erfocht sich dabei wohl auch einmal ein hehres Burgfräulein, ein schönes Tal mit einem Landsitz, eine Baronie oder auch nur viel „Preis und Ehr". Als Vasall eines Grafen, Herzogs oder Königs, nahm er an dessen Ehrenhändel und Kriegen teil und hoffte insgeheim, so allmählich die Stufen zum Hochadel zu erklimmen.

Leider war das Rittertum von den Mächtigen – Kaiser, Könige, Päpste – allzu leicht zu manipulieren. Seine Autorität – auch die moralische – wurde mit jedem Dekret der hohen Herren mehr und mehr beschnitten. So verkümmerte es allmählich zu bloßer Donquichotterie und verlor sich dann ganz. – Soll das erste Ritterturnier der Geschichte von Heinrich dem Vogelsteller im Jahre 934 in Göttingen veranstaltet worden sein, so fanden die letzten „internationalen" Turniere 1560 in Orléans statt. In Deutschland und in Österreich gab es von Ritterturnieren direkt inspiriertes Quadrillen-Reiten noch bis ins 17. und 18. Jahrhundert.

Die letzten kriegerischen Auseinandersetzungen zwischen authentischen Ritterheeren waren die um Neapel zwischen Spanien unter Ferdinand II und Frankreich unter Karl VIII (1494–1503). Sie endeten, wie angedeutet, zu ungunsten der schwergepanzerten, schwerbeweglichen französischen Ritter und zugunsten der leichten spanischen Kavallerie und der Geneten.

Von diesem Augenblick an begannen die Ritter, sich während zwei, drei Jahrhunderten, „von unten nach oben" ihrer schweren Rüstung zu entledigen, indem sie zuerst die Beinschienen der Panzer gegen Lederstiefel tauschten, dann die Panzerhosen gegen Lederhosen, bis sie schließlich nur noch den Brustpanzer oder ein Kettenhemd und den Helm über dem Leder- oder Samtwams trugen. Die alte Ritterregel, der zufolge keine Waffe dem Gegner je entgegen- oder nach*geschleudert* werden durfte, verschwand mit den Panzern: bereits um 1600 gehörten zwei Reiterpistolen zur Ausrüstung der Kürassiere, manchmal auch schon eine lange „Fewer Püchse" (Feuerbüchse = Gewehr). „Der Gebrauch der Handfeuerwaffen von Seite der Reiterei ist überhaupt ein viel späterer als von Seite der Fußtruppen, namentlich aber wurde die ‚Arkebuse' längst von (Fußtruppen) gebraucht, bevor die Arkebusierer zu Pferd aufgekommen waren" (Suttner, W. 58, S. 34). – Hat tatsächlich nur die „Ritterlichkeit" der Reiterei 80 Jahre lang das Feuerrohr verboten; . . oder hing der Verzicht auf Feuerwaffen eher mit der Schreckhaftigkeit der Ritterpferde zusammen?

In Frankreich wurden die „Arkebusiers" zu Pferd jedenfalls erst im Jahre 1540 aufgestellt, in Deutschland die Büchsen- und Pistolenschützen zu Pferd gar erst im Jahre 1550 (Suttner, W. 58, S. 36). Der Umgang mit Feuerwaffen auch in der Reiterei besiegelte auf alle Fälle das Ende des Rittertums, wenn auch nicht das Ende dessen Prestiges beim Volk.

War die Reiterwaffe bisher ausschließlich dem Adel vorbehalten gewesen, der damit auch das Oberkommando über andere Truppenverbände – vor allem über die unzuverlässigen fremden Reitersöldner – übernommen hatte, so stand die Reiterei seit der Schaffung des ersten Berufsheeres nach der Zeitenwende durch Karl VII von Frankreich im Jahre 1439 nun auch Söhnen aus dem Volk offen. – Die Reiterei demokratisierte sich, sie wurde schließlich zu einer Attraktion für Freiwillige innerhalb der Berufsheere. Als Reiter ragte man heraus. Als Unteroffizier der Reiterei genoß man das Ansehen der früheren Ritter und die Hoffnung, eines Tages Reiter-Offizier und so dem Adel zugeordnet zu werden. In der Reiterei, glaubte man, könne es gesellschaftlich nur noch aufwärts gehen. Und diese Legende hielt sich wider alle Realität bis in unsere Tage, sie erhielt seit der Abschaffung der Kavallerie in den modernen Reitklubs einen oft zwar verdrängten, aber nicht weniger konkreten neuen Rahmen: bloßer Pferdebesitz, glaubt heute mancher, bedinge gemeinhin ebenso viel Ehrfurcht wie einst die Ritterlichkeit, der Gerechtigkeitssinn und der reiterlich korrekte Umgang der alten Ritter mit dem Pferd. – In Wirklichkeit führte die Demokratisierung der Reiterei in den Berufsheeren nur ein weiteres Mal zu einer noch weiterreichenden „Verbreitung, Vermassung und Vereinfachung" des Reitens. Das Pferd wurde zum bloßen Truppentransportmittel degradiert nach der ausdrücklichen Vorschrift: „Die Reiterei bewegt sich zu Pferd und kämpft zufuß!" (franz. Kavalleriereglement 1939).

Hatten die Ritter-Lehrlinge vom zehnten Altersjahr an noch minimal vier bis sechs, maximal zehn Jahre lang, täglichen Reitunterricht genossen und zwar ebenso im leichten Wams in der Reitbahn wie auf der Hirschjagd hinter der Meute und in der Rüstung beim Lanzen-, Streitaxt- und Schwertfechten zu Pferd, so wurden die Rekruten der Reiterei nun im besten Fall ein paar Monate lang in Bahnabteilungen „auf die Schnelle" gedrillt, um eben gerade in den drei Gangarten nicht aus dem Sattel zu kippen, links und rechts abbiegen zu lernen, sich beim Exerzieren in Reih' und Glied stellen, anstaffeln, das Pferd auch einmal rückwärts richten, stramm stehen und draußen über einen Baumstamm springen zu können. Allein ihre Instruktoren, die Reitlehrer und Offiziere, erhielten eine etwas seriösere, längere Reitausbildung, die, gemessen an jener der Ritterknappen, trotz allem Stückwerk bleiben mußte.

Aber die Öffnung der Reiterei den „Gemeinen" gegenüber hatte wenigstens den Vorteil, daß nun – vom 16. Jahrhundert an – die Nachfrage nach guten Reitlehrern in allen europäischen Staaten ständig wuchs und überall Reitinstitute, Kavallerie- und Offiziersschulen gegründet wurden. Ausschließlich an diesen Schulen und Instituten verwischten sich in der Folge immer wieder die qualitativen Unterschiede zwischen dem Reiten und der Reiterei. – Anders ausgedrückt: nur dank dieser Reitlehrerinstitute erhielt sich die Reiterei in bescheidenem Rahmen eine lebendige Beziehung zum pferdegemäßen, gymnastizierenden Reiten. Und Städte wurden durch sie berühmt: Wien, Göttingen, später Hannover; Versailles, Lunéville, Saumur u.a.m. Als Reitlehrer wirkten an diesen Reitlehrerschulen in der Regel die besten und größten Reiter der Nation

– gleichgültig ob Zivilisten oder Militärs. Als „staatliche" Reitlehrer durften diese dann ihre Erkenntnisse in Buchform publizieren, wurden so auch von breiteren bürgerlichen Schichten gelesen, ihre Pferdeausbildungs- und Reitmethoden erhielten ein gewisses Renommee. Mit wohl ähnlichen Hintergedanken eröffnete 1734 Georg II. in Göttingen eine Reitakademie als Ergänzung zur neuen Universität und bestellte als ersten Kurator den Reitsachverständigen Baron Gerlach von Münchhausen, der wiederum so bedeutende Pferdeausbilder wie Trichter, Oehlmann und Johann Heinrich Ayrer als Lehrer verpflichten konnte (Saurel, W. 43, S. 277ff).

In Frankreich mußten die neuen Erfordernisse der Reiterei dem akademischen Reiten gegenüber erst einmal theoretisch und philosophisch abgegrenzt, durchleuchtet und diskutiert werden, bevor sie daraufhin dank den Grafen von Lubersac (1713–1786), Drummond de Melfort (1722–1788) und d'Auvergne kodifiziert und den Reitlehrerschulen als bindende Programme zugeleitet wurden: „Alle (drei) wollten das Reiten weiter vereinfachen, es gleichzeitig (für die Reiter) natürlicher, kühner, militärischer gestalten, weswegen sie der Truppe die kunstvollen Gänge und die höheren Schulen untersagten und sie stattdessen raumgreifende und fleißige Gänge und das horizontale Gleichgewicht oder jenes davor (auf den Schultern) suchen ließen. Von den Reitern forderten sie einen veränderten, steileren Sitz mit wesentlich kürzeren Steigbügeln. Für das Kopfzeug des Pferdes verlangten sie sanftere, stützendere Gebisse und die Aufgabe des Kappzaumes" (Saurel, W. 43, S. 286 ff).

Die Schlichtheit der neuen Reitmethoden und deren Bezug zu der nur militärischen Geländereiterei erwies sich bald schon als ein in sich durchaus brauchbares, logisches und konsequentes Reitsystem, das sogar frischen Wind in die verstaubenden Zivilakademien brachte. Leider aber entglitt es schnell der Kontrolle der militärischen Reitmeister. Die Vereinfachung machte sich selbständig, der einstige Bezug zu den militärischen Aufgaben wurde zu völliger Abhängigkeit von nur noch strategischem Denken; die Leidenszeit der Pferde in den verschiedenen Armeen begann. Als „soldatisch" oder „militärisch" oder „reiterlich" galt nun, was kein echter Pferdemensch einem selber ausgebildeten Pferd je zugemutet hätte: Sprünge über unspringbare Hindernisse, das „Auswinden" der Pferde bei Rennen im Gelände, alles Immer-höher, Immer-weiter, Immer-schneller, kurz, schlichtestes – wenn oft auch akrobatisches – Reiten gepaart mit brutalem Zwang, sowohl den Pferden als auch den Mannschaften gegenüber nach dem Motto: was nicht umbringt, stählt; und für Pferdeersatz sorgt Vater Staat!

Daß die Leistung eines Pferdes viel mit der Qualität seiner Ausbildung und sehr viel mit der Qualität der Reitmethode und des Reiters, aber kaum etwas mit bloßer Kühnheit und naßforscher Angeberei im Sattel zu tun hat, wurde von der Reiterei erst verdrängt, dann vergaß man diese Binsenwahrheit gründlich. Die naßforsche Kühnheit ersetzte die Ritterlichkeit und das echte „Reitenkönnen" als Credo der Reiterei: tabula rasa, Platz für die Reorganisation der Kavallerie!

Als Friedrich II. (1712–1786), „der Große" genannt, 1740 den preußischen Thron bestieg, sagte er, Etienne Saurel zufolge (W. 43, S. 281), über die Reiterei, die er von seinem Vater geerbt hatte: „Kolosse, die auf Elephanten sitzen, diese aber weder lenken, noch mit ihnen kämpfen können". Nach C. C. Trench soll er sogar geflucht haben, seine Reiterei sei „nicht einmal imstande, auf schlechtem Pflaster zu reiten oder sich auf ebenem Gelände in einem etwas passableren Tempo zu bewegen" (W. 60, S. 154). – Dem Zeitgeist entsprechend schickte Friedrich seine Reiter nun aber nicht zur Ausbildung zurück in die Bahn, sondern hinaus ins Gelände, wo „die Schnelligkeit des einzelnen Mannes in der geschlossenen Abteilung" gefördert werden sollte (C.C. Trench) . . . unter einem der berüchtigsten „Schleifer" der Militärgeschichte, nämlich unter Kavalleriegeneral Seydlitz. „Für eine Anzahl schwerer Unfälle verantwortlich gemacht, die bei der neuen Art der Ausbildung vorgekommen waren", verteidigte sich Seydlitz dem König gegenüber: „Sire, wenn Sie Sich über ein paar gebrochene Hälse aufregen, werden Euere Majestät nie die tüchtige Reitertruppe haben, die Sie fürs Feld brauchen" (Trench, W. 60, S. 154). Und Friedrich der Große erhielt die „tüchtigste Reiterei" der damaligen Welt. . . und zwang so alle anderen europäischen Staaten, ihre Reiterei ebenfalls zu reorganisieren und in punkto kühner Schlichtheit des reiterlichen Konzepts dem preußischen Modell anzupassen. Darin übertroffen wurde Friedrich II. schließlich erst von Napoleon I. und seinen berittenen Haudegen, denen die naßforsche Kühnheit sogar den gesunden Menschenverstand ersetzte. Aber war damals anderes gefragt?

Unter den 200.000 Soldaten, die Friedrich II. zeitweilig führte, befanden sich – wenn ich richtig informiert bin – ganze 30.000 Freiwillige. Alle anderen waren Zwangsverpflichtete bei denen die feinste menschliche – sprich: ritterliche – Regung zur Dienstverweigerung und Rebellion führen konnte. Wurde ihren Pferden, einer alten Legende zufolge, deshalb vor der Schlacht das Gebiß aus den Zäumen geschnallt? – War Preußens Reiterei unter Seydlitz und Zieten ein so schwierig zu disziplinierender Haufen und vor den Schlachten so sehr zum Umkehren und Ausreißen aufgelegt, daß es objektiv klüger war, ihm Wendungen und individuelles Reiten außerhalb des Truppenverbandes gar nicht erst beizubringen?

In Frankreich ist die Geschichte der Reorganisation der Reiterei – sprich nun: Kavallerie – nahezu identisch mit der Geschichte des Garnisonsstädtchens Saumur im Département Maine-et-Loire, d.h. mit der Geschichte vor allem seiner Kavallerieschule, die im Jahre 1771 eröffnet und den „Carabiniers" übergeben wurde. Oberst W. Seunig, der einmal kurz hierher abkommandiert war, faßte in seinem Werk „Von der Koppel bis zur Kapriole" die Bedeutung dieses „französischen Hannovers" wie folgt zusammen: Saumur „war mit zwei Unterbrechungen von 1771 bis 1940 Sitz der französischen Kavallerieschule. Hauptgewicht wurde auf die militärische Campagnereiterei gelegt, zum Unterschied von der rein akademisches Reiten pflegenden Schule von Versailles (1680–1830)" (W. 48, S. 413). Aber selbst diese „militärische Campagnereiterei" (wörtlich: Geländereiterei) erschien den Kavallerie-Offizieren in der Regel als noch zu „akademisch", schrieb doch selbst General du Breuil in der Einleitung zu General Decarpentrys „Les Maîtres Ecuyers du Manège de Saumur" noch in unseren Tagen: „Als Erbin ihrer Vorgängerin im 17. Jahrhundert blieb die Reiterei im Saumur lange ausschließlich akademisches Reiten und es bedurfte der Autorität und des Prestiges so außergewöhnlicher Chefbereiter wie des Grafen d'Aure und des Commandants L'Hotte, um die Zielsetzung des an dieser Schule gelehrten Reitens zu ändern und um ihm den militärischen Charakter und eine Form zu verleihen, welche den Bedürfnissen der Kavallerie in Kriegszeiten entsprach" (Henriquet, W. 20, S. 57 u. 58).

In Wirklichkeit setzte dem akademischen Reiten in Frankreich bereits die Revolution von 1789 ein Ende, auch wenn die „Ecole de Versailles" formal bis 1830 weiter bestand. Alles früher nahezu ausschließlich vom Adel geübte natürlich-gymnastizierende Reiten im Sinne La Guérinières galt den frischgebackenen Republikanern als eine versnobte Spielerei mit der die Royalisten bloß ihre Langeweile totgeschlagen hatten, es war deswegen abzuschaffen. Zudem sah sich die junge Republik von Anfang an in kriegerische Auseinandersetzungen – innenpolitische mit den geschassten Royalisten, außenpolitische mit den die Royalisten unterstützenden Engländern und 1796/97 mit Österreich in Italien – verwickelt, so daß tatsächlich der militär-strategischen Reiterei objektiv mehr Bedeutung zukam, als allem pferdegemäßen Freizeitreiten. Die Republik brauchte Pferde und Reiter und Kavallerieoffiziere. Pferde standen in den Stallungen des umgebrachten oder vertriebenen Adels genügend. Nur das Reiten mußte der republikanischen Reiterei in höchster Eile von Grund auf erst beigebracht werden. Und dazu, das erkannten die Reitoffiziere schnell, eigneten sich die kurzen spanischen und orientalischen Reithengste der adeligen Freizeitreiter nicht, wohl aber deren Wagenpferde, die in die Länge und Höhe gezüchteten kräftigen Karossiers mit den schrägen Schultern, viel Raumgriff, Schnelligkeit und Ausdauer, und die mit arabischem und englischem Vollblut veredelten inländischen Renn- und Jagdpferde. Unter enormem Zeitdruck vereinfachten die Militärs das Reiten ein weiteres Mal und dennoch galt schließlich Napoleons Kavallerie als die kühnste, wirksamste und damit „tüchtigste ihrer Zeit" und erfocht erst einmal Sieg über Sieg. . . Erneut identifizierte sich der „Korpsgeist" nahezu aller Reitertruppen in Europa mit der naßforschen Haudegenmentalität der napoleonischen Kavallerieoffiziere, das heißt vor allem mit deren schlichtesten Gemütern, deren absoluter Treue zum Kaiser und deren bodenloser Kühnheit im Gefecht. Das Pferd diente hierbei mehr und mehr nur noch der Befriedigung des eigenen Ehrgeizes und der Förderung der eigenen Offizierskarriere, was Napoleon I. seinerseits meisterhaft für sich und seine Ziele auszunützen verstand.

„Es ist hier nicht der Ort'', schrieb Etienne Saurel (W. 43, S. 324), ,,über die Heldentaten zu sprechen, welche die napoleonische Kavallerie vollbracht hat. Daß sieben Reichsmarschälle aus ihren Rängen hervorgingen – Murat, Lasalle, Ney, Bessières, Kellermann und Davoût – sagt genug! Diese Haudegen besaßen Reitergeist im Superlativ; die Reitkunst indessen gehörte nicht zu ihrer Stärke und noch weniger zu jener ihrer Mannschaften. (. . .) Zur Zeit der Restauration (der nicht-napoleonischen Monarchie im Jahre 1814) waren sich die Reitmeister in Versailles wie in Saumur in ihrer Ablehnung der schlichten Reiterei jener zwar ruhmvollen aber nicht desto weniger ungehobelten Haudegen des Kaiserreiches einig (, . .), nicht aber als es galt, wieder Anschluß an das Reiten zu finden und als sie zwischen der unveränderlichen akademischen Tradition der Schule von Versailles, der stark vereinfachten Kavallerie-Reitlehre d'Auvergnes und dem Druck wählen sollten, den die Modernisten auf sie ausübten, um sie sich für die englische Sportreitweise entscheiden zu lassen''. – Aber alles, was damals aus England stammte, war von vorneherein Mode. Selbst die neu installierten französischen Könige Louis XVIII. (1814–1824) und Charles X. (1824–1830) hatten bereits vor der Revolution englische Vollblüter gehalten und sich nur noch für die Rennreiterei interessiert. Ihr Geschmack gab nun den Ton an. . .

Alle Diskussionen, Wetten, Brandreden und Pamphletwechsel, die hin und wieder sogar mit blutigen Duellen endeten, brachten die Reiter nie wieder unter einen Hut. Die „Steeplechaser" (wörtlich: Kirchturmjäger), die der modischen Anglomanie huldigten und regelmäßig halsbrecherische Querfeldeinrennen veranstalteten, wetterten gegen die „Ahnungslosigkeit" der Kavallerieoffiziere, welche, auf ihre Kriegserfahrung pochend, alles immer besser zu wissen glaubten. Die akademischen Reiter sahen auf beide Gruppen herab und behaupteten, nur sie besäßen die „reine Lehre", während die Jagdreiter hinter der Meute möglichst unter sich zu bleiben wünschten, denn die Vertreter der anderen Reitsparten ritten angeblich nur ihre kostbaren Hunde an. . . Das 19. Jahrhundert sah so in der Reiterei nur Zank und Zwist, verrückte Wetten und Sensationshasche, Zirkuskunststücke und Pferdeschinderei, das immer stärker interessierte bürgerliche Publikum, nur noch Hanswursterei! Echt pferdegemäßes Reiten scheint damals ausschließlich im Verborgenen geblüht zu haben, aber – ebenfalls typisch 19. Jahrhundert – hier manchmal sogar wieder in der Reitbahn oder unter den Kastanienbäumen eines Kasernenhofes. . .

Wahrhaft passionierte Pferdeleute, die selber nachdachten, selber ausprobierten und ihre Erfahrungen immer wieder mit denen der großen Meister der Vergangenheit verglichen, gab es tatsächlich trotz allem noch, sowohl unter den Zivilisten als auch unter den Militärs. Und das wiederum war glücklicherweise nicht nur in Frankreich der Fall, sondern auch in Spanien und Portugal, Italien, Österreich, Deutschland, Skandinavien und in Ungarn, Polen und im Baltikum.

Deutschland erhielt sich so trotz aller die Reiterei reformerisch vereinfachenden Bestrebungen der preußischen Reitergeneräle unter Friedrich II. die Reitakademie in Göttingen, deren Lehrer Trichter, Oehlmann und Ayrer „die Grundlagen zur deutschen Schule der Dressurreiterei legten (. . .), welche ihrerseits in internationalen Prüfungen heute noch immer dominiert" (Saurel, W. 43, S. 278). – Kein Wunder, kann man hierzu nur bemerken; ist die aktuelle Dressurreiterei – bitte nicht mit den echt gynmastizierenden Ausbildungs- und Reitmethoden Pluvinels und La Guérinières zu verwechseln – doch eindeutig eine österreichisch-deutsche Erfindung aus dem 19. Jahrhundert, die sich zwar auch an den Erfordernissen höfischen Quadrillenreitens orientierte, mehr aber noch an den Anforderungen, welche die Kavallerieoffiziere im Feld wie bei der Parade an ihre Pferde stellen zu müssen glaubten.

Die Reitakademie Göttingen pflegte so von Anfang an eine militärisch-reformierte Dressurreiterei, deren Ziel nicht die freudige Brillanz des individuell hochgymnastizierten Pferdes war, sondern dessen Präzision und absoluter Gehorsam unter egal welchem Offizier der Reiterei. – Trichter (1665–1750), der erste Reitlehrer in Göttingen, ein unbestritten großer Reiter, war so auch der Verfasser einer vereinfachenden Reitlehre, welche Seydlitz bei der Reorganisation der preußischen Kavallerie inspiriert haben soll. Oehlmann (1710–1758) begründete zwar den eigentlichen Ruhm Göttingens als Reiterstädtchen, unterrichtete jedoch während des österreichischen Erbfolgekrieges (1741–1748), d.h. zu einer Zeit, in der man sich notwendigerweise weniger um pferdegemäßes Reiten scherte, als darum, aus Jungpferden möglichst schnell möglichst leistungsfähige und disziplinierte Offizierspferde zu formen. – Mit Johann Heinrich Ayrer „dem Älteren" (1732–1817) berief Kurator von Münchhausen den wohl bedeutendsten Reitmeister des damaligen Deutschlands als Lehrer nach Göttingen. Ayrer war in seiner Jugend österreichischer Kavallerieoffizier gewesen und soll das Reiten an der Wiener Hofreitschule studiert haben (Saurel, W 43, S. 278). Er arbeitete seine Pferde, wie La Guérinière, sowohl in der Bahn als auch im Gelände und war, wie jener, ein ebenso großer Tierarzt wie Reiter und Reitlehrer. Doch auch er hatte das Reiten in schlechten Zeiten zu lehren, nämlich während des Siebenjährigen Krieges (ab 1756).

Auch in Deutschland richteten sich so die großen Reitmeister gezwungenermaßen von 1750 an bis zum Zweiten Weltkrieg mehr und mehr auf die Anforderungen aus, die Kavallerieoffiziere und -Mannschaften im Feld an ihre Pferde und ans Reiten stellten. Alles andere wäre unpatriotisch gewesen! – Wie in Frankreich nach der Revolution von 1789 dem Adel nicht die Reitpferde, sondern vor allem die Wagenpferde, Jagd- und Rennpferde abgenommen und in den Dienst der Kavallerie gestellt wurden, spezialisierte sich die Reitakademie Göttingen auf die Ausbildung von Celler Hannoveranern. J. H. Ayrers Sohn, der zu Beginn des 19. Jahrhunderts in Göttingen unterrichtete, war sogar ein gestandener Anhänger des englischen Vollbluts, das sich nur in Ausnahmefällen überhaupt noch zum Dressurreiten eignet. Aber das englische Vollblut war in ganz Europa Mode und die sich in den Garnisonstädtchen langweilenden Kavallerieoffiziere trachteten danach, ihren Ehrgeiz durch Rekordbrüche zu befriedigen. Dazu eigneten sich schnelle Pferde besser.

Jedes Jahr wurden längere, weitere Distanzritte in immer kürzeren Zeiten geritten. Die Vielseitigkeitsprüfung wurde als sogenannte „Military" erfunden. Die seriöse Pferdeausbildung wurde weiter und weiter vereinfacht und verkürzt, so daß endlich sogar Militärreitlehrer wie Hünersdorf, Weyrother, Oeynhausen und Zivilisten wie Seeger und Steinbrecht den Niedergang des Reitens öffentlich beklagten. Leider zu spät! Die Vereinfachung des Umganges mit dem Pferd hatte sich selbständig gemacht, war nicht mehr aufzuhalten, schon gar nicht bei dem Stellenwert, den die Kavallerieoffiziere in der Gesellschaft genossen. Schließlich wußten angeblich überhaupt nur noch die Militärs ernsthaft, seriös und richtig mit Pferden umzugehen und wurden – ab 1912 – prompt zu den, ausdrücklich für Berufsreiter gesperrten, „Olympischen Reiterspielen" abkommandiert. . . mit Kavalleriepferden vom Wagenpferde- und Steeplechaserschlag mit sogar in Dressurprüfungen, in denen es auch um Piaffen und Passagen geht. . . d.h. mit allzu langen Pferden auf allzu kurze Basen, was in Tierquälerei ausarten mußte und sich heute deutlicher denn je an der Grenze zur Pferdeschinderei entlang bewegt. Aber liegt es nicht gerade dem „Geist von Sankt Georgs Reiterei" zugrunde, daß sich, wer sich ihm verpflichtet fühlt, eben auch durch Kühnheit, Überheblichkeit und naßforsche Besserwisserei über alle Erfahrungen, Warnungen und Empfehlungen der alten Meister hinwegsetzen muß?

Wie dem auch sei! Zwischen 1914 und 1918 „verheizte" die so kühne europäische Reiterei an sämtlichen Fronten 9.586.000 Pferde, in Worten: neun Millionen fünfhundertsechsundachtzigtausend Pferde! Während des Zweiten Weltkriegs verlor allein die deutsche Reiterei 1.868.400 Pferde, somit im Schnitt 865 Pferde pro Kriegstag (Quelle: DER SPIEGEL). – Gewiß kühne Zahlen! Soviele Opfer hat der Renn- und Turniersport, der aktuelle direkte Nachfolger der militärischen Reiterei, tatsächlich noch nicht gefordert.

14. Kapitel

REITMEISTER DES 19. JAHRHUNDERTS

Aller Umgang mit dem Pferd stand im 19. Jahrhundert unter dem Zeichen sportlich kühner Militärreiterei, modischer Neuerungen, die sich oft als Eintagsfliegen erwiesen, der Sensationshascherei, bei der in der Regel die Pferde die Zeche bezahlten, und – wenn auch äußerst selten – unter dem Zeichen von nur im Verborgenen blühendem „Zurück zur Natur des Pferdes und zu pferdegemäßem Reiten"! – Allein Letzteres soll uns in diesem Kapitel interessieren!

Jedes ernsthafte „Zurück zur Natur des Pferdes" setzt voraus, daß der Pferdehalter und Reiter die Natur des Pferdes zu erkennen, dann auszuloten und schließlich auch zu fördern weiß. Deshalb machte La Guérinière den Reitertakt zum wichtigsten reiterlichen Werkzeug schlechthin (vergl. Reg.). In der Praxis beruht der Reitertakt fast ausschließlich auf Gefühl; vor allem auf des Reiters Gefühl für die physischen und psychischen Regungen des Pferdes. Gefühle lassen sich jedoch weder exakt beschreiben, noch lehren, noch „wissenschaftlich untermauern", im äußersten Fall nur sich aneignen, jedoch auch das ausschließlich im Laufe vieler Jahre auf Dutzenden verschiedenster Pferde beim täglichen Reiten im Gelände und in der Bahn.

Diese Erkenntnis veranlaßte viele Reiter, denen „die Trauben zu hoch" hingen, sich ungefähr ab 1750 dem immer wieder vereinfachten, aber umso sportlicheren, militärisch beeinflußten Geländereiten zuzuwenden, dem Jagdreiten, Springreiten, Rennreiten querfeldein.

Andere Reiter versuchten, den intellektuell kaum faßbaren Reitertakt dennoch über ihr Gehirn zu erfassen. Sie analysierten die Reaktionen der Pferde, deckten Zusammenhänge auf, erhoben das Reiten zur exakten Wissenschaft; man nannte sie Mechanistiker, obwohl auch das „Verwissenschaftlichen um jeden Preis" damals nichts als eine Mode war.

Dritte sahen endlich im Pferd das Tier, dem sie als Halter, Wärter und Reiter den Verlust seiner ursprünglichen Lebensbedingungen sowohl affektiv als auch praktisch so natürlich wie möglich zu ersetzen hatten. Sie „lauschten in ihre Pferde", wie es die Gardians nannten, und entdeckten, Wunder über Wunder, täglich Neues, Anderes, oft auch Widersprüchliches. Sie machten jedenfalls ihre Pferde zu Reitlehrern, eigneten sich dabei viel zuverlässigen Reitertakt an, galten daraufhin oft als „Alchimisten des Reitens"; ihr einziges Vorbild war und blieb La Guérinière.

Der erste große deutsche „Alchimist des Reitens" nach der Zeit La Guérinières war, wie herausgestellt, *Ludwig Hünersdorf* (1748–1813), „Militärbereiter, (. . .) Oberbereiter Friederichs von Würtemberg" (Saurel, W. 43, S. 279), dann „Stallmeister des Landgrafen zu Hessen-Cassel" (W. 25). Als „eine Persönlichkeit von ausgesprochen reiterlicher Prägung, hat (er. . .) die lebendige Verbindung der beiden organisch zusammengehörigen Körper (nämlich des Schulreitens und der militärischen Reiterei) nicht abreißen lassen und zu den neueren Meistern des 19. und 20. Jahrhunderts (. . .) geknüpft. Die erste Auflage seiner ‚Anleitung zu der natürlichsten und leichtesten Art Pferde abzurichten' (Reprint Hildesheim 1973 DOCUMENTA HIPPOLOGICA) erschien 1791 zur Zeit der alles über den Haufen werfenden Französischen Revolution, und es ist kein schlechtes Zeichen, daß fünfzig Jahre später dasselbe Werk in vierter Auflage noch fleißig gelesen wurde" (W. Seunig in: „Von der Koppel bis zur Kapriole", W. 48, S. 354), obwohl der Autor schon 1813 gestorben war.

Dieses nachhaltige Echo auf Hünersdorf Reit- und Ausbildungsanleitung erklären zwei Umstände. Erstens ritten die Deutschen damals im Gelände vor allem nach den vereinfachten Prinzipien der preußischen Kavallerie und sehnten sich so offenbar nach dem pferdegemäßeren Reiten zurück, das die französische Reitkunst vor der Revolution in ganz Europa berühmt gemacht hatte. Zum zweiten drohte damals auch die deutsche Schulreiterei, dank Eisenberg und Ridinger ausschließlich auf die pferdeknebelnden Methoden Newcastles ausgerichtet, für alle Zeiten zu verkrampfen. Hünersdorf, als La-Guérinière-Verehrer, bot mit seiner „Anleitung" beiden Reitergruppen eine Alternative an, wenn diese auch vor allem den Sitz zu Pferd und die Gewichtshilfen betraf. – Hünersdorf riß 1791 jedenfalls mit seinem schwäbischen Mutterwitz ein Fenster auf und brachte mit seinem unorthodoxen gesunden Menschenverstand frischen Wind in die Ställe und Bahnen der deutschen Zivilreiterei. In den Jahren 1825/26 erreichte seine „Anleitung" als Fortsetzungsreitlehre in der in Hamburg erscheinenden „Zeitung für Pferdeliebhaber" größere Publizität als jede andere Reitlehre seiner Zeit (vergl. Nachdruck Nr. 11 in der Reihe „Bibliophile Taschenbücher" der Harenberg Kommunikation, Dortmund 1977 – Z. VIII). Kurz, letztlich zeigt der ungewöhnliche Erfolg der „Anleitung", daß sich auch damals längst nicht alle deutschen Reiter, weder mit der preußischen Militärreiterei, noch mit der Newcastle'schen Göttinger Offiziers-Dressurreiterei zu identifizieren gedachten und wohl deshalb nach pferdegemäßeren Reitmethoden suchten.

Hünersdorf, obgleich einst Militärbereiter, übernimmt das zu seiner Zeit in Deutschland geübte Reiten nicht „en bloc". Irgendwie scheint er das Vertrauen dazu verloren zu haben. Auch geht es ihm, als Hofbereiter, weniger um die Ausbildung von Reitern als um die der Freizeitpferde seines Dienstherrn. Wie muß er diese gymnastizieren, daß einerseits die Höflinge schnell und leicht mit ihnen zurecht kommen, sie andererseits aber nicht ebenso schnell auch wieder verreiten? – Er löst diesen unlösbar scheinenden Widerspruch auf seine Weise und offenbar zur Zufriedenheit aller allein über den Reitsitz, indem er den Reitern empfiehlt, lockerer, natürlicher, losgelassener zu reiten, sich weniger modebewußt, also ohne Hohlkreuz, dafür umso fester und dem Pferd gegenüber wirksamer auf das Gesäß zu setzen und mit dem Becken absichtslos in die Pferdebewegung einzugehen. Sein Hintergedanke scheint dabei der zu sein: stimmt erst einmal der Sitz, so liegen sowohl die Schenkel als auch die Hände ruhiger und dort, wo sie liegen sollen, und das Pferd wird wenigstens nicht mehr in jeder Bewegung gestört und behindert. Und wer erst einmal gelernt hat, sein Pferd beim Reiten nicht mehr zu stören oder sogar zu belästigen, wird ein locker-losgelassenes Tier unter dem Sattel haben, das munter und willig auf bloße Andeutungen hin reagiert.

Die lockere Losgelassenheit des Sitzes mit nach hinten abgekipptem Becken und die daraus sich zwanglos ergebenden Gewichtsverlagerungen *in* der Bewegung des Pferdes, das weiß Hünersdorf, machen die halbe Reitkunst aus. Sein Verdienst ist es, diese „französische" Erkenntnis in Deutschland bekannt gemacht und selber konsequent danach geritten zu haben. Wie konnte er jedoch die umso steifere, umso verkrampftere Zügelführung beibehalten, mit der er eindeutig nur von vorne nach hinten ritt? Beruhte sie nur auf schlechten Angewohnheiten aus seinen Jahren bei der Kavallerie, oder auf einem Mißverständnis der Aufrichtung des Pferdes? Glaubte er wirklich, Pferde von vorne nach hinten „auf die Hanken setzen" zu können? – Sein Katalog von „Gelegenheiten, wo das Vordertheil (die Vorhand des Pferdes) vorzüglich leidet" (W. 25, S. 204 ff) spricht teils dafür, teils dagegen! So weiß er zwar, daß die Vorderbeine seiner Pferde unweigerlich ruiniert, wer „sein Pferd zu geschwinden Bewegungen anstrengen will, und (...) ihm das Vordertheil nicht aufzurichten und das Pferd (nicht) in das Gleichgewicht zu setzen (versteht)". Auch weiß er, daß „die starken und öfteren Arrêts (Paraden)", bei denen sich die Pferde „auf die Schultern" legen, „dem Vordertheil vorzüglich nachtheilig sind". Und er beklagt im gleichen Atemzug: „Von dieser Art, dem Pferde die Vorderschenkel zu Grunde zu richten, haben viele Reiter gar keine Vorstellung". Wie recht hat er! (W. 25, S. 204 ff) – Doch beim Versammeln und Aufrichten „hält er das Vordertheil *nach sich zu* (von vorne nach hinten) zurück und treibt das Hintertheil zugleich nach sich zu vorwärts" (W. 25, S. 73), anstatt zuerst die Schenkel von hinten nach vorne, dann den Sitz von hinten nach vorne und schließlich als letztes auch die Hand von unten nach oben und in die Bewegungsrichtung (also vorwärts) einzusetzen und zwar so, daß die Schenkelwirkung nie mit der Zügelwirkung zusammentrifft. – Bei der Schilderung des Schulterhereins, auf das er mit Recht große Stücke setzt, beweist Hünersdorf dann noch deutlicher, daß mindestens seine Hand die eines preußischen Dragoners geblieben ist (W. 25, S. 239).

Ich verehre und bewundere Hünersdorf und lese seine „Anleitung" immer wieder mit viel Interesse und Vergnügen. Wenn ich dabei allerdings auf seine Erklärungen der Zügelhilfen stoße, würde ich ihm und seinen heutigen Jüngern jeweils am liebsten den Tierschutzverein auf den Hals hetzen. Aber in diese Versuchung kommt man als Freizeitreiter bei der Lektüre der Reitmeister des 19. Jahrhunderts oft. Da wechseln pferdefreundlichste Anweisungen mit Beschreibungen wahrer Foltermethoden ab und das Gemeinste dabei ist, daß heutige Dressurreiter oft ausschließlich die Foltermethoden im Gedächtnis zurückbehalten zu haben scheinen.

Die sozialen und politischen Konsequenzen der Französischen Revolution von 1789 sind im deutschen Sprachraum offenbar erst in den Zwanzigerjahren des 19. Jahrhunderts ins Allgemeinbewußtsein eingegangen. Hätte es somit Hünersdorf und seine „Anleitung" auch ohne die französische Revolution geben können, so scheint *Max von Weyrother* (17??–1833) der erste deutschsprachige Reitmeister zu sein, der sich zwar immer wieder auf La Guérinière bezieht, aber trotzdem allem lockerlosgelassenen „welschen" Reiten gegenüber ein Vorurteil hat. (Wenigstens lese ich soviel zwischen den Zeilen seiner „Hinterlassenen Schriften" (W. 33B), die 1836 „durch einige seiner Freunde" gesammelt und herausgegeben wurden.) (Nachdruck Hildesheim 1977 DOCUMENTA HIPPOLOGICA)

Tatsächlich geht es Maximilian von Weyrother, den „Schriften" zufolge vor allem darum, der militärischen Reiterei ein paar Glanzlichter aufzustecken, indem er versucht, ihr mehr Wirkfähigkeit dem Pferd gegenüber zu vermitteln. Als österreichischer Ritter wurde er 1815 Unterbereiter der Spanischen Hofreitschule in Wien, 1819 Leiter der Schule, 1825 Oberbereiter, 1830 Oberbereiter beider Wiener Hofreitschulen; der „Spanischen" und der „Campagne-Hofreitschule", und erhielt 1831 den Titel eines k.u.k. Reitschulinspektors, bevor er im Dezember 1833 starb (Podhajsky, W. 37, S. 17 u. 18).

Oberst Alois Podhajsky, ehemaliger österreichischer Berufsoffizier der Reiterei und Leiter der Spanischen Hofreitschule in Wien, schrieb in seinem Werk über die Ausbildungsmethoden an der „Spanischen", im Buch „Die klassische Reitkunst" über von Weyrother: „Die (. . .) ‚Bruchstücke aus den hinterlassenen Schriften' geben ein Bild von der Größe dieses Mannes, dessen Ruf so bedeutend war, daß er aufgefordert wurde, einen Lehrplan für die österreichische Militär-Equitationsanstalt aufzustellen, und der zu vielen reiterlichen Fragen der österreichisch-ungarischen Kavallerie entscheidend Stellung nahm" (W. 37, S. 18). – Genau hier kommen wir Freizeitreiter auf des Pudels Kern!

Seit den Anfängen des historisch aktenkundigen Freizeitreitens im Portugal König Duartes, ist es den Freizeitreitern stets vornehmlich um das Wohl der Pferde oder allenfalls um gymnastische Höchstleistungen dank pferdegemäßen Gymnastizierens bis zur vollkommenen Gewandtheit des Pferdes gegangen.

Alles militärische Reiten war indessen, ebenfalls von seinen Anfängen an, zweckgebundenes Reiten, das sich logischerweise taktisch-strategischen Überlegungen mehr verpflichtet fühlte, als der körperlichen Vervollkommnung des Pferdes. In gewissem Sinn ist so das Freizeitreiten das reine Gegenteil aller militärischen Reiterei. Und so sah es auch La Guérinière, wenn er Militärpersonen vom iberischen Geneten abriet und ihnen dafür englische, neapolitanische und deutsche Pferde empfahl; d.h. lange und große Tiere vom Schlag der Karossiers.

Die Bereiter der Spanischen Hofreitschule in Wien betrachten sich seit jeher als die einzigen authentischen Nachfolger und Schüler der Lehre La Guérinières. Alois Podhajsky schrieb: „S. Exc. von Holbein (einer der Gründer der „Spanischen" in ihrer heutigen Form) machte das Werk La Guérinières wegen seiner Klarheit und fundamentalen Bedeutung zur hervorragenden Grundlage für alle an der Spanischen Hofreitschule in Wien praktizierte Pferdeausbildung" (W. 37, S. 22), was tatsächlich darauf hinzuweisen scheint, daß in Wien auch heute noch nach freizeitreiterlichen Grundsätzen verfahren wird. – Ein paar Zeilen weiter schreibt Oberst Podhajsky jedoch: „. . . man findet die heutigen Ausbildungsgrundsätze der Spanischen Hofreitschule in diesem (. . .) Büchlein festgelegt" (W. 37, S. 23), wobei „dieses Büchlein" aber nicht die „Ecole de Cavalerie" von La Guérinière bedeutet, sondern die „Hinterlassenen Schriften" von Weyrothers, der „einen Lehrplan für die österreichische Militär-Equitationsanstalt aufzustellen (hatte und) zu vielen reiterlichen Fragen der österreichisch-ungarischen Kavallerie entscheidend Stellung nahm". – Von wem stammen „die heutigen Ausbildungsgrundsätze der Spanischen Hofreitschule" schlußendlich, von Weyrother und von den zahlreichen anderen Militärreitern, die ihm wie Oberst Podhajsky als Leiter der „Spanischen" folgten, oder von La Guérinière und von diesem nachstrebenden Freizeitreitern? – Jedenfalls undenkbar ist, was Oberst Podhajsky sagt, nämlich daß „die heutigen Ausbildungsgrundsätze der Spanischen Hofreitschule" die von Weyrothers sein können, wenn tatsächlich „La Guérinières Methoden heute noch an der Spanischen Hofreitschule unverfälscht fortleben" (W. 37, S. 18). Niemand kann gleichzeitig zwei Herren dienen und noch weniger seine Pferde zwei diametral entgegengesetzten Reitideologien unterwerfen wollen!

Vermutlich wurde an der „Spanischen" sehr lange vor allem nach La Guérinières Prinzipien und dann allmählich immer mehr nach denen von Weyrothers geritten, die schließlich die Überhand behielten. Das sieht man meiner Meinung nach sogar dem Lipizzaner an. Vergleicht man Stiche von Lipizzanern aus dem 19. Jahrhundert mit Photographien von heute, so scheint seither auch das letzte konsequent gezüchtete Schulpferd Europas in die Länge und größer gezogen worden zu sein. So weist der moderne Lipizzaner eindeutig auch mehr Raumgriff in seinen Gängen auf, während seine Piaffen und Passagen irgendwie geschrumpft zu sein scheinen, was nicht weiter erstaunen kann, steht doch bei von Weyrother: Wenn der Reiter „den Gang des Pferdes verkürzen will, so hält er beyde Zügel mehr an, indem der kleine Finger der (Zügel-)Hand gerade gegen die Mitte des Leibes zurückgeführt wird" (W. 33B, S. 23). Das ist nichts anderes als das hinlänglich bekannte „Von-vorne-nach-hinten-Reiten". Max von Weyrother selber scheint sich dessen nicht ganz unbewußt gewesen zu sein, schreibt er doch einige Seiten weiter: „wenn das Pferd (. . .) sich mehr auf die Zügel legt, so muß der kleine Finger bey der angegebenen Bewegung der Hand mehr gegen die Brust des Reiters gehoben werden" (W. 33B, S. 29), also von unten nach oben, wenn auch noch immer von vorne nach hinten, wo in Wirklichkeit eine „descente de main", ein Nachgeben mit der Zügelhand und ein Neuversammeln mit den Schenkel- und Gewichtshilfen von hinten nach vorne angezeigt gewesen wäre.

Max von Weyrothers Größe besteht gewiß, wie Oberst Podhajsky schrieb, auch in seinem Nachdenkenkönnen und in seinem Einfluß auf die k.u.k. Kavallerie und die Hofreitschule. Uns steht er indessen näher, weil er über seine deutschen Schüler die gesamte deutsche Sport-Dressurreiterei und damit auch die deutsche Reitpädagogik bis zum heutigen Tag nachhaltig beeinflußt hat. Ja, Wien steht heute dem modernen Dressurreiter dank Weyrother, Seidler und Seeger näher, als Göttingen.

Louis Seeger (1794–1865) war der erste große Deutsche, den Max von Weyrother an der Spanischen Hofreiterschule unterrichtet hat. Aus Wien nach Berlin zurückgekehrt, eröffnete und leitete er den „Seegershof", der bald schon zu einer der berühmtesten deutschen Reiter- und Pferdeausbildungsstätten werden sollte. Hier unterrichtete er auch seinen Neffen, der ihn schließlich sogar übertreffen sollte: Gustav Steinbrecht.

In seinem Werk „System der Reitkunst" (W. 47), das 1844 in Berlin erschien und das heute innerhalb der DOCUMENTA HIPPOLOGICA als Faksimiledruck wieder vorliegt, erweist sich Louis Seeger als ein typischer Vertreter jener „mechanistischen" Schule, die annahm, auch das Pferd und seine Reaktionen auf reiterliche Hilfen hin, rein naturwissenschaftlich analysieren, voraussagen und entsprechend beeinflussen zu können. Die „Wissenschaftlichkeit um jeden Preis" war damals Mode, ist es oft auch heute noch, und läßt sich in Seegers Werk glücklicherweise leicht überblättern. Daraufhin findet man zu den ersten Schlüssen aus der Hebeltheorie, die auch für uns von Bedeutung sind, da sie sowohl die Hankenbeugung als auch das Gleichgewicht des Pferdes zu erklären versuchen: „Die einzelnen Knochenverbindungen des Hintertheils sind dadurch einer größeren Beweglichkeit fähig (als die des Vorderteils), daß ihre Winkel verengert und erweitert werden können (;. .). Geschieht nun die Verengung dieser Winkel, so wird dadurch das Hintertheil des Pferdes tiefer gestellt und so die waagerechte Linie der Rückenwirbelsäule gebildet. Nur mittelst dieser Biegsamkeit des Hintertheils kann die Vorhand auf-, und das Pferd in's Gleichgewicht gerichtet werden" (W. 47, S. 18 u. 19), ist somit die Tragekräfte des Pferdes beanspruchendes, pferdegemäßes Reiten überhaupt erst möglich. Louis Seeger scheint demzufolge von Anfang an mit seiner „Wissenschaftlichkeit" vor allem die Hankenbeugung („l'Abaissement des hanches" – vergl. Reg.) dem sportlich-militärischen ,,Reiten auf den Schultern des Pferdes" gegenüber abgrenzen zu wollen. . . wie Hünersdorf und auch Weyrother vor ihm. – Wird es ihm pferdefreundlicher gelingen als jenen?

Auch Seeger arbeitet Jungpferde erst längere Zeit an der Longe, bevor er erstmals einen Reiter aufsitzen heißt. Soweit, so gut! Dann läßt er das Tier im Kappzaum unter dem Reiter weiter an der Longe gehen, wobei der Reiter allerdings ,,die Zügel in gehöriger Kürze hält, daß er sowohl Kopf und Hals des Pferdes, ohne seinen Oberleib aus der gegebenen Stellung zu bringen, mit Kraft erheben, als auch dem Pferde nachgeben kann" (W. 47, S. 45) und das dann so, „daß er das Pferd, mit abwechselnden Anzügen der einzelnen Zügel, die kurz aufeinander folgen müssen (also durch ,,Riegeln" – SGS), nach Verhältniß seiner Stellung und Richtung vorn in die Höhe arbeitet" (W. 47, S. 46 u. 47).

Dieses absolut künstliche, d.h. unnatürliche, Aufrichten eines Jungpferdes bereits beim ersten Anreiten entspricht zwar konsequent dem wissenschaftlich-theoretischen Zusammenspiel des ,,vorderen mit dem hinteren Hebel", kann in der reiterlichen Praxis aber ein Jungpferd bestenfalls sich verkrampfen, sich widersetzen oder für lange Zeit sauer werden lassen. Es kennt ja noch nicht einmal die Schenkel- und Gewichtshilfen, wird aber bereits mit riegelnder Zügelhilfe nicht nur belästigt, sondern geradezu bestraft. Was bleibt ihm anderes übrig, als seinen Rücken wegzudrücken, den Hals zu heben und ebenso verkrampft über die Kreisbahn zu zuckeln, wie die griechischen Pferde zu Xenophons Zeiten und die mit Schlaufzügeln oder Ausbindern angerittenen modernen Dressurpferde heute? Selbstverständlich ist auch dieses, Seegers, Anreiten nichts anderes als ein Von-vorne-nach-hinten-Reiten und somit streng zu verurteilen.

Aber neben solchen unmöglichen Praktiken aus der militärischen Remontenausbildung empfahl Louis Seeger seinen Schülern dann auch wieder vollkommen Richtiges zur Nachahmung, so z.B. ,,sich die Linie, die (man) beim Wenden reiten will, vorerst mit dem Auge vorzuzeichnen; dies ist durchaus nothwendig, wenn (man) seinem Pferde eine bestimmte Richtung geben will" (W. 47, S. 55).

Für uns besonders interessant wird Seeger und seine Zeit mit der Definition der Anlehnung (vergl. Reg.). – Hatte in der Tat Hünersdorf das Pferd mit dem Gebiß noch spielen lassen: „Wenn nun der Reiter anfängt, (das Pferd) in die Hand zu richten (, . .), so treibt er es mit beiden Schenkeln nach und nach vorwärts gegen das Gebiß. Mit der Hand verhält (verwahrt) er es aber zu gleicher Zeit gemächlich (, . .). Bei diesem gelinden und stäten Zusammennehmen wird das Pferd seinen Kopf und Hals herbei geben. Sobald es dieses thut, giebt ihm der Reiter stäts wieder nach, wodurch es für diesen Gehorsam belohnt wird und zugleich mit dem Gebiß spielen kann" (W. 25, S. 164). . . Fing Hünersdorf demnach mit „gelinde verwahrend riegelnden" Zügeln das Zuviel an Impulsion (Energie) ab, das er mit den Schenkeln im Pferd investiert hatte, um auf das Nachgeben des Tieres hin sogleich selber auch nachzugeben; wechselte Hünersdorf somit ähnlich wie La Guérinière noch zwischen bloß kurzzeitig verwahrender leichter Anlehnung und dem Nachgeben ab; so fordert nun Louis Seeger sehr bestimmt: „Das Pferd darf sich diesem Druck (des Gebisses) weder entziehen, d.h. hinter die Hand kriechen, noch ihm entgegenstreben, d.h. auf die Hand liegen, oder gegen sie gehen" (W. 47, S. 62). Weswegen sollte es dies wollen, wenn es mit Schenkel und Gewicht in eine bloß verwahrende oder nachgebende Hand getrieben würde, d.h. in eine Hand, die mit den Zügeln nur spielt – nie „arbeitet"?

Seeger sagt: „Unter dem Wort *Anlehnung* versteht man in der Sprache der Reitkunst den *steten Druck*, welchen die Hand des Reiters vermittelst der Zügel durch das Gebiß im Maule des Pferdes hervorbringt; dieselbe kann dreierlei Art sein, nämlich: fest, weich und leicht, und demnach ist der Druck stärker oder schwächer" (W. 47, S. 62), muß aber als steter Druck erhalten bleiben. Spätere Spring- und Rennreiter werden diesen „steten Druck" zum Vorwand nehmen, sich an den Zügeln geradezu festzuhalten und von sich zu behaupten, sie *spannten* ihre Pferde zwischen den Schenkeln und den Händen wie einen Flitzebogen! Frage: wo fängt die Anlehnung an und wo hört sie auf? – Bevor wir eine schlüssige Antwort hierauf suchen, sei schon einmal festgehalten, daß bereits zwischen Hünersdorfs „Anlehnung", als einem Wechselspiel zwischen dem Verwahren und dem Nachgeben der Zügelhand, und Seegers „Anlehnung" als „stetem Druck" zwar nur fünfzig Jahre, für die Pferde aber ganze Welten liegen. – Und nach dem gleichen Modell, nach dem in nur fünfzig Jahren – zwischen 1790 und 1844 – aus der spielerischen Hand in der Reiterei eine stete, wenn nicht sogar sture Hand hervorgegangen ist, wurde seither aus der ehemals „leichten Anlehnung" ein angeblich sogar „Pferde spannendes", brutales „Sich-in-die-Zügel-Verkrallen, ohne daß sich die Reiter dessen mehr bewußt werden. Wie kam es dazu?

Rufen wir den nächsten Zeugen auf: *Börries Freiherr von Oeynhausen* (1812 in Hersrode bei Kassel geboren, gestorben 1875), einen Schüler E.F. Ayrers „des Jüngeren" in Göttingen und ebenfalls Max von Weyrothers und der Spanischen Hofreitschule in Wien. Zwischen 1850 und 1856 war er Kommandant des k.u.k. Militär-Central-Equitations-Instituts in Wien und als solcher der „Schöpfer des in vieler Hinsicht auch heute noch vorbildlichen altösterreichischen ‚Abrichtungsreglements' " (Oberst W. Seunig, W. 48, S. 407), das 1852 in Wien erschien.

Wie definiert von Oeynhausen die Anlehnung?

Auf Seite 60 seines „Leitfadens zur Abrichtung von Reiter und Pferd" (W. 33A) schreibt er: „sie gründet sich auf vorher erzieltes Gleichgewicht, wodurch das Vordertheil des Pferdes so sehr erleichtert wird, daß die Hand nur eine stäte, gleiche und sanfte Verbindung mit dem Maule fühlt (, . .)." Außerhalb des Gleichgewichts des Pferdes unter dem Sattel scheint es somit für von Oeynhausen nichts zu geben, was man „Anlehnung" nennen könnte, aber in diesem Gleichgewicht „hat das Mundstück in einem ausgebildeten Maule (nur) eine gelinde Anlehnung und *die Faust des Reiters trägt nichts als das Gewicht der Zügel*" (W. 33A, S. 59).

Endlich ist es gesagt: wenn es eine echt pferdegemäße Anlehnung überhaupt gibt, kann es sich dabei im äußersten Fall nur um jene Verbindung zwischen dem Pferdemaul und der Zügelhand handeln, bei der 1. der Reiter kein halbes Gramm mehr in der Hand hält, als die Zügel wiegen und 2. das Pferd sich mindestens in horizontalem Gleichgewicht, d.h. in „Selbsthaltung" (vergl. Reg.) trägt. . .

Nun hat aber Herr von Oeynhausen seiner Aussage noch etwas beizufügen! „So angenehm und wünschenswerth indess diese eben beschriebene Anlehnung ist, so selten ist sie auch; dagegen findet man viele Abweichungen davon, die theils ihren Grund in dem (schlechten) Baue und Temperament des Pferdes, theils auch in seiner (fehlerhaften) Abrichtung haben. Man theilt diese fehlerhaften Anlehnungen ein: in die allzu starke, harte, die zähe, und das Hinterderhandsein. Drückt das Pferd zu stark auf das Gebiß (, . .), so ist dieses eine feste und harte Anlehnung. (. . .) Die(se) starke Anlehnung (findet) immer bei Pferden statt, die eine schwere Vorhand und schwache Nachhand haben, bei Pferden, die vorne niedrig (also hinten überbaut) sind (, . .). Solchen Pferden kann man erst nach der Bearbeitung ihres Gleichgewichts und ihrer Biegung eine ihrem Baue und Temperament angemessene, nur mittelmäßige Anlehnung beibringen. (. . .)

Die zähe Anlehnung ist eigentlich ein gewisses Abgestumpftsein des Gefühls; man kann solchen Pferden mit der Hand nachgeben, und sie wieder verhalten, ohne dadurch eine augenblickliche Veränderung im Gefühle zu empfinden; solche Pferde lassen sich gewissermaßen nur dahin ziehen, wohin sie der Reiter haben will (, . .)" (W. 33A, S. 60 u. 61).

Frage: Kann man diese fehlerhaften Abweichungen überhaupt noch „Anlehnung" nennen? – Ganz bestimmt nicht!

Hingegen könnte auf der anderen Seite, am anderen Ende der Zügel, dort wo der Reiter sitzt, auch eine fehlerhafte Anlehnung des Pferdes mittels richtigem Sitz, richtiger Schenkeleinwirkung und durch spielerische Zügelführung zu einer akzeptablen „leichten Anlehnung" zurückkorrigiert werden, meine wenigstens ich. . . Börries von Oeynhausen bezweifelt dies, mindestens bei Pferden, die absichtlich oder unabsichtlich „auf die Schultern", d.h. ins Ungleichgewicht nach vorne gezüchtet worden sind wie alle Wagenpferde, Jagd-, Sport- und Rennpferde, schreibt er doch: „Ist ein langer, sehr gebogener, mit schwachen Muskeln versehener Hals, dazu schwerer Kopf, schwacher Rücken, niedriges Vordertheil usw. die Ursache (für die fehlerhaft Anlehnung), so muß man sich bei solchen Pferden mit (umso mehr reiterlicher) Geschicklichkeit so gut wie möglich durchzuhelfen suchen; am besten wäre es, solche Thiere aus der Kategorie der Reitpferde zu streichen. (. . .) Geschicklichkeit, mäßige Anforderungen und viel Geduld sind die einzigen Mittel, um solche Pferde zu einigermaßen guten Leistungen fähig zu machen. (. . .) Ganz rohe Pferde haben eigentlich gar keine *Anlehnung*, weil diese selbst bei der besten Struktur und Folgsamkeit des Thieres *ohne* dem früher hergestellten *Gleichgewichte nicht zu denken* ist" (W. 33A, S. 62). . . Also? – Wie, wo und wann fängt die Anlehnung an und wie, wo und wann hört sie auf?

Freiherr von Oeynhausen zufolge ist die Anlehnung – genau wie La Guérinière zufolge – ohne „Selbsthaltung des Pferdes im (mindestens horizontalen) Gleichgewicht" nicht denkbar. Aber in der Selbsthaltung des Pferdes im Gleichgewicht, trägt die Faust des Reiters „nichts als das Gewicht der Zügel". Die einzige dem Pferd gegenüber vertretbare Anlehnung scheint somit ausschließlich in jenen Gleichgewichtsmomenten überhaupt erreichbar zu sein, in denen sich das Pferd wörtlich „selbst trägt" und bedeutet dann aber absoluten Verzicht auf jegliche aktive Anlehnung der Reiterhand. So sah sie auch La Guérinière: „Anlehnung nennt man das Gefühl, welches die Auflage der Kandare (im Pferdemaul über die Zügel) in die Hand des Reiters übermittelt und umgekehrt auch das Gefühl, welches die Reiterhand (durch die Aufnahme des Zügelgewichtes) dem Unterkiefer des Pferdes mitteilt (W. 19, S. 71). Anlehnung heißt so letztlich nur die Beziehung zwischen der Zügelhand und dem Pferdemaul, die sich dadurch ausdrückt, daß einmal das Pferd, dann wieder der Reiter einen größeren Anteil am Zügelgewicht trägt. Nochmals anders ausgedrückt, ist die einzige Art der Anlehnung, über die es sich zu reden lohnt, ausschließlich in jenem Gleichgewichtsmoment des Pferdes vollkommen, in dem Reiter und Pferd sich – nochmals wörtlich – gegenseitig losgelassen haben. Jede andere Art der „Anlehnung", nämlich „die allzu starke, harte, die zähe und die hinter der Hand" ist fehlerhaft (Oeynhausen), d.h. allzu weit von der eben definierten Anlehnung entfernt, um überhaupt noch „Anlehnung" genannt werden zu dürfen, beruht sie doch in Wirklichkeit auf nichts anderem, als auf mehr oder weniger konstantem Am-Zügel-Zerren seitens des Reiters und ist damit nicht nur unpferdegemäß und damit unreiterlich, sondern vor allem echt gymnastizierender Pferdeausbildung und allem echten Reiten geradezu abträglich.

Im Jahre 1980 veranstaltete ein in Deutschland bekannter Dressurreiter einen ,,Dressurkurs" für eine Reihe junger Leute, die das silberne Reitabzeichen erwerben wollten. An einem der Kursabende brüllte er dabei eine junge Dame an: „Wenn Sie nicht auch einmal mit zehn Kilo in jeder Hand reiten können, haben Sie hier nichts zu suchen!" – Deutlicher hätte er die aktuelle Auffassung der Anlehnung in der hohen Dressurreiterei nicht definieren können; mit „Reiten" hat diese aber wie gesagt schon seit La Guérinières und Oeynhausens Zeiten nichts mehr zu tun.

Freiherr von Oeynhausen war seinem ,,Leitfaden" zufolge eindeutig ein ,,denkender Reiter" und hatte nachweislich die ,,Ecole de Cavalerie" nicht nur gelesen, wie Weyrother, sondern eingehend studiert. Wie La Guérinière – und Hünersdorf – führte er seine Zügelhand wieder mit nach oben gedrehten Fingernägeln von unten nach oben und von hinten nach vorne. Wie La Guérinière führte er seine Pferde am lockeren Zügel. Wie La Guérinière saß er mit nach hinten gekipptem oberem Beckenrand fest und tief im Sattel und versuchte, seine Pferde ausschließlich von hinten nach vorne zur Hankenbeugung und zum Untertreten zu bewegen. – Woher ich das weiß?

Die unter Freizeitreitern durch ihre unendlich sachverständigen Ratschläge bei Pferdehaltungs-, Weide- und Reitproblemen so bekannte und geschätzte Freifrau *Jutta von Grone*, eine Großnichte Börries von Oeynhausens, besitzt einen, ihrer Mutter gewidmeten, Kupferstich, auf dem Oeynhausen die absolute Losgelassenheit seines Reitens demonstriert. Als ob das Bild allein nicht ausreichen würde aufzuzeigen, was er unter ,,Reiten" versteht, schrieb er mit eigener Hand seine Definition des „guten Reiters" darunter:

,,Wer ist ein guter Reiter? – Derjenige welcher bei alsbaldiger Erkenntnis dessen, was er vom Pferde – sowohl den Naturgaben, als dem erlangten Dressurgrade nach – verlangen darf, mit stets festem, ruhigem Sitze und freier Hand, in entsprechend kurzer Zeit mit der wenigsten Anstrengung für sich und sein Pferd, seinen Zweck, sein Ziel erreicht."

Spätestens mit dem Stich (Tafel V, Bild 8) und dieser Definition erweist sich der k.u.k. Kavallerie-Major von Oeynhausen nicht nur als ein, für seinen Beruf mit unüblich viel Phantasie und eigenem Denkvermögen begabter, Reiter, sondern darüber hinaus auch noch als eine hochkultivierte, originelle Persönlichkeit, als einer der wenigen, aus der militärischen Reiterei hervorgegangenen, großen Reitmeister mit auch einer menschlich überzeugenden Dimension. . . kurz, als ein letzter Ritter oder. . . „Freizeitreiter" von für uns überragender Bedeutung! – Frau Jutta von Grone sei an dieser Stelle herzlich für die Überlassung des Stiches und des Textes zur Publikation und auch für ihre zahlreichen fruchtbaren Quellenhinweise gedankt!

Ein „letzter Ritter oder Freizeitreiter" war der nächste Reitmeister, mit dem wir uns auseinanderzusetzen haben, in keiner Weise. *François Baucher* (1796–1873) ritt vielmehr die erste Hälfte seines Lebens total verbissen um

Anerkennung und die zweite wie besessen von dem Gedanken, sein Leben könnte zu kurz sein, um noch hinter die Geheimnisse des locker-losgelassenen Reitens zu kommen! Daß Meister wie Pluvinel und La Guérinière bereits einmal dahinter gekommen waren, leugnete er schlichtweg.

François Baucher, „Sohn eines Weinhändlers in Versailles (. . .) verdankte seine Reitanfänge einem Onkel, der die Ställe des Prinzen Borghese (. . .) in Mailand führte. Mit vierzehn Jahren Piqueur-Lehrling bei diesem geworden, kehrte er 1816 (zwanzigjährig) nach Versailles zurück. Er wird Piqueur der Ställe der Herzogin von Berry, die er seiner reiterlichen Ambitionen wegen oder aus republikanischer Gesinnung jedoch schon bald wieder verläßt. Von 1820 an (eben vierundzwanzig Jahre alt geworden) erteilt er Reitunterricht erst in Le Havre, dann in Rouen, schließlich in Paris. (. . .) Von diesem Augenblick an beginnt für Baucher, den Unermüdlichen, den Perfektionisten und Monomanen seiner Kunst, ein Leben außerordentlicher Itensität, das er zwischen der Ausbildung seiner besten Pferde: „Partisan", „Buridan", „Capitaine", „Neptun" usf. und dem Reitunterricht, seinem Schreiben und seinen triumphalen Vorführungen im „Zirkus der Champs Elysées" (, . .) zu teilen versucht" (Etienne Saurel, W. 43, S. 337 u. 338).

Zwischen 1830 und 1842 schreibt er tatsächlich fünf – teils dicke – Bücher über seine Reitmethode, die 1854 als „Gesammelte Werke von François Baucher" neu aufgelegt werden und 1864 sage und schreibe nochmals, nämlich bereits in zwölfter Auflage erscheinen. – Gustav Steinbrecht schrieb über ihn und seine „Terminarbeit" mit „Géricault": „Charlatanerie ist es auch (. . .) wenn Jemand sich rühmt, jedes Pferd innerhalb eines bestimmten Zeitraumes thätig machen zu können"! War Baucher aber wirklich nur ein Scharlatan?

Auf seinem Totenbett sagte er anfangs März 1873 zu seinem größten Schüler und Freund, zu General L'Hotte: „. . . Sie dürfen Ihre (Zügel-) Faust niemals dem Körper nähern, nie auf sich zu bewegen; andernfalls beeinträchtigen Sie des Pferdes Schwung, sogar seine Gewichtsverteilung, dann ist alles dahin" (W. 23, S. 223). . . Diese Erkenntnis, von Baucher selbst erarbeitet – alle jene der früheren Meister ignorierte er ja konsequent – ist schlechthin genial zu nennen! War somit Baucher wirklich ein Scharlatan, oder doch eher ein verkanntes Genie?

Er war wohl vor allem er selber: François Baucher; Genie *und* Scharlatan! An seinen Lesern ist es, das Geniale zu erkennen ohne den Scharlatan dahinter zu vergessen und den Scharlatan zu überblättern, ohne je die Tatsache aus den Augen zu verlieren, daß ein Genie dahinter steckt!

In Wirklichkeit wurde denn auch kaum einer unter den alten wie unter den neueren Meistern sein Leben lang höher geschätzt und heftiger angefeindet als François Baucher. Kaum einer scheint sich aber auch so abhängig von Lob und Kritik gefühlt und beides dadurch geradezu selber provoziert zu haben wie er, der er das Licht des öffentlichen Ansehens im Zirkus erblickte, um nur wenig später – vor allem durch die gegen Lord Seymour gewonnene Wette und die Vorstellung von Géricault unter dem Sattel – die gesamte französische Reiterwelt in zwei Lager zu spalten; in „Baucheristen" und „d'Auristen". Nur so konnte Bauchers berühmtester Schüler, L'Hotte, der auch ein Schüler d'Aures war, von ihm sagen: „Baucher ist das außergewöhnlichste reiterliche Genie, das je existierte" (W. 23, S. 204); nur so konnte auch der Deutsche Steinbrecht von ihm behaupten, er sei „der Totengräber der französischen Reitkunst" (W. 43, S. 338).

Zweifellos war Baucher ein durch und durch außergewöhnlicher Reiter, wenn echt genial wahrscheinlich auch „nur" als Korrektor oder Neubereiter total verrittener und verdorbener Pferde, an die sich außer ihm längst niemand mehr heranwagte. Eine Anekdote, die l'Hotte erzählt, mag diese Behauptung illustrieren (W. 23, S. 109–111): „Was Géricault betrifft, so hatte dieser unzählige Reiter und darunter die angesehensten abgeworfen. Seine Charakterschwierigkeiten, seine Widersetzlichkeiten waren derartig, daß sein Besitzer, Lord Henry Seymour – Géricault als Einsatz – gewettet hatte, kein Reiter könne sich eine ganze Tour um den Bois de Boulogne lang, auf diesem Pferd halten". – Je ein Schüler Bauchers und des Grafen d'Aure nahmen die Wette an. Der Schüler d'Aures erlitt einen schweren Sturz, der Bauchers gewann sie – wenn auch nur weil seine Mitschüler auf eigenen Pferden Géricault so zwischen sich einkeilten, daß diesem für Widersetzlichkeiten kein Raum mehr blieb. Kurz, der Gewinner der Wette schenkte Géricault seinem Lehrer, Baucher, „aus Verehrung und Dankbarkeit". – Um der Diskussion über die Gültigkeit der Wette den Wind aus den Segeln zu nehmen, verpflichtete sich Baucher, Géricault nach nur vierwöchiger Redressur im „Zirkus der Champs Elysées" öffentlich vorzuführen. L'Hotte schreibt dazu (W. 23, S. 111): „Einmal rund um den Bois de Boulogne auf einem Pferd wie Géricault im Sattel zu bleiben (, . .), das ist ganz ansehnliche Sattelfestigkeit (. . .). Was aber ans Wunderbare grenzt, das ist das Vorreiten eines solchen Pferdes bei künstlichem Licht, den Geräuschen eines Orchesters und den Beifällen eines zahlreichen Publikums am 29. Tag seiner Ausbildung, ohne daß sich das geringste Bestreben zur Widersetzlichkeit bemerkbar macht, ja ohne einen einzigen Fehler zu machen. – Nichts, gewißlich, vermag besser das Vermögen der Hilfen, die Baucher entdeckte, unter Beweis zu stellen, den Wert seiner methodischen Dressur und des Meisters unvergleichliches Talent sichtbarer zu machen".

Niemand – außer Steinbrecht – bestreitet Baucher das Talent, schwierig gewordene Pferde in erstaunlich kurzer Zeit zu korrigieren. Baucher selber sah sich jedoch nicht als Pferde-Redresseur, sondern als *der* Neuerer der Reitkunst par excellence und seine Methoden als unfehlbar. Nur deswegen muß er sich Kritik gefallen lassen.

Baucher ging vom Prinzip aus, nach dem sich jedes Jungpferd allein dadurch, daß es von einem Tag auf den anderen einen Reiter tragen muß, verkrampft. Er lokalisierte die Verkrampfungen vor allem im Maul, in den Ganaschen, im Nacken und im Hals des Pferdes einerseits und andererseits in den Lenden, in den Muskeln rund um den Beckenring und in denen darunter. Indem er sich – leider auch am stehenden Pferd und ausgerechnet von vorne nach hinten – jedes einzelnen „Verkrampfungsherdes" einzeln und gesondert annahm, indem er durch recht künstliche (sprich: unnatürliche) Biegungen und Beugungen, oft sogar Verbiegungen, jeden Muskel einzeln durchzukneten versuchte, hoffte er, Pferde so locker und losgelassen zu machen, daß sie der späteren Übernahme ihres und ihres Reiters Gewicht auf die Hinterhand keinerlei Widerstand mehr entgegen setzen würden. Die Idee war a priori nicht schlecht. Nur die Ausführung der Biegungen und Beugungen krankte an der reiterlichen Geschicklichkeit und Erfahrung, die eben nur ein Baucher und sonst niemand aufzubringen fähig war – ganz abgesehen davon, daß das Pferd bekanntlich kein Motorrad ist, das sich in Einzelteile zerlegen, ölen und wieder zusammenbauen läßt.

Zweifellos war François Baucher unter den Reitern seiner Zeit einer der Besessenen; aber ebenso zweifellos war er auch ein Reittheoretiker, der über den Schatten des einzigen Meisters, den er anerkannte, nämlich über den seinen, nie zu springen gelernt hat. Nie versetzte er sich so auch nur gedanklich einmal in die Haut eines Pferdes unter François Baucher. Wie hätte er anderenfalls jeweils nur mit Pferdeblut an den Sporen aus dem Sattel steigen und sich dessen auch noch rühmen können? – Baucher, der berühmte „Entkrampfer" von Pferden, muß in Wirklichkeit seine Tiere jahrelang reiterlich weit stärker *verkrampft* haben, als es sein Reitergewicht allein getan haben würde. Wie sonst hätte er das „Nachgeben" geradezu als „aide de finesse", als feinste, subtilste Hilfe, statt wie La Guérinière als Selbstverständlichkeit, zum Schlüssel seiner angeblich neuen Methode machen können?

So ist denn auch „nur" die Propagierung der „descente de main", des „nachgebenden Tiefergehens der Hand", der „descente des jambes", des „nachgebenden Tiefertretens der Absätze und Unterschenkel", und der „descente de main et des jambes", des „Nachgebens von Hand und Schenkel" in höchster Versammlung bis zur Aufgabe der Anlehnung, als Hilfen François Bauchers großer Verdienst. – Erst gegen Ende seiner Laufbahn ritt er allmählich etwas pferdegemäßer und fand damit zu so bedeutsamen Sätzen wie diesen: „Ich sage es noch einmal; das Pferd muß, bevor man mit dem Versammeln beginnt, unbedingt vollkommen leicht in der Hand ruhen, denn dann erst wird es einfach, den Raumgriff der Vorderbeine ohne mühsame Quälerei zu beschränken und den der Hinterbeine zu vergrößern" (W. 5, S. 122). Wie wahr und wie richtig!

Leichtigkeit, Gewandtheit und Lebendigkeit des Pferdes in höchster Versammlung wurden, wenn auch etwas spät, des älteren, weiseren Bauchers höchste Anliegen. Deutschland ritt zu dieser Zeit im großen Ganzen nach Newcastle und seine Pferde wurden dabei mehr und mehr verbogen und zusammengeschraubt. Hatte so noch Weyrother geschrieben: „Das Anhalten der Hand und die Anlegung der Schenkel *zu gleicher Zeit* erheben das Pferd und schieben es zugleich mit dem Hintertheil mehr unter (, . .)" (W. 33B, S. 40), so donnerte nun Baucher sein kategorisches ,,Main sans jambes. – Jambes sans main!" – „Hand ohne Schenkel. – Schenkel ohne Hand" und wurde vor allem deswegen bis in neuere Zeit international nicht nur kritisiert, sondern auch wüst beschimpft – nicht selten sogar von Reitern, die ohne es zu merken, selber ,,baucherisierten" wie beispielsweise alle jene, die ihre Pferde „herunterriegeln" und dabei nur unbewußt und ungeschickt Bauchers ,,Flexionen" zu imitieren trachten. . .

Persönlich halte ich – einmal abgesehen von einigen einprägsamen Formeln aus seiner Feder – auch nicht übertrieben viel von Bauchers Reitmethoden. Mir besitzt François Baucher zuviel Kraft, zuviel Ehrgeiz und zuwenig Reitertakt. Auch ritt ich Pferde fanatischer Baucheristen und fand diese stets irgendwie geschunden, wenn nicht körperlich, dann psychologisch. . . Schreibt jedoch der Autor „des besten Buches, das jemals über die Reitkunst geschrieben wurde", nämlich *Gustav Steinbrecht* (1808–1885): „Das großartigste Beispiel solcher Marktschreierei hat uns Herr Baucher gegeben, der durch die Dreistigkeit seiner Behauptungen und Ungeheuerlichkeit seiner Versprechungen die gesamte Reiterwelt in Bewegung und Verwirrung versetzt hat" (W. 55, S. 41), so muß ich mir überlegen, wen ich eher der „Marktschreierei" zeihen soll, den „Scharlatan" Baucher, oder den Autor dieser Beschimpfungen und unserer reiterlichen Bibel: Gustav Steinbrecht?

Gustav Steinbrecht war ein Schüler Louis Seegers und wurde dessen Nachfolger auf dem ,,Seegershof" in Berlin. Er bewunderte vor allem Newcastle und Louis Seeger. Dennoch bewahrte er sich eine gewisse Eigenwilligkeit des Denkens, welche die deutsche Reiterei durchaus zu vertretbaren Grundsätzen hätte zurückführen können, wenn nicht ausgerechnet Paul Plinzner sein Schüler und Freund gewesen wäre und sein „Gymnasium des Pferdes" 1886, erst nach seinem Tod, „vervollständigt" und herausgegeben hätte. – Aber vielleicht ist gerade dies das Typische an Steinbrecht; die meisten deutschen Reiter geben sich als Steinbrechtfans, reden über ihn und seine Pferdeausbildungsmethoden und beweisen mit den wilden Gerüchten, welche sie über sein Reiten verbreiten, daß sie das ,,Gymnasium" (W. 55) wohl nie ganz gelesen und noch weniger studiert haben.

Im Ausland – d.h. in der Schweiz, in Frankreich, England und in den U.S.A. – wird Steinbrecht in der Regel als der einzige deutsche Reitmeister schlechthin angesehen und hier vermutlich eingehender studiert, als in seiner Heimat. General Decarpentry, der größte französische Dressurreiter unseres Jahrhunhunderts, nannte das „Gymnasium des Pferdes" ein „Monumentalwerk". Nuño Oliveira, der große portugiesische Meister, schrieb (W. 34, S. 34): „Steinbrecht ist der Autor, der uns in unserer Zeit die zuverlässigste und genaueste Beschreibung des Schulterherein geschenkt hat".

Doch, lassen wir Gustav Steinbrecht selber zu Wort kommen:
Zum Sitz: „Der sogenannte normale Sitz wird dann erst zum schönen und eleganten, wenn das in's richtige Gleichgewicht gerichtete Pferd seinen Reiter selbst darin versetzt" (W. 55, S. 2). – „Die Verbindungsfläche des Reiters mit seinem Pferd ist nicht nur die Basis, worauf er das Gewicht seines Oberkörpers im Gleichgewicht zu erhalten hat, sondern auch gleichzeitig das Organ, wodurch er von den Bewegungen des Pferdes unterrichtet wird" (W. 55, S. 12).
Über die Hilfen: „. . . wer eine wirklich gute Hand zu Pferde besitzt, ist ein Meister der Reitkunst (, . .), während ein mit einer wirklich schlechten Hand behafteter Mensch niemals ein Reiter im wahren Sinne des Wortes sein kann, mag er auch durch Festigkeit des Sitzes, Courage und Eleganz der Erscheinung noch so sehr bestechen, weil sein Fehler nur aus Mangel an Gefühl und Verständnis für das Pferd hervorgehen kann" (W. 55, S. 17).
Zur Versammlung: „Das Belasten der Hinterhand, mit anderen Worten das (Ver-) Sammeln des Pferdes, muß (. . .) von hinten her beginnen, indem der Reiter durch verdoppelte Thätigkeit und Wachsamkeit seiner Schenkel die Hinterfüße zu lebhaften und entschlossenen Vorwärtsbewegungen animiert, und sie dabei stets so gerichtet erhält, daß sie gegen den Schwerpunkt der Gewichtsmasse wirken" (W. 55, S. 63). – „Der Reiter kann (. . .) zur Kräftigung und Ausbildung (der Vorderhand) nur durch möglichste *Entlastung* wirken, d.h. er muß (sie) dadurch schonen und die Freiheit und Leichtigkeit (ihrer) Bewegungen fördern, daß er so viel von dem (ihr) von Natur zugetheilten Gewichten nach hinten verlegt, als die Tragefähigkeit des Hintertheiles zuläßt" (W. 55, S. 92).

Aus diesen wenigen Zitaten gehen die Hauptanliegen Gustav Steinbrechts bereits eindrucksvoll hervor und erweisen sich als identisch mit den Hauptanliegen praktisch aller Gymnastizierungssysteme seit La Guérinière. Steinbrecht geht es – wie L'Hotte, dem Baucher-Schüler – vor allem um die Befolgung des Grundsatzes: „Reite dein Pferd vorwärts und richte es gerade" (Steinbrecht, W. 55, S. 61), resp. „Calme, en avant, droit", d.h. „Gelassen, vorwärts, gerade (gerichtet)" (L'Hotte, W. 24, S. 13).

Geht das Pferd absolut (los-)gelassen, geradegerichtet schwungvoll vorwärts, so geht es in der Regel bereits in „relativem Gleichgewicht". Um dieses zu vervollkommnen, arbeitet es Steinbrecht im Schulterherein und Konterschulterherein und in den Seitengängen Travers und Renvers (vergl. Reg.). Viel Wert legt er dabei auf die richtige Hankenbeugung und auf den perfekten Schwung, der sich aus der Hinterhand nach vorne übermitteln muß. Soweit so gut! –

Diesem Schwung aus der Hinterhand des Pferdes setzt nun jedoch Steinbrechts Hand eine Mauer vor: „(Die Gewichtsmasse des Pferdes) wird nun durch die Hand des Reiters zurückgehalten, d.h. allmählich so viel von der Vorwärtsbewegung genommen, die durch die Schiebekraft der Hinterfüße bedingt ist, daß die letzteren sich unter dem Gewichte, welches sie nicht mehr bemeistern können, biegen müssen" (W. 55, S. 63). – Genau so „auf Biegen oder Brechen", d.h. indem er diesen Satz wohl wörtlich nahm, verbog Steinbrechts Schüler, Paul Plinzner, später seine Pferde und genau so scheinen heute noch viele Dressurreiter Piaffen reiten zu wollen. Aber genau so geht es nicht! Das „Hinten treiben, vorne gleichzeitig zurückhalten" läßt auch bereits weitgehend durchmechanisierte Pferde verkrampfen; noch einigermaßen vernünftige Pferde indessen bocken oder steigen; in jedem Fall ist es das, was man das „Zusammenschrauben" nennt. Bauchers „Schenkel ohne Hand; Hand ohne Schenkel" würde hier wahre Wunder wirken (war er etwa doch nicht nur ein Marktschreier?).

Reitertakt besaß Steinbrecht wohl eine Menge. Seine Schenkel(-kräfte!!!) lassen sich mit denen Bauchers durchaus vergleichen. Mit seinem Sitz (Gewichtsverlagerungen) stellt er mir genau wie Baucher, jedoch viel zu wenig an, mit der Zügelhand der eine, wie der andere, indessen viel zu viel! – Nur, Baucher fand auf seine alten Tage wenigstens weg vom „Effet d'ensemble", hin zum „Hintereinander der Hilfen", anstatt wie Steinbrecht in deren gleichzeitigem Miteinander stecken zu bleiben. . . Aber genau da findet sich bis auf den heutigen Tag der herbe Unterschied zwischen der romanischen und der germanischen Schule der Reiterei: hier Leichtigkeit, relative Freiheit des Pferdes, Losgelassenheit und manchmal sogar Brillanz bei allerdings vielen verpatzten Figuren, – dort Pferde am oder leicht hinter dem Zügel in absoluter Disziplin, absoluter Regelmäßigkeit und absoluter Ordnung, die wie Uhrwerke treten, nur leider noch freudloser und verkrampfter. . . Steinbrechts Werk, oder das der deutschen Reiterei des 19. Jahrhunderts?

15. Kapitel

MEISTER DES FREIZEITREITENS IM 20. JAHRHUNDERT

Fassen wir kurz zusammen: Hünersdorf – Weyrother – Seeger und Seidler – Steinbrecht: In Deutschland führt eine direkte Linie von Friedrich II und seiner Reorganisation der Kavallerie über aktive oder ehemalige Militär-Reitlehrer zur sportlich kühnen Offiziersreiterei, die in der zweiten Hälfte des 19. und in der ersten des 20. Jahrhunderts vom zivilen Hoch- und Geldadel dogmatisch genau kopiert wird. Selbst gestandene Zivilisten wie Seeger und Steinbrecht und wie etwas später Stensbeck und der große Schweizer Oscar Frank (1894–1963), schielten in der Praxis mit einem Auge stets zur militärischen Reiterei, während sie das andere, das auf die Alten Meister des Freizeitreitens hätte fixiert bleiben müssen, mehr oder weniger tief schlafend stellten. Menschlich ist dies zwar verständlich! Wollten sie materiell überleben, so gab es nun einmal nur einen Weg, nämlich den, erneut – nun aber auch für Militärpersonen annehmbar – zu vervollkommnen, was bei der allzu radikalen Vereinfachung des militärischen Reitens dem Kahlschlag zum Opfer gefallen war. Nur, dem pferdegemäßen, pferdefreundlichen, kultivierten Reiten läutete diese Entwicklung die Sterbestunde ein.

Verkappte Freizeitreiter wie Freiherr von Oeynhausen im 19. und der deutsche Tierarzt Udo Bürger im 20. Jahrhundert schwammen zwar – bewußt oder unbewußt – gegen den Strom an, konnten jedoch nichts bewirken. Selbst der große Schweizer Dressurreiter, Hauptmann Hans Moser (Dressurgold 1948), blieb als ein sehr „zivil" (sprich: pferdefreundlich) schreibender Autor nur ein einsamer Rufer zwischen den Stromschnellen.

In der romanischen Schule der Reiterei des 19. Jahrhunderts ging es um keinen Deut pferdefreundlicher zu. Das Sagen hatten auch hier die Militärs, und die Zivilisten zielten ausschließlich auf reiterliche Schlichtheit. Selbst Baucher, der monomane, egozentrische Hyperindividualist, kämpfte sein Leben lang – wenn auch vergeblich – nur darum, seine Pferdeausbildungs- und Reitmethoden vom Generalstab anerkannt und zum Kavalleriepferde-Ausbildungsprogramm „erhoben" zu bekommen.

Kurz, die immer deutlicher und verheerender sich auswirkende Fixierung des zivilen Reitens in Europa auf die Militärreiterei hat vor allem folgende Gründe:

1. die absolute Vormachtstellung Preußens und seiner reorganisierten Kavallerie im 18. Jahrhundert, welche alle anderen Kavalleriestäbe Europas in Zugzwang brachte;
2. den Untergang des kultivierten, pferdefreundlichen Freizeitreitens mit der Monarchie in der Französischen Revolution ab 1789;

3. die absolute Vormachtstellung Frankreichs und seiner napoleonischen Haudegenkavallerie am Anfang des 19. Jahrhunderts, welche erst als Drohung, dann als akute Gefahr die letzten Reste kultivierten Reitens in Europa dem Patriotismus auslieferte und ihnen so die militärische Zweckgebundenheit – sprich: Zwangsjacke – verpaßte;
4. die Zulassung der Reiterei zu den „Olympischen Spielen" ab 1912, bei denen, wider deren Satzungen, von Anfang an nahezu ausschließlich „Berufsreiter" in Erscheinung traten, nämlich Offiziere der Reiterei, die daraufhin allem Reiten die militärische Zweckgebundenheit als Sinn und Ziel schlechthin dogmatisch vorschrieben;
5. das Einschwenken der gesamten zivilen Sportreiterei auf die neue, militärische Zielsetzung der Olympiade-Reiterei (Dressur, Springen, „Military"!!!);
6. die verbandsinterne und staatliche Förderung ausschließlich olympiamedaillenträchtiger Reiterei;
7. die Fixierung auch der Pferdezüchter nur auf das Militärpferde-Format;
8. (dadurch bedingt) den Widerspruch zwischen den olympischen Aufgaben; besonders jenen auf „kurzer Basis" d.h. in starker Versammlung (Piaffe, Passage, Galopp-Pirouette), und dem dafür zur Verfügung stehenden zu langen Pferdematerial;
9. die absolute Vorherrschaft der deutschen Auffassung des Dressurreitens, bedingt einerseits durch das seit jeher größere Interesse der Deutschen an der „Dressurreiterei" (anstatt am Freizeitreiten); andererseits durch den Umstand, daß deutsche Reiter früher und zahlreicher auch über das Richten von Dressurprüfungen geschrieben haben und so eine „Tradition deutschen Richtens" begründet haben, die noch immer die Grundlage alles internationalen Dressurrichtens darstellt;
10. die absolute Ignoranz selbst passionierter Reiter den Reitmethoden der Alten Meister, jenen fremder Reitervölker und Berufsreiter und jenen der ernsthaften Freizeitreiter im eigenen Land gegenüber.

Resultat: die meisten Olympiade-, Landes- und Weltmeister unter den Dressurreitern reiten heute ihre Prüfungen jeweils so, als ob sie mit ihrem Dressurpferd zusammen am nächsten Morgen in den Krieg ziehen müßten, wobei sie zudem dem hypothetischen Krieg mehr Bedeutung zuzumessen scheinen, als dem Wohlergehen ihres Tieres in der Prüfung. Nur so ist jedenfalls erklärbar, weswegen hierbei die falschen (nämlich oft sogar talentierten) Reiter falschen (zu langen, zu großen, zu schweren) Pferden im falschen Augenblick (quasi auf Kommando!) alles andere als gemäße, somit falsche Aufgaben stellen.

Frage: hat so etwas denn noch einen Sinn? – Wenn ja, für wen?

Solche und ähnliche Fragen wie diese, die ich ausdrücklich als Anstöße zu ernsthaften Diskussionen gewertet sehen möchte; solche und ähnliche Fragen stellten sich nach dem Zweiten Weltkrieg eine ganze Reihe Reiter, denen die olympische Chauvenistenorgie längst nichts mehr mit pferdegemäßem Reiten zu tun zu haben schien. Über ganz Europa verstreut, ohne von einander zu wissen, begannen sie nach Alternativen zur sportlichen Militärreiterei zu suchen, d. h. nach einem anderen, pferdefreundlicheren Reiten zu forschen, bei dem aus dem Pferd zwar nie eine Hochleistungsmaschine werden würde, weder ein Renn- oder Spring„crack", noch ein Hohe-Schule-Pferd im klassischen Sinn, dafür aber ein sich durch und durch wohlfühlender, ein durch und durch gesunder Freund mit athletischen Muskeln und einem athletischen Gemüt, auf dem man alles würde reiten können, vernünftige Jagden, Passagen und Piaffen, Wanderritte und vernünftige Vielseitigkeitsprüfungen. Es ging ihnen nicht um Lorbeeren, sondern um den Spaß am Reiten und um den Spaß ihrer Pferde am Gerittenwerden.

Sie, diese anspruchsvollen Reiter, entdeckten damals die Alten Meister wieder, deren „Zurück zur Natur" beim Ausbilden von Pferden und deren „gesunden Menschenverstand". Prompt schlugen sie sich auf ihre Seite, bevor sie sich später endgültig auf die Seite der Pferde stellten. Sie erarbeiteten jedenfalls als wichtigste Kriterien für das neue, andere „meisterhafte Reiten": die Pferdefreundlichkeit, die Natürlichkeit der Ausbildungsmethoden für das Pferd und die Brillanz des tatsächlich erreichten Resultats der pferdegemäßen Gymnastik. Mit diesen Maßstäben in der Tasche machten sie sich auf die Reise um die Welt und trafen tatsächlich noch lebende „Meister des Freizeitreitens" oft vor allem dort an, wo sie sie am wenigsten erwartet hatten: unter Cowboys und Gardians, unter Kampfstierherdenbesitzern und Rejoneadores, hin und wieder noch als aktive Reitlehrer oder als echte „Amateure" in des Wortes vornehmster Bedeutung, jedenfalls als Reiter von einem ganz unüblichen Format und noch unüblicherer Sensibilität.

Der erste Meister des Freizeitreitens, den ich hier zitieren möchte, *Udo Bürger*, war ein großer deutscher Tierarzt, als Reiter ein Schüler Felix Bürkners und wohl durchaus auch noch mit dem Virus der militärischen Reiterei infiziert. Nur, als Tierarzt und Zeuge der Folgen allzu kühnen, allzu sportlichen Reitens, entwickelte er wahrscheinlich Abwehrkörper. Sein Buch „Vollendete Reitkunst" (W. 8) kommt jedenfalls dem Ideal von einer „Reitlehre für Freizeitreiter" frappierend nahe.

So weiß Udo Bürger: „Das Pferd, auf dem man so bequem sitzt, daß man zu faul zum Leichttraben ist, das mit hängenden Zügeln im ausgesessenen Galopp nicht davonläuft, das sich zwischen Zügel und Schenkel führen läßt, sich aber genauso vertraut benimmt, wenn man es ohne Zügel aus dem Sitz vor dem Schenkel reitet, das ist in harmonischer Übereinstimmung mit seinem Reiter. Diese Harmonie ist der Inbegriff der Kunst sowie der Dressur" (W. 8, S. 14). – Damit definiert zum ersten Mal in der deutschen Nachkriegsgeschichte ein Freizeitreiter das Ziel all unserer Bemühungen. Es geht um die Harmonie mit dem Pferd, d.h. um Zwanglosigkeit, Losgelassenheit und um die Freude des Reiters an der Freude des Pferdes unter dem Sattel, welche allerdings nie bloßem Gammeln zu Pferde entspringen darf, sondern stets ein Resultat methodischer Erziehung, methodischer Ausbildung, methodischen Trainings und pferdegemäßen Reitens sein muß: „In der Ausbildung kann man erreichen, daß der Wille des Pferdes aufgrund schlechter Erfahrungen sich ein für allemal dem des Reiters entgegensetzt; zweitens, daß der Wille gebrochen, das Pferd zur Duldung, zur Folgsamkeit gezwungen wird; und drittens das Ideal: Das Pferd setzt freudig und vertrauensvoll seine ganze Kraft, Geschicklichkeit und Aufmerksamkeit ein, um die verlangte Leistung zu vollbringen" (W. 8, S. 43). „Im Streben nach Balance (= Gleichgewicht – vergl. Reg.) liegt der Sinn aller reiterlichen Übungen; es ist Anfang, Weg und Ziel der reiterlichen Grundschule. (. . .)" (W. 8, S. 51). ,,Wer es begriffen hat, daß die Zügel nur dazu da sind, um dem Pferd das Finden in die Balance zu erleichtern und es darin zu halten, so daß es sich trägt, nicht aber dazu, dem Pferd eine gewünschte Kopf-Hals-Haltung anzuzwingen, bei dem kommen die Pferde von selbst in die angestrebte Haltung" (W. 8, S. 52 u. 53). – Trägt sich somit das Pferd erst einmal selber in jenem horizontalen Gleichgewicht, in dem der Reiter nach Oeynhausen nur noch das Zügelgewicht in der Hand hält, so können wir „unser Gewicht dicht hinter dem gemeinsamen Schwerpunkt einwirken lassen". Das richtig erzogene, ausgebildete, trainierte und gerittene Freizeitpferd „wird dann von sich aus die Gleichgewichtskorrektur anstreben, indem es durch Hankenbiegung, Senkung der Kruppe und Aufrichtung in der Vorhand unter den zurückverlegten Schwerpunkt tritt" (W. 8, S. 58), das nennt man dann „Versammlung" (vergl. Reg.). Die Zügelhand ist dabei nie aktiv geworden, das Pferd hat sich tatsächlich ,,von sich aus", von selber, versammelt; man sieht ihm die Losgelassenheit und Freude bei der Arbeit an, d.h. es hat zur Brillanz gefunden, ohne daß der Reiter den leisesten Zwang oder die leiseste Anstrengung unternommen hätte. Das ist Freizeitreiten! Ja, diese Art und Weise des Versammelns ist der Prüfstein, auf dem sich alles pferdegemäße Reiten von der pferdeverschleißenden Reiterei scheidet. Aber nochmals: Man glaube beileibe nicht, dies sei nur mit Hexerei zu bewerkstelligen! – Unsere Pferde bieten sich – im Gegenteil – hierfür geradezu an, weil sie noch kompakte, gedrungene, robuste Quadratpferde sind, denen das Gleichgewicht auf der Hinterhand gemäßer ist, besser entspricht, als jede Bewegung im Übergewicht nach vorne. Und der Reiter braucht nur einen guten, tiefen Sitz, präzise Schenkel und ein gerütteltes Maß an Reitertakt mitzubringen. – Udo Bürger zog, für seinen Teil, Rechteckpferde vor, wenn es auch „muskelbepackte, niedrige, gelegentlich auch etwas lange Pferde mit großer Gurtentiefe" sein mußten. – Jedem das Seine!

Einen nochmals ganz anderen Pferdetyp zieht der international bekannte große Freizeitreiter vor: Meister *Nuño Oliveira* in Portugal. Seine Tiere sind nahezu ausschließlich mittelgroße (um 1.60 m Stockmaß) Vertreter der portugiesischen Schläge „Alter Real'' und „Lusitano", welche Pferde mit kurzen Lenden hervorbringen. – Auch in Portugal war es bis 1910 das Königshaus, das die bereits alte Rasse in Portugal rein gezogener Andalusier und Cartujanos im königlichen Gestüt von Alter do Châo über das 19. Jahrhundert und den Einfluß der Reiterei auf die Pferdezucht hinweg rettete. Das portugiesische Königshaus hielt sich seit König Duarte im 15. Jahrhundert ständig auch die jeweils besten Reiter der Nation in Alter do Châo verpflichtet. Der letzte Hofbereiter Portugals hieß Joaquim Gonçalvez de Miranda und sein Patensohn und späterer Schüler ist Nuño Oliveira.

An Meister Oliveira scheint so die Sportreiterei in allen ihren Formen ganz einfach vorbeigegangen und ausschließlich die sechs Jahrhunderte alte Tradition lusitano-iberischen Freizeitreitens haften geblieben zu sein. – Dies stimmt jedoch nur zur Hälfte! Meister Oliveira war von Anfang an ein zu passionierter Reiter, um sich nur auf die reiterliche Tradition seiner Heimat auszurichten. Er mußte alle Reitweisen, alle Reitsysteme, alle Pferdeausbildungsmethoden kennen lernen, ausprobieren, Jahre lang praktizieren, schließlich aufgeben zugunsten immer pferdefreundlicherer, pferdegemäßerer Grundsätze. So ritt er nach Steinbrecht wie nach Bauer, nach L'Hotte wie nach Fillis, nach Decarpentry wie nach La Gueriniere. Letzterem blieb er endlich treu, d.h. seit Jahren praktiziert er nun eine Synthese aus dem Reitkonzept des Marquis de Marialva, der „Ecole de Cavalerie" von La Guérinière und seiner eigenen Erfahrung. War Udo Bürger somit ein Mann, der über den Schatten seiner militärisch-sportlichen Reitausbildung sprang, so sprang Nuño Oliveira über den Schatten der nur portugiesischen Tradition beinahe mehr aus Neugier, denn aus dem Drang heraus, seinen Pferden das Leben zu erleichtern. Und dennoch fand er zu einem der pferdefreundlichsten Ausbildungssysteme, die ich kenne, d.h. zu einem System, das man als ein „System der Systemlosigkeit'' charakterisieren muß. Denn was dem einen Pferd entspricht, widerstrebt dem anderen! Wie könnte der Reiter, der diese Wahrheit erfahren und assimiliert hat, weiterhin nur ein System anwenden wollen? Und dennoch geht Meister Oliveira bei der Pferdeausbildung unendlich methodisch und sogar systematisch vor.

Wie La Guérinière weiß er aus Erfahrung: jedes Pferd ist anders! Wie La Guérinière versucht er, vor allem dieser individuellen Andersartigkeit jedes einzelnen Pferdes Rechnung zu tragen. Er muß somit mindestens so lange mit dem Pferd zusammenleben, bis er es ganz und gar durchschaut hat. Das wiederum gelingt jedoch nur, wenn man daraus im weitesten Sinn des Wortes seine Lebensaufgabe macht. Seiner Broschüre „Réflexions sur l'Art équestre" (W. 34) stellte er deswegen einen Satz voran, der auf den ersten Blick etwas rätselhaft erscheint, ihn auf den zweiten hin jedoch unendlich genau charakterisiert: „Selten sind die Reiter, die – obgleich mit einer echten Pferde- und Pferdeausbildungspassion gesegnet – sich so unmittelbar und ernsthaft für die Pferdegymnastizierung interessieren, daß sie dafür nicht nur Opfer zu bringen, sondern diese so außergewöhnlich subtile Arbeit zum Hauptinhalt ihres Lebens zu machen gewillt sind". – Das ist der Meister in Person! Wer den Pferden nur zum Spaß und nicht mit der ihnen gebührenden Ernsthaftigkeit und einem nahezu religiösen Respekt gegenübertritt, wende sich besser dem Kegeln zu, denn ein Reiter im Sinne des Ritters wird doch nie aus ihm werden.

Bei der Pferdeausbildung gilt Meister Oliveiras Hauptsorge dann von Anfang an dem Gleichgewicht des Pferdes in vollkommener Selbsthaltung, also der Leichtigkeit und Disponibilität des Pferdes in perfektem Schwung (vergl. Reg.: „Impulsion"), d.h. letztlich allein dem Einklang des Wollens von Reiter und Pferd im gemeinsamen Spiel, das man auch „die Hohe Schule" nennt, und das immer und überall Spiel sein und auch Spiel bleiben muß.

Nuño Oliveira hat sich ein für allemal auf die Seite des Pferdes geschlagen und dabei erkannt, daß er beim Gymnastizieren seiner Tiere diesen nicht einmal mehr den einstigen Steppenwolf ersetzen darf, sondern vor allem die Spielkameraden der ursprünglichen Herde ersetzen muß, im Spiel und nur im Spiel! (Die Bedrohung durch den Steppenwolf löst bereits Verkrampfungen aus!) Im Spiel hingegen, weiß er, ist die „Haltung" des Pferdes zugleich die Matrize und der Auslöser für alles, was danach erfolgt: „Der Reiter, der (mit seiner Pferdeausbildung) Erfolg haben kann, ist einer, der sein Pferd studiert, der es in eine Lehre nimmt, die auf gegenseitigem Verständnis beruht, auf einem gegenseitigen Sich-Verstehen, das ohne Hast sich langsam und allmählich vertieft; und ist vor allem der, welcher jenes fundamentale Problem gelöst hat, das uns die ‚Haltung' zu lösen aufgibt, in die wir jedes Pferd spielerisch zu manövrieren haben, um eine bestimmte Übung von ihm ausgeführt zu erhalten" (W. 34, S. 12). – Jahre später wird er seinen Schülern raten, immer „bescheidener" zu reiten, d.h. die Pferde jeweils nur noch mit „Impulsion" (Vorwärts-Willen, Vorwärts-Energie) aufzuladen, sie in die richtige Haltung zu bringen und sie im übrigen gewähren zu lassen, somit während der Ausführung der Übung überhaupt nicht mehr zu intervenieren. – Jede gymnastizierende Übung wird dadurch zu einem „Test", der zu kontrollieren erlaubt, wie gut oder wie schlecht der Reiter das Pferd darauf vorbereitet hat. In der Übung selbst soll sich demzufolge nicht der Reiter ausdrücken wollen, sondern allein des Pferdes Freude an dieser Art Gymnastik und am Mitspielen zum Ausdruck kommen. Gelingt die Übung, so ging das Pferd auf alle Fälle „brillant", d.h. mit spielerischer, beinahe übermütiger Leichtigkeit und Losgelassenheit bei dennoch höchster Konzentration auf seine Zentimeterarbeit, die so niemand erzwungen, sondern die der Reiter vom Pferd geschenkt bekommen hat, quasi als Belohnung für seine Bescheidenheit, seine Zuneigung und sein Pferdeverständnis: „Allein der Mensch, der das Pferd *liebt,* der es *versteht* und der ein *spezifisches Gefühl* für seine Belange entwickelt hat, kann Reitertakt erlangen" (W. 34, S. 12).

Liebe, Verständnis, Gefühl für die Belange des Pferdes – ohne diese drei Komponenten unserer Beziehungsfähigkeit allem Lebenden gegenüber geht es tatsächlich nicht. Sollten diese jedoch ohne Konsequenz bleiben, so vergehen wir uns reiterlich am Pferd, ob wir es nun einsehen wollen oder nicht. „Am Arbeitstisch, durch das Studium und die Meditation dessen, was die Reitmeister geschrieben haben, bereitet jeder gute Bereiter die Fortschritte des Pferdes in den nächsten Lektionen vor (. . .)" (W. 34, S. 15). – Liebe, Verständnis, Reitertakt und ein Berg an Wissen, reittechnischem Können und Verstehen und hippologischem Durchblick – das ist Reiten! Anders gesagt, bedingt ernsthaftes und ernstzunehmendes Freizeitreiten, daß einer Pferde zu beobachten versteht, seine Beobachtungen mit jenen der Alten Meister zu vergleichen und Konsequenzen daraus zu ziehen weiß; daß er somit nachdenken, reiten, fühlen, immer genauer und präziser reiten lernt, um sich endlich zu bescheiden und das Pferd sich ausdrücken zu lassen.

Tatsächlich erahnen die Pferde in Augenblicken höchster Harmonie unsere geheimsten Reiterwünsche und erfüllen unsere Reiterträume anscheinend aus schierer Freude, ihre Fähigkeiten vorführen zu dürfen. Nun erst ist das Kunstwerk vollendet. Aus der Arbeit ist wahrhaftig ein Spiel geworden, im Spiel manifestiert sich Übermut und aus dem Übermut kristallisiert ein zweifarbiger Edelstein aus Reiterglück und Pferdeglück, die beide mit derselben Intensität blinken, funkeln, eben brillieren. – Welcher Dressurrichter könnte solches Glück benoten? – ,,Reiten", sagte Meister Oliveira zu einem seiner Schüler, „heißt nicht, vor Publikum nach Erfolgen haschen (. . .); Reiten heißt der Dialog mit dem Pferd in der Abgeschiedenheit, heißt die Bemühung um gegenseitiges Sich-Verstehen und um Vollkommenheit" (W. 7, S. 11). – Also im Versteck reiten? – Reiten, ja, reiten und studieren! Nur die Alten Meister wußten genau, worüber sie schrieben, denn nur sie lebten noch mit ihren Pferden zusammen. Die neueren Meister paßten die Erkenntnisse der alten nur neuen Umständen an, den Moden, militärischen Überlegungen, dem neuen Wagenpferde-, Renn- und Jagdpferde-Typ, schließlich dem Hochleistungssport und damit den „Marktlücken". . . Gewiß, „dem fortgeschrittenen Reiter, der über viel Erfahrung mit Pferden verfügt, sind sämtliche Bücher von Nutzen" (N. Oliveira), denn viele erkennen Negativ-Beispiele leichter als solche, denn Positivbeispiele. Aber: „das Wichtigste ist, viel und oft zu reiten, ohne die Bücher sich je mit Staub bedecken zu lassen (. . .)" (W. 34, S. 17).

„Lege, lege, relege, ora, labora et invenies!" (aus der Alchimie), ,,. . . nach und nach gibt das Pferd nach und sich her und der Ausbilder erreicht, daß es wie von sich aus arbeitet, ohne daß die Hilfen mehr fortwährend einzugreifen haben" (W. 34, S. 18). Es geht nicht um die Passage, nicht um die Piaffe, nicht um Terre-à-terre oder Courbetten (vergl. Reg.); es geht einzig und allein um die Vervollkommnung der Selbsthaltung in immer perfekterem Gleichgewicht (auf den Hanken), die das Pferd darauf von selber in hohe, schwebende Gesten umwandelt: aus Leicht-Sinn, Hoch-Mut und Freude an seinen athletischen Fähigkeiten. – Wie weit sind wir damit von der dumpfen, stumpfen Pflichterfüllung der zwischen Sporn und Kandare gestauchten Sportdressurpferde entfernt! Nur, wie bringt man einem Pferd solche Leichtigkeit und Freude in der Praxis bei? Meister Oliveira würde wahrscheinlich antworten: Indem man sie von Anfang an nicht verdirbt! In seinen „Réflexions" schreibt er: „Ausschließlich mit nüchtern methodischen aber echt pferdegemäßen Maßnahmen, die nicht eine einzige brutale Geste mit einschließen, kann man vom Pferd Hingabe und Gleichgewicht erhalten" (W. 34, S. 18). – Konkret arbeitet er seine Pferde anfänglich vor allem abwechslungsweise auf kurzer und auf langer Basis im Schritt und Trab, wobei es ihm um die Vervollkommnung der Übergänge geht, die „sauber, sanft und unverzüglich" erfolgen müssen, ohne daß je die Hand mehr tut als verwahrt. Der Reiter hat dabei nur einem Grundsatz zu folgen, dem, „von hinten nach vorne zu reiten" und das Pferd nie, auch nicht ein einziges Mal über die Zügel festhalten oder auch nur „bremsen" zu wollen. Auch bei ihm ist alles Versammeln so ausschließlich eine Sache von Sitz und Schenkel und der Hergabe des Pferdes, das man nur „zügellos" erreicht. Aber das ist auch bei ihm nicht seit jeher so!

Noch in den frühen Sechzigerjahren, während seiner „baucherisierenden" Epoche, schrieb Meister Oliveira: „. . . wir halten das Pferd an, indem wir der Schenkelhilfe eine oppositionelle Zügelhilfe folgen lassen" (W. 34, S. 31 u. 32). Zehn Jahre später sagte er zu seinen Schülern: „Um anzuhalten, ziehen Sie mit Ihren Händen nie rückwärts, sondern schieben Sie ihre Gürtelschnalle den Händen entgegen" (W. 7, S. 33), „indem Sie den Abstand zwischen Ihrem Körper und den Händen wahren. (Erst) in diesem Augenblick verstärken Ihre Daumen den Druck auf die Zügel" (W. 7, S. 67). Hat er früher somit das Pferd mittels der Schenkel in die Hand getrieben, die es aktiv auffing; so läßt er heute nur noch das Gesäß tiefer in den Sattel schieben, d.h. die Hinterhand des Pferdes kurzzeitig überbelasten, um mit der Hand eben nur den Impulsionsüberschuß „wie aus dem Flug" passiv abfangen und sogleich nachgeben zu lassen. An der Vorwärtsbewegung des Pferdes und vor allem auch an seiner „Vorwärts-Psychologie" vergeht sich so bei Meister Oliveira niemand mehr. . . Wenigstens bestachen die Oliveira-Schüler, die ich zu Pferd sah, stets durch die absolute Zwanglosigkeit ihres Reitens und durch die Losgelassenheit ihrer Pferde (vergl. Michel Henriquet, Tafel XVI, Bild 34), d.h. dadurch, daß sie echt ritterliche, freizeitreiterliche, pferdegemäße Reitkunst zelebrierten. . . und „an den Schülern sollt ihr sie erkennen", die großen und die ganz großen Meister!

Wie Nuño Oliveira, ist auch sein Freund und Meisterschüler *Michel Henriquet* einer jener wenigen vom Pferd echt Besessenen, die, wenn sie das Reiten nicht zum eigentlichen Lebensinhalt gemacht, immerhin ihr ganzes Leben auf das Freizeitreiten ausgerichtet haben. Meister Oliveira schrieb so über Michel Henriquets Reiten und Pferdeausbildung: „. . . eine Arbeit, die ausschließlich auf Losgelassenheit beruht und auf dem Verzicht auf jegliche Kraftanwendung, sowohl seitens des Reiters als auch seitens seiner Pferde" (W. 20, S. 7).

Michel Henriquet hat tatsächlich den Grundsatz Meister Oliveiras „gib dem Pferd die Haltung und die Impulsion, die es zur Ausführung einer Übung braucht, und laß' es dann gewähren!", nicht nur zu seinem eigenen gemacht, sondern so tief auch in seinen Pferden verankert, daß sie oft überhaupt nur noch aus eigenem Antrieb zu brillieren scheinen. – Zirkus? – Nein, Freude der Pferde an ihren eigenen Fähigkeiten; ein Windhauch genügt, sie z.B. aus einer Galopp-Traversale ins Renvers umspringen zu lassen. . .: Hohe Schule der Freude des Pferdes am eigenen Können. . .

Entdeckte Udo Bürger das Freizeitreiten in des Wortes breitester Bedeutung nach und nach während seiner militärisch-sportlichen, also durchaus herkömmlichen Reitausbildung, weil diese ihn so weit führte, daß aus der Reiterei erneut Reiten werden mußte, wenn er es darin noch weiter bringen wollte. . . hat somit eine ungewöhnlich konsequente reiterliche Laufbahn unter der Aufsicht eines ungewöhnlich großen Reitlehrers – Felix Bürkners – Udo Bürger die Reiterei transzendieren, d.h. durchlaufen und hinter sich vergessen, und das pferdegemäße Reiten als Freizeitreiten neu entdecken lassen, so knüpfte Nuño Oliveira als Reitschüler gleich an der Tradition des portugiesischen Freizeitreitens an. Setzte Meister Oliveira sich in der Folge sehr ernsthaft mit Steinbrecht, Baucher, Fillis und anderen Meistern auseinander, so vor allem um sicher zu gehen, daß er keine echt pferdegemäße Reitmethode und auch keine einzelne pferdefreundliche Reitmaßnahme etwa „verschlief", d.h. nur aus Unkenntnis ihrer Existenz ignorierte. Erst als Oliveira sämtliche bekannten, reiterlich nicht gleich von vornherein abzulehnenden, Methoden und „Kunstgriffe" ausprobiert, geprüft und als den iberischen Pferden nicht gemäß verworfen hatte, fand er zu La Guérinière und mit La Guérinière zu seinem eigenen reiterlichen Ursprung zurück. Auch Nuño Oliveira hat so die Reiterei transzendiert, bevor er zum Freizeitreiten zurückfand und hierin – mehr noch als ein Meister – ein Künstler wurde mit einer künstlerischen Sensibilität, die selbst den Reitertakt transzendiert zu haben scheint.

Michel Henriquets Weg zur Hohen Schule des Freizeitreitens war indessen ganz anders. Ihm schwebte bereits vor seiner ersten Reitstunde ein Bild vor, ein Idealbild von dem, was alles Reiten sein mußte, wenn es legitim und nicht nur eine zweifelhafte oder sogar tierquälerische Auseinandersetzung des Menschen mit dem Pferd sein wollte. Dieses Bild entsprach dem Stich von „Monsieur de Kraut" in La Guérinières „Ecole de Cavalerie" (vergl.: Tafel XVIII,

Bild 39), auch dem von „Mr. le Comte de St. Aignan" und dem der „Epaule en Dedans" aus demselben Werk. – Michel Henriquet stieß so mit einem unendlich hohen Anspruch zur Reiterei, konnte demzufolge weder mit der damaligen französischen Reitpädagogik, noch mit den hier üblichen riesigen Pferden viel anfangen, war umso tiefer enttäuscht und gab dennoch nicht auf. Er begann Bücher alter Reitmeister zu sammeln, zu lesen, zu studieren – brachte es so im Laufe der Jahre zur vollständigsten, größten und berühmtesten Sammlung von Reitliteratur in Frankreich – und wurde Autodidakt. Jahre später brachte ihn ein Freund zu Nuño Oliveira nach Portugal, wo er seine reiterliche Sternstunde erlebte; hier stimmte eben alles: die Pferde entsprachen perfekt der Landschaft, in der sie lebten, Oliveiras Ausbildungsmethoden perfekt den Pferden, seine Reitweise perfekt dem Anspruch, den Michel Henriquet ans Reiten stellte. Und der Meister fand in ihm einen Schüler, der sich besessen genug zeigte, dem undankbar langen, unendlich viel Takt verlangenden Weg zur Hohen Schule des Freizeitreitens bis zum Ende folgen zu wollen...

Jahre später erwarb Michel Henriquet die ersten lusitanischen Pferde, brachte sie nach Frankreich, bildete sie hier selber aus, ließ sie immer wieder durch Meister Oliveira prüfen, stellte sie endlich am Pariser „Salon du Cheval" und bei vielen Pferdefesten vor, machte sie so bekannter als die „Sauteurs" von Saumur. – Heute ist Michel Henriquet der einmütig anerkannte „Chef de file"; der Meister unter den französischen Freizeitreitern und die Namen seiner Pferde „Florido", „Miguelista", „Andaluz", „Cruzado", „Lagarto" und „Damasco" sind in aller Freizeitreiter Mund. Er hat sein ursprüngliches Idealbild vom Reiten dank dieser Pferde lebendige Wirklichkeit werden lassen und damit für sämtliche echten Freizeitreiter Frankreichs zum Idealbild alles Reitens gemacht. Heute schwenken sogar viele Sportdressurreiter auf seine Linie ein und über diese wird sich wohl schon in wenigen Jahren die französische Dressurreiterei grundlegend auf La Guérinière zurückbesinnen.

Am Ende der Sechziger- und zu Beginn der Siebzigerjahre erschienen in Paris zwei Bücher von Michel Henriquet: „A la Recherche de l'Equitation et Journal de Dressage" (Crépin-Leblond, Paris 1968, W. 20) und „L'Equitation, un Art, une Passion" (Edition du Seuil, Paris 1972, W. 21). Ist letzteres Werk eine Art Lexikon des „anderen Reitens", d.h. des Freizeitreitens, so stellt „A la Recherche de l'Equitation" eine Zusammenfassung der gedanklichen und reiterlichen Laufbahn Michel Henriquets als Freizeitreiter dar und verdient allein schon deswegen unsere ungeteilte Aufmerksamkeit.

Wie bereits erwähnt, hatte Michel Henriquet von Anfang an mit der herkömmlichen Reiterei nichts im Sinn, umso mehr jedoch mit dem Reiten des 18. Jahrhunderts in Frankreich. Bei Nuño Oliveira erlebte er sein reiterliches Damaskus und ritt von da an Jahre lang vor allem in Portugal. Hier erkannte er, wie ich einst in der Camargue, daß man als Reiter die ganze Bedeutung der verschiedenen Gleichgewichtsmomente des Pferdes überhaupt nur ausloten kann, wenn man längere Zeit zu Pferd mit Kampfstieren umgegangen ist, sei es in der Arena, im Corral oder draußen auf den Steppen oder Weiden. Tatsächlich gibt es keine Figur der klassischen Hohen Schule (ausgenommen die Schulsprünge), die ein gutes Stierpferd im Laufe der Jahre nicht von selber, ohne jegliches Zutun des Reiters, lernt: allein aus defensiver und schließlich auch aus offensiver Notwendigkeit dem Kampfstier gegenüber. Die Gegenwart von Kampfstieren selbst in der Ferne, läßt beinahe jedes mit Kampfstieren zusammen aufgewachsene Pferd sich schon von allein in das für jeden einzelnen Arbeitsgang notwendigerweise richtige Gleichgewicht übernehmen. Der Reiter scheint dabei vergessen zu werden, allein die Arbeit zählt für das Pferd und das Überleben in kitzligen Situationen. Ein guter Gardian war so zu meiner Zeit in der Camargue der Reiter, der sein Pferd bei der Arbeit reiterlich überhaupt nicht beeinflußte, dabei aber sämtliche Regungen und Bewegungen des Tieres unter dem Sattel instinktiv richtig voraussah und mit seinem Sitz und seinen Gewichtsverlagerungen entsprechend begleitete. Selbst Oliveiras „richtige Haltung und entsprechende Impulsion" holte sich das Stierpferd während der Arbeit nicht mehr vom Reiter, sondern gewann beide allein aus der jeweiligen Situation dem Kampfstier gegenüber.

Michel Henriquet erkannte in Portugal, daß es eine lebendige Tradition jener Hohen Schule des Freizeitreitens, von der er träumte, offenbar ausschließlich in Breiten geben konnte, in denen die Pferde immer wieder Gelegenheit erhielten, ihre Fortschritte bei der Gymnastizierung Kampfstieren gegenüber zu erproben, und so konkret „Vertrauen in ihre eigenen defensiven und offensiven Verteidigungsmöglichkeiten" zu gewinnen. Was aber blieb ihm dann als Reiter noch zu wünschen und zu lernen übrig?

In seinem Buch „A la Recherche de l'Equitation" beantwortet er diese Frage: „Was müssen wir (bei dieser Art) Reiten zu erreichen versuchen? (. . .) Zuerst einmal, uns zu Pferd wohlzufühlen; das beidseitige Wohlfühlen ist das erste und wichtigste zu erreichende Ziel. – Daraufhin, unser und unseres Pferdes Wollen als Gleichklang und das Pferd nie als einen Gegner zu empfinden. Unser Gegner ist es, wenn wir ihm (z.B.) eine Rechtswendung abverlangen und es sich dabei auf die linke Schulter wirft; wenn wir es dem Schenkel nachgeben heißen und es stemmt sich dagegen; wenn es auf versammelnde Hilfen mit Hektik antwortet; wenn jeder seiner Tritte (unseren Sitz) stört oder uns unangehm auffällt. – Schließlich wollen wir das Pferd jederzeit quecksilberig haben und aufgeladen mit Freude und Kraft in permanenter Leichtigkeit (Verfügbarkeit)" (W. 20, S. 109). Michel Henriquet fährt fort: „Alle Reiterei ist heute nur noch nutzloser Sport; weswegen sollten wir (dem Reiten) nicht seinen einst soviel tieferen Sinn mit seinen ursprünglichen Regeln und Formen zu bewahren versuchen, nämlich mit jenen des ‚hohen Spieles um Leben und Tod'? (. . .)

Als mein Freund und Mitschüler (bei Meister Oliveira), Guillerme Borba, seinen Halbblüter Benjamin von einem Tag auf den anderen aus der akademischen Reitbahn in die Arena brachte, als (Benjamin) vor einem Stier von 500 Kilo Gewicht seine Passage nur noch majestätischer, nur noch brillanter trat, als er seine A-tempo-Wechsel nur noch flüssiger ausführte als in der Bahn, da wurde die ‚Stunde der Wahrheit' zum Triumph" (W. 20, S. 110).

„Ich fragte den großen Stierkampfreiter, José Athaide, welchen Anteil der Reiter und welchen das Pferd im Stierkampf hätte? Seine Antwort lautete: ‚Wenn der Reiter 'was taugt, ist der Anteil des Pferdes der größere'. Meditieren wir diese Sentenz. . . – Allein in diesem Land (Portugal) ist es noch möglich, den tiefen Sinn und den Zweck alles Reitens als Offenbarung zu erfahren. Und diese Erleuchtung war es, die mich (endlich) den wahren Verwendungszweck des Pferdes und die Philosophie der wahren Reiter verstehen ließ" (W. 20, S. 112).

16. Kapitel

BERUFSREITEREI UND FREIZEITREITEN

Die ersten Freizeitreiter des 20. Jahrhunderts waren die „Amateure", d.h. die Ferien-, Wochenend-, Sonntags-Cowboys, -Gauchos, -Vaqueros, -Campinos und -Gardians, die oft recht brauchbaren Freizeithelfer aus Passion in den großen Herden Europas und Amerikas. Bei der Arbeit mit den Rindern fanden sie dank ihres „Cowsense", dem Vorausfühlen- und -Sehenkönnen, und später dank ihres Nachdenken-, Lesen- und Ausprobieren-Wollens zu pferdegemäßem Reiten auch außerhalb der Herden. Aus diesem, ihrem konsequent pferdefreundlichen Reiten wiederum wurde im Laufe der Jahre absichtslos jenes pferdegemäße Gymnastizieren, das notgedrungen zur Hohen Schule des Freizeitreitens führt.

Auf der anderen Seite gab es begabte Sportreiter, die sich dank ihrer Pferdepassion mehr und mehr Durchblick durch die Reitprobleme erarbeiteten, erfühlten, erritten, um der militärisch-sportlichen Reiterei schließlich den Rücken zu kehren und oft unbewußt einem Pferde echt gymnastizierenden Freizeitreiten anzuhängen, daß sie sich jedoch selbst erst einmal zu definieren hatten.

Nochmals andere Hochbegabte trugen sich von Anfang an mit der festen Absicht, nur pferdegemäß oder aber überhaupt nicht reiten zu wollen. Sie fanden in der Regel schnell zu La Guérinière, folgten seinem Leitfaden wörtlich und schwenkten Jahre später — ebenfalls nahezu absichtslos — zur Hohen Schule des kultivierten Reitens ein. Wie Michel Henriquet erkannten sie früher oder später, daß diese Hohe Schule nur pferdegemäß bleiben konnte, wenn sie nicht zum Selbstzweck gerann. Sie entdeckten damit die Beziehung zwischen dem kultivierten Reiten und dem Stierkampf zu Pferd für sich und damit die lebendige portugiesische Tradition des Reitens „à la Marialva". — Ihre freizeitreiterlichen Bemühungen stammten so zwar nicht von der Berufsreiterei ab, entwickelten sich jedoch allmählich auf sie hin, während die ehemaligen Amateure das Berufsreiten aufgegeben hatten, um zu pferdefreundlicheren Formen des Freizeitreitens zu finden. Notgedrungen mußten sich beider Wege kreuzen. Und diese Begegnung, die in den Sechzigerjahren stattfand, bescherte dem Freizeitreiten sowohl in Amerika als auch in Europa eine eigenständige, originelle Dynamik. . . außer in den Ländern, in denen es, abgesehen von den Berufssoldaten, längst keine Berufsreiterei mehr gab, oder wie im deutschsprachigen Raum, nie gegeben hatte.

Ist Deutschland heute so, neben den britischen Inseln, das Land in Europa, in dem es unbestritten die meisten Freizeitreiter und die meisten Freizeitpferde gibt, so ist es ebenso unbestritten gleichzeitig das Land, in dem das Freizeitreiten qualitativ am ärgsten darnieder liegt. Tragisch wäre das weiter nicht, wenn die Freizeitpferde nicht darunter zu leiden hätten. Woher haben beispielsweise viele kurze Freizeitpferde ihre Hufrolle, eine „typische Springpferde-Berufskrankheit", wenn nicht von dem ihnen völlig ungemäßen ständigen Überlasten nach vorne? Schrieb nicht schon Louis Seeger 1844 über unsere Kompaktpferde: „Pferde mit kräftigen Hanken (. . .) ruinieren beim Reiten mit natürlicher Richtung (= sich und den Reiter vor allem mit den Schultern tragend) ihre Vorderschenkel früher, nicht wegen der etwa vorhandenen Schwäche dieser Theile, sondern weil sie mit ihrem kräftigen Hintertheil gewaltsamer ihre Vorhand überlasten; diese Pferde bedürfen daher jedenfalls einer geregelten Dressur" (W. 47, S. 360). – Beweisen denn die „Hufrollen" auch bei Westernpferden nicht zur Genüge, daß selbst Rechteckpferde mit kräftigen Kruppen und starkem Überbau leicht an dieser Krankheit leiden können, obwohl sie für den leichten Sitz (Forwardseat) geradezu gezüchtet werden? Nein, Kompaktpferde wollen nun einmal anders, d.h. ernsthafter, gekonnter, präziser ausgebildet und gymnastiziert werden als Großpferde im Vollbluttyp, denen bereits ihre Länge praktisch den größten Teil aller seriösen Arbeit auf kurzer Basis untersagt!

Die südwesteuropäischen Berufsreiter wußten dies seit jeher. Im Unterschied zum amerikanischen Cowboy und Gaucho standen dem Campino in Portugal, dem Vaquero in Spanien und dem Gardian in der Camargue selten mehrere, niemals beliebig viele Arbeitspferde zur Verfügung. Bis vor kurzem dauerte in der Camargue die Ausbildung eines Stierpferdes zwei bis fünf Jahre, in Spanien und Portugal drei bis sechs Jahre. Ein fertig ausgebildetes Arbeitspferd war daraufhin unverkäuflich, weil es nun objektiv den vier- bis zehnfachen Wert dessen verkörperte, was es als roher Vier- oder Fünfjähriger gekostet hatte. Aber hierauf kam es letztlich nicht an.

Nur ein Pferd, von dem der Campino, Vaquero oder Gardian mit Sicherheit wußte, daß es nie verkauft werden würde, wurde so unendlich vorsichtig, allmählich, sanft und konsequent erzogen, zugeritten, gymnastiziert, ausgebildet und endlich bei der Arbeit eingesetzt, daß es auch noch dreißig Jahre später voll einsatzfähig war. – In der Herde Thibaud ritt ich während meiner Gardianzeit ein sechsunddreißigjähriges Stierpferd, das seither für mich in Bezug auf Durchlässigkeit das Idealpferd schlechthin darstellt. Es starb mit neununddreißig Jahren nach einer anstrengenden Saison plötzlich mitten im Winter. Der Tierarzt soll es auf achtzehn bis zwanzig Altersjahre geschätzt haben.

Kurz, bei den Campinos, Vaqueros und Gardians war ein Stierpferd seit jeher genau soviel wert, wie die Erfahrung und Konsequenz, die sein Besitzer als Zureiter, Ausbilder und Reiter in langen Jahren investiert hatte. *Deswegen war es unverkäuflich* und unbezahlbar. Bewies es in den Herden seine besondere Geschicklichkeit, so wuchsen sein und seines Reiters Ansehen. Zu einem Meister unter den Gardians und Herdenbesitzern pilgerten dann jeden Sonntag Dutzende von sachverständigen Dörflern, Gardians und Gardianlehrlingen, um ihn bei der Arbeit zu bewundern; das galt als das höchste Sonntagsvergnügen und als das Äußerste an „Romantik" (Vergl. W. 50 und W. 52).

Bei den südwesteuropäischen Berufsreitern ging es in der Praxis des Alltags vor allem um die Wendigkeit und um die Regelmäßigkeit des Pferdes auf beiden Händen, also um echtes Geradegerichtetsein und um echte Biegsamkeit. Zeigte sich ein Jungpferd erst einmal geradegerichtet, so hatte es in der Regel auch soweit ins Gleichgewicht gefunden, daß – erstens – das Zureiten als abgeschlossen gelten und die eigentliche Ausbildung beginnen konnte und – zweitens – daß das Pferd sich seine Gymnastizierung von nun an nahezu von selber abholte, wenigstens solange es mit Kampfstieren umging. Die „Amateure", die nur hin und wieder bei der Herdenarbeit aushalfen, hatten dieses Gleichgewicht in perfekter Selbsthaltung ihren Pferden „künstlich" zu vermitteln. Sie taten dies mittels des Schulterhereins, des Travers und Renvers, mit dem Zirkelverkleinern in Traversstellung, d.h. mit Übungen, deren Namen für die Berufsreiter spanische Dörfer darstellten. Doch auch das Ziel ihrer Pferdeausbildung war und blieb das vollkommen aus Eigeninitiative arbeitende Stierpferd, das so schließlich von selbst zur Hankenbeugung, zu den erhabenen Gesten auf kurzer Basis und zur Hohen Schule des Freizeitreitens fand. Erreichten sie ihr Ziel, so klatschten ihnen die Gardians, Vaqueros und Campinos umso lauter Beifall. Die Kausalkette „Schenkelhilfe – Biegen und Untertreten – Gewichtshilfe – Hankenbeugung bei nochmals weiterem Untertreten – perfekte Selbsthaltung auf kurzer Basis bei perfekter Nutzung der Tragekräfte der Hinterhand in vollkommener Durchlässigkeit und Losgelassenheit"; diese tatsächlich einzige dem Kompaktpferd wahrhaft „auf den Leib geschriebene" Ausbildungs- und Reitmethode, bei der die Zügel, wenn überhaupt, nur eine spielerisch verwahrende Rolle spielen, blieb nicht nur erhalten, sondern wurde sowohl bei den Berufsreitern als auch bei den Amateuren oder Freizeitreitern immer konkreter, immer bewußter zum Kern alles reiterlichen Sichbemühens gemacht.

Dieser Umstand wirkte sich in der neuen Freizeitreiterei Spaniens, Portugals und Südfrankreichs anfangs, d.h. nach dem Zweiten Weltkrieg, ausschließlich positiv aus. Man wurde in den Herden als Amateur unter Berufsreitern überhaupt nur zugelassen und ernstgenommen, wenn das eigene Pferd den Pferden der Vaqueros bei der Arbeit in nichts nachstand, ja, möglichst sogar noch besser, noch losgelassener und noch präziser „funktionierte" als das der besten Reiter am Platze. Konkurrenzdenken breitete sich aus. Die Berufsreiter wollten sich von den „Sonntagsreitern" reiterlich nichts vormachen lassen; die Freizeitreiter gedachten „es den Kuhhirten zu zeigen". Die Amateure fingen an, alten Vaqueros und Gardians „Zureitertricks" zu entwinden; die jungen Berufsreiter nahmen insgeheim Reitstunden bei Sportreitlehrern, die sie auf „Anlehnung", „Paraden", den Sitz mit aufrecht vertikal gehaltenem Becken, kurz, auf das

Reiten „von vorne nach hinten" trimmten. Das Ergebnis sieht man heute immer wieder z.B. anläßlich der Camargue-Pferde-Tage in Rodilhan bei Nîmes... und die Alten staunen: daß Camargue-Pferde auch durchgehen und so bösartig bocken und steigen können; sie wußten es bisher kaum! – Die alte, pferdefreundliche Gardianreitweise ist jedenfalls tot und begraben und, daß die neue bei der Arbeit in den Herden auch nur den geringsten Vorteil besitzt, wagen nicht einmal ihre eifrigsten Verfechter zu behaupten. Sie ist nur dreister und spektakulärer geworden. Deshalb läßt sich damit heute kaum ein Stier mehr auf Anhieb aus der Herde lösen und die Arbeit des Aussonderns dauert zwei- bis dreimal länger als früher!

Ähnlich verheerend wirkt sich dieser „Minderwertigkeitskomplex der Sportreiterei gegenüber" auch in Spanien und Portugal und in Nord- und Südamerika aus; ausgerechnet heute, also just zu einem Zeitpunkt, in dem aufgeklärte Geister unter den Sportdressurreitern beginnen, sich auf die alten Methoden und Reitweisen der Berufsreiter zu besinnen. Wird man sie in zehn Jahren noch lebendig antreffen? In der Camargue bestimmt nicht mehr; in Spanien und Portugal und in den U.S.A. nur, wenn man sich sehr beeilt.

Amerika: ein Kontinent, auf dem die Iberer – Spanier und Portugiesen – das Pferd überhaupt erst wieder heimisch gemacht haben (Cortez, 1509), da er ohne Pferd nie zu kontrollieren gewesen wäre; ein Kontinent, auf dem so noch heute zwei grundverschiedene Pferdetypen und zwei grundverschiedene Reitweisen koexistieren; ein Kontinent endlich, auf dem das Pferd mit seltener Konsequenz zuerst umgezüchtet, d.h. den riesigen Räumen und der Arbeit mit Fleischrindern angepaßt und schließlich dem Hollywood-Mythos, d.h. dem Generator des amerikanischen Freizeitreitens, zugeführt wurde. Louis Taylor schreibt in seinem Standard-Werk „Ride Western" (W. 59, S. 1): „Die Spanier brachten eine Reitweise nach Amerika, die sich in scharfem Kontrast zu jener englischen Reitweise befand, welche die ersten Neubürger Virginias und Neuenglands später einführten. Für die Kolonisatoren des Ostens war das Pferd kaum mehr als ein Transportmittel. (...) Für die Spanier stellte (es) zwar ebenfalls ein Transportmittel dar, aber darüberhinaus besaß es auch ungeheuere Bedeutung sowohl als ein Werkzeug der Eroberung als auch der Selbstdarstellung und diente so dem Reiter als Beweismittel seiner körperlichen Geschicklichkeit. Der Conquistador bewegte sein Pferd mit mehr Feingefühl als seinen eigenen Körper. (Er) konnte (dabei) vorwärts schießen wie ein Pfeil (...), abrupt anhalten und sein Pferd mit den beschlagenen Vorderhufen (nach Feinden) ausschlagen lassen (...). Vermögen wir heute die Übungen unserer Western-Dressurpferde (Western reining horses) alle einzeln zu benennen und zu beschreiben – als roll-back, sliding-stop, sidepass, quarter turn, figure eight, lead change usw., so erweisen sich die Übungen der Conquistadoren-Pferde als zu zahlreich, um auch nur katalogisiert zu werden".

Tatsächlich wurde Nordamerika im 16. Jahrhundert von zwei Seiten her kolonisiert, von Südwesten, d.h. von Mexico und Florida aus ab 1509 und von Nordwesteuropa, also von Osten her ab 1541. Landete Cortez dabei in Mexico elf Hengste und fünf Stuten an und Hernando de Soto in Florida bereits über zweihundert Pferde, so brachte Jacques Cartier im Osten zwanzig französische Pferde nach Quebec und Sir Walter Raleigh ein Dutzend englischer Pferde nach North-Carolina. Doch zu einer Begegnung der spanisch-mexikanischen Südstaaten-Reitkultur mit der englisch inspirierten Reiterei der Oststaatler kam es erst, als letztere begannen, nach Texas und Kalifornien zu ziehen. Lange zuvor, bereits am 20. April 1598, hatte Juan de Oñate den Rio Grande mit 80 Planwagen und 7.000 Stück Vieh – darunter: 700 Pferde und Maultiere und 100 Stuten und Fohlen – von Süden kommend überschritten, um sich im heuten New-Mexico als erster Großrancher niederzulassen. Seine über 6.000 Rinder gehörten der Rasse der „Longhorns" an, einem mexikanischen Hausrinderschlag, in dem südwesteuropäisches Milchvieh mit Kampfstierblut robuster, genügsamer, widerstandsfähiger, aber auch unberechenbarer und wilder gezüchtet worden war. Seine „Cowboys" ritten noch als „Vaqueros" und wehrten Angriffe aufsässiger Rinder noch mit der langen „Ginetastange" ab, mit einem geraden, langen Stock, dessen Spitze gehärtet war, wie jener, der heute noch immer in Portugal in Gebrauch ist und als „Trident" auch in der Camargue noch mit zur Folklore gehört. „'Tight reins and spoiled horses go together', was the belief", schreibt Louis Taylor (W. 59, S. 6): „'Angezogene Zügel und verrittene Pferde bedingen sich gegenseitig', glaubten die Vaqueros noch! (. . .) Der Hidalgos Leidenschaft für Anmut und Eleganz hielt zwar die Bewunderung für erhabene Gänge und brillante Übungen (noch einige Zeit) lebendig, aber die praktischen Notwendigkeiten (der alltäglichen Arbeit) machten schon bald die Stops und Starts und das Haushalten mit den Kräften des Pferdes zu den eigentlichen Hauptanliegen an die Leistung des Pferdes. Und die Reitweise, die ausschließlich diesen Anliegen zu genügen trachtete, wurde nach und nach zu dem, was wir die Western-Reitweise nennen".

Die Longhorn-Rinder weideten inzwischen längst nicht mehr allein auf spanisch-mexikanischem Boden. Früh schon gelangten sie auch nach Texas, New Mexico, Arizona und Kalifornien, d.h. hinaus in die Weiten der Prärien. Hatten sich die Vaqueros in den Tälern Mexicos noch oft aufsässiger Rinder zu erwehren gehabt, so ging es nun beim Herdenhüten „in open country", im offenen Land, vor allem darum, die Rinder zusammenzuhalten und vor Viehdieben – menschlichen und tierischen – zu schützen. Die einst ganz auf Wendigkeit, Durchlässigkeit und Präzision hin ausgebildeten „Stierpferde" mußten umgestaltet, umgezüchtet, umspezialisiert und dann auch anders geritten werden. Nun ging es um plötzliche Starts und um die Beschleunigung des Tempos in kürzester Zeit; hatte man nicht so schnell wie möglich eine Rindergruppe vom Rand einer Schlucht zu entfernen? Hier ging es daraufhin um einen ebenso abrupten Stop aus voller Karriere, d.h. aus einem Renngalopp „auf den Schultern", der jegliche Hankenbeugung dabei von vorneherein ausschloß. Zwar versuchte man weiter, das Pferd vor allem mit den Schenkeln und dem Sitz zu stoppen, zwar griff das Tier auf diese Hilfen hin auch zu einem letzten Sprung weit unter seine Masse; zur gelenkschonenden, nachgebenden Hankenbeugung konnte es indessen aus dieser wie aus jeder anderen Art Galopp auf langer Basis nie wieder kommen; dafür war damit nun der Westernstop erfunden, der, richtig ausgeführt, die Vorderbeine des Pferdes vom Boden abhebt, genau wie Xenophon es bereits von seinen Remonten verlangt hatte (W. 65A, S. 78).

Mit der Hankenbeugung hatte der Cowboy gewordene Vaquero auf den Prärien Nordamerikas tatsächlich schnellstens zu brechen, da es letztlich nur sie ist, die den Schub des Pferdes in Tragekraft und Biegsamkeit umwandelt. Dem Cowboy aber hatte es ausschließlich um die Schiebekräfte zu gehen, um Schnelligkeit, Geradlinigkeit, rasante Beschleunigung und Ausdauer auf langer Basis, d.h. um nicht viel anderes als das, was Friedrich der Große etwa zur gleichen Zeit seiner reorganisierten Kavallerie per königlichem Dekret verpaßte...

Und die Wendigkeit beim Cutting (Aussondern von Rindern) und Roping (Einfangen von Rindern mit dem Lasso), in Barrel-Races (Tonnen-Rennen) und in Übungen wie dem Rollback, Pivot und Spin, was ist damit?

Sie ist in der Tat eine umso erstaunlichere Leistung des Westernpferdes, als auch sie ganz ohne Hankenbeugung und Biegsamkeit des Tieres auskommt, ja, die Pferde dabei deutlich fast nur aus der Vorhand arbeiten läßt. Selbst im Rollback (einem Hakenschlagen aus dem Galopp-Stop), im Pivot (einer 90°-Hinterhandwendung) und im Spin (einer 360°-Hinterhandwendung), in denen sich das Pferd jeweils in möglichst wenigen Erhebungen der Vorhand um die möglichst unbeweglichen Hinterhufe herumwirft, wäre jegliche Hankenbeugung fehlerhaft, da sie die Beweglichkeit der Hinterhufe provozieren würde.

Gewiß, auch das Westernpferd übernimmt anscheinend sein und seines Reiters Gewicht beim Stop, Rollback, Pivot und Spin kurzzeitig auf die Hinterhand, doch ist diese Gewichtsverlagerung seitens des Pferdes in Wahrheit *keine Gewichtsübernahme* der Hinterhand, sondern ein *„Gewichtszuwurf"* der Vorhand auf die Hinterhand, die sich unter der Last kurz blockiert, um das Übergewicht so schnell wie möglich – d.h. oft noch in der Wendung – der Vorhand wieder zurückzuwerfen, genau wie das Springpferd es beim Absprung vor dem Hindernis tut. Der Westerner reitet somit in nahezu allen „Wendigkeit" verlangenden Übungen sein Pferd gekonnt, konsequent und äußerst eindrucksvoll von vorne nach hinten und fördert damit absichtsvoll die Reaktionen des Tieres von hinten nach vorne, die sich in der Regel umso rasanter ausdrücken, je unvermittelter der „Gewichtszuwurf" der Vorhand auf die Hinterhand trifft und je „explosiver" diese die Last wieder zurückwirft. (Die Springreiter nennen das

Provozieren dieser Wechselwirkung Vorhand-Hinterhand-Vorhand, das „Spannen" des Pferdes „wie einen Flitzebogen").

Ob die Arbeit der Western-Pferde mit den Rindern tatsächlich Sliding-Stops (gleitende Stops), Rollbacks und Spins verlangt, ob diese Übungen nur zur Gymnastizierung der „Working Cow-Horses" ersonnen wurden oder ob sie bei „Contests" (Turnieren) nur „meßbare" Präzision zeitigen sollen, eines steht fest: das Quarter-Horse, der Vertreter der kopfzahlstärksten und (auf 400 m Distanz) schnellsten Pferderasse der Welt, wurde von Anfang an so deutlich und so konsequent von hinten nach vorne abwärts, hinten breit und überbaut, vorne schmal und überlastet gezüchtet, daß ihm ein anderes Gleichgewicht als jenes auf den Schultern noch weniger entspricht, als dem ähnlich, wenn auch nicht ganz so extrem, gebauten englischen Vollblüter und, daß ihm andere Übungen, als die bei Reining-Horse-Schauen geforderten, mit gutem Gewissen längst nicht mehr abzuverlangen sind. Das Quarter-Horse und seine scheckigen Verwandten (Appaloosas, Paints und Pintos) sind und bleiben denn auch ausschließlich hyperspezialisierte, hyperdomestizierte Arbeitspferde für den Umgang mit – längst harmlos gezüchteten – Fleischrindern und können in Europa wohl nirgendwo zu einer ihnen voll gerecht werdenden Arbeit eingesetzt werden. In den Kampfstierherden Südwesteuropas würden sie jedenfalls bereits vom ersten angreifenden Stier verletzt oder umgebracht, denn auf den relativ kleinen Weiden hier, wäre ihnen ihre Schnelligkeit und Geradlinigkeit mehr im Weg als von Vorteil, während ihre „Wendigkeit aus den Schultern" niemals ausreichen würde, um sich einen kapitalen Kampfstier vom Leibe zu halten.

Ritten die mexikanischen und südwestamerikanischen Vaqueros ihre im spanischen Typ stehenden Pferde (kurz und von vorne nach hinten horizontal oder abwärts gebaut) bis zum Beginn des 20. Jahrhunderts voll ausgesessen, d.h. mit abgekipptem, vorgeschobenem Reiterbecken, ohne Gewicht in die überlangen Bügel zu verlegen, vor allem mit den Schenkeln und dem Sitz und ohne Zügelhilfen nach dem alten Wahlspruch; „tight reins and spoiled horses go together" wie es heute nur noch oder wieder die mexikanischen Kampfstierhirten tun – ritten somit die mexikanischen Cowboys eindeutig spanisch, d.h. *„a la brida"*, das Pferd in Selbsthaltung im horizontalen Gleichgewicht haltend genau wie die Gardians der Camargue bis vor etwa 20 Jahren, so ritten die „open country cowhands" des Mittleren Westens und hinunter bis zum Pecos und zum Rio Grande (Texas eingeschlossen), ihrer viel schnelleren und viel geradlinigeren Arbeit und dem speziell hierfür gezüchteten Quarter-Horse entsprechend, *die Hinterhand entlastend*, im sogenannten „forward-seat" (Vorwärts-Sitz).

Es ist nicht anzunehmen, daß die Open-country-cowboys so großartige Reittheoretiker waren, daß sie sich ihren Vorwärts-Sitz bewußt oder absichtlich antrainierten. Ihre Arbeit mit den Rindern und das hinten überbaute Pferd setzten sie einfach so hin! Nur, bequem war dieser Sitz in keiner Weise, schon gar nicht in den alten mexikanischen oder kalifornischen Sätteln, in die man sein Gesäß von hinten nach vorne einschieben und deren hohe Rückenstützen man auch benutzen mußte, wenn man entspannt reiten wollte. Deshalb bauten die Texaner den mexikanischen Sattel um und versahen ihn mit einer von hinten nach vorne ansteigenden seitlich abfallenden Stützfläche, welche von nun an vor allem den Oberschenkeln mehr Halt gewährte, sobald das Reiterbecken vertikal gestellt war. Der ,,Forward-seat" erweist sich so von Anfang an als ein „Sitz auf den Oberschenkeln", der sein Hauptgewicht auf die beiden Steigbügel verteilt und den Schwerpunkt des Reiters vom oberen hinteren Beckenrand etwa in die Gürtelschnalle verlegt.

Jeder Reiter weiß vom Leichttraben her, daß er im Augenblick, in dem er dabei in den Bügeln ,,steht", sein Pferd weder mit den Schenkeln, noch mit seinem Gewicht feinabstufend beeinflussen kann. Er wird dies deshalb in den Momenten tun, in denen er sein Gesäß voll im Sattel und seine Unterschenkel entlastet und entspannt hat. Im Vorwärts-Sitz, Leichten Sitz, Jagdsitz usf. gibt es solche Augenblicke im Vollsitz mit entspannten Schenkeln genau so wenig, wie im Rennsitz. Und wie in letzterem verstehen denn auch nur ganz große Reiter im Westernsitz so präzis, feinabgestuft und pferdegemäß mit ihren Schenkeln und dem Sitz umzugehen, als ritten sie im Vollsitz ausgesessen.

Dem Durchschnitts-Freizeitpferd nicht-amerikanischer Provenienz gegenüber, erweist sich der Vorwärtssitz als nur in seltenen Fällen gemäß – außer auf Distanzritten und im Training dafür – und für den Reiter wohl auch schwerlich so zu erlernen, daß er sein Pferd damit nicht hoffnungslos auf den Vorderbeinen ruiniert.

Zurück, zum Cowboy der „open ranges"! Die Rasanz und Schnelligkeit seiner Arbeit und der Überbau der Kruppe seines Pferdes setzten ihn, ob er wollte oder nicht, in den typischen Westernsitz, der ihm seinerseits – außer in Sonderfällen – den Gebrauch der Schenkel und des Sitzes als Hilfen nahezu verbot. Wie brachte er dann – die Frage ist berechtigt – sein Pferd überhaupt noch vorwärts, zu Wendungen und dazu, daß es im Galopp sogar sein Äußerstes hergab?

Bereits anläßlich des Streifens der Jagd- und Rennreiterei haben wir festgestellt, daß ein Pferd umso schneller läuft, je konsequenter man es einerseits nach vorne überbelastet, es also künstlich in Gefahr bringt, hinzufallen, und andererseits je „glaubwürdiger" man es vorne über die Zügel und das Gebiß oder über kappzaumähnliche Halfter stützt und ihm so – rein psychologisch – die Angst vor dem Hinfallen und Sichüberschlagen nimmt. – Konsequenterweise setzen die besseren Westernreiter ihre Pferde nicht mit einem Schenkeldruck in Bewegung, sondern mittels eines leichten Kippens ihres aufrechten Beckens nach vorne (Vermittlung von Übergewicht nach vorne) und gleichzeitigem leichtem Zügelanzug (Angebot der Gebißstütze, Vertreibung der Angst des Pferdes vor dem Fall ins Ungleichgewicht). Das Westernpferd tritt an, um sein Ungleichgewicht nach vorne durch das „Vortreten" mit seinen Stützpunkten auszugleichen. Wird es daraufhin permanent im Übergewicht nach vorne gehalten, so läßt sich sein Tempo allein über den Grad der Vorlage des Reiters bei entsprechend permanenten Zügelanzügen regulieren, ohne daß die Schiebkräfte der Hinterhand je mit den Schenkeln zu mobilisieren wären, was allerdings sowohl „tight reins" als auch „spoiled horses" bedingt, es sei denn es sitzt ein ganz großer Meister im Sattel.

Bei der schnellen und geradlinigen Arbeitsweise der Cowboys lernten die Pferde weder, sich um den jeweils inneren Schenkel zu biegen, noch, auf bloßen leichten Schenkeldruck hin, den einen oder anderen hinteren Fuß weiter unter die Masse zu schieben, folgten sie doch allein ihrem Übergewicht nach vorne, d.h. einer Art „Sog", statt sich von ihrer Hinterhand vorwärts schieben zu lassen. Im Gegenteil, die abrupten Stops, die man ihnen abverlangte, ließen sich für die Gelenke erträglich mit der Hinterhand nur abfangen, wenn die Hinterhufe dabei absolut parallel unter eine absolut symmetrisch gerichtete Kruppe rutschten. Um die Kruppe jedoch – auch mitten aus rasendem Lauf – zum Stop in symmetrische Haltung zu bringen, mußte sich das Pferd in den letzten Lendenwirbeln vor dem Becken kurz versteifen, d.h. seine gesamte Hinterhandtätigkeit kurzzeitig blockieren wie ein Eisschnelläufer oder Skifahrer, der abrupt anhalten muß und sich kurz versteifend gegen den Sog seiner eigenen Geschwindigkeit stemmt. Das Blockieren der Hinterhandtätigkeit im Westernstop und in den engen Westernwendungen ist somit das präzise Gegenteil der nachgebenden Hankenbeugung, was man als Zuschauer leicht daran erkennt, daß der Reiter dabei aus dem Sitz nach vorne geschleudert wird, anstatt wie beim korrekten „Arrêt" auf den Hanken, nur tiefer in den Sattel zu rutschen.

Der berühmte „äußere Schenkel", mit dem die Western-Cowboys ihre Bögen und weiten Wendungen ebenso auszureiten scheinen, wie die knappen Haken, Rollback, Pivot und Spin, sind in Wahrheit nur verwahrende Schenkel, die verhindern, daß die zuvor bereits über das „Heben der Vorhand" („Lifting without making the horse toss his head in the air") teilweise oder ganz blockierte Hinterhand während der eigentlichen Wendung ausfällt oder wegrutscht. Der äußere Schenkel des Westernreiters biegt somit weder die Hinterhand um den inneren Schenkel, noch schiebt er diese dem inneren Schenkel zu, noch zieht er den äußeren Hinterhuf des Pferdes absichtlich weiter unter die Masse; er blockiert einzig und allein die seitliche Ausfallbewegung der Kruppe für den Fall, daß es zu einer solchen überhaupt kommt. Im übrigen ist auch er nur ein Vermittler von Zeichen für das Pferd und geht nur äußerst selten, dann allerdings vor allem mit dem Sporn, direkt auf die Pferdemechanik ein.

Was mich an der Westernreiterei am meisten beeindruckt, ist die ungeheure pragmatische Konsequenz, mit der alles, aber auch alles an ihr allein auf den Umgang mit den Rindern und auf nichts anderes hin zugeschnitten, konzentriert und spezialisiert wurde, so als hätten der größte Rinderfachmann und der größte Pferdefachmann aller Zeiten gemeinsam Jahre lang nichts anderes getan, als geplant, Beziehungen durchdacht und hochgerechnet, Konsequenzen vorausgesehen, um schließlich ihr System der Rinderwartung als eines der geschlossensten, vollständigsten, konsequentesten Reitsysteme der Weltgeschichte bis ins letzte Detail ausgeklügelt zu realisieren. In Wirklichkeit hat glücklicherweise und zu meiner Beruhigung anfänglich wohl überhaupt niemand an der Westernreiterei „gedreht"; sie wurde vielmehr zu dem, was sie bis vor kurzem noch war, allein aus „Zufall und Notwendigkeit", Anpassung und Anpassung an Anpassungen.

So genial in sich geschlossen, konsequent und für die Arbeit mit amerikanischen Fleischrindern spezialisiert die Westernreiterei auch ist, so wenig eignet sie sich für jeden anderen Zweck *mit Ausnahme des Wanderreitens und des Distanzreitens, die beide seit jeher mit zu der Arbeit des Cowboys gehörten.* Deshalb ist es heute, da sich Reitanfänger auch bei uns lieber als Cowboys fühlen denn als Springreiter, umso bedauerlicher, daß sogar gute amerikanische Western-Horse-Trainer ihrem Minderwertigkeitskomplex der Sportdressurreiterei gegenüber nachgeben und längst angefangen haben, ihren „Quarters" mehr und mehr englisches Vollblut einzukreuzen, ihre Jungpferde immer häufiger mit der Wassertrense, anstatt im Bosal auszubilden, ja, selbst ihren besten Reining-Horses die Kopfhaltung des Sportdressurpferdes „am Zügel" anzugewöhnen, anstatt ihnen den alten hohen, stolzen Blick zu belassen.

Gewiß, die methodische Einheit und Geschlossenheit innerhalb der beiden klassischen Schulen des Westernreitens – des „california style" und des „texas style" – ist bereits seit dem Ende des Zweiten Weltkrieges zerbrochen. Dennoch geht es heute mit der Westernreiterei dank tausenderlei Tand und Klimbim von der Art der mechanischen Hackamore, der „Vosals", neuartiger „Tiedowns" usf. und immer verrückteren Gebißkonstruktionen und dank der Trainer, die diesen Schrott verwenden, rapider bergab denn je. Aber wer ein Quarter-Horse sein Eigen nennt, einen Tausenddollarsattel, den Westernhut und die Chaps, kann wohl mit gutem Gewissen auf Stahldrahtschlingen, immer gemeinere Gebisse und andere Folterinstrumente längst nicht mehr verzichten. Was hat das noch mit Freizeitreiten zu tun? – Der alte Satz: Hilfszügel sind nur etwas für Hilfsschüler, menschliche wie tierische, hat noch immer ebensoviel Gültigkeit wie jener andere, den Louis Taylor zitiert: „Angezogene Zügel und verrittene Pferde bedingen sich gegenseitig".

Wir sind Freizeitreiter und haben für unsere Pferde nur das Beste im Sinn. Das heißt zwar im Fall, in dem wir bereits ein Westernpferd amerikanischer

Provenienz besitzen, daß wir es tatsächlich nicht anders als in der Westernreitweise reiten sollten, dies aber so schonend und so gekonnt wie überhaupt nur denkbar, indem wir uns bewußt sind, daß die eigentliche „Selbstverwirklichung" des Quarterhorses und seiner farbenfrohen Verwandten ausschließlich bei harter Rinderarbeit auf unvorstellbar großen Weiden ohne Zäune möglich ist.

Der große Westernpferde-Trainer Jean-Claude Dysli hat den Traum von der western-horse-gemäßen Haltung amerikanischer Pferde und Rinder in der Schweiz einmal zu realisieren versucht und stieß damit prompt auf die Grenzen des in Europa Möglichen.

Gewiß, das Westernpferd ist nun einmal auf lange Basis gezüchtet und von seinem Bau, von der ihm gemäßen Reitweise und von seiner Psyche her betrachtet tatsächlich dazu ausersehen, seine lange Basis auch zu entfalten. Wie wir bereits wissen, ist die lange Basis jedoch eine Erfindung des Menschen, d.h. ein Kunstprodukt züchterischer Bemühungen, und war *dem quadratischen Urpferd ebenso ungemäß wie Sprünge über „Häuser"*. Das Westernpferd, besonders das hinten stark überbaute, ist daher von Fohlenbeinen an dazu verurteilt, sich in seiner Vorhand leichter und früher zu verschleißen, als vergleichbare horizontal gebaute Quadratpferde, die überdies z.B. in der Reitweise der iberischen Vaqueros geritten würden.

Der Berufscowboy durfte und konnte, ja, mußte den frühen Verschleiß seiner Pferde hinnehmen, da das Pferd „nur" ein Werkzeug und das Wohl seiner vieltausendköpfigen Rinderherde weit wichtiger war und ihm überdies nahezu beliebig viele Ersatzpferde zur Verfügung standen. Unterschätzen wir die Möglichkeit, sein Pferd bei den ersten Ermüdungsanzeichen auswechseln zu können, niemals. Der Cowbow „wrang" dank dieser Möglichkeit seine Pferde nie oder nur höchst selten „aus", ja, schonte sie dadurch bei der Arbeit wohl wesentlich effektiver als es der heutige Freizeitcowboy zu tun vermag, wenn er z.B. an einem Distanzritt mit Zeitnahme teilnimmt.

Machen wir uns nichts vor! Wer sich als Freizeitreiter zum Wohle seines Pferdes dazu durchgerungen hat, seine und seines Pferdes Ausbildungs- und Reitmethoden an denen der Berufsreiter – der Cowboys, Gauchos wie der Vaqueros und Gardians – zu orientieren, wird nie als Cowboy oder als Vaquero, sondern stets nur wie ein Cowboy oder wie ein Gardian reiten können. Ihm wird deshalb immer der Vorwand fehlen, seine Pferde auch einmal „im Dienst einer höheren, bedeutenderen Aufgabe" zu überfordern. Jede Überforderung eines Pferdes ohne absolute Notwendigkeit ist jedoch nichts anderes als Tierquälerei und damit das Gegenteil pferdegemäßen Freizeitreitens.

Eine Eigentümlichkeit der europäischen wie der amerikanischen Westernreiterei scheint dieser Behauptung rechtzugeben, nämlich der Lobgesang aller ernsthaften Westernpferde-Trainer auf die gute alte Zeit des Westernreitens im

California-Style, d.h. auf die Reitkunst der mexikanischen Vaqueros, die ihre Pferde noch im Bosal ausbildeten, dann mit locker-leichten Zügeln ritten und als angeblich einzige reiterliche Hilfe nur die Gedankenübertragung übten.

Im Unterschied zu den amerikanischen Trainern, weiß ich aus eigener Erfahrung, daß ihr Hoheslied auf die Vaquero-Reitweise keineswegs auf einer Legende beruht, sondern auf einer heute noch aktuellen Realität, nämlich jener der Verwendung eines ganz anderen Pferdetyps – des iberischen – unter einer ganz anderen Reitweise – der iberischen – bei einer ganz anderen Arbeit – beim Umgang mit iberischen Kampfstieren – in einer ganz anderen Landschaft – der, iberischer und mexikanischer Engtäler, anstatt auf Prärien von Horizont zu Horizont! Kurz, mit ihrem beinahe schon zwanghaften Bezug auf die mexikanischen Vaqueros, auf deren Reitkunst und deren Pferde gestehen die ernsthaften Westernreiter letztlich nichts anderes ein, als daß das Quarterhorse heute zwar noch immer der ideale Spezialist im Umgang mit Fleischrindern ist, daß das Quarterhorsereiten indessen längst nicht mehr soviel Spaß und Befriedigung schenkt wie das Reiten eines iberischen oder mexikanischen Kampfstierpferdes, das sich noch um den Schenkel und den Sitz des Reiters biegt, die Hanken beugt, ebenso leicht an Ort und Stelle wie kurzzeitig Karriere galoppiert und abends beim Nachhausereiten seine Hufe von selber in die Passage hebt, als müsse es beweisen, welch Kinderspiel die harte Knochenarbeit den ganzen Tag über in Wirklichkeit war.

Also nochmals: welches ist das ideale REITpferd – mit der Betonung auf REITen, nicht auf Rennen, Arbeiten, noch auf Jagen, Springen oder Zug? „Je breiter und kürzer die Lenden sind, desto leichter hebt das Pferd seine Vorhand und desto leichter schiebt es das Hinterteil unter (. . .)", schrieb schon Xenophon (W. 65A, 23ff). – La Guérinière sagte: „Kraft in den Lenden ist eines der bedeutendsten Dinge für ein gutes Pferd. Dazu müssen diese eher kurz sein (. . .). Je kürzer ein Pferd in den Lenden ist, desto leichter sammelt es seine Kräfte (unter dem Reiter)" (W. 19, S. 5ff).

Gustav Steinbrecht: „Wenn wir von einem normal gebauten Pferd, dem sogenannten geborenen Reitpferd, sprechen, so verstehen wir darunter dasjenige Pferd, welches von Natur im Gleichgewichte ist, d.h. dessen natürliche Formen es befähigen, ohne Anstrengung diejenige Richtung des Skelettes anzunehmen, bei der es die vier Füße gleichmäßig belastet. Bei diesem Pferde wird die Arbeit des Bereiters leicht sein, denn sie beschränkt sich im Wesentlichen auf Belehrung und Gewöhnung. Bei Mißverhältnissen aber zwischen Vor- und Hinterhand (. . .) muß die Kunst vermittelnd eintreten und durch ein System gymnastischer Übungen das Gleichgewicht herstellen und befestigen. Überladene oder steife, steile Schultern, schwere Vorhand, schwache Vorderschenkel, hohes, überbautes Hintertheil usw. erfordern z.B. öfters schon eine stärkere Hankenbiegung, und der Reiter muß sich mit solchen Pferden der schwierigen Schularbeit unterziehen, um nur reine Kampagnegänge (Geländepferdegänge) zu gewinnen" (W. 55, S. 105).

Fassen wir zusammen: das ideale REIT-Pferd ist ein in seiner Größe und seinem Gewicht zu seinem Reiter passendes Quadrat- oder in den Lenden kurzes Rechteckpferd von horizontalem oder von vorne nach hinten leicht abfallendem Gebäude, mit breiter und tiefer Brust, breiter, runder und langer Kruppe und muskulösen Schenkeln. So gebaut, wird es sich ziemlich sicher „von Natur im Gleichgewichte" befinden und wesentlich leichter auszubilden und zu reiten sein als jedes noch so hübsche Rennpferd. Die Erfahrung zeigt tatsächlich, daß sich solche Pferde in der Regel ihre Gymnastik von selber beim Reiter abholen, daß dieser somit, auch nur mit leidlichem Reitertakt begabt, wesentlich weniger falsch machen kann, als beim Reiten eines langen, hinten überbauten Großpferdes. Deswegen sollten sich Freizeitreiter, die das Reiten ernsthaft pferdefreundlich betreiben wollen, besser Pferde zulegen, die ihnen bereits dank ihres Gebäudes den Weg zum pferdegemäßen Gymnastizieren weisen, also Kompaktpferde vom Typ kurzer Connemaras oder Welsh-Cobs, Haflinger oder Camargue-Pferde, kurzer Bosniaken oder Koniks, Berber, Vollblutaraber oder „langer" iberischer Pferde, nur keine hinten überbauten Klein- oder Großpferde vom Typ des Renners, die zwar meistens hübsch anzusehen, aber kaum je bequem zu reiten, zu halten und zu warten sind.

Die einzige, einem solchen Pferd wahrhaft entsprechende Reitweise ist dann jene, die seit dem 15. Jahrhundert nichts anderes im Auge hat, als das Wohl des Pferdes, dessen Selbstverwirklichung, Lebensfreude und Langlebigkeit, nämlich die Pluvinels und La Guérinières und des Marquis de Marialva, die – auf weniger anspruchsvollem Niveau – mit jener der iberischen Campinos und Vaqueros und der einstigen Gardians der Camargue identisch ist. Ob diese Reitweise schließlich mit überlangen Bügeln „à la brida" oder mit etwas kürzeren „à la gineta" ausgeübt wird, hängt allein davon ab, ob wir uns im Gelände (lang) oder in der Bahn (etwas kürzer) befinden, obwohl drinnen wie draußen ebenso gut im selben Sitz geritten werden kann.

Bei den Vorführungen anläßlich der „Equitana 81" in Essen beeindruckten und überzeugten mich nur ein einziger Reiter und ein einziges Pferd: ein etwa vierzehnjähriges Mädchen in einem altenglisch blassen Kleid auf einem Welsh-C-Hengst, der echt losgelassen, fröhlich unbeschwert an lockeren bis durchhängenden Zügeln brillant ging und dabei ebenso sauber und selbstverständlich, d.h. regelmäßig gebogen und regelmäßig tretend, Schulterherein, Travers und Renvers wie Arbeitstrab und Mitteltrab, versammelten und Mittelgalopp ging. Auch des Mädchens Sitz, der eindeutig der üblichen deutschen Dressurreiterei zu entstammen schien, erwies sich dabei als so locker, losgelassen und richtig eingesetzt, daß er oft an den La Guérinières und den unseren erinnerte. Angeblich soll diese nahezu ideale Freizeitreiterin aus der Familie Jänisch stammen.

Genaueres konnte ich nicht erfahren, denn in der echten Freizeitreiterei sind die besten Leute in der Regel auch die unbekanntesten. . .

17. Kapitel

FREIZEITBESCHÄFTIGUNG: PFERD

Der Freizeitreiter reitet aus Pferdepassion zum Wohl seines Pferdes, d.h. zur Förderung dessen Gesundheit und Langlebigkeit und dessen Selbstverwirklichung und Lebensfreude. Er zieht demzufolge seinen Spaß am Reiten weder aus dem Nervenkitzel bei halsbrecherischem Dahinjagen, noch aus Wanderritten über Rekorddistanzen, bei denen der Rekordbruch mehr Bedeutung gewinnt als die Leistungsbereitschaft des Pferdes. In Wirklichkeit scheint seine Reitbegeisterung so vielmehr der alten arabischen Weisheit zu entspringen: „Dient dein Leben nicht dazu, die Lebensfreude anderer Lebewesen zu wecken, zu fördern und zu unterhalten, so wirst du am Ende umsonst gelebt haben!". – In diesem Sinn führt das Freizeitreiten über sich hinaus, wird zu einer bestimmten Einstellung dem Pferd und generell den Tieren und auch den Menschen gegenüber, wird zu einer Art Lebensphilosophie mit metaphysischen Zügen. . ., die bitte nicht mit ideologischen und sektiererischen Brettern vor dem Kopf, noch mit Selbstgerechtigkeit oder Selbstüberschätzung zu verwechseln ist.

In erster Linie geht es ausschließlich um das Mitlebewesen Pferd, doch damit notgedrungen um alle Lebewesen schlechthin. Der einzige Lehrmeister, der sie alle in- und auswendig kennt und sie uns alle verstehen lehren kann, ist die Natur. Das Pferd ist außerhalb seiner eigenen Entwicklungsgeschichte, außerhalb der höchst widersprüchlichen Geschichte seiner Beziehung zum Menschen und außerhalb der Geschichte seiner Haltung, Wartung und des Reitens stets nur bruchstückweise verstehbar. Dieser Tatsache trugen bereits die großen Freizeitreitmeister der Vergangenheit Rechnung. König Duarte von Portugal lehrte seine Reitschüler, wie Pluvinel und La Guérinière, mit dem Reiten nicht nur dessen praktische und theoretische Aspekte, sondern auch das Wichtigste aus der Hippologie, also Veterinärmedizin, Beschlagskunde, Pferdehaltung, Pferdewartung, Weidepflege, Tierzucht, Botanik der Nähr- und Giftpflanzen, Parasitologie, ja, auch viel zum Verhalten des Reiters sogar dem Mitmenschen gegenüber.

Das bedeutet: die alten Meister der Reitkunst gründeten die ersten Reitakademien nicht, weil sie die Bedeutung ihrer Kunst maßlos überschätzten, sondern weil sie klar erkannt hatten, daß der ernsthafte, echt pferdegemäße Umgang mit dem Pferd soviel Begabung und Wissen auf so vielen verschiedenen Wissensgebieten erfordert, daß sie sich als Lehrer allein ganz einfach überfordert fühlten. In der „Akademie" wirkte indessen ein ganzer Stab von großen Spezialisten zusammen, die den Schülern nicht nur mehr die Technik pferdegerechten Reitens zu vermitteln suchten, sondern aus ihnen Reiter im Sinne des Ritters zu formen trachteten, Ritter, bewandert in allen Künsten, mit einer möglichst universalen, humanistischen Bildung, die auch mit dem Degen und der Reiterpistole umzugehen verstanden.

Die adeligen Playboys kamen aus Sankt Petersburg, Prag, Budapest, Kopenhagen, London, Bruxelles, Madrid usf. erst nach Neapel, dann nach Paris und Göttingen ausschließlich, um bei den größten Reitern ihrer Zeit das Reiten zu vervollkommnen. . . und sahen sich unvermittelt mit einem Bildungsweg konfrontiert, dem sie bisher eher ausgewichen waren. Um der Reitstunden willen blieben sie dennoch und wurden im Laufe von vier bis sieben Jahren nicht nur excellente Freizeitreiter, sondern auch noch enthusiastische Humanisten. Auf diese Weise bürgerte sich schließlich sogar die französische Sprache an den europäischen Höfen ein und blieb die offizielle internationale Reitersprache – auch der Welt-,,Federation" (FEI) – bis in unsere Tage.

Das Pferd, sein Wesen, seine Bedürfnisse und seine natürlichen Anliegen bleiben uns unverständlich, wenn wir nicht versuchen, es im Zusammenhang mit seiner Entwicklungsgeschichte, mit seinen Lebensräumen und deren Evolution und mit seiner Domestizierung und Verwendung zu sehen. Obwohl auch diese Feststellung unter Pferdeleuten nahezu seit jeher als Binsenwahrheit gilt, gelang es den Militärs im Zuge der Simplifizierung des Reitens bereits im 18. Jahrhundert, der „Gemeinen" (Soldaten) Pferdewissen auf ein immer dürftigeres Niveau zu beschränken. Da die Militärs jedoch gleichzeitig ihr Monopol über alle Pferde und das Reiten betreffende Themenkreise nicht nur ständig festigten, sondern auch noch ausweiteten, darf man sich nicht darüber wundern, daß das traditionelle, mit dem Humanismus verbundene, Pferdewissen längst untergegangen ist. Nur so ist jedenfalls erklärbar, daß selbst international bekannte Sportdressurreiter achselzuckend den Kopf schütteln, wenn jemand von Redopps, Terre-à-terre und Mézair, von Tölt oder dem Traquenard spricht oder sich erlaubt, auf die Bedeutung echter Hankenbeugung in der Piaffe oder Passage hinzuweisen. Redet man sogar über die Freude des Pferdes an seiner Arbeit oder über die Beziehungen zwischen der Freude des Pferdes, seiner ,,Leichtigkeit" und seiner Losgelassenheit, so wird man milde belächelt und in die Kategorie der harmlosen Verrückten oder der in der Romantik steckengebliebenen Schwarmgeister abgeschoben. Selbst bei Berufszüchtern von Sportpferden scheint heute das alte Pferdewissen so verkümmert zu sein, daß es geradezu als Wunder anzusehen ist, wenn sich unter den modernen Pferden hin und wieder noch einmal ein Tier im alten Reitpferdetyp befindet. Das Schicksal der Trakehnerzucht in Westdeutschland illustriert, was ich damit meine.

Ohne großes Verantwortungsbewußtsein und Wissen um das Pferd und ohne große Erfahrung im Umgang mit den verschiedensten Pferdetypen, Pferdeschlägen, Pferderassen, ohne eben jene universale Bildung, die früher an den Akademien vermittelt wurde, kann alles Pferdezüchten, Pferdehalten und Pferdereiten den Niedergang der Gattung Equus nur beschleunigen.

Zu Beginn unseres Jahrhunderts hielt sich jeder Herrenreiter neben seinen Sport- und Jagdpferden einen Pferdepfleger, der die Pferdehaltung, Pferdewartung von Kindesbeinen an gelernt hatte. Das Reiten besorgten der Herr und der Knecht. Die Pferde besaßen jedenfalls eine Bezugsperson, die sie richtig dominierte, und auf die fachlich, sachlich Verlaß war. – Zwischen den beiden Weltkriegen stand dann das einzige übriggebliebene Sportpferd des Herrenreiters in einem Reitstall unter vielen anderen Sportpferden. Es wurde weiter von fachkundigem Personal betreut und bewegt, wenn dieses auch inzwischen mit Arbeit hoffnungslos überfordert wurde und sich kaum mehr die Zeit nehmen konnte, regelmäßig auf jedes Pferd einzeln einzugehen. – Seit dem Ende des Zweiten Weltkrieges fehlt nun auch das sachkundige Personal, und seither koppen, weben und dämmern die meisten Boxenpferde früher oder später in absoluter Beziehungslosigkeit dahin.

Diesem Niedergang auch der Pferdehaltung und Pferdewartung versuchten die ersten Freizeitreiter nach dem Krieg eine Alternative entgegenzusetzen – wenn wohl auch nicht in allen Fällen aus reiner Pferdefreundlichkeit. Sie gingen erst zur Weidehaltung, später zur Weide- und Offenstallhaltung, schließlich zur Weide-, Offenstall- und Sandauslauf-Haltung über. . . wodurch in der Regel die effektiven Spiel- und Rennräume ihrer Robustpferde immer weiter schrumpften. Heute führt der Trend endlich zur einzigen echten Alternative für die Pferde: zur Haltergemeinschaft auf sehr großen Weiden, die in der Regel den Pferdebesitzern auch reiterlichen Auftrieb und neue Denkanstöße schenkt.

Aber nicht nur die Pferdehaltung liegt leider auch bei Freizeitreitern oft unverantwortlich im Argen. Auf den zehn- bis zwanzigmal zu kleinen Weiden werden meistens auch noch „Pferde gezüchtet" von Leuten, die mit Pferdewissen, Pferdeverstand, reiterlicher Einsicht und Konsequenz am wenigsten gesegnet sind. – „Ich verstehe mich mehr als Züchter, denn als Reiter", schrieb mir vor Jahren ein junger Mann, um mir sein mangelndes Interesse am Reiten zu erklären. Wie, frage ich mich, kann ein Reitpferdezüchter ein Zuchtziel für seine Zucht definieren, wenn er vom Reiten keine Ahnung hat? Ist er dadurch nicht geradezu gezwungen, sich an den Tieren züchterisch zu vergehen? Wie wird er seine Fohlen richtig und konsequent zu Reitpferden erziehen können, wenn er nicht weiß, worauf es beim Reiten eigentlich ankommt? Und wer wird seine Vier- und Fünfjährigen schließlich zureiten und zu Reitpferden ausbilden?

Liegt somit die Pferdehaltung im Sportpferdebereich heute tatsächlich extremer im Argen als in dem der Freizeitpferde, so vergehen sich dafür die meisten Freizeitpferdezüchter durch ihre „Kraut- und Rüben-Zucht" weit extremer als die Sportpferdezüchter nicht nur an ihren eigenen Zuchtprodukten, sondern gleichzeitig auch an der Rasse ihrer Pferde.

Während meiner Gardianlehrzeit in der Camargue habe ich bei verschiedenen Herdenbesitzern oft und lange genug an nächtlichen Diskussionen teilgenommen, bei denen es allein um die Wahl eines geeigneten Hengstes für die Stutenherde ging. Welcher Hengst konnte die Reit- und Stierpferdequalitäten der eigenen Zucht wesentlich verbessern, wie mußte er gebaut sein, welchen Charakter mußte er besitzen, was mußte er an Schnelligkeit und Ausdauer mitbringen, was an Kürze der Lenden, an Kraft und Geschicklichkeit und was an Intelligenz? Wie mußte er, von seiner Blutlinie her betrachtet, zu den eigenen Stuten passen? Wieviel hatte er an Masse, d.h. Breite, Höhe und Stämmigkeit zu vererben? Wie stark mußte er sich als Vererber durchsetzen? Welche seiner Mängel konnten die eigenen Stuten, welche mußten sie auszugleichen fähig sein? – Ich kannte Herdenbesitzer, die im frühen Frühling wochenlang von Herde zu Herde fuhren, Hengste begutachteten, teilweise sogar bei der Arbeit ritten, bevor sie schließlich ihre endgültige Wahl trafen und den Besitzer um den Hengst als Leihgabe baten. Dabei ging es diesen Herdenbesitzern ,,nur" um „Werkzeuge" für die Arbeit mit den Kampfstieren in frühestens sechs bis sieben Jahren!

Alle Pferdezucht ist stets zugleich ein weiterer Schritt auf dem Weg der Domestizierung, d.h. der ,,Verhaustierung", ,,Zivilisierung" des einstigen Wildpferdes, bedeutet so einerseits einen nicht wieder gutzumachenden Eingriff sowohl in die Natur des einzelnen Pferdes (Phänotyp) als auch andererseits in die der gesamten Pferderasse (Genotyp).

Eingangs habe ich das Wort ,,Domestizierung" auch mit ,,Selbstentfremdung" übersetzt. „Selbstentfremdung" ist ein Begriff aus der Psychologie und bedeutet die psychische Unmöglichkeit eines Menschen oder Tieres, sich seiner in ihm genetisch verankerten Anlagen, Talente, Gaben im Alltag bewußt oder unbewußt biopositiv zu bedienen. Sich selbst entfremdete Menschen leiden in der Regel an schweren Neurosen und/oder an psychosomatischen Krankheiten, stumpfen ab und vegetieren dahin. Sich selbst entfremdete Tiere können durchaus ebenfalls neurotisch reagieren, um erst daraufhin endgültig abzustumpfen, den „Schalter zu drehen", ,,perdre le moral" und einzugehen. Übertriebene Schreckhaftigkeit, Angst und Furcht vor allem sind ebenso Symptome der ,,Selbstentfremdung", wie ,,Tranigkeit", Willenlosigkeit, schlampiges Gehen und ständiges Stolpern auch auf der Weide, zu gute oder zu schlechte Futterverwertung und alles Koppen, Weben, Ticken und viele allergische Erkrankungen.

Seit der Mensch die Pferde „züchterisch beeinflußt" durch z.B. das Ausscheiden von ihm ungeeignet erscheinenden Muttertieren, durch die Auswahl der Beschäler, durch absichtsvolles oder absichtsloses Vermischen verschiedener Pferdefamilien und die Förderung bestimmter, ihm erwünschter Merkmale einzelner Tiere zuungunsten von anderen, entfremdet er die Pferde sich selbst. Er paart beispielsweise eine behäbige, gutmütige, etwas schwerfällige Mutter mit einem temperamentvollen, hypernervösen, schlanken Vater und erhält so im besten Fall ein äußerlich hübsches, schlank-massig gewachsenes Fohlen im Typ der Mutter, das mit der Hypersensibilität, Nervosität und dem Temperament des Vaters beim besten Willen *körperlich* nichts anzufangen weiß. Körperlich eher schwerfällig, gelingt es ihm nie, seine vom Vater geerbte Nervosität in entsprechend nervöse Körperbewegungen umzusetzen; es wird so seine Nervosität nie richtig los und leidet bereits früh an einem Überdruck an Streß, der es früher oder später krank machen wird. Mit dieser durch falsches Züchten nahezu programmierten Krankheit wird es sich körperlich seinem Temperament und psychologisch seinem Körper entfremdet fühlen. Dabei ist es in Wirklichkeit nur das Opfer eines Hobbyzüchters geworden, der sich seinen „eigenen Stamm Arabo-Haflinger" heranzüchten wollte.

Wir alle freuen uns über die Vielfalt der verschiedenen Pferderassen, über ihre verschiedenen Charaktere, verschiedenen Bauweisen, verschiedenen Eignungen. Unterziehen wir uns jedoch einmal der Mühe, möglichst genau und umfassend herauszufinden, weswegen z.B. manche reinrassigen Connemaras ideal kurze Lenden besitzen, warum der Isländer leichter töltet als andere Ponies, weshalb das Camargue-Pferd über breite und flache Hufe verfügt, der Wüstenaraber aber über hohe und enge, weswegen der Norweger ein typisch langes Pferd ist, der Konik oft rebellisch und der Haflinger dafür umso bedächtiger erscheint; versuchen wir also einmal, sämtliche typischen Merkmale der von uns favorisierten Pferderasse zu ergründen und zu erfassen, so werden wir feststellen, daß ihre Ursprungslandschaft und das Ursprungsklima, die Höhenlage und der Futterbestand und eine Unzahl anderer Einflüsse mindestens unsere noch einigermaßen naturbelassenen Kompaktpferde ebenso stark gezeichnet, geformt und spezialisiert haben wie das menschliche Zuchtbemühen.

Das heißt für mich als Pferdebesitzer, daß ich einem nicht in seinem Ursprungsland geborenen Pferd niemals die landschaftlichen, klimatischen, futterbedingten Herausforderungen bieten kann, an die sich seine Rasse Jahrtausende lang angepaßt hat, ja, durch deren Beantwortung mein Pferd *der geborene Spezialist* für das Überleben *allein in diesem Ursprungsraum* ist. Durch das Weiterzüchten meines Pferdes außerhalb seines Ursprungsraumes entfremde ich es nicht nur seiner hochspezialisierten Überlebenskunst, sondern konfrontiere es zugleich mit der Notwendigkeit, sich an ganz andere Gegebenheiten anpassen zu müssen, für die es in der ersten Generation nicht unbedingt bereits die richtigen Antworten findet. Als Züchter entfremde ich es so gleich zweimal seiner selbst. Dies kann ich theoretisch in Kauf nehmen, solange es „nur" um *ein* Pferd geht und vor allem, wenn ich über den richtigen Blick für die Mangelerscheinungen des Tieres verfüge und den Mängeln abhelfen kann. Aber selbst bei nahezu idealen Zucht-, Haltungs-, Wartungs- und Erziehungsbedingungen und selbst mit einem Riesenschatz an züchterischer Erfahrung begabt, muß ich mir bewußt sein, daß alle Zucht gebietsfremder Tiere nicht nur ein Sichvergehen an den jeweiligen Zuchtprodukten, d.h. am Phänotyp meiner Pferde ist, sondern auch und vor allem am Genotyp, an der gesamten Rasse. Warnende Beispiele für solches Zuchtversagen gibt es leider schon viel zu viele, sowohl in der europäischen Vollblutaraberzucht als auch in der des Trakehners in Westdeutschland und in der einiger Robustpferderassen.

Immer wieder werde ich von Pferdefreunden angeschrieben, die einmal das Camarguepferd, dann wieder den Mérens oder sogar den Berber „vor dem Aussterben retten" wollen, indem sie mit Vertretern dieser Rassen in Deutschland oder in der Schweiz Rassezuchten aufzubauen gedenken. Möchten sie doch verstehen, daß man ein Tier vor dem Aussterben allein und ausschließlich nur in seinem ursprünglichen Lebensraum bewahren kann, daß alle Weiterzucht dieses Tieres außerhalb seines ursprünglichen Lebensraumes notgedrungen nur zur Verbastardisierung seiner Rasse führt und, nicht zuletzt, daß es nahezu überall in Westeuropa lokale Pferderassen gibt, deren Rettung in ihrem eigenen angestammten Lebensraum dringlicher ist als die Einfuhr fremder Pferde.

Bereits die bloße Haltung von Importpferden zu Reitzwecken ist bei uns dem jeweiligen Pferdeindividuum gegenüber problematisch genug. Wir können sie uns konsequent pferdefreundlich überhaupt nur leisten, wenn wir für das betreffende Tier über Haltungs- und Wartungsmöglichkeiten verfügen, die mit seinen gewohnten Lebensbedingungen wenigstens vergleichbar sind und vor allem auch über ihm angemessene und entsprechende Aufgaben unter dem Sattel. So abwegig es wäre, einen in Deutschland geborenen englischen Vollblüter bei der Rinderarbeit in Texas oder Andalusien einzusetzen, so verfehlt wäre es, Bosniaken in der Camargue, Connemaras zum Holzschleppen im Wald, Haflinger auf der Rennbahn oder Andalusier bei Distanzritten einsetzen zu wollen. Jede einzelne, noch einigermaßen naturbelassene Robustpferderasse besitzt auch unter dem Sattel seit Jahrhunderten, wenn nicht seit Jahrtausenden, ihre speziellen Eigenschaften und Vorzüge und ist nur bei dieser einen Aufgabe oder Arbeit im wahrsten Sinne des Wortes „in ihrem Element". Dem Pferdeindividuum gegenüber sind so gewisse Abweichungen von seiner ursprünglichen Lebensform ausschließlich vertretbar, wenn ich wenigstens die seinem Körperbau und seinen Veranlagungen gemäße Reitweise pflege, das Tier darin immer weiter gymnastiziere und ihm unter dem Sattel Aufgaben stelle, die es nicht nur bewältigen kann, sondern die es echt „in sein Element" zurückversetzen.

Selbst diese durchaus freizeitreiterliche Einstellung dem Pferdeindividuum gegenüber stellt bereits hohe und jeden Tag höhere Anforderungen an mich als Pferdehalter, Pferdewärter und Reiter. Selbst mit dieser Einstellung und bei höchster Konsequenz vergehe ich mich dennoch an meinem Pferd, nur weil ich ihm bei mir nicht auch den Jodgehalt der Luft, den Salzgehalt des Wassers, den Kalkgehalt im Boden, den Spurenelementegehalt im Futter, weder die dominierende Windrichtung, noch den Sonneneinfallswinkel und die Strahlungsintensität seiner ursprünglichen Heimat bieten kann. Aber wenigstens vergehe ich mich „nur" an einem Pferd und nicht, wie der Hobbyzüchter, an einer ganzen Pferderasse. Ich verstehe durchaus, daß man, so wie man aus Leidenschaft sein Reiten perfektioniert, auch leidenschaftlich gerne Pferde züchten würde. Pferdegemäß und damit „freizeitreiterlich" ist dies im deutschsprachigen Raum heute jedoch überhaupt nur noch möglich, wenn man – erstens – eine fünf- bis zehnjährige Züchterlehre hinter sich hat, zweitens über Großgrundbesitz verfügt und – drittens – Pferde einer im eigenen Wohngebiet seit Jahrhunderten heimischen Pferderasse züchtet, d.h. letztlich Berufszüchter geworden ist.

Die Schweiz besaß bis vor wenigen Jahren eine geradezu ideale Freizeitpferderasse, in der sich einheimisches, französisches und spanisches Blut seit Jahrhunderten äußerst harmonisch die Waage hielt: den „Freiberger". Er wurde von den Jurabauern seit jeher ideal kurz, ideal klein und ideal stämmig sowohl als Zugpferd vor leichte Karren als auch als Reit-, Pack- und Saumpferd gezüchtet. Als einen unendlich anspruchslosen, dabei erklassigen Futterverwerter mit enormer Ausdauer und Kraft stellte die Schweizer Armee den Freiberger in den Dienst des „Trains", d.h. als Reit-, Zug- und Packpferd der leichten Bergartillerie zur Verfügung. Um den Nachschub an Freibergern zu unterhalten, mußte sie bald schon seine Zucht subventionieren. Außerhalb der Armee krähte dennoch kein Hahn nach diesem einmaligen Pferd. Deswegen wurde etwas später nicht nur mehr die Zucht, sondern auch der Verkauf des Freibergers staatlich unterstützt, so daß die Tiere teils sogar unter dem Schlachtpreis angeboten wurden. Die schweizerischen Freizeitreiter ignorierten sie dennoch weiter konsequent und „retteten" anstelle des einheimischen Freibergers lieber jugoslawische Bosniaken. Vor einiger Zeit wurde beschlossen, dem Freiberger durch Kutschfahrten, durch Teilnahmen an Fahrturnieren und Umzügen, die eben ins Land schwappende Fahrmode zu erschließen. Der Erfolg dieser staatlichen Maßnahmen steht scheinbar noch immer aus. Vermutlich wird dieses ideale Freizeit-Reitpferd jedoch bereits heute allmählich seinen künftigen Zugpferdeaufgaben entsprechend in die Länge gezüchtet und damit in einigen Jahren als Reitpferd wohl für immer ausgedient haben. Heute ist es eben noch das letzte absolut ideale Wanderpferd Westeuropas, ein ideales Barock-Reitpferd und damit auch ein ideales Hohe-Schule-Pferd...Weshalb stellt die Schweizer Armee, um seinen Absatz zu fördern, statt der Kutschvorführungen nicht eine Hengst-

Quadrille zusammen? Warum läßt sie nicht – z.B. in Avenches – zwölf Freiberger-Hengste wortgetreu nach La Guérinières Methoden erziehen und ausbilden, um sie später an den verschiedenen Pferdesporttagen und Landwirtschaftsausstellungen den Freizeitreitern vorzuführen und dem Freiberger so – wie es die Spanische Hofreitschule in Wien mit dem Lipizzaner tut, der ein Cousin des Freibergers ist – vielleicht sogar einen internationalen Käuferkreis zu erschließen? Das echte, kultivierte Reiten ist ganz bestimmt weniger modeabhängig als das Freizeitfahren!

So, wie es im Augenblick aussieht, wird der Freizeitreiter in der Schweiz wohl weiterhin seine Nase über die einheimischen Kleinpferde rümpfen, lieber Criollos importieren, Andalusier oder Berber, um ja nicht Pferde von der gleichen Rasse zu besitzen wie der Nachbar, und darüber den Freiberger aussterben lassen, wie vor Jahren den Schweizer Karthäuser, der ebenfalls Jahrhunderte lang nahezu rein den heute so gepriesenen, aber unerschwinglich teueren „Cartujano" im deutschsprachigen Raum vertrat.

Ich meine, auch das gehört zur „Freizeitbeschäftigung Pferd", nämlich daß wir uns mit unserer ganzen Pferdepassion dafür einsetzen, die Pferderassen, die wir von unseren Ahnen geerbt haben, an Ort und Stelle zu erhalten, auch wenn die Tiere längst nicht mehr dem modernen Springsport, Rennsport, Militärsport entsprechen. Sie sind deswegen nicht weniger unsere Umweltpartner und haben nicht nur Daseinsberechtigung, sondern auch spezifische Aufgaben in dieser Umwelt. Versuchen wir zudem, diese inaktuellen, unmodernen, letzten wahrhaft originellen Pferderassen bei uns vor dem Untergang zu bewahren, so finden wir damit vielleicht auch wieder zur inaktuellen, unmodernen Pferdehaltung, Pferdewartung und zum ebenso inaktuellen, unmodernen, dafür aber umso pferdegemäßeren Reiten der Zeit vor der Französischen Revolution und – wer weiß? – vielleicht sogar zu einer etwas humaneren, ritterlicheren, heileren Welt zurück!? – Versuchen kann man es auf alle Fälle!

Abschließend sei die „Freizeitbeschäftigung Pferd" zusammengefaßt. Es ergibt sich dabei ein Katalog von Merksätzen zur Haltung, Wartung und zum Reiten von Freizeitpferden, den jeder Freizeitreiter in seinem Pferdehalter-Tagebuch beliebig verlängern möge. Meine Merksätze erheben jedenfalls ebensowenig Anspruch auf Vollständigkeit wie sie als Dogmen verstanden werden wollen. Mögen sie aber als Denkanstöße wirken!

* Unser Freizeitpferd sei ein annähernd quadratisches kompaktes Robustpferd und entstamme möglichst rasserein einer möglichst „naturbelassenen", bodenständigen Rasse aus möglichst unserem eigenen Wohngebiet. – Seine Größe liege zwischen 140 und 155 cm Stockmaß; sein Gewicht zwischen 300 und 450 kg; so paßt es am besten zu unserer Größe und unserem Gewicht.
* Erwerben wir nie ein Jungpferd, das jünger als sechs Monate ist, stets aber

aus einer möglichst vielköpfigen Herde, die auf riesigen Weiden robust, d.h. ganzjährig im Freien gehalten wird. Wenn irgendwie möglich, belassen wir das Fohlen bis zur Vollendung seines zweiten oder dritten Altersjahres in seiner angestammten Herde. Die Spiele und Rennen mit seinen Altersgenossen sind für seine spätere Entwicklung von höchster Bedeutung. Seriöse Berufszüchter werden hiergegen kaum etwas einzuwenden haben.

* Haben wir unser Jungpferd mit der nötigen Sorgfalt und entsprechendem Pferdeverstand ausgewählt und erworben, so machen wir uns ihm nach und nach bekannt, ohne uns jemals aufzudrängen.

* Erst wenn das Vertrauen des Jungpferdes zu uns gefestigt ist, beginnen wir, mit ihm an der Hand (Kappzaum) außerhalb seiner angestammten Herde spazieren zu gehen. Nun lassen wir es auch von einem guten Tierarzt möglichst gründlich untersuchen und beginnen, das Verladen spielerisch mit ihm zu üben.

* Schließlich überführen wir den Zwei- oder Dreijährigen zu uns, d.h. unter allen Umständen nur in eine ganze Herde, nie in Einzelhaft, auf eine möglichst große Weide, auf der die Herde ganzjährig weiden kann (eventuell Offenstall oder Schutzdächer!).

* Vergessen wir nie: Pferde sind Steppentiere! Pferde sind Herdentiere! Pferde wollen und müssen dominiert werden, sowohl in der Herde als auch durch uns. Pferde sind Fluchttiere, die das natürliche Bestreben haben, sich selber immer perfekter und soweit zu gymnastizieren, daß sie körperlich und psychisch fähig werden, auf der Stufenleiter der Herdenhierarchie immer höher zu klettern und den Fluchtimpuls später in einen solchen offensiv-defensiven Verhaltens umzuwandeln, um, wenn es sein muß, jederzeit die Herdenführung übernehmen zu können. (Letzteres gilt vor allem für männliche Tiere; Stutfohlen „erben" den hierarchischen Rang ihrer Mütter und werden deswegen in alten Pferdezuchtgebieten weder gymnastiziert noch geritten!)

* Die Größe der Weiden muß alle Pferde regelmäßig zum Rennen, Herumtoben, Spielen, Kämpfen und zum Entdecken von Neuheiten animieren (Minimalgröße in regenreichen Gebieten: 3 – 4 Hektar für 2 – 6 Pferde, in trockenen Gebieten dreifache Weidefläche). – Jungpferde wollen neugierig, verwegen, vorsichtig, kühn und ängstlich sein können. Weiden mit Baum- und Buschbeständen wirken für sie größer, verleiten sie zu Entdeckungsspielen, machen sie mutig und selbstbewußt. – Liegen die Weiden Wegen und Straßen entlang, die häufig von Spaziergängern begangen werden, so ziehen wir einen Doppelzaun mit minimal 2 Meter Zwischenraum (z.B. außen Holz- oder Stacheldrahtzaun; innen Elektrozaun) und bringen mehrere Fütterungsverbotsschilder an.

* An einer besonders gut drainierten oder günstig gelegenen Stelle der Weide legen wir einen Longier- und Reitplatz so an, daß ihn die Pferde von sich aus möglichst nicht betreten können (Minimalgrößen: 10 x 20 m; besser 15 x 30 m).

* Zu jedem Stall, auch Offenstall, gehört ein geräumiges, abschließbares Heulager und eine einbruchsichere Sattelkammer, die nicht nur das Sattelzeug enthält, sondern auch die Stallapotheke, den Feuerlöscher, die Kraftfutterkiste, die Wasser- und Stromhauptschalter usw.

* Jungpferde wollen von ihrem sechsten Lebensmonat an regelmäßig beschäftigt werden. Sie befinden sich nun für vier bis sechs Jahre im lernfähigsten Alter schlechthin. Wir haben diesen Umstand unbedingt auszunützen, dabei aber niemals zu vergessen, daß weder Fohlen, noch Pferde, Spielgefährten weder für Hunde und Kinder, noch für angeblich pferdenärrische Erwachsene sind. Im Gegenteil; um den Spieltrieb der Jungpferde pferdegemäß zu nutzen, haben wir die Tiere unter einem Spielvorwand psychisch und körperlich unendlich konsequent zu erziehen, zu schulen und zu trainieren, wobei nichts unseren oder unseres Pferdes Launen oder dem Zufall überlassen bleiben darf.

Wir nutzen somit den Spieltrieb des Jungpferdes nur, um es im Kappzaum an der Longe „gesittet", d.h. sich dominiert und beruhigt fühlend, spazieren zu führen, auf dem Longierzirkel zu arbeiten, die Hufe aufzuheben, sich zu putzen und waschen, ärztlich untersuchen und impfen zu lassen, in Transportwagen ruhig ein- und auszusteigen, unterwegs ruhig zu fressen, später den allmählich fester gezurrten Sattel zu tragen und vor allem uns als dominierenden neuen Herdenchef respektieren zu lernen. – Nehmen wir sämtliche Aufgaben, die wir dem Jungpferd stellen können, stellen sollen und teils stellen müssen gehörig ernst, so verfliegen die zwei bis vier Jahre bis zum Zureitenlassen wie Tage. – Nutzen wir sie unter allen Umständen, um in einer guten Reitschule das Reiten zu lernen, resp. uns im Reiten zu vervollkommnen, selbst wenn wir später mit unserem Jungpferd zusammen einen ganz anderen Reitstil pflegen wollen. Und eignen wir uns in diesen Jahren auch unbedingt alles irgendwie erreichbare Pferdewissen an, oder werden wir mindestens zu Spezialisten all jener Themenkreise, welche die Rasse unseres Jungpferdes, deren ursprünglichen Verwendungszweck, die für sie typische Reitweise, die Lebensumstände in ihrer ursprünglichen Heimat usw. betreffen.

* Jedes – auch richtig gehaltene, richtig erzogene und richtig darauf vorbereitete – Jungpferd ist frühestens mit vier bis sechs Jahren reif genug, zugeritten zu werden.

* Wer für sein Pferd etwas übrig hat, gebe ihm in jedem Fall die Chance, von einem verständnisvollen Berufszureiter eingeritten zu werden. Von demselben Reiter lassen wir uns daraufhin im Reiten speziell dieses, unseres Jungpferdes, unterweisen. Nur so machen wir aus dem Zureitenlassen Nägel mit Köpfen.

* Ist unser Jungpferd endlich „fertig zugeritten", und kommen wir selber – minimal von gleichem reiterlichen Niveau – anstandslos mit ihm zurecht, so dürfen wir nie vergessen, daß wir nun am Anfang, nur auf der untersten Stufe jener unendlich langen und steilen Treppe stehen, die uns mit unserem Pferd

zusammen immer weiter, immer höher führen muß. Erst wenn es mit uns reiterlich und mit unserem Pferd physisch und psychisch täglich weiter aufwärts geht, erst wenn unser Pferd, dank unseres Reitens, aus dem unteren Bereich der Herdenhierarchie zum Platz des potentiellen Herdenführers gefunden hat, war auch unser Reiten objektiv sinnvoll, und wir dürfen uns mit berechtigtem Stolz „Freizeitreiter" nennen.

* Finden wir uns auf diesem langen Weg zur zielbewußt konsequent gymnastizierenden Ausbildung des Pferdes unter dem Sattel mit Problemen oder Schwierigkeiten konfrontiert, so zögern wir nie, Sachverständige um Rat zu bitten! – Gewiß, die Zahl solcher „Sachverständiger" ist verschwindend klein, dennoch wird es sich stets lohnen, zu suchen bis man sie gefunden hat. Auch wird es immer schwierig sein, den wohlgemeinten Rat von Leuten, deren Sachverständigkeit nicht unbedingt erwiesen ist, auf seine Angemessenheit speziell unserem Pferd und unseren Problemen gegenüber zu prüfen. Deswegen sagte ich: ohne großes Pferdewissen, ohne gesunden Menschenverstand, ohne echte Pferdepassion und ohne aus Reitertakt filtriertem Pferdeverständnis kommen wir als Freizeitreiter noch weniger aus, als der Sportreiter, der vor allem unter der Aufsicht eines Trainers oder Lehrers arbeitet.

Andererseits gibt es auf dieser Welt nichts, was ein durchschnittlich begabter, aber echt passionierter Pferdefreund sich nicht anlesen, andenken, ansehen und anerfahren, kurz, anlernen könnte. Gibt es zudem heute nicht auch für Freizeitreiter bereits Kurse und andere Fortbildungsmöglichkeiten genug?

Die einzige Frage, die offen bleiben muß: wie ernst ist es dem Freizeitreiter mit seiner Pferdeliebe, Pferdefreundlichkeit und Reitbegeisterung? Die Zeit wird bestimmt die Spreu vom Weizen scheiden. Nur, wird es dann nicht bereits hoffnungslos zu spät sein, die alten Kompaktpferderassen vom Prototyp des Reitpferdes auch nur gerade noch erhalten zu wollen?

NACHWORT

Eingangs habe ich versprochen, in dieser Arbeit die Frage zu beantworten, weshalb kaum ein moderner Reiter als „Meister" in die Geschichte des Reitens eingehen kann. Die Antwort liegt vor: weil nur ein Reiter den Meistertitel für sich beanspruchen kann, der das Reiten transzendiert und aus seinem höheren Pferdeverständnis heraus etwas grundlegend Neues ausschließlich zum Wohl des Pferdes entdeckt. Das leuchtendste Beispiel hierfür ist das Schulterherein Meister La Guérinières.

Leicht einzusehen ist, daß heute wirklich pferdegemäße gymnastische Übungen, Ausbildungs- und Reitmethoden oder auch nur Hilfsmittel dafür längst nicht mehr neu zu erfinden sind, einmal weil das Pferd als bloßer Konsumartikel behandelt und so kaum mehr zu seinem Wohl gymnastiziert wird, zum anderen weil sich unser Pferdeverstand mit dem unserer Urgroßväter in keiner Weise messen kann.

Die einzige denkbare Revolution, Mutation oder Evolution kann der aktuellen Reiterei im besten Fall nur eine, wenn auch nicht unkritische, Neuorientierung aller Pferdeausbilder, Reiter und Richter an den Vorbildern der Vergangenheit, an den Reitmethoden der letzten unbestritten großen Meister wie La Guérinière, Oeynhausen und Steinbrecht und an deren Pferdehaltung, Pferdebehandlung bringen.

Um Denkanstöße in diese Richtung ging es mir bei dieser Arbeit. Wir Freizeitreiter sind nun einmal die letzten Pferdebesitzer, die noch über Tiere vom ursprünglichen Reitpferdetyp verfügen. Retten wir, was noch zu retten ist, und zeigen wir unseren Kindern ein letztes Mal, was echt pferdegemäßer Umgang mit Pferden, echt pferdegemäßes Reiten und echt pferdefreundliche Pferdehaltung und -wartung bedeuten. Sie werden das Nachdenkenkönnen über Mitlebewesen in nächster Zukunft dringend benötigen. . .

Ich hätte diese Arbeit ohne die unzähligen mündlichen und brieflichen Diskussionen mit Reitlehrern, Reitgästen und Reitfreunden, ohne die tägliche Überprüfung auf meinen und auf fremden Pferden, ohne die Lektüre der Werke so bedeutender Autoren wie Pluvinel, La Guérinière, Oeynhausen, Streinbrecht, Oliveira und Henriquet, vor allem auch ohne die überaus freundliche aktive Teilnahme von Herrn W.G. Olms und Herrn Dr. B. Schirg an der Entstehung dieses Buches in der nun vorliegenden Form niemals zum Abschluß bringen können. Ihnen sei deshalb vor all den Freunden und Bekannten gedankt, die auf die eine oder andere Weise zum Gelingen meiner Arbeit beigetragen haben.

Besonders herzlichen Dank Frau Jutta von Grone und Herrn Professor Dr. Holger Preuschoft für ihre so anregungsreiche Korrespondenz, Frau Karin Nowak und Herrn G. Kapitzke für die Zeichnungen, Herrn Frédéric Herbemont für seine Fotoarbeiten, Herrn und Frau A. Follert und Frau Claudia Kaphengst für die Literaturhinweise, Brigadier K. Albrecht, Herrn E. von Neindorff und Meister Nuño Oliveira für die so fruchtbaren Gespräche in Wien, Karlsruhe und Portugal, Herrn Michel Henriquet, Herrn Fernando d'Andrade und ihren Freunden sowie den Verlagen Crépin-Leblond und Le Seuil in Paris für die freundliche Überlassung ihres Photo- und Zitate-Materials.

Mas du Malibaud F 30430 BARJAC (France)
le 30. 10. 1981
S. G. Solinski

TAFELN

I - XXIV

ild 1:

eitender Berber
assilien 10. Jhdt. vor Chr.

achzeichnung G. Kapitzke
aus: „Wildlebende Pferde", P. Parey Verl.,
erlin) W 27 S 53

Bild 2:

Reitende Iberer

Bronzestatuetten aus dem 5. Jahrhdt. vor Chr.

F. d'Andrade
aus: „A short history of the Spanish Horse" W 2 S 29 (s. Bibliographie)

Bild 3:

Griechischer Reiter

Originalzeichnung einer griechische Terrakotta-Statuette aus dem 5. Jahr hdt. vor Chr.
von K. Nowak, Mainz

Bild 4: (unten):

Neapolitanischer Edelmann des 16 Jhdts. nach Chr.

(aus: F. Grisone: „Künstlicher Bericht G. Olms Verlag, Hildesheim. W 17 S 205)

Bild 5:

Photomontagen von K. Nowak, Mainz

Nordafrika 10. Jhdt. vor Chr.	Neapel 1550	Frankreich um 1600	England um 1660	Deutschland 1725
lockerer Gebrauchs- & Geländesitz	akademischer Schulsitz, ausgesprochen steif	lockerer Schulsitz mit steifen Unterschenkeln	verkrampft steifer Schulsitz	verkrampft steifer Sitz nach engl. Vorbild

Bild 6:

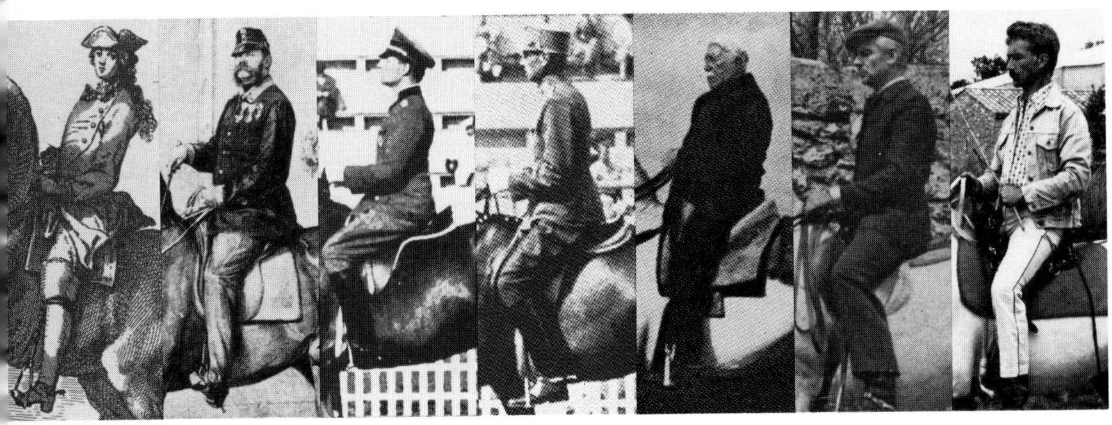

Frankreich 1730	Österreich 1850	Deutschland 1936	Österreich 1936	Portugal 1960	Frankreich 1970	Frankreich 1980
lockerer Freizeitreitsitz	locker losgelassener Schulsitz	steifer Dressursitz, zu kurze Bügel	Dressursitz auf den Oberschenkeln	bequemer Freizeitreitsitz etw. steife Schenkel	lockerer Freizeitreitsitz in der Hohen Schule	lockerer Freizeitreitsitz

Bild 7: François Robichon de la Guérinière (1688–1751) aus: „L'Eperon", Paris No 106 / 1974
(Erstveröffentlichung im deutschen Sprachraum dank der freundlichen Genehmigung der U.N.I.C., Paris)

Moderne Meister des Freizeitreitens

Bild 8:

Börries von Oeynhausen
1850

(Erstveröffentlichung dieses Dokumentes dank der freundlichen Erlaubnis von Frau Jutta von Grone)

Bild 9:

Nuño Oliveira
1971 in der Piaffe

(Mit freundlicher Genehmigung von Michel Henriquet und „Plaisirs Equestres")
Z V S 27

Tafel VI

Gleichgewichtsmomente des Freizeitpferdes: (Originalzeichnung: K. Nowak, Mainz)
Bld. 10: Glgew. „auf den Schultern"; 11: „horizont. Glgew."; 12: Das Glgew. „auf den Hanken"

Bilder 10 – 13

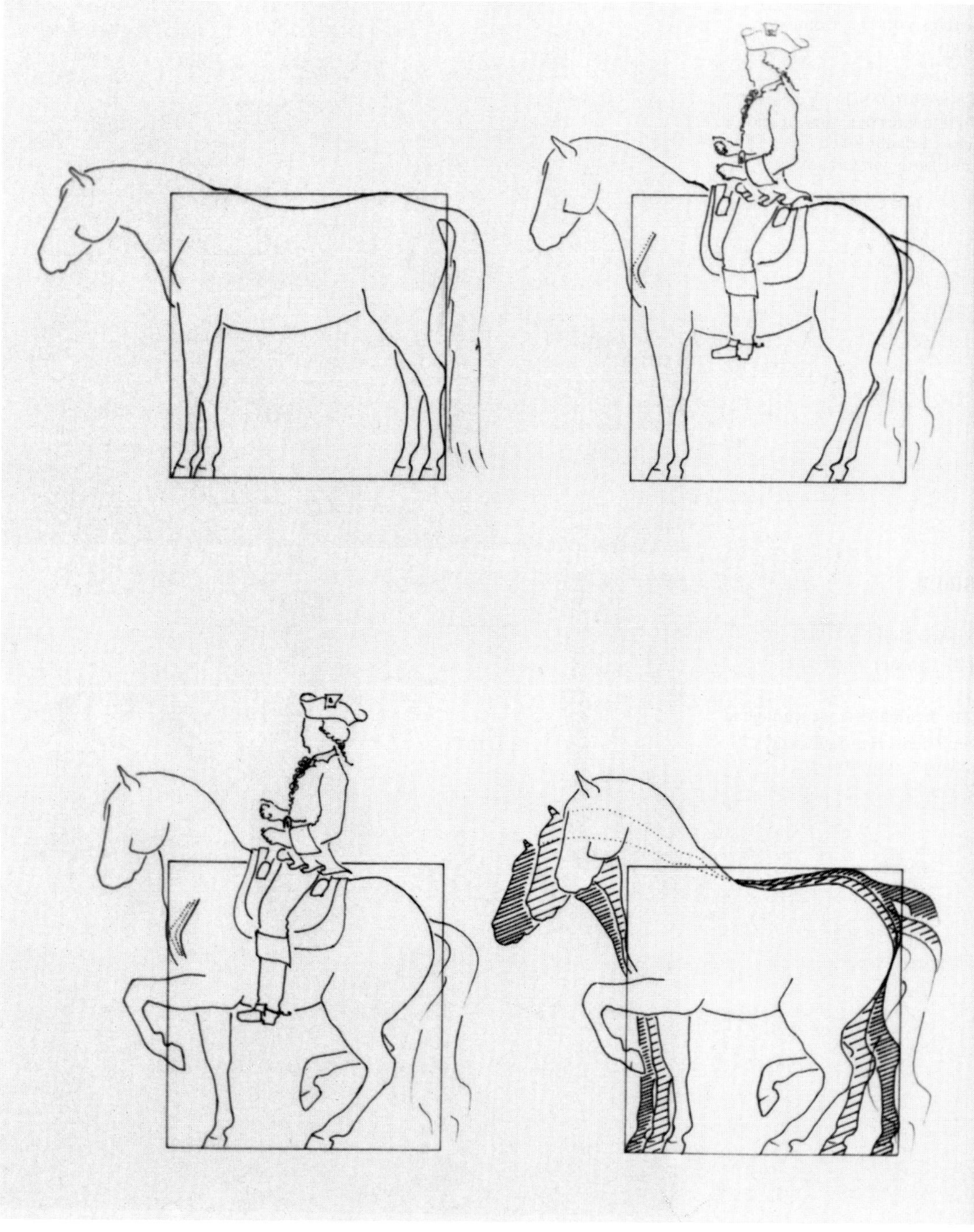

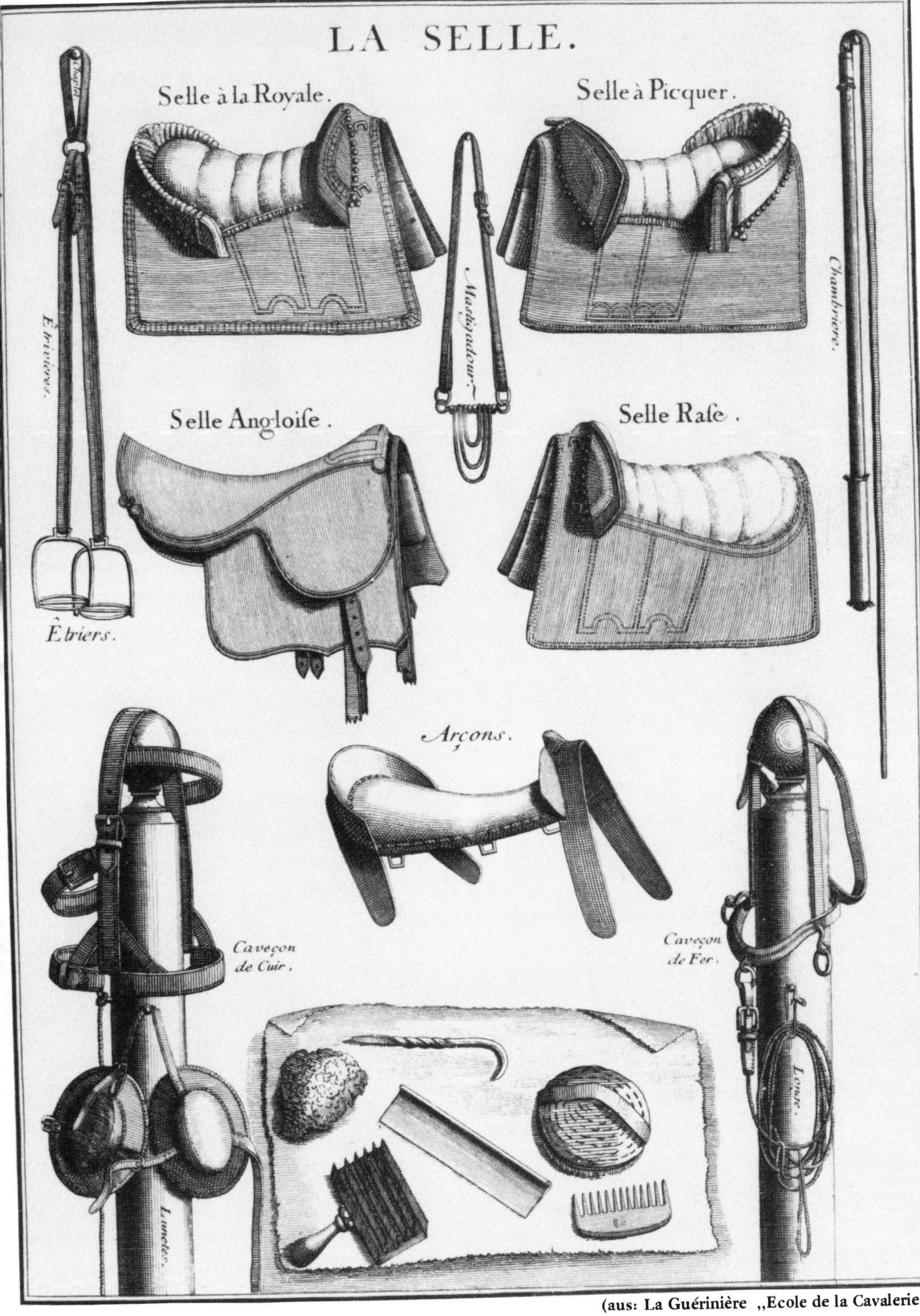

(aus: La Guérinière „Ecole de la Cavalerie")

Tafel VIII Moderne Hohlsättel (Berufs- und Freizeitreiten)

Bild 15: Original Gardiansattel (Camargue)

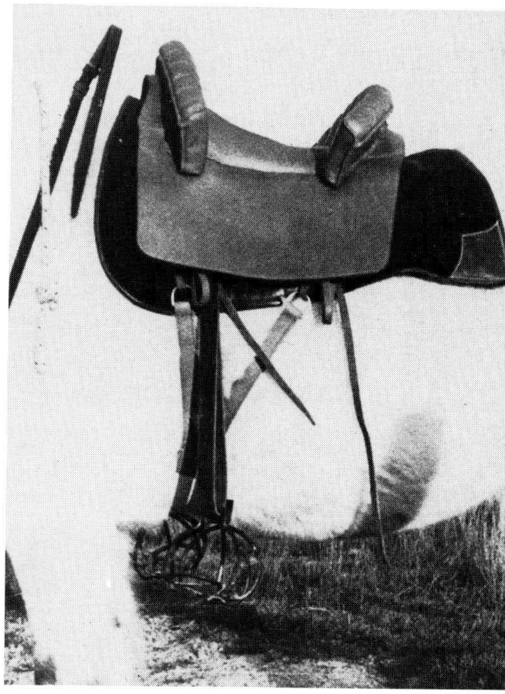

Bild 16: Portugiesischer Bereitersattel

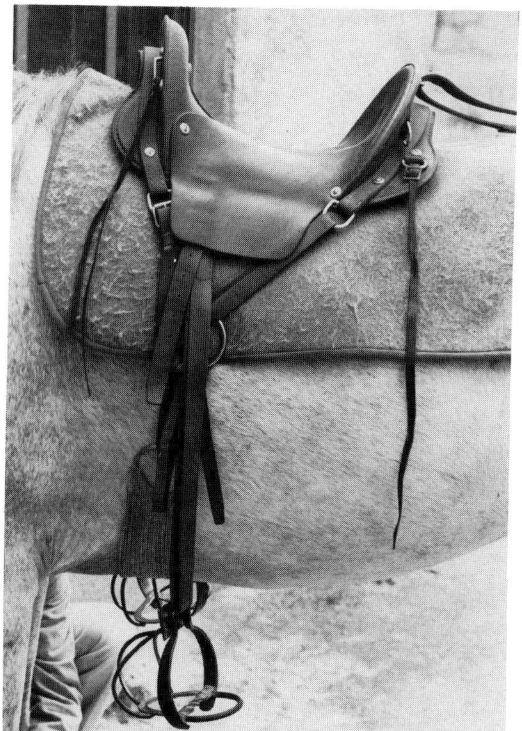

Bild 17: Verbesserter McClellan-Sattel

Bild 18: Wanderreitsattel (Südfrankreich)

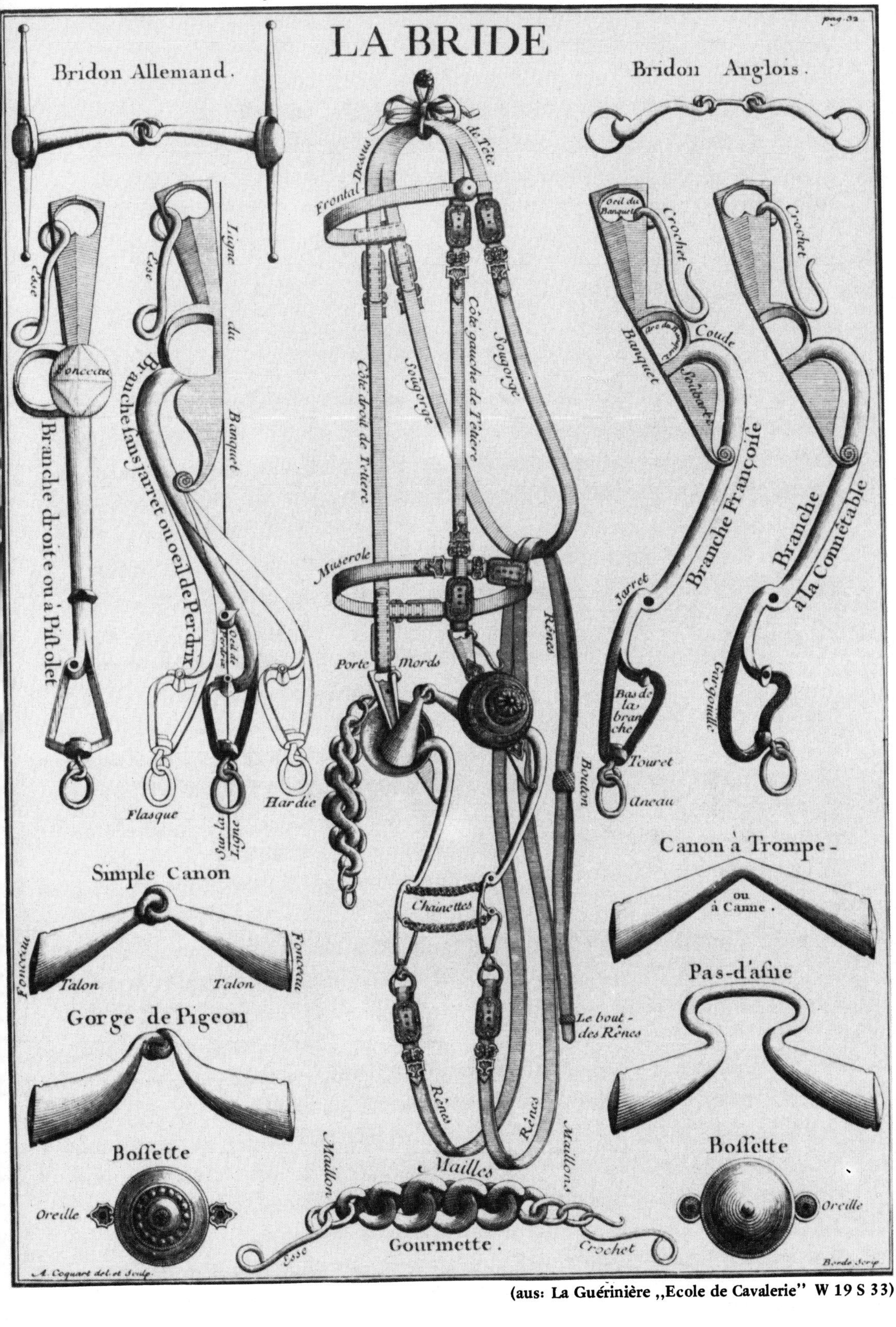

(aus: La Guérinière „Ecole de Cavalerie" W 19 S 33)

Moderne Zäumungsarten (Berufs- und Freizeitreiten)

Bild 20: amerik. Bosal

Bild 21: lederner Kappzaum nach Pluvinel u. Arbeitskandare

Bild 22: eiserner Kappzaum und Arbeitskandare

(Photos: F. Herbemont)

Bild 23: Neapel um 1550 (aus: Grisone „Künstlicher Bericht") W 17 S 236

Bild 24: in Spanien um 1670 (nach Tapia y Sacedo; aus: „Hist. of the Spanish Horse") W 2 S 63

Bild 25: (aus: La Guérinière: „Ecole de Cavalerie" W 19 S 78)

Bild 26: gleichmäßiges Biegen von hinten nach vorne oder: das Untertretenlassen auf der Volte

Bild 27:

Mitteltrab im Gleichgewicht

Bild 28:

Trab-Travers von links nach rechts (Das Pferd trägt sich dabei noch zu wenig auf der Hinterhand)

Bild 29:

Locker-schwungvoller Schultrab
Das Pferd geht losgelassen und trägt sich selbst

Bild 30: Das Vorbild aus der „Ecole de Cavalerie" von La Guérinière

Bild 31: Schulterherein im Schritt; noch kaum gebogen, kaum versammelt

. . . und das Anhalten ausschließlich mit Schenkel- und Gewichtshilfen aus dem Trab

Bild 32: der drittletzte Tritt

Bild 33: der letzte Tritt

Bild 34: Michel Henriquet auf Miguelista (Photo: P. Noue)

Bild 35:

Das Vorbild aus „Ecole de Cavalerie" v. La Guérinière

Bild 36:

Gilles Henriquet (8 Jahre) auf Andaluz (Photo: J. Fadie)
„A la Recherche de l'Equitation" W 20 S 121

Bild 37: Frau Stückelberger auf Cameera (Photo: H.M. Czerny)

Die Piaffe des Freizeitpferdes (oben) und des Sportdressurpferdes (unten

Bild 38:
Ruy d'Andrade (82 Jahre) (aus: History of the Spanish Horse" v. F. d'Andrade)

Bild 39:
Das Vorbild (aus der „Ecole de Cavalerie" von La Guérinière)

Bild 40: Frau Stückelberger auf Granat

3ild 41:

.eichtigkeit, Losgelassenheit und mpulsion sind die Hauptmerkmale les gut ausgebildeten Freizeitpferdes vie des Stierkampfpferdes

\uf den Bildern 41 und 42 demon-triert Don Alvaro Domecq in der Arena ron Arles die Losgelassenheit und Im-pulsion seines Pferdes besonders orillant

Bild 42:

Bild 43:

Leichtigkeit und Schwung des Freizeitpferdes

Nuño Oliveira auf Ousado in der Passage (auf Trense gezäumt)

Bild 44:

Michel Henriquet auf Florido in der Piaffe

Beide Bilder wurden mit freundlicher Genehmigung von Michel Henriquet seinem Werk „L'Equitation" entnommen (Ed. du Seuil, Paris 1972)

Bild 45:

Bild 46:

Das langrechteckige moderne Sport-Dressurpferd brilliert vor allem in verstärkten Gängen (Bild 45); auf kurzer Basis (Bild 46 in der Piaffe) wirkt es umso stärker verkrampft.

(Photos: H. M. Czerny, München)

Tafel XXII

Das Sport-Dressurpferd auf kurzer Basis an der Olympiade 1936

Langrechteckpferde haben oft Schwierigkeiten bei der Hankenbeugung (Bilder 49 + 50); meistern sie diese (wie auf den Bildern 47 und 48) so fehlt ihnen in der Regel die Erhabenheit der Gesten. Die kurze Basis scheint somit den Freizeitpferden vorbehalten zu bleiben.

(Alle Bilder aus: G. Rau „Die Reitkunst an der Olympiade 1936" Olms Presse Hildesheim)

Bild 47: Oberltnt. H. Pollay/Kronos (Gold)
Piaffe: gut

Bild 48: Rittm. H. v. Oppeln/Gimpel (10. Pltz.)
Passage: gut

Bild 49: Major A. Podhajsky/Nero (Bronze)
Piaffe: zusammengekrochen, verkrampft

Bild 50: Major A. Podhajsky/Nero (Bronze)
Passage: auf den Schultern, schwunglos

Bild 51: der iberische Genet

Freizeitpferde sind in der Regel quadratische Kompakt-pferde vom ursprünglichen Reitpferdetyp

Zeichnungen von G. Specht
aus: C. G. Wrangel
„Das Buch vom Pferde"
(Olms Presse, Hildesheim)

Bild 52: Der Berber

Tafel XXIV

Bild 53: in Frankreich um 1600

Bild 54: in England um 1660

– **Abaissement des Hanches,** s.a. Hankenbeugung
La Guérinière: „das Ziel (aller Bahnarbeit) ist, die Pferde zu gymnastizieren, sie leichtrittig und gehorsam zu machen und sie auf die Hanken zu setzen, ohne was kein Pferd, weder das Kriegspferd noch das Jagdpferd, noch das Schulpferd, angenehm und korrekt in seinen Gängen, noch für den Reiter bequem sein kann. . ." (W. 19, S. 62).
Steinbrecht: „Geht die Richtung (Haltung des Reiterkörpers – SGS) zurück über den Schwerpunkt des Pferdes hinaus, so wirkt dieser Sitz als Hülfe, sowohl unterstützend für die vortreibenden Schenkel, als auch an und für sich, indem er durch ein stärkeres Belasten die Hinterfüße mehr fixirt, und im Verein mit dem Rücken mehr gebogen erhält" (W. 55, S. 31). „Sind die Hinterfüße in der Gewalt des Reiters, d.h. kann er den Grad ihrer Belastung und Thätigkeit bestimmen, so ist das ganze Pferd gewonnen (, . .)" (W. 55, S. 64).
– **Accord des Aides** = das Zusammenwirken und Sichergänzen der Hilfen
La Guérinière: „. . . es ist notwendig, daß die Schenkel der Hand nie widersprechen, sonst kann die Hilfe der Hand nie genau genug wirken; dies nennt man in der Fachsprache: accorder la main & les talons (die Hand und die Schenkel sich-abstimmen-lassen) und führt zur Vervollkommnung sämtlicher Hilfen" (W. 19, S. 86).
Hünersdorf: „. . . die Kunst (ist): Hand und Schenkel mit einander übereinstimmend zu machen" (W. 25, S. 310).
– **Alter** (das beste Alter für die Ausbildung eines Pferdes)
La Guérinière: „Das beste Alter, um ein Pferd in die Ausbildung zu nehmen, ist sechs, sieben oder acht Jahre, je nach dem Klima, in dem es geboren ist" (W. 19, S. 65).
– **Alter Real**
Berühmte portugiesische Pferderasse, ausschließlich Braune, die ursprünglich aus andalusischem und Karthäuserblut über viel Inzucht rein erhalten wurde und heute noch im staatlichen Gestüt von Alter do Chao weiter gezüchtet wird.
– **„Andalusier"**
Pferderassenbezeichnung, die in Spanien ungebräuchlich, ja unbekannt ist; in Wirklichkeit eine sehr alte iberische Pferderasse aus Asturconen- und Berberblut, die in Reinzucht ausschließlich als „Cartujano" bis in unsere Zeit überlebt hat. Die Spanier behaupten heute Touristen gegenüber gerne von jedem Pferd, es sei ein Andalusier, denn offiziell werden selbst die „Cartujanos" als „iberische Reitpferde" geführt.
– **d'ANDRADE,** Maneol Carlos
Autor des wichtigsten Werkes über das Reiten auf der iberischen Halbinsel; des Buches „Luz da Liberal e Nobre Arte da Cavaleria" (W. 3), das 1790 vom Marquis de Marialva inspiriert erschien. (Ein Faksimiledruck steht bei der Olms Presse, Hildesheim, zur Subskription).
– **Anhalten** = l'Arrêt
Newcastle: „Das sicherste Mittel ein Pferd wol zusammen zu rücken (zu versammeln, . .), ihm das Maul zu versichern, (. . .) die Hüfften recht zu richten, (. . .) besteht allein in der Vollkommenheit und Zärtlichkeit des Stillhaltens (, . .)" (W. 11, S. 162).
Eisenberg: „Sobald der Reuter den Einhalt vornimmt, muß er die Beine zuschließen, um das

Pferd aufzuwecken, desgleichen muß er mit dem Leibe zurück halten, die Hände mit dem Kappen-Zaume samt dem rechten Zaume in die Höhe halten, ohne den Ellenbogen zu bewegen" (die Fingernägel nach oben drehen) (W. 13, S. 54).

Oliveira: „Beim Anhalten ziehen Sie mit den Händen nie rückwärts, sondern schieben Sie ihre Gürtelschnalle den Händen entgegen (. . .) indem Sie den Abstand zwischen Ihrem Körper und Ihren Händen wahren" (W. 7, S. 57 u. 67).

– **Anlehnung**, franz.: appui

La Guérinière: „Anlehnung nennt man das Druckgefühl, welches die Kandarenwirkung in der Hand des Reiters und umgekehrt, welches die Hand des Reiters auf den Unterkiefer des Pferdes ausübt" (W. 19, S. 71).

„Ein Pferd, das nicht mit dem Kappzaum ausgebildet wurde, wird niemals jene angenehme Anlehnung besitzen, welche gute Pferde haben müssen und welche gleichmäßig, stet und leicht zu sein hat" (W. 19, S. 68).

Oeynhausen: „So lange das Thier gut geführt und vernünftigen Befehlen unterworfen wird, hat das Mundstück in einem ausgebildeten Maule eine gelinde Anlehnung und die Faust des Reiters trägt nichts als das Gewicht der Zügel, und die geringste Bewegung reicht zu, dem Pferde einen Wink zu geben, auf den es in guter Ordnung gehorchen kann" (W. 33A, S. 59).

Bürger: „Die Anlehnung ist desto lobenswerter, je weniger davon übrigbleibt" (W. 8, S. 91).

Oliveira: „Das Pferd ist es, das dank der Impulsion (vergl. dse.) und der Gewichtsübernahme der Hinterfüße, die Anlehnung suchen muß" (W. 7, S. 28).

Taylor: „Tight reins and spoiled horses go together" – „Angezogene Zügel und verdorbene Pferde bedingen sich gegenseitig" (W. 59, S. 6).

– **Anlehnungszügel**, auch: Außenzügel, Neck-rein, Rêne d'appui, Anliegezügel

Hünersdorf: „. . . wenn wir (das Pferd) (. . .) völlig im Wenden geschickt gemacht haben, so gewöhnen wir es dann erst und nicht eher, daß es sich (. . .) durch den auswendigen Zügel allein, wenden lasse, welcher aber hier als nichts anderes, als ein bloßes Zeichen angesehen werden kann" (W. 25, S. 312), die eigentliche Biegung und Wendung wird mit den Schenkeln und dem Sitz „herausgeritten".

Oliveira: „Es ist der Außenzügel, der das Pferd geraderichtet, indem er die Schultern vor die Hanken führt" (W. 7, S. 45).

– **Aufrichtung**

Steinbrecht: „Die Aufrichtung der Vorhand bildet sich (. . .) von selbst in dem Grade, als die Hinterhand mehr gesenkt und gebogen ist. Gegen diese Regel wird vielfach gefehlt, namentlich von allen Reitern, die wegen einer zu steifen Körperhaltung todte Schenkel haben und deshalb stets versucht sind, diesen Mangel durch verdoppelte Thätigkeit der Hand zu ersetzen" (W. 55, S. 63).

Moser: „Die richtige Aufrichtung kommt aus der richtigen Rückentätigkeit (Losgelassenheit/Durchlässigkeit), aus der richtigen Auswertung des Schwunges und aus den tätigen, richtig funktionierenden Hinterhandgelenken" (W. 46, S. 93).

– **d'AURE**, Antoine Philippe Cartier, Graf d'Aure (30.6.1799–6.4.1863)

L'Hotte: Graf d'Aure ging aus der Offiziersschule von Saint-Cyr hervor, ab 1817 Eleve der Reitschule von Versailles, ab 31.1.1821 Bereiter, Bereiter-Adjudant Ludwigs XVIII und Karls X von Frankreich, Chefbereiter der Cavallerieschule von 1847 bis 1855. Inspecteur des Kaiserlichen Marstalles und Bereiter S.M. Napoleon III 1858. – Lehrer L'Hottes, Gegner

F. Bauchers, Prototyp des kühnen, hochkultivierten franz. Geländereiters (W. 23, S. 126–127).

– **Ausbildung** (des Pferdes)

Hünersdorf: „Ein (ausgebildetes) Pferd ist ein solches, das:
1. (. . .) ins Gleichgewicht gesetzt ist (. . .)
2. alle Hülfen und ihre Grade richtig versteht (. . .)
3. vorwärts, rückwärts und seitwärts mit gleich gutem Willen gehet (. . .)
4. schnell laufen, sich mit einem mal wieder aufhalten, und die engsten Wendungen mit Geschwindigkeit, Leichtigkeit und Sicherheit machen kann. (. . .) Das ganze Pferd ist (in des Reiters) Hand nur ein leichtes Gewicht, das er nach Gefallen hin und her wirft" (W. 25, S. 33ff.).

Weyrother: „Gehen, geschickt gehen können und wollen, muß sowohl das Pferd des gemeinen Cavalleristen, als das (beste) Schulpferd, und beyde müssen, als Begründung ihrer Dressur, gehen, geschickt gehen lernen. Der Grad der erlernten Geschicklichkeit ist das einzige unterscheidende Kennzeichen der mancherley dressirten Pferde" (W. 33B, S. 80).

Plinzner: Alle Ausbildung bestehet darin, „dem Pferde solche Richtungen (Haltungen, Stellungen – SGS) anzuweisen, in denen es gezwungen ist, sich selber zu arbeiten (= zu gymnastizieren – SGS)" (W. 35B, S. 43).

Lagarenne: „Der Reiter, der sich (heute) bemühen würde, den Ausbildungsanleitungen der ‚Ecole de Cavalerie' (von La Guérinière) Schritt für Schritt zu folgen, liefe keinerlei Risiko, sich dabei zu irren und erreichte schließlich ausgezeichnete Ergebnisse" (W. 43, S. 248).

Moser: „Durch die Ausbildung des Pferdes erstreben wir die Entwicklung und Förderung der natürlichen Anlagen und der Kräfte. Dazu bedarf es einer logischen gymnastischen Durchbildung, deren Grundzüge die Natur des Pferdes vorzeichnet. Wer hier die Naturgesetze beachtet und respektiert, wird sein fernes Ziel erreichen; wer aber Gewalt antut oder irgendwelche Kompromisse eingeht, scheitert sicher" (W. 46, S. 93 u. 94).

– **Ausdruck**, vergl. a.: Brillanz

Seunig: „. . . ist die erhöhte Energie, die der taktmäßige Gang durch das Hinzutreten von Schub und Schwung erhält" (W. 48, S. 126).

– **Aussitzen**

Moser: Auch der „starke Trab kann nur (. . .) *ausgesessen* (. . .) richtig entwickelt werden, denn nur hier ist es möglich, die Hinterhand heranzuholen; was hinten nicht gefordert werden kann, (wird) sich vorne nicht entwickeln. Starker Trab sollte nur ausgesessen und in verhältnismäßig kurzen Reprisen verlangt werden" (W. 46, S. 110).

– **Auswahl von Pferden**

Newcastle: „Pferde müssen erwählet werden nach ihrem Gewächse (Gebäude), Leibs-Beschaffenheit und natürlichen Fähigkeiten, zu was sie am besten taugen, und zu was für Übungen sie gleichsam von der Natur scheinen entsprossen zu seyn, dazu muß man sie auch anhalten (ausbilden) und gebrauchen" (W. 11, S. 80).

– **AYRER**, E. F. 1774–1832

Seunig: „Reitmeister am Reitinstitut der Universität Göttingen, zu einer Zeit, als diese Bahn mit ihrem Glanz die wissenschaftliche Bedeutung der Universität schier überstrahlte" (W. 48, S. 407).

– **Balance** (des Reiters)

Steinbrecht: „. . . das weiche Anschmiegen an alle Bewegungen des Pferdes, worauf der gute und sichere Sitz weit mehr beruht, als auf dem so hochgepriesenen festen Schluß" (W. 55, S. 3).

— **Basis**; kurze Basis, lange Basis (des Pferdes)
Jeweilige Stützfläche zwischen den vier Hufen des Pferdes, gleichgültig in welcher Haltung, Stellung oder Bewegung. Jede richtige Versammlung „verkürzt die Basis".
Bürger: „Je kleiner die Unterstützungsfläche im Laufe der Schulung (des Pferdes) wird, desto unsichtbarer werden die Fehler gegen die Balance (hier: = Gleichgewicht des Pferdes), desto feiner werden die Korrekturen, desto wendiger wird das Pferd. — Dann scheinen die Hilfen wirklich nur noch Gedanke zu sein, Reiter und Pferd sind wie *ein* Lebewesen" (W. 8, S. 55).

— **BAUCHER**, François (1796—1873)
Vielgelobter und vielgeschmähter genialer franz. Reitmeister und Autor eines halben Dutzends höchst instruktiver Werke über die Reitkunst.

— **Belohnung** (des Pferdes)
Pluvinel: „Doch will ich noch weiter sagen, daß man sie (die Pferde) allerdings nit schlagen solle (. . .), (ja,) daß man sie mit der Güte gewinne, (anstatt) mit der Schärffe, weil ein Gaul der von sich selbst sich freudig tummelt, viel lieblicher anzusehen, als der es auss Noth und Zwang thut" (W. 36, S. 20).
La Guérinière: „Das Nachgeben (vergl. ds.) der Hand muß augenblicklich jedem Nachgeben des Pferdes folgen; (nur) so wird der schlechten Gewohnheit der Pferde vorgebeugt, sich jemals auf dem Gebiß abzustützen" (W. 19, S. 127).

— **Berber**, das Berber-Pferd = Vertreter der alten nordafrikanischen Pferderasse
Pluvinel: „Ich halte viel von den Barbarischen Pferden zum Carier-Reiten (Schul- und Freizeitreiten) wegen der sonderlichen Zuneigung so sie haben, sich zierlich und mit sonderer Lust zu thummeln. . ." (W. 36, S. 15).
Newcastle: „Der Barber ist, nach dem Spanischen Pferd, das Vernünfftigste, doch ist es nicht so arglistig, und also um so viel leichter (ab-) zu richten" (W. 11, S. 43).

— **Beschlagen** (mit Hufeisen) soll man als Freizeitreiter für Notfälle auf Wanderritten unbedingt lernen, es aber dennoch möglichst stets dem Berufsschmied überlassen!

— **Bestrafung** (des Pferdes)
Grisone: „Darumb wann es etwa eine bossheit begeht (. . .) so soll die straff der stim erschröcklich sein un solchs mit den worten O la la, haha, Dreyditor, Haribaldo (. . .). So bald aber es gewonnen, so schweig still, oder sprich im widerumb mit lieblichen worten und sanffter stim zu, als hohoho etc. Beyneben thu im allweg schön (. . .)" (W. 17, S. 93).
Pluvinel: „. . . wer ein Pferd anderst nicht dann mit Gewalt und Zwang abrichten kan, (ist) ein ungeschickter und in allem unerfahrner Reuter" (W. 36, S. 45).
La Guérinière: „Wir haben (. . .) auf den Zirkel zurück zu kommen, wenn sich ein Pferd versteift, verkrampft oder auf einer Hand widersetzt; (. . .) deswegen rate ich immer wieder, jedes sich widersetzende Pferd erneut an der Longe zu arbeiten (. . .): diese Art Bestrafung zeitigt mehr Wirkung und korrigiert das Pferd besser, als jede andere Bestrafungsweise" (W. 19, S. 99).

— **Bewegung**
Steinbrecht: „Bewegung ist das Element des Pferdes und alle Bewegung geht von der Hinterhand aus" (W. 55, S. 67).

– **Biegung**
Oeynhausen: „Für junge Pferde ist das mäßige Reiten in die Ecken die erste Übung, um Hand und Schenkel kennen zu lernen. Anfangs muß der innere Zügel und Schenkel etwas vorherrschend wirken, um dem Pferde das Hohlbiegen dieser Seite begreiflich zu machen, bis dann später mit der zunehmenden Aufrichtung (s. dse.) auch der auswendige Schenkel gut wirkt, um das Pferd beisammen zu halten, und das Ausfallen der Kruppe zu verhindern" (W. 33A, S. 83).
Steinbrecht: „Je vollkommener die Wirbelsäule die nöthige Richtung und Biegung anzunehmen vermag, um so feiner und sicherer vermag der Reiter auf den einzelnen Hinterfuß einzuwirken. Die Bearbeitung der Wirbelsäule und diejenige der Hinterschenkel hängen so innig mit einander zusammen, daß sie getrennt gar nicht gedacht werden können" (W. 55, S. 108).
– **Brillanz** = Ausdruck, Freude, Lebendigkeit, Losgelassenheit des Pferdes
Oliveira: „Nicht indem man mit scharfen Sporen und strengen Gebissen arbeitet, wird man je erreichen, daß ein Pferd seine ganze Schönheit und Anmut entfaltet. Je mehr man ein Pferd bedrängt, desto stärker verkrampft man es. Ja, man vernichtet geradezu seine Losgelassenheit und alle Leichtigkeit der Ausführung, welche die Markenzeichen jeder richtigen Ausbildung sind" (W. 34, S. 92).
– **de la BROUE**, Salomon (ca. 1552–1602), erster großer Reitmeister Frankreichs, Schüler erst Grisones, dann Pignatellis in Neapel, „Vater der französischen Reitkunst" (E. Saurel, W. 43, S. 213).
– **Bücher** – die meiner Ansicht nach für den kultivierten Freizeitreiter wichtigsten Reit- und Pferdebücher auf dem Markt:
Pluvinel: „L'Instruction du Roy". W. 36, Olms Presse, Hildesheim
La Guériniére: „Ecole de Cavalerie. W. 19, Olms Presse, Hildesheim
Hünersdorf: „Anleitung. . .". W. 25, Olms Presse, Hildesheim
Oeynhausen: „Abrichtung Reiter & Pferd". W. 33, Olms Presse, Hildesheim
Steinbrecht: „Gymnasium des Pferdes". W. 55, Olms Presse, Hildesheim
Graf Wrangel: „D. Buch vom Pferde". W. 64, Olms Presse, Hildesheim
Bürger: „Vollendete Reitkunst". W. 8, Paul Parey Verlag, Berlin
Henriquet: „A la Recherche de l'Equit". W. 20, Crépin-Leblond, Paris
Schusdziarra: „Gymnasium des Reiters". W. 45, Paul Parey Verlag, Berlin
J. Boisseau: „Notes sur (. . .) N. Oliveira". W. 7, Crépin-Leblond, Paris
– **Bügelhalten**
Steinbrecht: Beim Halten der Steigbügel mit den Stiefelsohlen „darf nicht mehr Gewicht auf dem Bügel ruhen, als dasjenige des Schenkels und Fußes in ihrem natürlichen Hang". „Die ganze Kunst, den Bügel sicher zu halten und richtig zu benutzen, liegt daher in dem weichen, elastischen Fußgelenk und der natürlichen Richtung des Fußes überhaupt" (W. 55, S. 25).
– **Bügellänge**
Steinbrecht: „Der Reiter, der sein Pferd im Gleichgewicht reiten will, bedient sich deshalb immer eines längeren Bügelmaßes, weil es nicht nur eine freiere Bewegung der Schenkel zuläßt, sondern auch den ungezwungenen Hang derselben aus den Hüften begünstigt, so daß es die Beherrschung der Hinterhand wesentlich erleichtert" (W. 55, S. 28). (Vergl. a. die Gardians und Vaqueros und alle anderen Berufsreiter, die ihre Pferde auf der Hinterhand reiten müssen – SGS).

– **BÜRGER**, Udo – deutscher Tierarzt und als Reiter ein Schüler Felix Bürkners, Autor des Buches „Vollendete Reitkunst" (Verlag Paul Parey, Hamburg & Berlin, 1. Aufl. 1959) (W. 8), in dem er sich als ein Meister des Freizeitreitens im besten Sinn des Wortes erweist.

– **Campagne-Reiterei** = alte, der heutigen Geländereiterei vergleichbare, Reit- und Pferdeausbildungsweise

Seeger: „Die Ausbildung des Campagne-Pferdes wie des Campagne-Reiters wurde beschlossen durch das Versammeln zur ganzen Parade im Gleichgewicht, sowohl im verkürzten und im verlängerten Galopp, als nach dem Sprunge und aus der Carriere (vergl. dse.). Die hierzu für den abrichtenden als auch für den angehenden Reiter nöthigen Hülfen betrafen in ihrer Anempfehlung ‚das Vorwirken der Schenkel und das Nachwirken der Hand'; nur durch diese *Aufeinanderfolge* der Hülfen, der verhaltenden *nach* Anwendung der vortreibenden, wird das Pferd von seiner natürlichen Richtung auf die Schultern bis zum Gleichgewicht gerichtet (. . .)" (W. 47, S. 242). (Vergl. F. Baucher: „Jambes sans main, main sans jambes").

Steinbrecht: „Die Grenze zwischen Campagne- und hoher Schule, wenn man eine solche ziehen will, bestimmt sich dadurch, daß bei ersterer die Richtung des Gleichgewichtes, d.h. die, wo Vorder- und Hinterschenkel gleichmäßig belastet sind, als Norm dient, bei letzterer dagegen die Schulen an Vollkommenheit zunehmen, je mehr der Schwerpunkt des Körpers nach hinten gebracht wird, ohne dadurch die Freiheit der Hinterhand zu beeinträchtigen" (W. 55, S. 104 u. 105).

– **CAPRILLI**, Federico (1868–1907) italienischer Major

Seunig: „Er entwickelte den *nur* auf Anpassen des Reiters an das Pferd abgestellten Sitz" (W. 48, S. 227).

– **Cariera**, auch: Carrière, Karriere = langgestreckter Renngalopp

Grisone: „das ist ein schneller gerader lauff" (W. 17, S. 86).

Weyrother: „Da das Pferd in diesem Gange sich ganz ausstreckt (. . .), soll in der Carriere keine plötzliche Parade Statt finden, sondern der Reiter muß einige Sprünge vor der Parade die Carriere mäßigen, so daß das Pferd in den Galopp übergeht, und dann erst pariren" (W. 33B, S. 71 u. 72).

– **Cartujano** – eine berühmte andalusische Pferderasse

Fabre: „Seit dem 15. Jahrhundert beschäftigten sich die Mönche des Karthäuserklosters (Cartuja) von Jerez de la Frontera im Süden Andalusiens mit der Reinzucht einer bereits für ihre Reinheit berühmten Blutlinie (des spanischen Geneten) und erhielten so eine Pferdefamilie, die noch heute einen großen Namen besitzt. Ihre Vertreter wurden ‚Cartujanos' (Karthäuser) genannt, um sie von ihren ferneren Verwandten zu unterscheiden. In Portugal existiert ebenfalls eine solche Pferdefamilie, die ‚Alter Reales'" (s. dse.) (Z.V, 12/79, S. 11).

– **Courbette** = eine Übung der Hohen Schule

La Guérinière: „Die Courbette ist eine Art Galopp-Sprung (an Ort und Stelle), in dem das Pferd sich vorne höher erhebt, sich länger aushält und sich stärker (auf die Hinterhand) übernimmt, als im Mézair (- Galopp), und in dem die Hinterhand den Takt schlägt und tiefuntergesetzt mit schwungvoller Kadenz die Vorderfüße in dem Augenblick begleitet, in dem diese auf die Erde zurück fallen" (W. 19, S. 81).

– **Documenta Hippologica** – Bücher-Serie von für uns höchst bedeutenden Faksimiledrucken der wichtigsten Werke großer Reitmeister von der Olms Presse, Hildesheim.

– **Dominieren** (eines Pferdes) heißt nicht nur, daß ihm der Erzieher, Ausbilder oder Reiter psychologisch effektiv die Herde und den Herdenchef ersetzt, sondern zugleich, daß er sein Vertrauen so rückhaltlos erwirbt, daß das Pferd sich in seiner Gegenwart sogleich entspannt und ruhig wird. Echtes Dominieren von Pferden ist nur möglich, wenn sich der Mensch ein für alle Male „auf die Seite des Pferdes" geschlagen hat und sein Pferdeverständnis die Tiere und ihre Bedürfnisse von deren Standpunkt her durchschaut. Ein äußeres Anzeichen echten Dominierens ist die pferdegemäße, absolute Konsequenz, mit der der Betreffende mit Pferden umzugehen pflegt. Grisone sagt über diese Konsequenz: „Das Pferd soll stets in seiner lernung eine gewisshait haben und also dardurch in seinem rechten wesen und gehorsam erhalten werden" (W. 17, S. 74).

— **Dressur** = Ausbildung, Gymnastizierung des Pferdes

Steinbrecht: „Die *richtige Dressur* ist (. . .) eine naturgemäße Gymnastik für das Pferd, durch welche seine Kräfte gestählt, seine Glieder gelenk gemacht werden. Durch dieselbe werden die kräftigen Theile zu Gunsten der schwächeren zu größerer Thätigkeit angehalten, die letzteren durch allmähliche Übungen gestärkt und verborgene Kräfte, die aus natürlichem Hange zur Bequemlichkeit vom Pferde zurückgehalten werden, hervorgerufen, wodurch endlich eine vollkommene Harmonie in der Zusammenwirkung der einzelnen Glieder mit ihren Kräften entsteht, die das Pferd befähigt, auf die leisesten Hülfen seines Reiters solche geregelten und schönen Bewegungen andauernd und zwanglos auszuführen, die es aus eigenem Antriebe nur in Momenten der Aufregung flüchtig zeigt" (W. 55, S. 37).

Plinzner: „Dressur besteht darin, dem Pferde solche Richtungen (Haltungen, Stellungen, Bewegungsfolgen) anzuweisen, in denen es gezwungen ist, sich selber zu arbeiten (zu gymnastizieren)" (W. 35B, S. 43).

Seunig: „Eine Dressur, deren Endergebnis nicht (. . .) konservierend (lebensverlängernd — SGS) ist, hat keine Daseinsberechtigung und unterbleibt besser ganz" (W. 48, S. 236 Fnte.).

— **Durchlässigkeit** (des Pferdes), auch: Permeabilität, Leichtrittigkeit etc.

Seunig: „sie geht aus (der Losgelassenheit) mit Hilfe des Schwunges und der (. . .) seitlichen Biegearbeit (. . .) hervor. Sie kann ohne den von der Hinterhand ausgehenden und bis zu den Kaumuskeln vorflutenden Schwung (vergl. a. „Impulsion") nicht erzielt werden" (W. 48, S. 134).

— **EISENBERG**, Baron von — (168?—1765) deutscher Reitmeister

Saurel: „Anglomane und großer Bewunderer Newcastles, symbolisiert durch sein humanistisches Weltbürgertum den neuen Einfluß Resteuropas auf das damalige Deutschland" (W. 43, S. 277). Autor der „Wohleingerichteten Reitschule" (W. 13).

— **Englische Pferde**

La Guérinière: „Die englischen Pferde werden am meisten für Rennen und für die Jagd gesucht dank ihres guten Atems, ihrer Kraft, ihrer Forschheit und der Leichtigkeit mit der sie Hürden und Gräben springen. Würden sie nach den Regeln der Kunst ausgebildet, bevor man sie zum Rennen einsetzt (was man nur selten sieht — sic), so würden ihre Tragekräfte nur umso federnder, vor allem länger halten und der Reiter ritte bequemer, ihre Mäuler zeigten sich umso verlässlicher und sie würden ihrem Reitersmann weniger leicht den Hals brechen, wenn sie einmal nicht mehr nur auf weichem Teppich galoppieren" (W. 19, S. 31).

— **Fixierung des Pferdehalses** — vergl. a. „Aufrichtung"

Steinbrecht: „Die Stetigkeit des Halses, d.h. die richtige Stütze der einzelnen Halswirbel aufeinander und ihre Richtung zu einander, kann nur durch die ungeschwächte und wohlausgebildete Schiebkraft der Hinterhand, die Biegsamkeit desselben jedoch nur durch die Tragekraft der letzteren sicher gewonnen werden" (W. 55, S. 75).

– **Freizeitreiten** = historisch: Reiten um des Reitens – nicht um Turniererfolge oder eigenen Nervenkitzels wegen – *und* um des Pferdes Gesunderhaltung und Langlebigkeit, also um seiner körperlichen, nervlichen und psychischen Gymnastizierung; kurz, um seines Wohles willen.

Oliveira: „Reiten heißt nicht, vor Publikum nach Erfolgen haschen (. . .); Reiten heißt der Dialog mit dem Pferd in der Abgeschiedenheit, heißt die Bemühung um gegenseitiges Sichverstehen und um Vollkommenheit" (W. 7, S. 11).

U. Bruns: „Bei einer Fragebogenaktion von „Freizeit im Sattel" (Z. II) antworteten die Leser auf die Frage zur Motivation ihrer Pferde*haltung*:
98 % – enger, intensiver Kontakt zu Pferden
58 % – Freude an landwirtschaftlicher Betätigung
46 % – körperlicher Ausgleich
Auf die Frage nach den Formen des *Reitens* und ihren reiterlichen Ambitionen:
86 % – Reiten vorwiegend im Gelände
94 % – Spazierenreiten, Wanderreiten" (Z. II, 12/80, S. 554).

Henriquet: „Welches muß unser Ziel (bei dieser Art) Reiten sein? (. . .) Vor allem, uns zu Pferd wohl zu fühlen; das beiderseitige Wohlgefühl ist das Erste und Wichtigste, was wir erreichen müssen. Dazu muß unsere Mentalität auf der Seite unseres Pferdes stehen; wir dürfen das Pferd nie als Widerpart empfinden. (. . .) Schließlich wollen wir das Pferd fortwährend freudig, energiegeladen und absolut leichtrittig verfügbar haben" (W. 20, S. 109).

– **Futter-Esparsette** = luzerneähnliches, rosablühendes Futterkraut mit speziell für Pferde ausgewogenem, vollständigem, hohem Nährwert; die „herba medica" der Griechen und Römer; franz.: „Sainfoin"; provenzalisch: „Esparsette"; wird in Europa praktisch nur noch in Südfrankreich und auf der iberischen Halbinsel angebaut.

– **Galopp**

La Guérinière: „Eine Regel geschickter Reitmeister will, daß man die Galopparbeit mit einem Pferd nie eher beginnt, als bis es im Trab so durchgymnastiziert ist, daß es den Galopp von sich aus anbietet ohne sich dabei weder auf die Hand zu legen, noch weglaufen zu wollen: man muß deshalb damit zuwarten, bis sein ganzer Körper biegsam geworden ist in dem Schulterherein, bis er den Schenkeln auch im ‚Kruppe an der Wand' (Travers) gehorcht und bis er in der Piaffe absolut leicht (Anlehnung = Zügelgewicht – SGS) (. . .) geworden ist. (. . .) Wurde er derart gymnastiziert, so fällt es ihm daraufhin leicht, mit der Hinterhand korrekt in der Spur der Vorderhand zu galoppieren, so daß sich der Galopp von hinten nach vorne überträgt, was ein Gütezeichen des echten und guten Galopps ist" (W. 19, S. 126 u. 127).

Steinbrecht: „Wer Zeit hat und den denkbar sichersten Weg einschlagen will, der vermeide den Galopp (, . ,) solange, bis er im Trabe sein Pferd befähigt hat, die Last auf die vier Beine gleichmäßig zu vertheilen" (W. 55, S. 181).

– **Galoppwechsel**, der fliegende. . .

Oliveira: „Ein fliegender Galoppwechsel ist nichts anderes als ein korrektes Angaloppieren... aus dem Galopp" (W. 7, S. 48).

– **Gang, Gänge**
Steinbrecht: „. . . der Gang giebt uns jederzeit den sichersten Maaßstab für die Richtigkeit unserer Arbeit. Solange in der Abkürzung der Gang gleichmäßig und kräftig bleibt, sind wir auf gutem Wege, . ." (W. 55, S. 188).
Plinzner: „Zur Beurtheilung der Gänge gewöhne man sich daran, nach den Hinterbeinen zu sehen. Dieselben sollen losgelassen pendelnd und dabei doch schwungvoll federnd arbeiten. Dabei müssen sie in jedem Tritte oder Sprunge so weit vortreten, daß man den Eindruck hat, es werde ein genügender Theil der Last von ihnen übernommen" (W. 35B, S. 2).
– **Gebisse**
Von allen Anfängen einigermaßen pferdefreundlichen Reitens an, wurden Jungpferde jeweils mit Kappzäumen und Kandaren zusammen (4 Zügel) ausgebildet und später auf „blanke Stange" geritten.
Eisenberg: „Die Weite dieser Mundstücke soll vier Zoll und ein Viertel (11–12 cm) und die Höhe des Bogens oder Galgens (der „Zungenfreiheit" – SGS) anderthalb Zoll (= 4 cm) (, . .) seyn (, . .). Die Galgenmundstücke zäumen unter sich, wie die (. . .) zungenfreyn herbey (weil sie nur dem Unterkiefer aufliegen), die geschlossenen Hohlbisse (flach geschwungene Stangen) aber über sich zäumen (weil sie auch die Zunge zusammendrücken und damit die Reaktion des Pferdekopfes nach vorne aufwärts provozieren – SGS)" (W. 13B, S. 39).
– **Gehorsam** = eine Sache des Vertrauens des Pferdes, der Erziehung und der reiterlichen Ausbildung
Xenophon: „. . . ein ungehorsames Pferd ist aber nicht nur unnütz, sondern stiftet oft auch so viel Unheil an wie ein Verräter" (W. 65A, S. 34).
Steinbrecht: „Sind die Hinterfüße in der Gewalt des Reiters, d.h. kann er den Grad ihrer Belastung und Thätigkeit bestimmen, so ist das ganze Pferd gewonnen" (W. 55, S. 64).
– **Genet**, der spanische. . ., eine alte iberische Pferderasse im Typ des Cartujanos (vergl. ds.), Hispanoberbers und anderer Asturconen-Kreuzungen wie z.B. dem gewisser moderner Camargue-Pferde-Kreuzungen.
Eisenberg: „Genet, ist ein spanischer Bastard (Kreuzungsprodukt), der von einem barbarischen (Berber-) Hengste und einer spanischen Stute gefallen ist" (W. 13B, S. 21).
d'Andrade: „Die Berühmtheit des spanischen Geneten (= Gineta-Kampf-Pferd) ist mit seiner andalusischen Herkunft verknüpft (. . .). Doch bereits seit dem 16. Jahrhundert gab es hier keine Gineta-Duelle mehr. Deshalb war es nun der Stierkampf zu Pferd, bei dem die Gineta-Kampfübungen weiter angewandt wurden, der dem südspanischen Pferd erlaubte, die Reitpferdequalitäten des spanischen Geneten nicht nur beizubehalten, sondern weiterzuentwickeln" („Plaisirs Equestres", Z. V, 12/79, S. 48).
– **Geradegehen**, auch Geradegerichtetsein
Herold: „Unter Geradegehen versteht man die genaue Einstellung des Pferderückgrates auf die Linie, auf welcher das Pferd vorwärts geht, gleichviel, ob auf einem Kreis oder geradeaus" (W. 46, S. 69).
– **Gewichtshilfe** (des Reiters)
Steinbrecht: „Geht die Richtung (hier: Haltung des Reiterkörpers) zurück über den Schwerpunkt des Pferdes hinaus, so wirkt dieser Sitz als Hülfe, sowohl unterstützend für die vortreibenden Schenkel, als auch an und für sich, indem er durch ein stärkeres Belasten die Hinterfüße mehr fixiert, und im Verein mit dem Rücken mehr gebogen erhält. (Vergl. a.: Hanken-

beugung und Abaissement des Hanches) Die Wirkung dieser Hülfe wird in dem Grade erhöht, als man dabei momentan die Hüften senkt (das Becken nach hinten abkippt – SGS) und den Rücken nachläßt, weil dadurch das Gewicht des Körpers vermehrt wird" (W. 55, S. 30–32).
Bürger: „Wir können unser Gewicht dicht hinter dem gemeinsamen (Reiter-&-Pferd-) Schwerpunkt einwirken lassen. (Das Pferd) wird dann von sich aus die Gleichgewichtskorrektur anstreben, indem es durch Hankenbiegung, Senkung der Kruppe und Aufrichtung (. . .) unter den zurückverlegten Schwerpunkt tritt" (W. 8, S. 58).

– **Gleichgewicht**, auch: Selbsthaltung, Leichtigkeit = ca. gleiche Belastung der vier Pferdehufe unter dem Reiter

Newcastle: „Wo findet man auch Pferde, die auf allerhand Böden galoppieren (. . .) und bey diesem allen keiner Haltung nöthig haben, so daß man ihnen nur den Zaum auf den Hals legen darf und dannoch dabey wol versichert seyn kann, daß sie nit straucheln weil (. . .) sie auf den Hüfften wol versichert seyn" (W. 11, S. 59).

Hünersdorf: „Ein Pferd kann nicht leicht seyn, es muß denn zuvor ins Gleichgewicht gesetzt werden" (W. 25, S. 65ff.).

„Aus dem Gleichgewicht folgt Beweglichkeit und Leichtigkeit, und aus der Biegsamkeit entsteht Geschicklichkeit, Folgsamkeit und mit ihr der Gehorsam (W. 25, S. 301).

Seeger: „Wo aber Gleichgewicht fehlt, geht selbst der gute Reiter der Vortheile verlustig, welche in der vielseitigeren Brauchbarkeit und längeren Dauer (in längerem Leben) des Pferdes bestehen" (W. 47, S. XIII).

Steinbrecht: „Es handelt sich nicht darum, den vier Füßen ein absolut gleiches Gewicht zuzutheilen, denn dies würde ja ein für alle Mal eine gleiche Stärke derselben voraussetzen, es kommt vielmehr darauf an, die Last auf die vier Füße in dem Verhältnisse ihrer natürlichen Tragfähigkeit zu vertheilen, dergestalt, daß der stärkere Theil seiner überwiegenden Kraft entsprechend stärker belastet und der schwächere in dem Grade entlastet wird. Wie ich schon einmal bemerkt, ist die Hinterhand von Natur kräftiger gebaut, als die Vorhand, (. . .) auch indirekt durch die Fähigkeit, sich unter starker Belastung in ihren sprungfederartigen Gelenken biegen zu können. Diese Eigenschaft haben die Vorderfüße nicht und müssen daher vor allen plötzlichen, starken Belastungen (. . .) sorgfältig geschützt werden. Es ist daher auch das Bestreben aller Reiter (, . ,) ihre Pferde auf's Hintertheil zu setzen und vorn zu erleichtern" (W. 55, S. 45 u. 46).

Oliveira: „Um ein Pferd ins Gleichgewicht zu bringen, muß es der Reiter entspannen, d.h. es weder mit seinen Hilfen bedrängen, noch darf er es zusammenschrauben" (W. 7, S. 22).

– **GRISONE**, Federigo (15??–1570) Neapolitanischer Reitmeister, Autor des Buches „Künstlicher Bericht (. . .) wie die Pferdt geschickt und vollkommen zu machen" (W. 17) – Faksimiledruck der Olms Presse, Hildesheim.

– **GUERINIERE**, François Robichon de la. . . (1688–1751) größter und vor allem pferdefreundlichster französischer Reitmeister, Autor der „Ecole de Cavalerie" (W. 19), Faksimiledruck der Olms Presse, Hildesheim.

– **Gymnastizierung** = Erschließung der Tragekräfte der Hinterhand des Pferdes.

Seunig: „Im Verlaufe der gymnastischen Ausbildung (des Pferdes) wird der Reiter in seinen (. . .) Anforderungen von einer Genauigkeit sein müssen, die an Pedanterie grenzt; kleinlich wird er aber nie sein dürfen" (W. 48, S. 54).

– **Haltung**, (Pferdehaltung, Pferdewartung, Weidehaltung)

Steinbrecht: „Im freien Zustande (bei Weidehaltung) versieht die Natur das Pferd mit der entsprechenden Bekleidung, so daß das Pferdegeschlecht nördlicher Länderstriche die härteste Kälte und das rauheste Wetter ohne allen Nachtheil erträgt" (W. 55, S. 54).

– **Haltung des Pferdes**, auch Stellung, Selbsthaltung usf.

Hünersdorf: „Die gute Stellung (Haltung, auch: Selbsthaltung des Pferdes – SGS) ist dem Reiter, der seinem Gefühl nicht ganz trauen darf, immer das sicherste Merkmal von der richtigen Bewegung" (W. 25, S. 232).

Oeynhausen: „Die Stellung (Haltung) ist das Mittel, der Gang ist der Zweck" (W. 33A, S. 57).

Baucher: „Was verstehen Sie unter ‚Haltung'? –

– Die richtige Verteilung und Übermittlung des Gewichtes und der Kräfte im Sinne der Bewegungen, die man vom Pferd erwartet.

– Worin ist die richtige Kopfhaltung begründet?

– In der Lebendigkeit und Losgelassenheit der Kiefer und in der Leichtigkeit, die hieraus resultiert.

– Wie spricht man zur Intelligenz des Pferdes?

– Durch seine eigene Haltung (im Sattel) in dem Sinne, in welchem diese dem Pferd die Absichten seines Reiters verrät" (W. 5, S. 153).

Moser: „Die Haltung ist etwas Sekundäres und soll sich im Verlauf der Ausbildung von selber entwickeln" (W. 46, S. 105).

– **Haltung des Reiters** (vergl. a. Sitz)

Weyrother: „Der Reiter hat im Trabe besonders darauf zu achten, daß seine Haltung immer mehr ungezwungen sey, und ja kein Theil seines Körpers steif werde. – Die richtige Stellung des Oberleibes und das Gewicht der weich herabgelassenen Schenkel muß eigentlich das Gleichgewicht (die Balance) des Reiters erhalten" (W. 33B, S. 34).

– **Hand**, die . . . des Reiters

Pluvinel: „Der Reuter wird dieses in acht nehmen, daß wann man das Pferd fürwarts, auff halben und gantzen Volten und zur Seiten thummeln will, man sich der Faust (Hand) wenig gebrauche, es sey dann das man diesselbe übersich halte (mit den Fingernägeln nach oben, den Daumen nach außen dreht und so leicht verwahrend einsetzt)" (W. 36, S. 75).

La Guérinière: „des Reiters Hand (. . .) sei leicht, sanft und bestimmt (präzis, genau, ruhig)" (W. 19, S. 72).

Hünersdorf: „Die Haupteigenschaft aber ist das feine richtige Gefühl in der Hand" (W. 25, S. 27).

Steinbrecht: „Die Geschicklichkeit der Hand kann mit Recht als der Gradmesser der gesamten Geschicklichkeit des Reiters gelten, denn es ist eine ganz irrige Ansicht, wenn man glaubt, daß eine gute Hand eine vereinzelte gute Eigenschaft des Reiters sein könne; sie ist vielmehr das Resultat des vollkommenen Sitzes und des feinen Reitergefühls" (W. 55, S. 16).

Moser: „Durch die zurückziehende Hand setzt sich der Reiter seine eigene Kraft entgegen" (W. 46, S. 91).

„Wo die Hand überwiegt, kommt das Pferd hinten nicht vom Boden weg; eine solche Hand ertötet die Rückentätigkeit und die Tätigkeit der Hinterhand" (W. 46, S. 98).

– **Handhaltung** (vergl. a. Zügelführung)

La Guérinière: „Unter dem Ausdruck ‚Zügelhand' versteht man stets die linke Hand des

Reiters" (W. 19, S. 71).
„Wenn Sie, die Fingernägel nach vorwärts-aufwärts gedreht, die Kappzaumzügel nach oben führen, so heben Sie damit des Pferdes Kopf; und wenn Sie die Kandarenzügel mit nach oben gedrehten Fingernägeln nach oben führen, so stellen Sie damit des Pferdes Nase tiefer, und letzteres umso deutlicher, als Ihre Zügelhand sich dabei tief auf dem Pferdehals dreht" (W. 19, S. 69).
„Nachgeben mit der Hand heißt die Bewegung, die man macht indem man die Zügelhand tiefer stellt, um den Druck des Gebisses auf den Unterkiefer zu mindern oder ganz aufzuheben" (W. 19, S. 71).
„Die Zügelhand (. . .) muß über der Mitte des Pferdehalses, weder innen, noch außen, auf der Höhe der Ellbogen, zwei Fingerbreiten über und vor dem Vorderzwiesel des Sattels ruhig gehalten werden (. . .). Sie muß (die Zügel) somit vom Körper und von der Magengrube entfernt, die Fingernägel nach oben gedreht, der Körpermitte gegenüber (. . .) halten" (W. 19, S. 84).
Oeynhausen: „ .; das Erheben der Hand bewirkt Verkürzung, das Sinkenlassen Verlängerung der Zügel" (W. 33A, S. 15–18).
Steinbrecht: „Schließlich muß ich mich noch ganz entschieden gegen das Abrunden der Hand im Handgelenk (durch welches die Hand ins Ziehen kommt – SGS) aussprechen, worauf manche Lehrer so streng halten; da es den beabsichtigten Zweck, nämlich Leichtigkeit oder Nachgiebigkeit der Hand, durchaus nicht erfüllt" (W. 55, S. 24).
— **Hanke**, Hanken, vom franz. „hanches" = Hüften
La Guérinière: „Die Hanken sind die beiden Seiten der Kruppe. Sie erstrecken sich von den beiden Knochen oben über den Flanken (zum Schweifansatz) und bis zur Kniescheibe" (W. 19, S. 4).
Eisenberg: „Hanche du Cheval, ist eigentlich der ganze Hintertheil des Pferdes, welches die Lenden und Hüften bis an die Knie in sich begreifet, auf welche sich ein Pferd neiget und auf die Hanke setzet" (W. 13B, S. 24), d.h. seine Kruppe – den Beckenring – der Wirbelsäule gegenüber abzukippen und damit die Lendenwirbel nach oben zu wölben versucht und sich so selber zwingt, mit den Hinterfüßen weiter unterzutreten.
— **Hankenbeugung**
La Guérinière: „Man sagt von einem Pferd es sei ‚auf den Hanken', wenn es seine Hüften unter sich abkippt und beugt, indem es seine Hinterfüße und die Sprunggelenke vorwärts unter seine Masse bringt, um auf den Hanken ein natürliches Gleichgewicht zu finden, das das Übergewicht der Vorhand ausgleicht, welche das schwächste Teil (des Pferdes) ist. Aus diesem Gleichgewicht (auf den Hanken) resultiert die ‚Leichtigkeit'. . ." (W. 19, S. 100).
Oeynhausen: „Übrigens ist die hohe Aktion, wo das Pferd nur Kniee und Hufe hoch von der Erde hebt, kein Haupterforderniss: sondern die Aufrichtung im Widerrist und dadurch hervorgebrachte gegen das Becken sich senkende Richtung des Rückgrades, Biegung (Beugung) des Hintertheils in den Hankengelenken sind Haupterfordernisse. . ." (W. 33A, S. 138ff).
Seeger: „. . .ohne Hankenbiegung kein Gleichgewicht. . ." (W. 44, S. XIII).
Steinbrecht: „Es gibt viele Bereiter und sehr viele Reiter, die wohl über Hankenbiegung zu sprechen wissen (, . .), ohne je eine richtige Hankenbeugung gefühlt zu haben (. . .). Alle diese Reiter kommen mit ihrer Arbeit nicht über die Biegung des Schenkels vom Sprunggelenke abwärts hinaus und erreichen daher nur sehr mittelmäßige Resultate in der Richtung ihrer

Pferde. Hunderte von Pferden mit kräftiger Hanke werden daher vor der Zeit verbraucht, weil die schönen Kräfte dieses Theiles unbenutzt ruhen, während sie zur Erleichterung der Vorderschenkel und zur Schonung der unteren Gelenke des Hinterschenkels bei der Belastung hätten verwendet werden müssen" (W. 55, S. 103 u. 104). (Eine andere falsche „Hankenbeugung" stellt das sogenannte „Zusammenkriechen" dar, bei dem zwar der Beckenring des Pferdes mehr oder weniger richtig abkippt, die Hinterbeine aber nicht oder ungenügend weit unter die Masse treten. Auch bei dieser zweiten falschen „Hankenbeugung" kann sich das Pferd nicht wirklich ins „Gleichgewicht auf den Hanken" begeben – SGS.)

– **Harmonie** (zwischen Reiter und Pferd)

Bürger: „Das Pferd, auf dem man so bequem sitzt, daß man zu faul zum Leichttraben ist, das mit hängenden Zügeln im ausgesessenen Galopp nicht davonläuft, das sich zwischen Zügel und Schenkel führen läßt, sich aber genauso vertraut benimmt, wenn man es ohne Zügel aus dem Sitz vor dem Schenkel reitet, das ist in harmonischer Übereinstimmung mit seinem Reiter. Diese Harmonie ist der Inbegriff der Kunst sowie der Dressur" (W. 8, S. 14).

– **HENRIQUET**, Michel, geb. 1924, begnadeter französischer Freizeitreiter, Schüler Nuño Oliveiras, Autor der Werke: „A la Recherche de l'Equitation", Verlag Crépin-Leblond, Paris 1968 und „L'Equitation, un Art, une Passion", Edition du Seuil, Paris 1972, und vieler Artikel in Reiterzeitschriften, besonders in „Plaisirs Equestres" (Verlag Crépin-Leblond, Paris).

– **HEROLD**, Mauritius, ehemaliger Oberbereiter der Spanischen Hofreitschule in Wien, Autor des Artikels „Die Arbeit an der Longe" in „Theoretisch gewußt. . ." – Verlag Schweizer Kavallerist, Pfäffikon/Zürich 1964 (W. 46).

– **Hilfen** = Sitz, Schenkel, Hand: drei Werkzeuge des Reiters, deren Zusammenwirken und gegenseitiges Sichabstimmen dem Pferd unter dem Sattel helfen müssen, sich in der jeweils vom Reiter verlangten Haltung und Bewegung selbst zu gymnastizieren.

Newcastle: „Alle Hülffen eigentlicher Zweck ist, den Fehlern (des Pferdes zu-) vorzukommen, . ." (W. 11, S. 131).

La Guérinière: „Die Hilfen bestehen aus den verschiedenen Bewegungen der Zügelhand, aus dem Zungenschnalzen, aus dem Geräusch und aus der Berührung der Gerte, aus den Bewegungen der Oberschenkel, der Knie und der Waden, aus der leisen Berührung mit dem Sporn, und endlich aus der Art und Weise, den Bügel auszutreten" (W. 19, S. 91).

Seeger: Der gute Reiter „bedient sich nicht mehr des gemeinen Schenkelschlusses, sondern der (. . .) Anlehnung oder des Hanges der Schenkel, von dem allein (. . .) alle Grade der Hülfen ausgehen können. Die Individualität des Pferdes, aber nicht die Willkür des Reiters, wird dann die Anwendung der einen oder der anderen dieser Schenkelhülfen, und die fast ebenso wichtige Vertheilung seines Gewichts als Hülfe bestimmen. Die Präcision in der Anwendung der Hülfen hat ihren Höhepunkt erreicht, wenn diese nicht mehr vom Reiter auszugehen scheinen und wirklich nur noch in den Bewegungen bestehen, die durch den Gang des Pferdes ihm mitgetheilt werden. Diese Vollkommenheit kann nur *den* Reitern eigen sein, die das Biegen der Hinterbeine zur Hauptsache der Dressur machen, während diejenigen, die *zuviel* auf Biegungen des Kopfes und Halses geben, nie dieses Ziel erreichen werden" (W. 47, S. 133).

Steinbrecht: „Unter *Hülfen* versteht man die Einwirkungen des Reiters auf sein Pferd, durch welche er demselben seinen Willen zu erkennen giebt. (Sie sind) also gleichsam die Sprache,

durch welche er sich mit seinem Pferde verständigt" (W. 55, S. 8).
— **Hilfszügel** (Ausbinder, Martingals, Schlaufzügel, Tie-downs usf.)
La Guérinière: „Die Martingal ist ein Lederriemen, der auf der einen Seite am Sattelgurt, auf der anderen am Sperrhalfter befestigt ist (, . .); und die man aus jeder guten Pferdeausbildungsstätte verbannen sollte" (W. 19, S. 67).
Steinbrecht: „Alle todten Vorrichtungen und Hilfszügel, d.h. alle solche, die durch Festbinden und -Schnallen eine gleichförmige Wirkung äußern, sind ohne Ausnahme mehr nachtheilig als nützlich, da sie sämmtlich verderbend auf das Maul des Pferdes wirken, denn die Eindrücke durch das Gebiß können nur durch die lebende und feinfühlende Hand des Reiters richtig abgewogen werden" (W. 55, S. 76).
— **Hinterhand** = das hintere Drittel des Pferdekörpers: Kruppe und Hinterbeine
— das Pferd auf der Hinterhand (vergl. a. Hankenbeugung)
Steinbrecht: Die Tragfähigkeit der Hinterhand „durch Biegsammachung der Hinterschenkel vollkommen auszubilden, ist der Hauptzweck der Reitkunst, und zwar theilweise deshalb, um mittelst derselben die von Natur schwächer konstruirten und stärker belasteten Vorderschenkel (. . .) richtig entlasten, schonen und vor allen gefährlichen Prellungen schützen zu können. Nur hierdurch allein ist es möglich, das Pferd bis in's hohe Alter hinein gesund und frisch auf seinen Beinen und zum Reitdienst angenehm und sicher zu erhalten" (W. 55, S. 92).
— **Hohe Schule**
d'Andrade/Henriquet: „Der Zweig der Reiterei, den man die Hohe Schule nennt, ist jener, den die Länder des Nordens (künstlich) hervorbringen mußten, um das natürliche Reiten zu imitieren, das uns unsere (iberischen Freizeit-) Pferde seit jeher erlaubt haben" (Plaisirs Equestres, Z. V, 12/79, S. 15).
— **HÜNERSDORF**, Ludwig (1748—1813), deutscher Reitmeister, Autor der „Anleitung zu der natürlichsten und leichtesten Art Pferde abzurichten", 1. Auflage 1791. Faksimiledruck der Olms Presse, Hildesheim.
— **Iberische Pferd**, das. . .
d'Andrade: „Sein (lokaler) Name hängt von seinem Ursprungsort ab, z.B. ‚Andalusier', ‚Estrememho' oder ‚Castillan' wenn es aus Spanien, oder ‚Lusitano' wenn es aus Portugal stammt. Aller Ursprung ist dabei derselbe und identisch (. . .), nämlich der des ältesten bekannten Reitpferdes der Welt (. . .) und der des für die Geschichte der Reitkunst der zivilisierten Welt wichtigsten Pferdes schlechthin" (Plaisirs Equestres, Z. V, 12/79, S. 12).
— **Impulsion** = oft nur teilweise richtig mit „Schwung" übersetzt
Oliveira: „Die Impulsion ist die psychische und körperliche Fähigkeit des Pferdes, seines Reiters Wünsche unvermittelt sogleich Folge zu leisten, anzutreten und seinen Schwung ungemindert und auch ohne weitere Hilfengebung beizubehalten." „Je stärker man den Raumgriff und die Schnelligkeit der jeweiligen Gangart beschränkt, umso stärker wird die Impulsion" (W. 7, S. 25).
Henriquet: „Impulsion — Natürlicher, nicht zurückzuhaltender Vorwärtsdrang des Pferdes, der sich stets unmittelbar in schwungvolle Vorwärtsbewegungen umsetzt. (. . .) Unter den guten Eigenschaften eines Sport- oder Freizeitpferdes muß die (natürliche) Impulsion stets den ersten Rang einnehmen. Sie ist hier von noch höherer Bedeutung, als z.B. das perfekte Gebäude" (W. 21, S. 190 u. 191).

– **Innen und Außen** beim Reiten
Steinbrecht: „Die Biegung des Pferdes entscheidet stets, auf welcher Hand es sich befindet; ist es rechts gestellt und gebogen, so ist seine rechte Seite die innere, mag sie auch der Bande der Bahn zugewendet sein, und das Pferd sich links in derselben herumbewegen" (W. 55, S. 152).
– **Kadenz**, auch: Takt der Gänge = Regelmäßigkeit in der Bewegungsfolge des Pferdes an der Longe und unter dem Sattel.
– **Kampagnereiterei**, siehe unter Campagnereiterei
– **Kandare**, auch: Stange (vergl. a.: Gebisse)
La Guérinière: „Wir ziehen hier nur jene Kandaren in Betracht, die das Pferdemaul nicht verletzen können, denn (. . .) die einfachsten und sanftesten Gebisse genügen, indem sie dem Pferd das Maul intakt erhalten, durchaus, um den ganzen Gehorsam zu erlangen, den eine erfahrene, gute Hand (vom Pferd) erwarten darf. Die Güte der Hand muß in jedem Fall die Schärfe der Kandare überwiegen. . ." (W. 19, S. 32).
Seeger: „Das Gebiß einer Stange muß der Zunge freien Spielraum lassen, da durch ihre Beweglichkeit das Maul des Pferdes frisch bleibt, demnach ist der Galgen (. . .), auch die Zungenfreiheit genannt, durchaus nothwendig. (. . .) Die Höhe der Zungenfreiheit richtet sich nach der Dicke der Zunge (, . .)" (W. 47, S. 136).
Seunig: „Nach dem Gesetze vom ‚Wege des Angriffspunktes der Kraft zur Last' (. . .) sind *lange* Anzüge in ihrer Wirkung *langsamer* als die kürzeren, *allmählich wachsend* und nie plötzlich, und erfüllen somit selbsttätig eine an *jede Art von Hilfen zu stellende Forderung.* – Diese Erkenntnis, sowie der Umstand, daß die Alten (. . .) ihre Pferde vorher gründlich mit dem Kappzaum arbeiteten, lassen ihr Reiten auf Ritter- und Museumskandaren in wesentlich milderem Licht erscheinen" (W. 48, S. 259 Fnte.).
– **Kappzaum**, franz. = Caveçon = „eine Art von einem Nasenbande, entweder von Eisen, Leder oder geflochtenen Stricken, welches man um die Nase eines Pferdes leget" (Eisenberg, W. 13B, S. 29).
La Guérinière: „Monsieur de la Broue sagt, ‚der Kappzaum sei erfunden worden, um (Jungpferde) zurückzuhalten, aufzurichten, leicht zu machen, sie das Wenden zu lehren und das Anhalten, ihnen den Kopf und die Kruppe richtig zu stellen, ohne ihr Maul, noch die Kinnkettengrube in Gefahr zu bringen und auch um ihnen die Schultern, die Schenkel und die Vorderfüße zu erleichtern und zu schonen und um ausgebildeter Pferde Fehler zu korrigieren. . .' " (W. 19, S. 68).
„Ein Pferd, das ohne Kappzaum ausgebildet wurde, wird niemals jene angenehme Anlehnung besitzen, welche gute Pferde haben müssen und die gleichmäßig, sanft und bestimmt zu sein hat. (. . .) Ich glaube den Kappzaum sehr vortrefflich in den Händen eines Pferdemannes, der damit umzugehen gelernt hat; aber ich glaube gleichzeitig, daß es gefährlich ist, Reitschüler damit umgehen zu lassen (, . .)" (W. 19, S. 69).
Eisenberg: „Wer (. . .) den Kappen-Zaum verachtet oder überall verwirft, derselbige kennet den Nutzen nicht recht, den er thut" (W. 13B, S. 26).
Weyrother: „Der erste Zaum (des Jungpferdes) ist wohl der sogenannte Kappzaum (. . .)" (W. 33B, S. 78).
Steinbrecht: „Die alten Meister bedienten sich (, . .) zur ersten Bearbeitung des rohen Pferdes nicht der Trense, sondern des Kappzaums. Dieses Instrument hat nicht nur den Vortheil,

daß es das Maul vollkommen intakt läßt, sondern auch den noch größeren, daß dadurch die unbedingte Nachgiebigkeit des Genicks in viel sicherer Weise begründet werden kann, als mit der Trense (. . .) und wir können dieselben Vortheile von diesem außerordentlichen Instrumente ziehen, wenn wir es nur unseren jetzigen edelen Pferden entsprechend anzuwenden wissen" (W. 55, S. 77).

— **Knieschluß**

Plinzner: „Auch der Schluß mit den Knien beeinträchtigt (, . .) zweifellos das gute Gehen des Pferdes, denn da er die Anspannung gewisser Muskeln voraussetzt, schädigt er die Weichheit (Losgelassenheit) des Reiters und damit auch des Pferdes" (W. 35A, S. 75).

— **Kopfhaltung** (des Pferdes)

Seeger: „Im Allgemeinen ist die Stellung gut zu nennen, in welcher das Pferd sich am meisten im Gleichgewicht und im Gehorsam des Reiters befindet (, . .). — Senkrecht kann selten ein Pferd den Kopf tragen, ohne die aufrechte Stellung des Halses zu verlieren (, . .)" (W. 47, S. 150).

— **Kreuzanspannen**, Kreuzanziehen

Drs. Schusdziarra: „Kreuzanspannen ist kein Vorgang des Spannens, sondern einer des Kippens, und zwar wird das Kreuzbein nach hinten gekippt dadurch, daß mit den Muskeln der vorderen Bauchwand der Beckenring, zu dem das Kreuzbein gehört, vorn gehoben wird (. . .)" (W. 45, S. 33).

— **Légèreté** = Leichtigkeit, auch: ideale Anlehnung, Durchlässigkeit, Leichtrittigkeit des Pferdes

Hünersdorf: „Unseren Grundsätzen zufolge müssen wir (. . .) die Leichtigkeit des Mauls nicht im Maul selbst, sondern in der Stellung (Haltung, Selbsthaltung) des ganzen Pferdes suchen".

Oliveira: „Die Leichtigkeit ist eine Konsequenz aus der Impulsion (vergl. dse.) und der Versammlung" (W. 7, S. 29).

„Für mein Teil, definiert sich die Leichtigkeit durch das konstante Untertreten der Hinterhand in sämtlichen Gangarten und allen ihren Variationen, hervorgerufen durch die Gymnastizierung des Pferderückens. . ." (W. 34, S. 37 u. 38).

— **Leichttraben**, auch: Englischtraben

Seeger: „Der Einwurf, daß jungen Pferden die Last (des Reiters) zu beschwerlich und nachtheilig wird, verdient (bei Kompaktpferden — SGS) gar keine Beachtung, vorausgesetzt, daß nicht Krüppel dressiert werden sollen, und kein übergroßes Mißverhältnis zwischen (den Gewichten von) Reiter und Pferd stattfindet; dann wird auch bei richtiger Vertheilung des Gewichts auf die Extremitäten den Pferden kein Nachtheil erwachsen" (W. 47, S. 162), wenn sie ausgesessen getrabt werden!

— **LEITAO**, Dr. Manuel . . . ehemaliger Leiter und Direktor des staatlichen portugiesischen Gestüts von Alter do Chao. Autor des Artikels „Le Haras d'Alter" in „Plaisirs Equestres" (Z. V, 12/79, S. 17).

— **Loben**, des Pferdes = mit dem „Nachgeben" zusammen wichtigste Ausbildungshilfe des Bereiters schlechthin.

— **LOEHNEYSEN**, Engelhardt von. . ., um 1580 erster deutscher Reitmeister, Autor des Buches „Die neu eröffnete Hof-, Kriegs- u. Reitschule", Faksimiledruck der Olms Presse, Hildesheim.

— **Longe**, früher auch: Leine, Linie etc.

La Guérinière: „Die Longe ist ein langes Seil (. . .) an dessen einem Ende eine Schnalle angebracht ist, welche man am mittleren Ring des eisernen Kappzaums befestigt. Sie ist ein vorzügliches Instrument, um Jungpferde mit Hilfe einer Bahn- oder Fahrpeitsche an die (Arbeit auf der) Zirkelbahn zu gewöhnen" (W. 19, S. 66).
— **Longenarbeit** (des ungerittenen oder rohen Pferdes)
Pluvinel: Durch die Longenarbeit kann ich ein Pferd „dazu bringen (. . .) wozu ich will, und ist nicht vonnöthen, daß ich den Leib, die Schenkel oder Füße plage, sondern ist genug, daß ich sein Gemüt übe" (W. 36, S. 36).
La Guérinierè: „Man muß auf den (Longen-) Zirkel zurückkommen sobald das Pferd sich verkrampft, versteift oder auf einer Hand (mehr) Widerstand bekundet (als auf der anderen); . . " (W. 19, S. 99).
Hünersdorf: „Ist das Pferd noch zu jung, zu roh und zu schwach, um geritten zu werden, so ist es demselben am zuträglichsten, daß man es eine Zeit lang an der Linie laufen läßt. Man kann es hier schon vertraulich machen und ihm den ersten Grad von Gehorsam geben, der bey dem Anreiten sehr gut zu statten kommt" (W. 25, S. 11ff).
Steinbrecht: „Die Anzüge der Leine dürfen nie plötzlich und direkt dem Centrum (Kreismittelpunkt) zugerichtet sein, sondern müssen stets mehr oder weniger vorwärts ziehend wirken, damit das Pferd nie plötzlich und gewaltsam in seiner Richtung gestört wird" (W. 55, S. 53).
Herold: „Wer (. . .) nicht imstande ist, die Psyche des Pferdes einigermaßen zu verstehen, möge die Longenarbeit lieber unterlassen, da das gegenseitige Verstehen von Mensch und Tier eine Hauptbedingung für erfolgreiches Arbeiten ist" (W. 46, S. 66).
— **Losgelassenheit** (des Reiters und des Pferdes)
Steinbrecht: „Die erste Grundbedingung aber (, . .) ist die, daß alles Steife, Gezwungene und Pedantische aus der (Reit-) Kunst verbannt und das Vorurtheil beseitigt wird, als müsse der Mensch zu Pferde ein ganz anderer, sich selbst fremder in Haltung und Richtung des Körpers sein, und als müsse das Schulpferd wie in den spanischen Bock gespannt einherschreiten, während für beide die Reitkunst eine Gymnastik ist, durch welche sie die höchste Ausbildung körperlicher Kraft und Gewandtheit erreichen und darthun können" (W. 55, S. 43).
Moser: „Der Zwanglosigkeit oder Losgelassenheit kommt fraglos die Priorität zu, sie ist die Grundlage jeglicher Weiterbildung (. . .). Ohne Losgelassenheit gibt es keine nachherige Durchlässigkeit, keine geregelten Gangarten und keinen genügenden Gehorsam. (. . .) Zwanglos, geregelt und gehorsam! (. . .)" (W. 46, S. 94).
Seunig: „Losgelassenheit ist eine höhere Stufe der Zwanglosigkeit" (W. 48, S. 132).
— **Lusitano** = portugiesische Freizeitpferd-Rasse
Ein Pferd andalusischen und Berber-Ursprungs, wird seit Generationen in Portugal rasserein weitergezüchtet. Heute etwas größer, länger und mächtiger als der sogenannte „Andalusier". Manche Lusitanos erweisen sich leider mit englischem Vollblut gekreuzt.
— **MARIALVA**, Don Pedro José d'Alcantara, Marquis de Marialva
Leitao: „Von 1770 bis 1799 zählte der Marquis de Marialva zu den größten Reitern Europas und wurde damit zu einem der Verantwortlichen des portugiesischen Königshauses. Seine Berühmtheit reichte weit über die Grenzen, um bis auf den heutigen Tag nichts von ihrem Glanz zu verlieren; seine Reitweise heißt noch immer „Reitkunst à la Marialva' "(Plaisirs Equestres, Z. V, 12/79, S. 18).

– **Nachgeben** = die wichtigste Sitz-, Schenkel- und Zügelhilfe schlechthin
Xenophon: „Wenn man das Pferd aber versammelt und es dadurch den Nacken hebt, so muß man ihm dann mit dem Zügelanzug sogleich leichter werden" (W. 65A, S. 74).
La Guérinière: „Das Nachgeben (der Hand, der Schenkel und auch des Sitzes) muß jedem Nachgeben des Pferdes augenblicklich folgen (ja, darf dieses oft nicht einmal abwarten! – SGS); so wird der schlechten Gewohnheit mancher Pferde vorgebeugt, sich auf dem Gebiß abstützen zu wollen" (W. 19, S. 127) (und/oder gegen den Schenkel oder den Sitz zu „drükken" – SGS).
Baucher: „Das Nachgeben der Hand hilft dem Pferd, sein Gleichgewicht ohne Zügelstütze (zu finden und) beizubehalten" (W. 5, S. 119) (vergl. a. Selbsthaltung).
Oliveira: „In der Reitkunst kommt jeder Vorwand gelegen, um nachzugeben" (W. 7, S. 19).
– **Neapolitaner** (Pferde)
La Guérinière: „Die Neapolitaner sind zum größeren Teil widerspenstig und demzufolge schwierig auszubilden. (. . .) Ein Gespann neapolitanischer Pferde, die richtig ausgesucht und richtig eingefahren wurden, besitzt dennoch hohen Wert" (W. 19, S. 30).
– **NEWCASTLE**, William Cavendish, Herzog von Newcastle (1592–1676) englischer Reitmeister, der vor allem in Antwerpen lehrte. Autor u.a. des Werkes „Nouvelle Méthode pour dresser les Chevaux" London 1667, von dessen deutsch/französischer Ausgabe die Olms Presse, Hildesheim, einen Faksimiledruck herausgegeben hat.
– **Norweger**
Newcastle: „. . . in Norwegen sind kleine Pferde, welche sehr starck sind, dabey aber übel geformet (. . ,) einige haben etwas große Köpfe gehabt, sonst aber waren sie sauber, starck, lustig und von langem Athem (ausdauernd)" (W. 11, S. 62).
– **OEYNHAUSEN**, Börries, Freiherr von Oeynhausen (1812–1875), deutscher Reitmeister, Schüler von E.F. Ayrer in Göttingen und Max von Weyrother an der Spanischen Hofreitschule in Wien. Von 1850–1856 Kommandant des k.u.k. Equitations-Instituts in Wien. Wahrscheinlich der taktvollste Reitmeister deutscher Zunge. Autor des „Leitfadens zur Abrichtung von Reiter und Pferd", Wien 1852, Faksimiliedruck der Olms Presse, Hildesheim.
– **OLIVEIRA**, Nuño, international berühmtester lebender Reitmeister der iberischen Halbinsel, Autor der „Réflexions sur l'Art équestre", aus dem Portugiesischen übersetzt von René Bacharach, erschienen bei Crépin-Leblond & Cie, Paris 1965. Übersetzung ins Deutsche „in Vorbereitung" durch die Olms Presse, Hildesheim.
– **Parade** = franz.: Arrêt, auch: die ganze Parade
La Guérinière: „Um einen Arrêt richtig auszuführen, muß das Pferd zuvor etwas belebt werden. Während man dann fühlt, daß es schneller gehen will, als es seine bisherige Kadenz erlaubt, muß man durch einen leichten Wadendruck, dadurch daß man die Schultern zurücknimmt und senkt und dadurch, daß man die Zügelhand bestimmter um die Zügel schließt, dem Pferd helfen, den Arrêt korrekt auszuführen (; . .). Die Vorteile, welche ein korrekt ausgeführter Arrêt bringt, sind die, daß er des Pferdes Kräfte unter dessen Masse versammelt, daß er den Reiter dessen Maul, Kopf und Hanken versichert und, daß er es leicht in der Hand und an den Schenkeln werden läßt; . ." (W. 19, S. 100ff.).
„Der Arrêt taugt also nur für Pferde, die gute (starke, kurze) Lenden und genügend Kraft in den Hanken und in den Sprunggelenken haben, um den Hilfen hierzu Folge zu leisten" (W. 19, S. 102).

Hünersdorf: „Will der Reiter also einen guten Arrêt geben, so muß er vor allen Dingen einen vollkommen guten Sitz, eine stäte (ruhige) gute Hand und ein feines richtiges Gefühl im Gesäß haben. Er muß genau empfinden können, wann das Pferd genug versammelt ist, um es zu arrêtieren" (W. 25, S. 96 u. 97).
Steinbrecht: „Die ganze Parade ist umso vollkommener, je mehr das Pferd in derselben die ganze Last auf die wohl untergeschobenen und gebogenen Hinterschenkel aufnimmt, während es dabei in vollkommen aufgerichteter und herbeigezäumter Stellung von Hals und Kopf in leichter Anlehnung am Zügel steht (, . .)" (W. 55, S. 205).
Plinzner: Das Wesentliche bei den Paraden ist, „daß dieselben in einer die Gliedmaßen des Pferdes nicht schädigenden Weise ausgeführt werden. Dies ist mit Sicherheit nur dadurch zu erreichen, daß die Pferde gewöhnt werden, derart zu parieren, daß im Moment des Anhaltens *nicht ein Annehmen, sondern ein Nachgeben der Zügel* stattfindet" (W. 35B, S. 93 u. 94).
Schusdziarra: „Bei der ganzen Parade wird der ganze Beckenring mit den Bauchmuskeln beider Seiten gleichzeitig vorne hochgezogen und auf diese Weise das Kreuz(-bein) nach hinten gekippt" (W. 45, S. 33ff.).
— **Parade**, die halbe Parade, franz.: demi-arrêt
La Guérinière: „Die halbe Parade ist die Wirkung der (Schenkel- und Sitz-) Hilfen, auf welche hin die Zügelhand verwahrt, indem die Fingernägel nach oben gedreht werden, ohne das Pferd dadurch weder ganz anzuhalten, noch mehr als ausschließlich seine Vorhand aufrichtend zu stützen (. . .)" (W. 19, S. 102).
— **Parieren**, Durchparieren, vergl. auch: Anhalten
Oeynhausen: „Beim Parieren aus dem Galopp oder Übergehen in eine langsamere Gangart ist besonders auf das Zurücknehmen des Oberleibes, das gute Senken der Kniee und Absätze zu sehen" (W. 33A, S. 23).
— **Paß**, auch: Paßgang = gleichseitige, anstatt diagonalisierte Gangart mancher Pferde (Renntraber, Isländer, Paso Finos, Tennesee-Walker etc.), die sich so nicht biegen können. Zeigt sich der Paß gebrochen, so nennt man ihn Zelt, Tölt, Rack, Walk etc.).
Newcastle: „Der Antritt oder Paß macht eine irrige und vermischte Bewegung, dannenhero ich solche gäntzlich ausschließen und von der Reitschul verbannen wollen. . ." (W. 11, S. 108).
Eisenberg: „Ich habe unter den Englischen Pferden fürtreffliche Zelter gesehen, welche einen natürlichen Zelt gegangen ohne zu traben. (. . .) Es ist zwar wahr, daß sie dann und wann stolperen, sonderheitlich wann sie eilen, desswegen sie insgemein ihre Beine übel zurichten. (. . .) Ich muß anbey erinnern, daß der Zelt ein Gang seye, welcher mit den beyden Füßen auf gleicher Seite geschihet. . ." (W. 13, S. 12).
— **Passage**, irrtümlich oft auch „spanischer Trab" oder „spanischer Tritt" genannt.
La Guérinière: „Die Passage (, . .) ist ein gemessener und kadenzierter Trab, (bei dem) das Pferd je einen Vorderfuß und einen Hinterfuß, diagonal wie im normalen Trab, jedoch wesentlich länger und höher über dem Boden in der Luft bewahrt. (In der Passage) muß (das Pferd) wesentlich kürzer, erhabener und gemessener (treten), als im üblichen Trab (. . .)" (W. 19, S. 79).
Steinbrecht: „Was die Richtung (Haltung) des Pferdes in der Passage anbelangt, so ist es offenbar, daß in dem Maaße, als dieselbe verkürzt, die Tragkraft der Nachhand also mehr, die

Schiebekraft weniger in Anspruch genommen wird, daß in diesem Maaße die Vorhand erhabener, die Kruppe gesenkter, die Hinterschenkel in ihren Gelenken mehr gebogen und unter die Last geschoben sein müssen (, . .)" (W. 55, S. 216 u. 217).

— **Passage und Piaffe**

La Guérinière: „Die Tätigkeit des Pferdes ist in der Passage die selbe wie in der Piaffe; das heißt daß wir, um uns ein genaues Bild sowohl der einen als auch der anderen Übung machen zu können, die Piaffe als eine Passage an Ort und Stelle, ohne Vor- noch Rücktritt ansehen müssen, und die Passage als eine Piaffe, bei der das Pferd bei jeder Bewegung ungefähr einen Fuß (31 cm) vorwärts tritt" (W. 19, S. 117 u. 118).

Steinbrecht: Der Unterschied zwischen Piaffe und Passage beruht darauf, „daß bei ersterem nur die Tragekraft, bei letzterer dagegen auch die Schiebkraft der Nachhand in geordnete Thätigkeit versetzt ist" (W. 55, S. 215).

— **Peser sur l'Etrier** = Bügeltritt (vergl. a.: Schenkelhilfe und Gewichtshilfe)

La Guérinière: „Die Hilfe des Bügeltritts ist die feinste aller Hilfen: die Schenkel dienen bei ihrer Anwendung nur noch als Gegengewicht (zum Oberkörper), um die Kruppe gerade zu richten und um das Pferd zwischen den Absätzen geradegerichtet zu halten" (W. 19, S. 92).

— **Pferd**, das Pferd *auf der Hand*; auch „auf dem Zügel" oder „auf dem Gebiß"

Oeynhausen: „Pferde, denen es entweder von Natur sehr schwer wird, oder denen es der Reiter schwer macht, sich unter der Last des Reiters im Gleichgewicht zu tragen, legen sich in die Zügel.(. . .) Man sagt dann: Das Pferd sucht einen fünften Fuß in der Hand des Reiters; dieses kann nur in natürlicher Mißbildung des Pferdes, in momentaner zu großer Anstrengung oder mangelhafter Dressur begründet sein" (W. 33A, S. 58).

— **Pferd**, das Pferd *„auf der Hinterhand"*

Steinbrecht: „Ich habe Pferden, die total auf den Vorderbeinen struppirt (ruiniert), aber von Natur mit einer kräftigen Hinterhand begabt waren, durch Biegung ihrer Hanken eine so vollkommene Schulterfreiheit und Sicherheit des Ganges wiedergegeben, daß sie sich mit den besten und wertvollsten messen konnten. Unter den früheren Reitern (. . .) hatte die kräftige Hinterhand nur dazu beigetragen, das ganze Gewicht mit umso größerer Gewalt den Vorderfüßen zuzuschieben, so daß diese unter dem selben in kurzer Zeit zu Grunde gingen" (W. 55, S. 38).

— **Pferd**, das *„auseinandergefallene* Pferd"; auch: das Pferd „auf den Schultern", „auf der Vorhand", das „langgewordene Pferd" usf.

Seeger: Wenn das Pferd auseinanderfällt, „so unterstützt es nicht mehr gehörig seine ganze Schwere durch richtiges Untertreten seiner Hinterbeine (; . . seinem Rücken muß so) jede Last umso schwerer werden, und er daher leiden" (W. 47, S. 65).

— **Pferd**, das *„durchlässige"*, resp. „ausgebildete" Reitpferd

Seunig: „Durch leichteste Gewichtshilfen wird das durchlässige Pferd veranlaßt, nach Bedarf seinen Schwerpunkt mit dem des Reiters in Einklang zu bringen. Die *Harmonie* (vergl. dse.) zwischen beiden ist also so weit gediehen, daß sie gleichsam *vom Pferd gesucht und gefunden* wird" (W. 48, S. 366).

— **Pferd**, das *Geländepferd*, auch: Campagnepferd

Hünersdorf: „An dem Campagnepferd wünschen wir, daß es seine Gänge zwar von der Erde und in einem gewissen Takte, aber dabei doch vorwärts und räumlich (raumgreifend) verrichten, und dann, wann es nöthig ist, zu den Arrêts und den kurzen Wendungen sich augenblicklich versammeln könne. Unsere ganze Abrichtung kann nichts anderes zum Zwecke haben, als dem Pferde diese Vortheile zu verschaffen" (W. 25, S. 175 u. 176).

– **Pferd**, das *ideale Reitpferd*

Xenophon: „Je breiter und kürzer die Lenden sind, desto leichter hebt das Pferd seine Vorhand und desto leichter schiebt es das Hinterteil unter (. . .) Die Hüften (Hanken, Kruppe) aber müssen breit und fleischig (gut bemuskelt) sein (, . .)" (W. 65A, S. 23).

Grisone: „(. . .) Ein kurtzen Rugken der nit holl auch nit erhöhet noch ernidret sey (. . .). Ein runden Arsch volkommen mit einen Rinnen in der mit (. . .). Wann ein Ross hertzhafft (mutig, mit viel Vorwärtsdrang, d.h. natürlicher Impulsion, begabt) und ring ist (leicht im Gleichgewicht zu reiten, wendig, leichtrittig), das hilfft im mehr dann die sterck" (W. 17, S. 14ff.).

La Guérinière: „Kraft in den Lenden ist eines der wesentlichsten Gütezeichen eines Pferdes. Dazu müssen sie kurz und das Rückgrat hier fest, breit und regelmäßig gebaut sein" (W. 19, S. 5ff.).

Steinbrecht: „Die allgemeine Klage über die Mangelhaftigkeit der Pferde ist zwar insofern richtig, als allerdings mehr schlechte wie gute gezüchtet werden, und wenn wir unter den guten nur solche verstehen, die schon geborene Reitpferde sind, so sind sie sogar sehr seltene Erscheinungen. (. . . Denn,) das von Natur vollkommene Reitpferd (ist) bereits im Gleichgewicht (. . .)" (W. 55, S. 47ff.).

– **Pferd**, das Pferd für die Jagd, das *Jagdpferd*, das Springpferd

La Guérinière: „Ein Jagdpferd sollte nicht (. . .) zu kurz in seinem Gebäude sein weil solchen Pferden in der Regel der lange Atem (die Ausdauer) und das Springvermögen fehlt, welche gute Renner brauchen. (. . .) Die englischen Pferde besitzen diese Eigenschaften in höherem Maß als alle anderen Pferderassen Europas" (W. 19, S. 153).

– **Pferde mit kurzen Lenden**, s.a.: das ideale Reitpferd

La Guérinière: „Je kürzer ein Pferd in den Lenden ist, desto (leichter) versammelt es seine Kräfte (unter seiner Masse)" (W. 19, S. 19).

Eisenberg: „Bidets nennen die Franzosen diejenigen Pferde, welche kurz und untersetzt sind und besser dauern, als die großen Pferde, weil sie ihre Stärke in der Enge beisammen haben, weil sie auf der Jagd, Reisen und im Krieg wohl zu gebrauchen sind und ohne müde zu werden lange anhalten" (W. 13B, S. 30).

– **Pferde mit langen Rücken**, auch: Jagd-, Renn-, Spring- und Wagenpferde

Steinbrecht: „Im Allgemeinen ist die Tragfähigkeit eines Rückens desto geringer, je länger derselbe ist (, . .). Das Pferd mit langem Rücken wird sich daher weder für schwere Gewichte noch für die gesammelte (versammelte) Körperhaltung eignen (, . .)" (W. 55, S. 96).

– **Pferde mit überbauter Kruppe** (z.B. engl. Vollblut, Quarter-Horses etc.)

Seunig: Es liegt in der Natur der Sache, „daß vornehmlich das Abschieben die starke Seite solcher Pferde bleibt und die vermittels der nach vorn geneigten Wirbelsäule den Vorderbeinen zugeschobene Last immer eine starke Beanspruchung derselben bedeuten und überdies einem Sichheranformen in ein horizontaleres Gleichgewicht hinderlich sein wird" (W. 48, S. 302).

– **Piaffe**, auch: Piaffé, Piaffer (s.a.: Passage und Piaffe)

La Guérinière: „Wenn ein Pferd an Ort und Stelle passagiert ohne dabei vorwärts, rückwärts oder seitwärts zu treten, wohl aber indem es dabei seine Vorderarme hoch hebt und hoch an-

winkelt und das in absoluter Losgelassenheit (de bonne grace): so nennt man dieses Treten Piaffe" (W. 19, S. 79).
Steinbrecht: „Das Piaffé ist (, . .) eine trabartige Bewegung auf der Stelle mit erhabener Aktion und in getragener Kadence, bei welcher die Beine, sich in ihren Gelenken biegend (winkelnd), gerade auf- und abwärts arbeiten. (. . .) Beim ganz idealen Piaffé erhebt das Pferd den Vorderfuß so hoch, daß der Vorarm waagrecht steht, den Hinterfuß, daß der Huf desselben die halbe Schienbeinhöhe des ruhenden Fußes erreicht, während der Rumpf nur eine sanfte und doch kräftige Auf- und Abwärtsbewegung macht" (W. 55, S. 208).
Oliveira: „Die Piaffe muß stets eine Gewichtsübernahme der Hinterhand darstellen" (W. 7, S. 51).

– **PIGNATELLI**, Giovanni, ca. 1540–1600, pferdefreundlichster italienischer Reitmeister der Renaissance, Lehrer La Broues und Pluvinels.

– **Pilaren** = zwei Säulen in der Reitbahn, zwischen denen Pferde am Kappzaum angeschnallt, vom Boden und/oder vom Sattel aus gearbeitet werden; wie das „Fahren vom Boden aus" zwischen der Doppellonge, bei dem ebenfalls alle den Pferdekopf erreichenden Hilfen ausschließlich von vorne nach hinten wirken, *für echte Freizeitreiter tabu!*
Seeger: „Es kann nicht erwartet werden, daß Dressur-Maschinen, wie überhaupt alle Arbeiten an der Hand (vom Boden aus), das Longiren ausgenommen, empfohlen werden sollen (, . .); das Biegen (. . .) kann durch sie nicht erreicht werden, da es ohne Reiter nicht möglich ist" (W. 47, S. 161 u. 162).
Seunig: „Leblose Werkzeuge, wie Ausbindezügel und Pilaren, und seien sie auch in der Hand eines Meisters, werden niemals auch nur annähernd den Reiter ersetzen können (, . .)" (W. 48, S. 343).

– **Pirouette**, auch: Hinterhandwendung mit Biegung in Bewegungsrichtung
La Guérinière: „Eine Pirouette ist nichts anderes als eine Volte innerhalb des Pferdes eigener Länge: die Hanken bleiben in ihrem Zentrum, die Schultern beschreiben den Kreis (den das Pferd so um seine Hinterhand herum tritt)" (W. 19, S. 137).
Steinbrecht: „Diese Wendungen auf der Nachhand, welche, enger und enger werdend, schließlich in der Pirouette gipfeln, sind das schöne Resultat einer systematischen und gediegenen Galopparbeit" (W. 55, S. 198).

– **PLINZNER**, Paul, deutscher Reitmeister, Schüler Gustav Steinbrechts, Herausgeber dessen „Gymnasium des Pferdes", Autor des „Systems der Reiter-Ausbildung" (W. 35A) und des „Systems der Pferdegymnastik" (W. 35B), die beide in einem Band als Faksimiledruck der Olms Presse, Hildesheim erschienen sind.

– **PLUVINEL**, Antoine de Pluvinel de la Baume (1555–1620), erster echt pferdefreundlicher französischer Reitmeister, Schüler Pignatellis, Erfinder der Pilaren, Autor des Werkes „Neu-auffgerichtete Reut-Kunst" (franz.: „L'Instruction du Roy"), das als Fasimiledruck der deutsch-französischen Ausgabe von 1670 bei der Olms Presse, Hildesheim erschienen ist.

– **Prioritäten des Freizeitreitens** (ein 7-Jahresprogramm)
1. Natürliches Sichausbalancierenlassen des Pferdes unter dem Reitergewicht
Ort: Gelände, weiche Böden in der Ebene, kurvenreiche Strecken
Ziel: Schulung der Längsbalance, des Raumgriffes, des Sichgeraderichtens und des Vertrauens des Pferdes der eindeutigen und präzisen Hilfengebung gegenüber. Vorwärtsdrang (Impulsion), lange Oberlinie!

2. Verlangsamen und Anhalten allein mittels Schenkel- und Gewichtshilfen (oft auch mitten auf Abhängen)
Ort: Gelände mit Hängen, kurvenreiche, weiche Feldwege, Wald
Ziel: kurzzeitige Selbsthaltung des Pferdes im Gleichgewicht
3. Vorsichtiger, allmählicher Beginn der Lateral-(Seiten-)Biegung allein mit Schenkel- und Gewichtshilfen (kurze Zügel ohne Anlehnung)
Ort: Gelände und Bahn (Longenzirkel) (Schulterherein, halbe Tritte)
Ziel: Seitenbiegung, Untertreten der Hinterhufe, Hergabe des Rückens
4. Selbsthaltung und Beginn der Hankenbeugung
Ort: Gelände (Wald, buschbewachsenes Ödland, Hohlwege, Abhänge) und Bahn (Zirkel, Volten, Ecken ausreiten, Schulterherein, Travers, halbe Tritte)
Ziel: Vervollkommnung des (horizontalen) Gleichgewichts und der Selbsthaltung
5. Beginn der eigentlichen „Bearbeitung der Hanken" (Hankenbeugung)
Ort: Gelände (Steilhänge, Hohlwege, schwierige Böden) und Bahn (Arrêts, Schulterherein, Conterschulterherein, Travers, Renvers, halbe Tritte, Pirouetten, im Schritt und Trab)
Ziel: Gymnastizierung vor allem der Hanken, Schulterfreiheit, Aufrichtung
6. Vervollkommnung der Lateralbiegung und der Impulsion
Ort: Gelände (Ebene und Hänge, Hohlwege, Wanderritte) und Bahn (Vervollkommnung der Seitengänge, eventuell vorsichtiger Beginn der Galopparbeit, häufige, aber kurze Mitteltrab-Reprisen, Übergänge: halbe Tritte im Trab – Mitteltrab – halbe Trabtritte – Mitteltrab usf.)
Ziel: Vervollkommnung der Hinterhandgymnastik und der Wechsel Tragekräfte/Schiebekräfte und der Impulsion in absoluter Losgelassenheit
7. Vervollkommnung der Hankenbeugung
Ort: möglichst abwechslungsreiches, auch schwieriges Gelände (lange Wanderritte – s.a. W. 51) und Bahn (Seitengänge im Schritt, Trab und Galopp, Piaffe, Passage, Pirouetten, Terre-à-terre, Courbette, Pesade)
Ziel: Das Pferd „auf den Hanken" in permanenter Selbsthaltung und Impulsion; absolute Losgelassenheit und Leichtigkeit mit permanentem Schwung in sämtlichen Haltungen und Gangarten; kurz, das fröhliche, nur „mit Gedankenübertragung zu reitende Pferd" in absoluter Harmonie mit dem Reiter.

– **Przwalski-Pferd**, auch: Przewalski-Pferd, Urpferderasse; ein Nachkommen des Ferus-Pferdes, der in den Gebieten östlich des Altai-Gebirges und der Mongolei lebte. Fälschlich wird oft angenommen, alle unseren modernen Warmblutrassen stammten vom Przwalski-pferd ab; in Wirklichkeit stammen sie von einem anderen Ferus-Nachkommen, nämlich vom Solutré-Pferd ab.

– **Quadratpferde** (Widerristhöhe = Gesamtlänge Bug bis Sitzbeinhöcker)
Xenophon: „Wenn jedoch einige glauben, daß ein Pferd, welches biegsame Hanken besitzt, auch den Körper aufrichten könne, so stimmt das nicht ohne weiteres. Vielmehr ist dazu auch eine kurze und starke Lende erforderlich. Ein solches Pferd wird die Hinterhand weit unter (. . .) setzen können" (W. 65A, S. 76).

– **Rechteckpferde** (Gesamtlänge Bug – Sitzbeinhöcker größer als die Widerristhöhe)
Seunig: Heute sieht man „gerade die erfahrensten und besten Reiter sich in bezug auf Verbesserung mangelhafter Gänge nichts Unmögliches zumuten und bei der Auswahl ihrer Pferde (. . .) Wert auf schon von Natur aus vorhandene große Mechanik legen. Diese aber

wird sich nur bei einem (. . .) Rechteckpferde mit (. . .) langem Rücken finden" (W. 48, S. 37 u. 38).

– **Redopp,** auch Terre-à-terre

Newcastle: Eine Art Galopp mit „nur zween Tacte, 1. und 2. pa, ta, wie in Carobetten; nur mit diesem Unterschied, daß der Redop mehr untenwärts herkommet" (aus tieferer Hankenbeugung) (W. 11, S. 109).

Steinbrecht: Vom fehlerhaften Galopp „unterscheidet sich der Redopp sehr erheblich durch das energische, trillerartige Unterspringen der Nachhand, während die Vorhand sanft niedergelassen wird, gleichsam, als wollten die Vorderfüße den Boden kaum berühren" (W. 55, S. 202).

– **Reflexe des Pferdes**

Bürger: „Das Wildpferd wird sich früher genau so benommen haben wie Großwild. Die Gefahren sehen, stutzen, erkennen und überlegt ganz nach den Erfordernissen handeln, nämlich als harmlos nicht beachten, als gefährlich umgehen, als sehr gefährlich fliehen, als unüberwindbar angreifen" (W. 8, S. 69).

– **Reiten**

Steinbrecht: Es ist unglaublich, „wie viel Unverstand gerade in dieser schönen Kunst zu Tage tritt, weil jeder unfähige oder leichtsinnige Mensch, der in anderen Fächern kein Fortkommen sieht, sein Glück als Bereiter versucht. Ohne jede wissenschaftliche Erkenntniss seiner Aufgabe, oft selbst ohne die nöthige körperliche Befähigung dazu, beginnt er nun, das edelste Geschöpf unserer Thierwelt (. . .), wie der Tischler das Holz, nach der Schablone zu bearbeiten, und ruht nicht eher, bis er es entweder total zerbrochen, oder dasselbe sein Meister und Herr geworden ist. Anstatt die natürlichen Bewegungen des jungen Pferdes durch Sitz und Hülfen zu fördern, stört und stemmt er sie durch seine eigene steife und falsche Haltung (, . .) und durch die Härte und Unzeitigkeit seiner Hülfen; so unterdrückt er nach und nach alle Fähigkeiten des Pferdes, und wenn er es zum Krüppel gemacht (hat), wird es der natürlich schlechten Beschaffenheit desselben zugeschoben. (. . .) Mancher alte Bereiter ist ehrlich genug, einzugestehen, daß er erst ein vernünftiger und feiner Reiter geworden, seit er den größten Theil seiner Körperkräfte verloren, und daß er seitdem von seinem Pferde alles das in ruhiger, sicherer Weise erlangt, was er früher nur durch harte Kämpfe erreichen zu können glaubte" (W. 55, S. 39 u. 40).

– **Reitenlernen**

Pluvinel: „Daher ich dafür halte, daß das beste Mittel (um das Reiten zu erlernen) beneben der rechten Postur (Sitz und Haltung des Reiters) so ich von einem Reuter erfordere, dieses sey, daß man ihn erstlich auff ein abgericht Pferd setze, damit er der Dingen Erkänntnuss schöpffen möge(. . .) und desto besser urtheilen könne, was ein unerfahren Pferd unter ihm thut (, . .)" (W. 36, S. 11).

– **Reiter** – gute Reiter, schlechte Reiter

Oeynhausen: „Ein methodischer Reiter (. . .) ist nämlich ein solcher, der mit richtiger Beurtheilung der Naturgaben des Pferdes und dem Zwecke, wozu es dienen soll, das Pferd mittels stufenweiser Bearbeitung, auf richtige Grundsätze (. . .) basirt (. . .), auf einen dem vorgesetzten Zwecke entsprechenden, höchstmöglichen Grad von Ausbildung bringt, ohne es nicht allein nicht in seinen Gliedern zu verderben, sondern zu stärken und zu bessern" (W. 33A, S. 136 u. 137).

Oliveira: „Nur ein unverkrampfter Reiter kann ein Pferd losgelassen reiten. Solches Zusammenspiel ist das Ideal"
„Ein echter Reiter ist ein solcher, der die Empfehlung (Capitain Beudants) in die Tat umsetzt: ‚Oft verlangen, sich mit wenig zufriedengeben, oft nachgeben und viel loben' " (W. 34, S. 11).
„St.": „Ein schlechter Reiter ist wie ein Musiker, der falsch spielt, ohne es zu merken" (W. 46, S. 7).

– **Reitkunst**
La Guérinière: „Das Reiten ist die einzige Kunst, die auszuüben man anscheinend nur zu reiten braucht. Alles Reiten jedoch, das nicht auf unumstößlichen Grundsätzen beruht und ohne methodische Prinzipien geschieht, ist nichts anderes, als eine sinnlose Gewohnheit (, . .)" (W. 19, S. 59 u. 60).

– **Reitmethoden** (Vergl. a. „Prioritäten des Freizeitreitens")
La Guérinière: „Wenn man dem Pferd erste Biegsamkeit durch den Trab auf einem Hufschlag, auf der Geraden wie auf dem Zirkel verliehen hat; wenn man es mittels des Schulterherein gebogen und ihm beigebracht hat, mit seinem jeweils inneren Vorderfuß über den äußeren hinwegzutreten; wenn man es mittels der ‚Kruppe an der Wand' (Travers) den Schenkeln verfügbar gemacht hat(; . .); nach all dem, sage ich, müssen wir daran denken, es genauer, präziser, d.h. es so regelrecht arbeiten zu lassen, daß es immer erhabener, mit so hohen Gesten tritt wie es seine Veranlagung und seine Gewichtsübernahme auf die Hinterhand überhaupt zulassen. (In diesem Sinne) ist die Passage der erste Gang, bei dem es vor allem auf Präzision ankommt (. . .)" (W. 19, S. 117).
Hünersdorf: „Nach den Regeln der Reitkunst soll eine jede Lection, mit der Natur und der Beschaffenheit des Pferdes verglichen werden, um zu beurtheilen: ob sie für dasselbe passend ist" (W. 25, S. 182).
Oeynhausen: „Ohne besonders dringend einwirkende Umstände gilt als allgemeiner Grundsatz, daß alle Touren und Wechslungen erst im Schritt gezeigt und gelernt, dann im Trab und Galopp geübt werden müssen; daß erst alle Lectionen mit Wischzaum (Kappzaum) durchgemacht werden müssen, bevor die Leute mit der Stange reiten(; . .)" (W. 33A, S. 48).

– **Reittheorie**
La Guérinière: „Die Reittheorie lehrt uns (unsere Pferde) nach richtigen Grundsätzen und methodischen Prinzipien auszubilden; aber diese Grundsätze und Prinzipien dürfen sich nie an der Natur (des Pferdes) vergehen wollen, sondern müssen im Gegenteil helfen, diese zu vervollkommnen" (W. 19, S. 62).

– **Repellon** = Passaden = „Stop-'nd-run" des Westernreitens
Grisone: „Repellon kompt vom Lateinischen Repellere: hin- und widertreiben (, . .)" (W. 17, Worterklärungen)
Pluvinel: „Die Passaden (sind) eine rechte Prob eines guten Pferdes, dieweil in dem Ansprengen seine Geschwindigkeit, im Pariren sein gutes oder böses Maul, im Wenden sein Geschick und (. . .) in dem vielen wieder auss- und ansprengen seine Krafft, Stärck und Frömmigkeit genugsam zu vermerken ist" (W. 36, S. 60).

– **Robustpferd**; in der Regel: Kompaktpferde, Kleinpferde zwischen 140 – 155 cm Stockmaß (franz.: „Bidets"). – Weiß man, daß das Urpferd (wie das Zebra heute noch) ausschließlich ein Quadratpferd (s.d.) oder Beinahe-Quadratpferd war, daß somit erst der Mensch das

Pferd zum (modernen Wagen- und Sport-) Rechteckpferd gemacht hat, so kann nicht länger erstaunen, daß die meisten noch einigermaßen „naturbelassenen" Pferderassen eher kurze, resp. quadratische Pferde, d.h. eben den ehemaligen „Prototyp des Reitpferdes" hervorbringen, für den speziell die Regeln der Reitkunst bis 1789 entwickelt wurden. Die Kürze und Breite der Lenden und die relative Kleinheit dieser Pferde scheinen geradezu Gütezeichen ihrer Rassereinheit darzustellen.

— **Rücken** des Pferdes

Steinbrecht: „Unter Rücken sind hier die Lendenwirbel verstanden, die man in der Reitersprache auch wohl ‚Nierenpartie' nennt (, . .). Im Allgemeinen ist die Tragfähigkeit eines Rückens desto geringer, je länger derselbe ist (, . .)" (W. 55, S. 96).

— **Rückentätigkeit** des Pferdes

Seunig: „Nicht richtig (. . .) wird der Rücken funktionieren, wenn die Hinterbeine beim Abfußen hinten weit hinausbleiben und infolge ihres zu langen Ausharrens am Boden matt pendelnd nachschleppen" (W. 48, S. 154).

— **Rückwärtsrichten**

Pluvinel: „Man soll nimmer zulassen, daß das Pferd freywillig rückwarts gehe (, . .)" (W. 36, S. 86).

La Guérinière: „Um ein Pferd richtig rückwärts zu richten muß man es bei jedem einzelnen Schritt, den es rückwärts macht, bereit halten, unvermittelt wieder vorwärts zu gehen; denn es ist ein großer Fehler, Pferde hastig rückwärtsrichten zu wollen. (. . .) Auch muß es stets geradeaus rückwärts gehen, nicht seitwärts, denn es muß dabei ja unbedingt beide Hanken gleichmäßig unter sich beugen und belasten" (W. 19, S. 103).

Hünersdorf: „Wir finden an dem Pferde eine natürliche Abneigung vor allem Rückwärtsgehen" (W. 25, S. 102).

Steinbrecht: „Wenn ich mich nicht veranlaßt gesehen habe, auf die Lektionen (des Rückwärtsrichtens) näher einzugehen, so geschah es, weil ich dieselben weniger für Gegenstände besonderer Übung, als vielmehr als Prüfsteine der erlangten Biegsamkeit der Hanken betrachte (. . .). Ich wende das Zurücktreten als Dressurmittel gar nicht an, weil es eben nicht naturgemäß ist, lehre es aber den Pferden, weil sie es für den praktischen Gebrauch unter Umständen nöthig haben" (W. 55, S. 205).

Oliveira: „Es ist nicht nötig, den Pferden das Rückwärtstreten beizubringen. Wenn das Pferd im Gleichgewicht, leicht und losgelassen ist, so ist es bereits fähig, auf leiseste Zeichen der Hand hin, rückwärts zu treten" (W. 34, S. 47).

— **Sattel**; seit nahezu jeher zwei Formen:

1. der hinten und vorne hoch gezwieselte „Hohlsattel" für Pferde, die vorwiegend auf kurzer Basis (s.d.) in Versammlung mit hoher Wendigkeit arbeiten, und
2. der „englische" Flachsattel für Pferde, die vorwiegend auf langer Basis gehen. Der Westernsattel ist diesbezüglich ein Unding, stellt er doch eindeutig einen Hohlsattel dar, in dem jedoch Arbeit auf langer Basis geleistet wird.

La Guérinière: „Der Stierkämpfer-Sattel (Selle à piquer) ist jener, dessen man sich (. . .) für die Ausbildung junger Pferde bedient. (. . .) Der Königssattel (Selle à la royale) ist der gebräuchlichste sowohl für den Krieg als auch für das Geländereiten. Seine Zwiesel sind etwas weniger hoch als jene des Stierkämpfersattels. Der englische und der Flachsattel sind Sättel, deren man sich auf der Jagd bedient. (. . .) Um sich für den Reiter bequem zu erweisen, muß der Sattel ihn ‚nahe ans Pferd' setzen" (W. 19, S. 50 u. 51).

– **SAUREL**, Etienne, franz. Hippologe, Reithistoriker und Reittheoretiker, Autor der Werke: „Pratique de l'Equitation d'après les Maîtres français". Verlag: Flammarion, Paris 1964 – W. 41. ,,Le Cheval, Equitation et Sports hippiques". Librairie Larousse, Paris 1966 – W. 42. „Histoire de l'Equitation". Editions Stock, Paris 1971 – W. 43. und vieler Artikel vor allem in ,,Plaisirs Equestres" – Z. V.

– **Schenkelhilfe**

La Guérinière: „Die Schenkel des Reiters enthalten fünf Hilfen, d.h. fünf Wirkungsmöglichkeiten: jene der Oberschenkel, jene der Knie, jene der Waden, jene des leichten Streifens mit dem Sporn und jene des Bügeltritts. – Die Oberschenkelhilfe kommt dadurch zur Wirkung, daß man beide Oberschenkel kurzzeitig schließt, um ein Pferd vorwärts zu drücken, oder dadurch daß man nur den äußeren schließt, um das Pferd dem inneren Schenkel zuzuschieben, oder dadurch daß man nur den inneren schließt, um das Pferd davon abzuhalten, nach innen zu drücken. Halten wir fest, daß kitzlige Pferde, die ihre Kräfte aus Unwilligkeit zurückhalten, leichter mit Kniedrücken vorwärts zu reiten sind, als mit Sporenhilfen (, . .). Der Wadendruck, der dadurch ausgeübt wird, daß man die Waden vorsichtig dem Pferdeleib anlegt, bedeutet dem Pferd, welches den Kniedruck übersehen hat, daß der Sporn nicht weit entfernt droht (, . .). Diese (Waden-) Hilfe ist beim Versammeln des Pferdes eine der wirksamsten schlechthin (, . .)" (W. 19, S. 92).

Hünersdorf: „Ohne eine genaue Kenntnis der Schenkel(-wirkungen auf das Pferd) ist keine ordentliche Führung möglich, und der Zaum thut die gehörige Wirkung nicht. Durch sie wird das Hintertheil mit dem Vordertheil vereinigt gehalten (, . .) und stellt es immer so, daß es seinen Antheil von Gewicht auf sich behalten muß, und das Vordertheil unterstützen kann. Hierdurch wird Gleichgewicht, Beweglichkeit und Biegsamkeit, folglich Leichtigkeit (. . .) unterhalten" (W. 25, S. 310).

Seeger: „Die Schenkelhülfen können nur zweierlei bezwecken wollen; entweder dienen sie zum Versammeln, um ein verkürztes Tempo zu erzielen, oder zum Vortreiben, um das Tempo zu dehnen" (W. 47, S. 191).

„Auf den abwechselnd verstärkten Schenkeldruck werden sich die Bauchmuskeln schneller und mehr zusammenziehen, und die Hinterbeine beschleunigt gegen die Directionslinie des Schwerpunktes untertreten" (W. 47, S. 64).

Oliveira: ,,Die Schenkelhilfen einsetzen mit der steten Sorge, sie *von hinten nach vorne* und nie umgekehrt wirken zu lassen. Das ist sehr wichtig! Wenn man nämlich die Schenkel von hinten nach vorne einsetzt, so schiebt das Gesäß mit (; . .)" (W. 7, S. 68).

– **Schritt**

La Guérinière: „Um (dem Pferd) einen starken und raumgreifenden Schritt zu vermitteln (, . .), müssen wir es ins Gelände ausreiten, denn der Raum in der Bahn ist zu sehr begrenzt" (W. 19, S. 99).

F. Feraud (mein Lehrmeister in der Camargue – SGS): „Ich bin in meinem ganzen Leben kaum einem halben Dutzend Reiter begegnet, die schwungvollen Schritt zu reiten verstanden; denn der Schritt besteht aus drei Komponenten, die sich stets harmonisch abstimmen müssen: aus dem Gleichgewicht, dem Fleiß und dem Raumgriff des Pferdes. . .

Oliveira: ,,Der Schritt ist eine Gangart, die uns erlaubt, der Psychologie des Pferdes vielerlei Dinge nahezubringen (die es im Trab oder Galopp nicht akzeptieren würde)" (W. 7, S. 30).

— **Schub**
Seunig: „Der Schub ist die erste Stufe der Entwicklung (Gymnastizierung) des Gangmechanismus und (eine) Vorstufe des Schwunges" (W. 48, S. 123).
— **Schulreiten und Campagnereiterei**
Steinbrecht: „Der Trainer bildet beim Rennpferd nur die Schiebkraft der Hinterfüße zur möglichsten Vollkommenheit aus, und kann dies nicht ohne Nachtheil für die Vorderfüße, denen dadurch ein zu großes Gewicht aufgebürdet wird; der Kampagnereiter, der sich das Gleichgewicht seines Pferdes als Ziel gestellt, braucht die Tragkraft der Hinterfüße nur bis zu dem Grade auszubilden, daß sie das Übergewicht, das auf den Schultern liegt, übernehmen; der Schulreiter hingegen bildet Schieb- und Tragkraft gleichmäßig zur möglichsten Vollkommenheit aus und giebt dadurch seinem Pferde die höchste körperliche Entwicklung" (W. 55, S. 45).
— **Schulterfreiheit**
Steinbrecht: „Jedes Pferd ist von Natur schulterfrei, wie wir dies genugsam sehen können, wenn wir es im freien Zustande beobachten, wo es uns in Momenten der Aufregung durch die Freiheit seiner Tritte in Erstaunen setzen wird. Wenn es daher unter dem Reiter gebunden und gezwungen erscheint, so ist dies nur die Folge der Spannung seines Körpers und der Belastung der Vorhand unter dem ungewohnten und unbequemen Gewicht des Reiters. Mit der natürlichen, zwanglosen Haltung und der allmählichen Entlastung der Vorhand wird sich auch die natürliche Schulterfreiheit wieder finden. (. . .) Der Reiter kann daher zur Kräftigung und Ausbildung (der Vorhand) nur durch möglichste Entlastung (derselben) wirken, d.h. er muß (sie) dadurch schonen und die Freiheit und Leichtigkeit (ihrer) Bewegungen fördern, daß er so viel von den (. . .) Gewichten nach hinten verlegt, als die Tragfähigkeit des Hintertheils zuläßt. (. . .) Die Schulterfreiheit kann nur in der Hinterhand gefunden werden (, . .)" (W. 55, S. 92 u. 93).
— **Schulterherein**, auch: Plié
La Guérinière: „Wenn ein Pferd gelernt hat, auf beiden Händen frei zu traben und dies sowohl auf den Geraden als auch auf dem Zirkel, wenn es auf den selben Hufschlägen auch ruhigen aber regelmäßigen Schritt geht und wenn es gewohnt ist, den Arrêts und halben Arrêts (den Schenkel- und Gewichtshilfen zum Anhalten oder Verlangsamen) nachzugeben und den Kopf leicht nach innen gestellt zu tragen, so muß man es in einem gemächlichen, aber nur wenig verkürzten Schritt derart der Wand entlang führen, daß die Hanken auf dem Hufschlag gehen, die Schultern aber einen anderen Hufschlag treten. Der Hufschlag der Hanken muß der an der Wand sein, jener der Schultern aber eineinhalb bis zwei Fuß (45–62 cm) von der Wand entfernt verlaufen; wobei das Pferd auf die Hand gebogen ist, auf der es geht. Das heißt, anstatt das Pferd auf der langen Seite der Wand entlang gerade gehen zu lassen, muß man ihm die Schultern und den Kopf etwas nach innen, dem Bahnmittelpunkt zu richten, als ob man zu diesem hin abbiegen wollte; hat es dann die schräg gerundete Haltung zum Wenden angenommen, so muß man es darin jedoch weiter der Wand entlang vorwärts reiten, indem man es mit dem inneren Schenkel und der inneren Hand leicht unterstützt. Diese Übung kann das Pferd nur ausführen, so es dabei mit dem inneren Vorderfuß über den äußeren hinweggreift und sogar mit dem inneren Hinterfuß vor oder über den äußeren tritt (. . .). Diese Übung zeitigt soviele gute Folgen auf einmal, daß ich sie für die erste und wichtigste aller Lektionen halte, die man einem Pferd beibringen kann, um es vollkommen geschmeidig

zu machen und um ihm die vollkommene Freiheit im Gebrauch aller seiner Teile wiederzugeben (. . .)" (W. 19, S. 107).
Hünersdorf: „Diese Lection (des Schulterherein) ist die einzige, wo es so gebogen seyn und einen anderen Weg sehen muß, als den es geht" (W. 25, S. 238).
Steinbrecht: „Es ist (. . .) sehr fehlerhaft, wenn man Reiter beim Beginne der Schulterherein-Lektion ihre Pferde mit dem inneren Sporne gewaltsam seitwärts treiben sieht, weil sie glauben, das Weichen auf den Sporn und das Übertreten sei der Zweck der Übung. Derartige Experimente bringen das ungesammelte Pferd nur noch mehr auf die Schultern (, . .)" (W. 55, S. 135).
„In der Haltung des Reiters, welche ihm das korrekte Plié (= leichtes Schulterherein) naturgemäß anweiset, ergiebt sich auch ganz von selbst die vorherrschende Wirkung des inneren Schenkels und äußeren Zügels in einem Grade, daß man sagen kann, das wohl gebogene Pferd vermag der Reiter allein mit diesen Hülfen im richtigen Schulterherein zu erhalten, während die Gegenhülfen nur parat gehalten zu werden brauchen" (W. 55, S. 145).
Oliveira: „Die Schulterherein-Lektion ist das Aspirin des Reitens; sie heilt alles" (W. 7, S. 37).
„Das Schulterherein ist ein korrektes Durch-die-Ecke-Treten, welches bis zum Ende der langen Bahnseite beibehalten wird" (W. 7, S. 37).
– **SCHUSDZIARRA,** Dr. med. Heinrich und Dr. med. Volker Schusdziarra
Autoren des Buches „Gymnasium des Reitens", einer medizinisch-anatomischen Studie des Reitens von für Freizeitreiter allerhöchster Bedeutung. Es erschien im Verlag Paul Parey, Hamburg/Berlin 1978 (W. 45).
– **Schwung** = eine Äußerung der Impulsion (vergl. dse. und Brillanz, Schub, etc.)
Seunig: „Schwung entsteht aus dem kraftvollen Schub und der im weiteren Verlaufe der systematischen Arbeit erlangten Biegsamkeit der Gelenke der Hinterhand, woraus sich ein federndes Abstoßen der Hinterbeine vom Boden (, . .) ergibt (. . .)" (W. 48, S. 124).
– **SEEGER,** Louis (1794–1865), deutscher Reitmeister, Autor des Buches: „System der Reitkunst", Berlin 1844; Faksimiledruck der Olms Presse, Hildesheim 1981.
– **Seitengänge** = Vorwärts-seitwärts-Bewegungen des Pferdes in allen Gangarten, bei denen das Pferd, außer in dem Schulterherein, jeweils in Bewegungsrichtung gebogen geht.
Steinbrecht: „Das Traversartige im Schulterherein und das Schulterhereinartige im Travers, die fließenden Übergänge von traversartigen zu Schulterherein-Einwirkungen und umgekehrt, sind es, welche die gebogen-gerade Richtung des Pferdes sicher begründen, und durch sie die wahre Sammlung vorbereitend herbeiführen" (W. 55, S. 185).
– **Selbsthaltung,** vergl. „Haltung des Pferdes"
– **SEUNIG,** Oberst Waldemar . . ., Kavallerieoffizier in 3 Heeren, Schüler General Josipovitchs in Wien, Autor des Reiter-Standardwerkes: „Von der Koppel bis zur Kapriole", 6. Auflage 1977 bei Goverts, Krüger & Stahlberg Verlag, Frankfurt.
– **Sitz,** der Reitsitz
La Guérinière: „Sobald man die Zügel aufgenommen hat, muß man sich in den Mittelpunkt des Sattels setzen, den Gürtel und das Gesäß vorgeschoben, um sich nicht am Hinterzwiesel zu stoßen: dazu muß man seine Nierenpartie abkippen (tenir ses reins pliez et fermes) und belasten, um den Bewegungen des Pferdes zu widerstehen. (. . .) Der Kopf (des Reiters) muß gerade und frei über den Schultern getragen werden (, . .); die Schultern müssen ebenfalls

sehr frei und etwas zurückgenommen sein, denn wenn der Kopf und die Schultern nach vorne neigen, so rutscht das Gesäß aus dem tiefsten Punkt des Sattels, was, abgesehen vom schlechten Bild, jedes Pferd auf die Schultern bringt und ihm so Gelegenheit gibt, bei der kleinsten Kleinigkeit zu bocken oder auszuschlagen."

Oliveira: „Die Vorhand und die Nachhand des Pferdes sind die beiden Schalen einer Waage und der Oberkörper des Reiters ihr Zünglein" (W. 7, S. 15).

Schusdziarra: „Wir sitzen immer nur auf einem begrenzten Kufenabschnitt der Sitzbein-Schambeinäste, den wir beim Kippen des Beckens mehr nach vorn oder nach hinten abrollen können. Diesen Kippvorgang des Beckens brauchen wir (, . ,) und wir müssen in der Lage sein, ihn in verschiedenen Ausmaßen nach vorn und hinten durchzuführen" (W. 45, S. 31).

— **Sporen**, auch: der Sporn

Grisone: „Unsere Alten (Altvorderen) haben kainem Ross die sporen geben, so lange bis den Kopff gerad trug und alle ordnung wol verstundt die dazumal zugebrauchen: Also das inn fünff, sechs, siben Jaren" (W. 17, S. 43).

Oliveira: „Ich habe wesentlich befriedigendere Ergebnisse erzielt, seit ich (anstatt Rädchensporen) nur noch stumpfe Sporen benütze (W. 34, S. 92).

— **Starker Trab**, vergl. a. „Trab"

Henriquet zitiert den Grafen d'Aure: „'Erst seit sehr kurzer Zeit gehört der starke Trab mit zu den Gängen des Reitpferdes; zuvor ist dieser stets ausschließlich als ein Gang des Wagenpferdes angesehen worden' " (W. 20, S. 102).

— **STEINBRECHT**, Gustav (1808—1885) größter deutscher Reitmeister aller Zeiten, Oberst W. Seunig zählt ihn zu den zehn Reitgenies der Weltgeschichte, Autor des Buches „Das Gymnasium des Pferdes", erschienen 1886, das 1973 als Faksimiledruck von der Olms Presse, Hildesheim, neu herausgebracht wurde.

— **Takt**, auch: Reitertakt, Tact équestre, ein reiterliches Feingefühl dem Pferd gegenüber, das nur in ausgesessenen Reitweisen vervollkommnet werden kann.

Seeger: „Die Meinung, ‚ein guter Reiter könne seines Pferdes Gedanken errathen', ist in so fern richtig, als der Wille des Pferdes je nach der Energie desselben gewisse Muskelbewegungen in ihm veranlaßt, deren Wirkungen stets dieselben sind, dem aufmerksamen Reiter theils sichtbar, theils fühlbar werden, und woraus er, in Bezug auf die nächsten willkürlichen Handlungen seines Pferdes eine richtige Folgerung ziehen kann (, . .). Die Hauptschwierigkeit der Dressur: den rechten Zeitpunkt für die Anwendung der Hülfen (. . .) zu treffen, ist gehoben, wenn man, außer mit dem Gesäß, auch durch die Schenkel, die verschiedenen Bewegungen der Hinterbeine des Pferdes zu fühlen vermag (. . .)" (W. 47, S. 128—130).

— **Trab**

Newcastle: „Der Trab ist des Galopps wahrhafftiger Grund" (W. 11, S. 107).

La Guérinière: „Der Trab ist ohne Widerspruch die Grundlage sämtlicher Übungen, welche darauf ab zielen, ein Pferd geschickt und leichtrittig zu machen" (W. 19, S. 95).

Eisenberg: „Man muß wissen, daß der Trab das Fundament der Reit-Kunst ist, daß alles darauf ankommet und folgendlich ein Pferd, welches nicht wohl im Traben unterrichtet ist, untüchtig ist (, . .)" (W. 13, S. 15).

— **Trab**, versammelter Trab und Mitteltrab

Oliveira: „Gleiche Kopfhöhe; beim Mitteltrab darf nur die Nase etwas weniger senkrecht gestellt sein, als beim versammelten Trab" (W. 7, S. 35).

– **Travers**, auch: Kruppe-zur-Wand; Konterlektion des Travers = Renvers
Steinbrecht: „Bei Besprechung dieser Lektion wiederhole ich von vorneherein, daß sie nur aus dem Schulterherein hervorgehen kann, daß also das richtige Travers ein richtiges Schulterherein (vergl. ds.) in sich schließen muß. (. . .) Schulterherein und Travers (, . ,) sind (, . ,) sehr von einander verschieden, denn im Travers ist 1. die Hinterhand auf die innere Linie gerichtet, 2. schreiten die äußeren Füße vor und über die inneren, und 3. weicht das Pferd dem äußeren Schenkel des Reiters, schreitet also in der Richtung der (hohl-)gebogenen Seite vor- und seitwärts" (W. 55, S. 146).
– **Versammlung**, auch: Sammlung, Arbeit auf kurzer Basis, vergl. a.: Hankenbeugung
Xenophon: ,,Wenn man das Pferd (. . .) versammelt und es dadurch den Nacken hebt, so muß man ihm dann mit dem Zügelzwang sogleich leichter werden" (W. 65A, S. 74).
La Guérinière: „Ein Pferd versammeln oder es versammelt halten, heißt ihm den Raumgriff seines Ganges beschränken (, . ,) um es auf die Hanken zu bringen; was sich dadurch erreichen läßt, daß man seine Hanken mit den eigenen Waden beugt und die Vorhand mit der verwahrenden Zügelhand sanft zurückhält, um es darauf vorzubereiten, sich den eigentlichen Hilfen der Schenkel und der Hand herzugeben" (W. 19, S. 72).
Hünersdorf: ,,Unsre sämmtliche Bemühungen haben (. . .) keinen anderen Hauptzweck, als das Pferd nach und nach zu versammeln, es vorne aufzurichten und leicht in der Hand zu machen" (W. 25, S. 64).
Bürger: „Vorne halten, hinten treiben, schraubt zusammen, engt ein, gibt aber keine Versammlung" (W. 8, S. 38).
Henriquet: Die alten Meister „erreichten die Versammlung vor allem durch die Hankenbeugung, welche sie ihrerseits dem Pferd mittels vielen verschiedenen gymnastischen Übungen und solchen in Seitengängen nahebrachten. (. . .) Am Anfang war das Pferd dabei frei und versammelte sich erst nach und nach jedoch ohne daß aus der extrem leichten Verbindung zwischen dem Pferdemaul und der Reiterhand je ein echter ‚Anzug' geworden wäre" (W. 20, S. 55).
„Die falschen Vorstellungen, die heute über die Versammlung umgehen, verdanken wir den Bildern von zusammengeschraubten Pferden, deren Versammlung durch Zwang, anstatt über das klassische Gymnastizieren erreicht wurde (, . .)" (W. 20, S. 103).
– **Vorhand**, auch Vorderhand
Steinbrecht: „Der Vorderschenkel ist ja nur eine Stütze des Körpers, die nicht selbständig zur Fortbewegung mitwirkt, sondern den Impuls dazu vom Hinterschenkel erhalten muß. Der Reiter kann daher zur Kräftigung und Ausbildung dieses Theiles nur durch möglichste Entlastung wirken, d.h. er muß ihn dadurch schonen und die Freiheit und Leichtigkeit seiner Bewegung fördern, daß er so viel von den ihm von Natur zugetheilten Gewichten nach hinten verlegt, als die Tragfähigkeit des Hintertheiles zuläßt. Diese Tragfähigkeit durch Biegsammachung der Hinterschenkel vollkommen auszubilden, ist der Hauptzweck der Reitkunst (, . .)" (W. 55, S. 92).
– **Volten** = mehr oder weniger große Kreisbahnen, auf denen Pferde im Sichbiegen geübt werden.
Pluvinel: „Es sind die gute und rechtrunde Volten, welche das Pferd breit, mittelmäßig und eng, nach dess Reuters Belieben machen soll. Dann wie ich im Anfang (. . .) gesagt, dem Pferd nichts schwerers ankommt, dann das Wenden und Tummeln (Traben) auff den Volten" (W. 36, S. 76).

– **Wendungen**
Hünersdorf: „Wenn ein Pferd so weit gebracht ist, daß es sich gerade aus mit Leichtigkeit aufrecht erhalten kann und bis zu einem gewissen Grad zusammennehmen läßt, so ist nun unsere zweite Absicht: ihm den Körper zu biegen und es zu allerlei Stellungen und zum Wenden geschmeidig, gelenk und geschickt zu machen. (. . .) Wie konnte ich ihnen aber etwas von Wendungen sagen, ehe sie ihr Pferd zu versammeln wußten, und das Vordertheil gehörig erleichtert hatten?" (W. 25, S. 75 u. 76).
Seeger: „Dem Reiter ist sehr anzurathen, sich die Linie, die er beim Wenden reiten will, vorerst mit dem Auge vorzuzeichnen; dies ist durchaus nothwendig wenn er seinem Pferde eine bestimmte Richtung geben will" (W. 47, S. 55) (Richtung hier: Haltung, resp. Biegung).
Steinbrecht: „Biegsamkeit ist die Quelle der Gewandtheit des Pferdes. Wendungen, die seine Gewandtheit ausbilden, bewirken dies nur durch seine Biegsammachung" (W. 55, S. 114).
– **WEYROTHER**, Maximilian, Ritter von Weyrother, österreichischer Reitmeister, Oberbereiter der Spanischen Hofreitschule in Wien von 1814 bis 1833, Lehrer Oeynhausens und Seegers, Autor der „Bruchstücke aus den hinterlassenen Schriften", die 1836 in Wien erschienen und als Faksimiledruck dem „Leitfaden zur Abrichtung von Reiter und Pferd" von B. von Oeynhausen in der Neuausgabe der Olms Presse, Hildesheim 1977, beigebunden sind.
– **Widersetzlichkeiten** und Widerstände des Pferdes = Ungehorsamkeiten, deren Hauptgründe meistens nur im Von-vorne-nach-hinten-Wirken der Hilfen zu suchen sind. Hauptgegenmittel: von hinten nach vorne reiten!
La Guérinière: „Nehmen wir doch nicht gleich jeden Fehler, den das Pferd macht, für einen Ausdruck seiner Widersetzlichkeit; denn die meiste Zeit kommen diese aus seinem Unvermögen, zu verstehen, was wir von ihm wollen, oder aus seiner natürlichen Schwäche" (W. 19, S. 94).
Oeynhausen: „Die an das dressierte Pferd zu stellenden Forderungen sind Vertrauen und Gehorsam. Alle Widersetzungen, die das Pferd unternimmt, rühren entweder aus Furcht vor dem Menschen, oder aus Unkenntniss dessen her, was der Mensch von ihm verlangt, oder aus Unvermögen, das zu leisten, was entweder zu früh, zu viel oder auch wohl zu oft (von ihm) verlangt wird" (W. 33A, S. 51).
„Nach meiner Meinung ist es eine größere Kunst und beurkundet den Meister am besten: Widersetzlichkeiten nicht aufkommen zu lassen, als sie hervorzurufen und dann zu bekämpfen" (W. 33A, S. 67).
– **XENOPHON**, (430–354 v.Chr.) griechischer Historiker, Politiker, Romanautor, Philosoph, Ökonome, Hippologe und Reiter, wird oft als der „Vater der Reitkunst" bezeichnet, war in Wirklichkeit wohl eher deren erster Kommentator!
– **Zäumungen**
Eisenberg: „Pferde, die von Natur ein gutes Gewächs (Gebäude) haben, werden niemals hartmäulig, wenn sie nicht durch böse Zäumung oder eine ungeschickte plumpe Faust verderbet werden" (W. 13B, S. 24).
Hünersdorf: „Die Trense und der Kappzaum waren sehr gut, dem Pferde den Kopf und den Hals in die Höhe (. . .) zu arbeiten, allein, den Kopf wieder herbei zu bringen (, . ,) kann nur durch die Stange geschehen (, . .)" (W. 25, S. 163).
Steinbrecht: „In geschickter Hand wird jede Zäumung nicht nur unschädlich, sondern auch wirksam, weshalb eine ängstliche Auswahl derselben nicht nöthig ist;" (W. 55, S. 56).

– **Zirkel** = Kreisbahn vom Durchmesser der Bahnbreite
Hünersdorf zitiert La Guérinière: „ ‚. . . die Übungen im Trab auf gerader Linie und den Zirkeln (. . .) sind der erste Grund, zu welchem man immer wieder zurückkehren muß, um das Pferd in einer herzhafften angehaltenen Bewegung der Schultern zu unterhalten und zu bestätigen' " (W. 25, S. 269).

– **Zügelführung**
Xenophon: „Man soll die Zügel nie hart anziehen, so daß sich das Pferd dagegen wehrt, aber auch nicht unbestimmt, so daß es nichts fühlt" (W. 65A, S. 74).

La Guérinière: „Der erste Zügeleffekt ist das Nachgeben (z.B.) zum An- und Vorwärtsreiten und wird dadurch eingeleitet, daß man die Hand tiefer stellt, indem man die Fingernägel der Zügelfaust nach unten dreht. Die zweite Zügelwirkung, die eine verwahrende ist, kommt dadurch zustande, daß die Fingernägel nach oben gedreht und die Zügelhand bis etwa auf Magenhöhe angehoben wird. Letztere Hilfe wird eingesetzt, um ein Pferd anzuhalten, zu versammlen oder rückwärts zu richten (. . .): dabei müssen die Schultern (des Reiters) etwas zurückgenommen werden, bevor die Zügel wirksam werden, auf daß das Pferd auf den Hanken anhalte oder rückwärts gehe. Der dritte Effekt der Hand ist der, mit dem wir nach rechts wenden, indem wir die Zügelhand mit nach oben gedrehten Fingernägeln auf diese Seite führen (, . .). Der vierte Effekt ist der, mit dem wir nach links abwenden, indem wir die Zügelhand, die Fingernägel nach unten gedreht, auf diese Seite führen" (W. 19, S. 87).

„Es ist eine große Kunst, die drei verschiedenen Zügeleinwirkungen der Natur des jeweiligen Pferdemaules anzupassen, ohne jemals Zwang auszuüben, noch die Verbindung zwischen ihm und der Reiterhand ganz aufzugeben. Das bedeutet, daß die Hand, die nachgegeben hat – man nennt sie die ‚leichte Hand' – nun leicht verwahrend zu wirken beginnt, indem sie sich an Ort und Stelle um die Zügel schließt bis sie eben gerade den Druck des Gebisses zu fühlen beginnt. Man nennt sie die ‚sanfte Hand'. Schließt man die Finger der Zügelfaust noch fester, nämlich so, daß man den Druck des Gebisses im Pferdemaul allmählich deutlicher wahrnimmt, so reitet man mit ‚fester Hand'. Auf jeden deutlichen Zügeldruck hin, muß die Hand sogleich sanfter werden, bevor sie daraufhin wieder ‚leicht' wird; denn es ist unbedingt nötig, daß die sanfte Hand der festen stets vorausgeht und dieser immer auch folgt. Die Hand darf nämlich nie unvermittelt (das Pferd überraschend) nachgeben, noch die Zügel unvermittelt plötzlich ‚fest' halten; man würde das Pferdemaul damit ruinieren" (W. 19, S. 88 u. 89).

Eisenberg: „Ein junges Pferd mit einem Kappen-Zaum und einem rechten Zaum zugleich in einen besseren Trab zu bringen, muß man mehr den Kappen-Zaum brauchen als den rechten Zaum, dem zufolge muß man die Zügel des Zaums braf schießen lassen, also daß man das Pferd vast nicht in der Hand spühre" (W. 13, S. 14).

Hünersdorf: „Wenn also einer seine Hand so zu stellen weiß, daß sie bald den einen bald den andern, bald beyde Zügel zugleich nach ihrem Maaß wirken lassen kann, ohne die Hand aus ihrem Standpunkt schieben zu dürfen; so wird ein jeder gestehen müssen, daß diese Stellung gut sey" (W. 25, S. 26).

Seeger: „Es ist ein ebenso großer als allgemein gewordener Mißbrauch, daß man sowohl mit beiden Stangen- und Trensenzügeln in gleicher Anlehnung, als auch, daß man das Pferd mit einem Trensen- und einem Stangenzügel in jeder Hand arbeitet" (W. 47, S. 148).

Baucher: „Die Hand wird in ihrer natürlichen Stellung die Zügel nur auf die Weise halten, daß sie über diese und das Pferdemaul die Auswirkungen der Impulsion kontrollieren kann" (W. 5, S. 132).

Henriquet: „Wie dem auch sei, für alle Zeiten verbannt seien (endlich) sämtliche Bewegungen von vorne nach hinten, ob mit den Ellbogen oder den Handgelenken ausgeführt, und seien sie auch noch so diskret und unauffällig" (W. 20, S. 122).

— **Zügel, Schenkel und Sitz**

Steinbrecht: „Wie der Reiter durch seine Führung (mittels Sitz und Zügel – SGS) die Arbeit der Schenkel zu unterstützen hat, so müssen Schenkel und Sitz wiederum der Hand unter Umständen zu Hülfe kommen" (W. 55, S. 66).

„Der innere Schenkel unterstützt den inneren Zügel beim Biegen dadurch, daß er die Rippen biegt, und den inneren Hinterfuß gehörig unter die Last vorgeschoben erhält, der äußere Schenkel unterstützt den äußeren Zügel bei der Aufrichtung, indem er den äußeren Hinterfuß fixirt, oder am Ausfallen hindert. Beide Schenkel erhalten die Anlehnung, indem sie das Pferd in die Hand treiben und zwischen die Zügel richten" (W. 55, S. 23).

„Es geht hieraus hervor, daß die vortreibenden und verhaltenden Hülfen nicht genau in denselben Momenten anzubringen sind, sondern, daß die ersteren den letzteren stets um eine Idee vorausgehen müssen. Erstere müssen erfolgen, wenn sich der Hinterfuß hebt, letztere, bevor er sich niedersetzt" (W. 55, S. 191).

Baucher: „. . . wie nur könnte der Reiter, der gleichzeitig treibende und verwahrende Hilfen einsetzte, nämlich Schenkel und Hand, übersehen, daß seine Schenkel (. . .) der Hand widersprechen und umgekehrt, daß diese (die Hand) die Präzision der Impulsion zerstört, welche die Schenkel dem Pferd vermittelt haben?" (W. 5, S. 174).

— **Zureiten**, auch: Anreiten, Einreiten

Xenophon: „Wie man das Jungpferd erziehen soll, brauche ich nicht erst zu beschreiben (, . .). Viel wichtiger scheint es mir (. . .) für den Jüngling, (. . .) sich um die Erlernung der Reitkunst (. . .) zu bemühen, als den Bereiter und Abrichter ungerittener Jungpferde abzugeben. (. . .) Wer nun so wie ich über das Abrichten der Fohlen denkt, wird es sicher aus dem Haus geben" (W. 65A, S. 29 u. 30).

Hünersdorf: „Die Kunst ist also: das Pferd erstlich in den Stand zu setzen, daß es uns folgen kann, und dann uns ihm verständlich zu machen, auf was für eine Art es dieses thun soll. Durch unsere beständige Unterhaltung mit ihm, und durch den richtigen Gebrauch und Anwendung unserer Hülfen, nemlich: daß wir sie nie anders, als wie und wann sie nöthig sind, geben, lernt es all unsere Bewegungen kennen, und lernt sie so genau verstehen, daß unsere vorigen starken Hülfen, wodurch wir es bestimmen mußten, sich bis zu ganz geringen kaum fühlbaren Zeichen verlieren, durch welche sich das Pferd nun selbst bestimmt" (W. 25, S. 307).

Steinbrecht: „Beim Beginn der (Einreit-) Arbeit (. . .) thue (man) dem jungen Thiere so wenig wie möglich Zwang an. Man longiere es zunächst, und lege ihm zu diesem Zwecke einen einfachen Gurt (, . .) und weichgepolsterten Kappzaum auf" (W. 55, S. 50).

„Es ist eine sehr verbreitete, aber ganz falsche Absicht, daß das junge Pferd, dessen Gefühl noch nicht ausgebildet ist, und das weder Zügel noch Schenkel kennt, für die ersten Übungen keines feinen Reiters bedürfe, sondern durch den ersten, besten Reitknecht (, . ,) aus dem Gröbsten herausgearbeitet werden könne (. . .). (Aber) jeder Pferdebesitzer (sollte) sein junges Pferd von vorneherein einem gebildeten, kunstgerechten Bereiter übergeben. Dieser wird es nicht nur in Tagen spielend dazu bringen, wozu der rohe Reitknecht Monate braucht, sondern er wird auch durch seine Gewandtheit, sich in die natürlichen Bewegungen des Pferdes zu schicken und seine Einwirkungen auf dasselbe stets den Umständen gemäß richtig abzuwägen, das junge Thier vor allen übelen Eindrücken auf Gemüth und Charakter bewahren, während der mechanische Reiter durch seine Härte und Gefühllosigkeit nicht nur jede Bewegung unendlich erschwert, sondern auch sehr oft den Keim zu all' den Widersetzlichkeiten legt, die später so schwer zu beseitigen und deshalb so sehr gefürchtet sind" (W. 55, S. 57).

QUELLENVERZEICHNIS DER ZITATE UND BIBLIOGRAPHIE

„A Cheval"	Z. I	Franz. Pferdezeitschrift für Berufsreiter GHN, F-92100 Boulogne (France)
ACKERL, Franz	W. 1	„Die edlen Lipizzaner" A. Duncker Verlag, Weimar 1939
d'ANDRADE, Fern.	W. 2	„History of the Spanish Horse" S. José, Lisboa 1973
d'ANDRADE, M.C.	W. 3	„Luz da liberal e nobre Arte da Cavaleria" Lissabon 1790 Documenta Hippologica, Olms Presse, Hildesheim In Vorbereitung
d'ANDRADE, Ruy	W. 4	„Alrededor de Caballo Español"
BAUCHER, François	W. 5	„Méthode d'equitation basée sur de nouveaux principes" Ed. Elbe, Paris 177 Verlag Johann Koch, Stockerau 1884 „Methode der Reitkunst" Documenta Hippologica, Olms Presse, Hildesheim 1978
BLENDINGER, Wilh.	W. 6	„Psychologie und Verhaltensweisen des Pferdes" E. Hoffmann Verlag, Heidenheim 1971 / Paul·Parey, Hamburg/Berlin
BOISSEAU, Jeanne	W. 7	„Notes sur l'Enseignement de Nuño Oliveira" Editions Crépin-Leblond, Paris 1979
BRUNS, Ursula	Z. II	Artikel in „Freizeit im Sattel" Verlag „Freizeit im Sattel", Bonn
BUERGER, Dr. Udo	W. 8	„Vollendete Reitkunst" Verlag Paul Parey, Hamburg/Berlin 1959 Verlag Paul Parey, Hamburg/Berlin 1972
BÜRKNER, Felix	W. 9	„Ein Reiterleben" Kornett Verlag, Verden/Aller 1957 Documenta Hippologica, Olms Presse, Hildesheim 1979
BURCKHARDT, Jacob	W. 10	„Die Cultur der Renaissance in Italien" Schweighauser's Verlag, Basel 1860 Verlag E. A. Seemann, Leipzig 1899
CAVENDISH, William	W. 11	Herzog v. Newcastle „Neueröffnete Reitbahn" Verlag Zieger u. Lehmann, Nürnberg 1700 Documenta Hippologica, Olms Presse, Hildesheim 1973
DECARPENTRY, Gen.	W. 12	„Equitation Académique" Ed. E. Hazan, Paris 1972
DYSLI, J.-Claude	Z. II	Artikel in „Freizeit im Sattel" (s.ds.)
EISENBERG, Baron von	W. 13	„Wohleingerichtete Reitschule" Verlag Daniel Eckenstein, Zürich 1748 Documenta Hippologica, Olms Presse, Hildesheim 1974

FABRE, Louis	Z. V	Artikel in „Plaisirs Equestres" vor allem 12/79 Editions Crépin-Leblond, Paris
FILLIS, James	W. 14	„Grundsätze der Dressur und Reitkunst" Verlag C. Borgmann, Berlin 1894 Documenta Hippologica, Olms Presse, Hildesheim 1979
FRANK, Oscar	Z. VII W. 46	Artikel in „Schweizer Kavallerist" und in „Theoretisch gewußt. . ." Verlag Schweizer Kavallerist, Pfäffikon/Zürich 1964
„Freizeit im Sattel"	Z. II	Deutsche Freizeitreiter-Zeitschrift Verlag „Freizeit im Sattel", Bonn
FRIEDRICH II	W. 15	„Die Werke Friedrichs des Großen" Verlag Hobbing, Berlin 1913
	W. 16	„Reglement der Kgl. Preuss. Husaren-Regimenter" Bd. I u. II Biblio Verlag, Osnabrück 1976
„Galoppade 74"	Z. III	Jahrbücher für Freizeitreiter, Schneider Verlag, Hamburg 1974
GRISONE, Federigo	W. 17	„Künstlicher Bericht, wie . . . Pferdt . . . vollkommen. . ." Verlag Georg Willer, Augsburg 1570 Documenta Hippologica, Olms Presse, Hildesheim 1972
GRONE, Jutta von	Z. II	Artikel in „Freizeit im Sattel" (s. ds.)
GUENERON, Hervé	W. 18	„La Libye" P.U.F., Paris 1976
GUERINIERE, La G..	W. 19	„Ecole de Cavalerie" Jacques Collombat, Paris 1733 Documenta Hippologica, Olms Presse, Hildesheim 1974
HENRIQUET, Michel	W. 20	„A la Recherche de l'Equitation" Editions Crépin-Leblond, Paris 1968
	W. 21	„L'Equitation un Art une Passion" Editions du Seuil, Paris 1972
HERODOT	W. 22	„Historien", Bände I–V Goldmann, München 1961
HEROLD, Mauritius	Z. VII W. 46	„Die Arbeit an der Longe" (1956) in „Theoretisch gewußt. . ." Verlag Schweizer Kavallerist, Pfäffikon/Zürich 1964
L'HOTTE, Alexis	W. 23 W. 24	„Ein Offizier der Kavallerie" (1979) „Reitfragen" (1977) Beide Übersetzungen von Dr. B. Schirg Documenta Hippologica, Olms Presse, Hildesheim
HÜNERSDORF, Ludw.	W. 25	„Anleitung zu der nat. Art Pferde abzurichten" Verlag der Neuen Akademischen Buchhandlung, Marburg 1800 Documenta Hippologica, Olms Presse, Hildesheim 1973

INDERMAUR, Max	W. 26	„Der große Ritt" (The Great American Horse Race) Verlag A+O Hobby & Sport, Einsiedeln 1977
„Informations MV"	Z. IV	„Informations de Médecine Véterinaire" Paris 1974 Zitate mit freundl. Erlaubnis des Autors aus Nr. 3/1974, S. 207–221 (Rückübersetzung SGS)
KAPITZKE, Gerhard	W. 27	„Wildlebende Pferde" Verlag Paul Parey, Hamburg/Berlin 1973
KOCH, Ludwig	W. 28	„Die Reitkunst im Bilde" Verlag Friedrich Beck, 2. Auflage Wien 1928 Documenta Hippologica, Olms Presse, Hildesheim 1976
LEITAO, Dr. Man.	Z. V	Artikel in „Plaisirs Equestres" vor allem 12/79 Editions Crépin-Leblond, Paris
LINDENBAUER, Ernst	Z. VII W. 46	„Briefliche Instruktionen" 1945 und in „Theoretisch gewußt. . ." Verlag Schweizer Kavallerist, Pfäffikon/Zürich 1964
LISSNER, Ivar	W. 29 W. 30	„Rätselhafte Kulturen" (1961) „So habt ihr gelebt" (1963) Walter-Verlag, Olten/Freiburg im Breisgau
MENSCH, Franz	Z. VI	„Das Kreuzrätsel" in „Sankt Georg" Jahrgang 1936 Jahr-Verlag, Hamburg
MOSER, Hans	Z. VII W. 46	„Winke für Ausbilder und Teilnehmer an Dressurprüfungen" in „Schweizer Kavallerist" und „Theoretisch gewußt. . ." Verlag Schweizer Kavallerist, Pfäffikon/Zürich 1964
MUESELER, Wilhelm	W. 31	„Reitlehre" 32. Auflage 1950 Verlag Paul Parey, Hamburg/Berlin
NEWCASTLE, Herzog v.	W. 11	„Neueröffnete Reitbahn" Verlag Zieger u. Lehmann, Nürnberg 1700 Documenta Hippologica, Olms Presse, Hildesheim 1973
NOBIS, Prof. Dr. G.	Z. IV	„Origine, domestication et histoire ancienne des chevaux domestiques" Z. IV/No. 3/1974, S. 207–221
OELKE, Hardy	W. 32	„Westerntraining für Freizeitpferde" Selbstverlag, Hagen 1977
OEYNHAUSEN, B. von	W. 33A	„Leitfaden zur Abrichtung von Reiter und Pferd" Verlag J.G. Heubner, Wien 1852 Documenta Hippologica, Olms Presse, Hildesheim 1977
OLIVEIRA, Nuño	W. 34	„Réflexions sur l'Art équestre" Editions Crépin-Leblond, Paris 1965 „Memórias e Trabalhos de Meio-Século dum Cavaleiro Português" Verlag Elo-Mafra, Mafra (Portugal) 1981

„Plaisirs Equestres"	Z. V	Franz. Reiterfachzeitschrift; Zit. a. 12/79 Editions Crépin-Leblond, Paris
PLINZNER, Paul	W. 35A	„System der Reiterausbildung" Verlag Mittler u. Sohn, Berlin 1900
	W. 35B	„System der Pferdeausbildung" Verlag Döring, Potsdam 1888 Documenta Hippologica, Olms Presse, Hildesheim 1979
PLUVINEL, A. de	W. 36	„L'Instruction du Roy" Verlag Matth. Merian, Frankfurt a. M. 1670 Documenta Hippologica, Olms Presse, Hildesheim 1972
PODHAJSKY, Alois	W. 37	„L'Equitation" ODEGE-Presse S. A. Paris 1971 Verlag Nymphenburger, München 1965
	W. 38	„Reiten und Richten" Nymphenburger Verlagshandlung, München 1973
PREUSCHOFT, Holger und FRITZ, M.	Z. IX	„Mechanische Beanspruchung im Bewegungsapparat von Springpferden" Sonderdruck aus „Fortschritte der Zoologie" Band 24, Heft 2/3 (1977) Gustav Fischer Verlag, Stuttgart/New York
RAU, Dr. Gustav	W. 39	„Die Reitkunst der Welt (Olympiade 1936)" Berlin 1938 Documenta Hippologica, Olms Presse, Hildesheim 1978
RIDINGER, J. E.	W. 40	„Vorstellung u. Beschreibung der . . . Pferde" Verlag M. Pawlak, Herrsching 1975
„Sankt Georg"	Z. VI	Deutsche Reiterfachzeitschrift; Zitate aus Jahrgang 1936 Jahr-Verlag, Hamburg
SAUREL, Etienne	W. 41	„Pratique de l'Equitation (des) Maitres français" Editions Flammarion, Paris 1964
	W. 42	„Le Cheval, Equitation et Sports hippiques" Librairie Larousse, Paris 1966
	W. 43	„Histoire de l'Equitation" Ed. Stock, Paris 1971
SCHLIEBEN, Adolph	W. 44	„Die Pferde des Altertums" Verlag Heuser, Neuwied 1867 Dr. Martin Sändig oHG, Wiesbaden 1969
SCHUSDZIARRA, H. u. V.	W. 45	„Gymnasium des Reiters" Verlag Paul Parey, Hamburg/Berlin 1978
„Schweizer Kavallarist"	Z. VII	Schweizerische Reiterfachzeitschrift, Herausgeber der Buchreihe „Mensch und Pferd"; Band 20:
	W. 46	„Theoretisch gewußt. . ." (1964) Verlag Schweizer Kavallerist, Pfäffikon/Zürich
SEEGER, Louis	W. 47	„System der Reitkunst" Verlag Herbig, Berlin 1844

		Documenta Hippologica, Olms Presse, Hildesheim 1981
SEUNIG, Oberst W.	W. 48	„Von der Koppel bis zur Kapriole" Verlag Fretz & Wasmuth, Zürich 1949 Verlag Goverts, Krüger, Stahlberg, Frankfurt 1977
SIMPSON, G. G.	W. 49	„Pferde" Verlag Paul Parey, Hamburg/Berlin 1975
SOLINSKI, Sadko G.	W. 50	„Reiter der Camargue" Verlag Paul Parey, Hamburg/Berlin 1972
	W. 51	„Der Wanderreiter und sein Pferd" Verlag Albert Müller, Rüschlikon/Zürich 1974
	W. 52	„Abenteuer Camargue" Verlag Paul Parey, Hamburg/Berlin 1975
	Z. II	Artikel in „Freizeit im Sattel", Bonn
	Z. VII	Artikel in „Schweizer Kavallerist" u. franz. Fachschriften
SOURDEL, Dominique	W. 53	„Histoire des Arabes" P.U.F., Paris 1976
STEIN, Werner	W. 54	„Kulturfahrplan" Verlag Herbig, Berlin 1946/1957
STEINBRECHT, Gustav	W. 55	„Das Gymnasium des Pferdes" Verlag Döring, Potsdam 1886 Documenta Hippologica, Olms Presse, Hildesheim 1973
STERN, Horst	W. 56	„Bemerkungen über Pferde" Verlag Kindler, München 1971 rororo Sachbuch, Hamburg/Reinbek 1979
	W. 57	„So verdient man sich die Sporen" (1961) Franckh'sche Verlagshandlung, Stuttgart 1978
SUTTNER, Gustav	W. 58	„Reiterstudien" Verlag Gerold u. Co., Wien 1880 Akademische Druck- u. Verlagsanstalt, Graz 1968
TAYLOR, Louis	W. 59	„Ride Western" Harper & Row, Publs. New York 1968
TELLINGTON, Jones L.	Z. II	Artikel in „Freizeit im Sattel", Bonn
TRENCH, C.C.	W. 60	„Geschichte der Reitkunst" Nymphenburger Verlagshandlung, München 1970
TRIPPETT, Frank	W. 61	„Die ersten Reitervölker" rororo-Sachbuch Nr. 880, Hamburg/Reinbek 1978
WAETJEN, Richard	W. 62	„Das Dressurreiten" Verlag Paul Parey, Hamburg/Berlin 1966
WEYROTHER, Max v.	W. 33B	„Hinterlassene Schriften" Verlag J.G. Heubner, Wien 1836 Documenta Hippologica, Olms Presse, Hildesheim 1977
WIESNER, Joseph	W. 63	„Fahren und Reiten in Alteuropa und im Alten Orient" Verlag Hinrichs, Leipzig 1939 Documenta Hippologica, Olms Presse, Hildesheim 1971

WRANGEL, Graf C.G.	W. 64	„Das Buch vom Pferde", 2 Bände Verlag Konrad Wittwer, Stuttgart 1927/28 Documenta Hippologica, Olms Presse, Hildesheim 1977
XENOPHON	W. 65A W. 65B	„Über die Reitkunst" „Der Reiteroberst" beide: Hoffmann, Heidenheim 1977 Jetzt: Verlag Paul Parey, Hamburg/Berlin
„Zeitung Pferdefreund"	Z. VIII	„Zeitung für Pferdeliebhaber" Jahrg. 1825/26 in 1 Band „Bibliophile Taschenbücher" Harenberg Kommunikation, Dortmund 1977

IKONOGRAPHIE **(Bilder-Quellenverzeichnis und Copyrights)**

Tafel	Bild	Bildobjekt, Bildquelle, Copyright
I	1	*Reitender Berber*, Nachzeichnung von G. Kapitzke aus: Kapitzke „Wildlebende Pferde" Paul Parey Verlag, Hamburg/Berlin Mit freundlicher Genehmigung von Gerhard Kapitzke
	2	*Reitende Iberer*, Photo von Dr. Ruy d'Andrade aus: F. d'Andrade „History of the Spanish Horse", S. José, Lissabon. Mit freundl. Genehmigung von Fernando d'Andrade
II	3	*Griechischer Reiter*, Zeichnung von Karin Nowak, Mainz
	4	*Neapolitanischer Reiter*, aus: F. Grisone „Künstlicher Bericht. . ." Olms Presse, Hildesheim
III	5 u. 6	*Evolution des Reitsitzes,* Photomontage von Karin Nowak, Mainz
	5/1	Mit freundlicher Genehmigung von Gerhard Kapitzke
	5/2	Olms Presse, Hildesheim (Grisone)
	5/3	Olms Presse, Hildesheim (Pluvinel)
	5/4	Olms Presse, Hildesheim (Newcastle)
	5/5	Olms Presse, Hildesheim (Eisenberg)
	6/1	Olms Presse, Hildesheim (La Gueriniere)
	6/2	Mit freundlicher Genehmigung von Freifrau Jutta von Grone, Neuenkirchen
	6/3	Olms Presse, Hildesheim (G. Rau)
	6/4	Olms Presse, Hildesheim (G. Rau)
	6/5	aus: F. d'Andrade „History of the Spanish Horse" S. José, Lissabon. Mit freundl. Genehmigung von Fernando d'Andrade
	6/6	aus: „Plaisirs Equestres" 12/79 Ed. Crépin-Leblond, Paris Mit freundlicher Genehmigung von Michel Henriquet
	6/7	Photo von A. Mohamed und F. Herbemont, Privatbesitz
IV	7	*La Guérinière zu Pferd*, aus: „L'Eperon" No. 106/1974, Paris Mit freundlicher Genehmigung der U.N.I.C., Paris
V	8	*von Oeynhausen*, Original in Privatbesitz Mit freundlicher Genehmigung von Freifrau Jutta von Grone, Neuenkirchen
	9	*N. Oliveira*, aus: Plaisirs Equestres" 12/79 Crépin-Leblond, Paris Mit freundlicher Genehmigung von Michel Henriquet und Nuño Oliveira
VI	10–13	*Gleichgewichtsmomente,* Originalzeichnungen von Karin Nowak, Mainz
VII	14	*Sättel des 18. Jhdts.*, aus: La Guérinière „Ecole de Cavalerie" Olms Presse, Hildesheim
VIII	15–18	*Moderne Sättel*, Photos von F. Herbemont u. S.G. Solinski, Privatbesitz
IX	19	*Zäume des 18. Jhdts.*, aus: La Guérinière „Ecole de Cavalerie", Olms Presse, Hildesheim
X	20–22	*Moderne Zäume*, Photos von F. Herbemont, Privatbesitz
XI	23	*Turniere à la Gineta*, aus: F. Grisone „Künstlicher Bericht" Olms Presse, Hildesheim

Tafel	Bild	Bildobjekt, Bildquelle, Copyright
	24	nach Tapia y Sacedo aus: F. d'Andrade „History of the Spanish Horse" Mit freundlicher Genehmigung von Michel Henriquet und F. d'Andrade
XII	25	*Gymnastik* 18. Jhdt., aus: La Guérinière ,,Ecole de Cavalerie" Olms Presse, Hildesheim
XIII	26	*Gymnastik heute*, Photo von Jacqueline Solinski, Privatbesitz
XIV	27–29	*Gymnastik* im Trab, Photos von F. Herbemont u. A. Mohamed, Privatbesitz
XV	30	*Schulterherein*, aus: La Guérinière „Ecole de Cavalerie" Olms Presse, Hildesheim
	31	Photo: F. Herbemont, Privatbesitz
	32 u. 33	*Anhalten*, Photos: F. Herbemont, Privatbesitz
XVI	34	*Trab-Traversale*, Photo: P. Noue, Privatbesitz
XVII	35	*Passage*, aus: La Guérinière ,,Ecole de Cavalerie" Olms Presse, Hildesheim
	36	*Gilles*, Photo: J. Fadie, aus: ,,A la Recherche de l'Equitation" Crépin-Leblond, Paris Mit freundlicher Genehmigung von Michel Henriquet
	37	*Cameera,* Photo: H. M. Czerny, München
XVIII	38	*Piaffe,* aus: F. d'Andrade ,,History of the Spanish Horse" S. José, Lisboa. Mit freundlicher Genehmigung von F. d'Andrade
	39	*Piaffe,* aus: La Guérinière „Ecole de Cavalerie" Olms Presse, Hildesheim
	40	*Granat,* Photo: H. M. Czerny, München
XIX	41 u. 42	*Leichtigkeit*, Photos: S. G. Solinski, Privatbesitz
XX	43	*N. Oliveira,* aus: M. Henriquet ,,L'Equitation, un Art, une Passion" Ed. du Seuil, Paris 1972 Mit freundlicher Genehmigung v. Michel Henriquet und Nuño Oliveira
	44	*M. Henriquet*, aus: M. Henriquet „L'Equitation, un Art, une Passion" Ed. du Seuil, Paris 1972 Mit freundlicher Genehmigung von Michel Henriquet
XXI	45 u. 46	*Sportpferd*, Photos von H. M. Czerny, München
XXII	47–50	*Olympiade 36,* aus: G. Rau „Die Reitkunst an der Olympiade 1936" Olms Presse, Hildesheim
XXIII	51–52	*Freizeitpferde*, Zeichnungen von G. Specht, aus: C.G.Wrangel ,,Das Buch vom Pferde" Olms Presse, Hildesheim
XXIV	53	*Freizeitpferde* aus: Pluvinel ,,Neu auffgerichte Reut-Kunst"
	54	*Freizeitpferde* aus: Newcastle „Reit-Bahn" beide Olms Presse, Hildesheim

LEBENSDATEN

	1937	(29. 8. 1937) geboren in Konstanz
ab	1944	in der Schweiz aufgewachsen
ab	1946	regelmäßiger Reitunterricht bei Rittmeister a.D. Carl von Zschock
ab	1950	Mittelschule in St. Gallen, erste Turniere (Dressur und Military)
	1954	Rennreiterkurs in München-Riem; schweizerische Rennreiter-Lizenz
ab	1956	Chemiestudium
	1957	Militärdienst in der schweizerischen Kavallerie Aufenthalt in Spanien, Portugal und Südfrankreich
Ende	1957	Umzug nach Südfrankreich, Beginn einer Gardianlehre in der Camargue
	1962	Ende der Gardianlehre, Umzug nach Köln, Journalist
	1963	längere Aufenthalte in England und Schottland Rückkehr nach Südfrankreich
	1964	Bereiter und Reitlehrer in einem Wanderreiterzentrum in der Hochprovence Mehrere Aufenthalte in Spanien und Portugal
	1968	Bereiter und Reitlehrer in einem Military-Zentrum bei Avignon Schüler von P. Marry C.T.R.
	1972	Erwerb des franz. bronzenen und silbernen Reiterabzeichens Erscheinen von „Reiter der Camargue" Paul Parey Verlag, Hamburg/Berlin Frankreichkorrespondent der „Freizeit im Sattel", Bonn
	1974	Erscheinen von „Der Wanderreiter und sein Pferd" Verlag Albert Müller, Rüschlikon/Stuttgart Umzug aus der Provence nach Occitanien, ins Mas du Malibaud nach Barjac (Dépt. Gard)
	1975	Eröffnung des „Centre International de Cavaliers de Loisirs", Mas du Malibaud F 30430 Barjac (Südfrankreich) Erscheinen von „Abenteuer Camargue" Paul Parey Verlag, Hamburg/Berlin Entwicklung bis zur Produktionsreife spezieller Freizeitreitsättel: Malibaud-Randonnée und Malibaud-Gardian für Wanderreiter und Berufsreiter; Malibaud-Ecuyer für die Hohe Schule und Stierkampfreiter
	1977	Entwicklung bis zur Produktionsreife spezieller Freizeitreiter-Kappzäume (Malibaud-Pluvinel)
	1978	Vorträge über die Camargue und die Gardianreitweise in Wien und Niederösterreich
	1982	Schüler bei Nuño Oliveira in Portugal